明清时期

华北平原粮食种植结构变迁研究

The Adjustment of Grain Cultivating Structure of North China Plain in Ming and Qing Dynasty

李秋芳 / 著

社会科学文献出版社
SOCIAL SCIENCES ACADEMIC PRESS (CHINA)

　　本专著为 2013 年教育部人文社会科学研究青年基金项目（项目编号：13YJC770026）研究成果，并获河南师范大学学术专著出版基金资助

序

　　我国是一个农业历史悠久的文明古国，重农思想根深蒂固，影响深远。黄河流域是中华民族的发祥地，由黄河、淮河及海河冲击而形成的黄淮海大平原，孕育了充满勃勃生机的农耕文明。在这一被统称为华北大平原的区域出现东胡林文化、南庄头文化、李家沟文化、河姆渡文化、磁山文化、后李文化、大河村文化等，表明这里是我国农业起源的中心。从夏商周三代，到秦汉魏晋南北朝，再到宋元明清时期，这一地区长期为我国政治、经济、文化的中心，农业生产十分发达，中国古代几部大型的农书如《齐民要术》《王祯农书》《农政全书》《授时通考》等都是以华北地区的农业为主要研究和阐述对象的，这就是明证。明清时期是最为接近现代的时期，由于气候变化、人口激增、社会动荡等因素，农业生产尤其是粮食种植结构发生了不少变化，这无论在中国农业史还是在中国经济史及社会史上，都是影响深远的重大事变，都可以作为研究课题。因此，在本书作者秋芳同志随我攻读博士学位时，我曾建议她选择这方面的课题进行研究。2013年，她以《明清时期华北平原粮食种植结构变迁研究》为题，申请到了教育部人文社会科学研究项目。这无疑是对她的这一选题的充分肯定。本课题的圆满完成，正是她勤奋执着、覃思深究、不断开拓之结果。因此，我很高兴应邀在她的新著出版之际写上几句话，也很乐意对该书略做评介。

　　首先，对明清时期华北平原粮食种植结构变迁的研究，是华北地区乃至中国农业历史研究的重要视角。农业是古代社会最早出现的生产部门。在农业生产活动中，首先要解决种什么的问题，然后才是如何种的问题。在华北平原地区，最早培育的粮食作物是黍和粟。从新石器时代中期直到夏、商、西周时期，曾在黄河与淮河之间出现过"粟稻混作区"，同时菽、麦、麻也在此地大量种植。汉代小麦的种植量逐渐上升，所谓的"五谷"在种植结构的位次也在不断波动变化。但从夏商直到宋元，作为旱作农业主要作物的粟，一直在华北平原粮食作物中居于主导地位。小麦到了唐宋时方达到与粟并驾齐驱的地位，形成粟麦并重的格局，而水稻在华北平原则只分布在水资源状况较好的局部地区，从此"南米""北面"成为我国南北饮食结构的鲜明区别。到了明清时期，华北平原小麦种植的主导地位得到巩固，商品化趋势加强，粟的播种面积逐步减少，但仍是普通百姓的主要口粮。高粱种植异军突起，逐渐取得重要地位。水稻还是随水资源状况呈现点块状分布，并有政策性波动。大豆尤其是黄豆和黑豆的种植发展很快。随着沿海上"丝绸之路"引入的玉米、甘薯等高产作物的不断推广，华北地区原有的粮食种植结构发生改变，其对后世的影响是巨大而深远的。以上所述实际上是秋芳孜孜爬梳而得出的结论，它使华北地区粮食种植结构的演进变得清晰明朗起来，这不啻是对我国农史研究的一大推进。

其次，对明清时期华北平原粮食种植结构变化因素的综合分析，是缜密可信的。作者对这些因素的剖析包括：明清时期华北地区气候变化趋向寒冷，一些抗旱作物获得了快速发展；赋役制度的改革使得人口激增，人地矛盾加剧，此时高产作物玉米、甘薯的引入和种植正适应了这一需求；而政府和官员的推动、水利工程的兴起、经济作物的种植及商品化程度的加强都是粮食种植结构发生一系列变化的促动力量。以上分析切中肯綮地回答了为什么会出现种植结构变化之类的问题。

最后，该课题的研究具有不容忽视的现实意义。中国是一个有着超13亿人口的大国，粮食安全事关国家安危。中国人的粮袋子一定要紧紧攥在自己的手里，而绝不能依赖他人。明清时期华北平原粮食种植结构的变化是自然因素和人为因素综合作用的结果。历史是最好的老师，从长时段来看，华北平原粮食种植结构的变化总体上是适应生态环境条件而发生的自然而然的变化，这种顺应自然变化的粮食种植结构，基本满足了人们不断增长的生活生产等方面的需要。如小麦虽然在新石器时代晚期就开始栽培，先秦时期长期为"五谷"之一，在汉代得以大量种植，成为人人皆知的可口美食，但直到明清时期才成为华北地区的主粮。这一变化是十分漫长的、渐进的，更是自然而然地蹒跚般嬗变的结果。因此，在当今社会超自然的力量到了无所不能的情况下，我们切不可亵渎自然规律，为了一时的物质利益或政绩，强迫人们种植某些作物，或轻率地推广还不知其最终确切后果的生物技术，造成贻害子孙的后果。尊重自然，敬畏脚下的这片土地，立足于华北大平原的生态环境实际，使本区域的粮食种植结构得到最合理的配置，达到效益最大化和可持续发展，这也许是本书带给人们的启示和作者真诚的期望。

以上可谓对秋芳新著的祝贺，并殷切希望她百尺竿头，更进一步，在学术的道路上不断取得新的更大的成绩。是为序。

王星光

2016 年 3 月 28 日于郑州大学

CONTENTS

绪　论

一　选题背景、目的和意义

1. 选题背景

（1）粮食问题之于人类的重要性

粮食是人类生存和发展的最基本的需要，也是国家稳定和社会发展的重要保障。中国一直有"民以食为天"的古训，也有"手中有粮，心里不慌""国不可一日无粮，家不可一日无米"的民谚。检索浩瀚的中国古籍，重农名言不绝于书。《范子计然》中有"五谷者，万民之命，国之重宝"[①] 的警世名言；东汉刘陶有"民可百年无货，不可一朝有饥，故食为至急"[②] 的谆谆告诫；《齐民要术·序》中有"食为政首""一日不再食则饥"[③] 的观念；《贞观政要》中有"国以民为本，人以食为命"[④] 的治世名言；等等。虽然其表述不尽相同，但都传递着同样的思想：粮食是人类生存和发展的物质基础，离开了粮食人类无法生存和发展。

对于粮食问题，世界各个国家都极为重视，将之视为国家安全和社会稳定的重要基础，并积极采取措施改进农业生产技术，提高粮食总产量。但近些年来，随着人口的增长、可耕地面积的减少、土壤的退化等因素的影响，

---

① 贾思勰著，缪启愉校释《齐民要术校释》卷3《杂说》"引"，中国农业出版社，1998，第244页。
② 范晔：《后汉书》卷57《刘陶传》，中华书局，1965，第1846页。
③ 贾思勰著，缪启愉校释《齐民要术校释》卷首《齐民要术·序》，第1、2页。
④ 吴兢：《贞观政要》卷8《务农》，上海古籍出版社，1978，第237页。

世界上很多国家面临着严重的粮食危机。据英国《每日电讯报》2010 年 2 月 3 日报道，在澳大利亚悉尼召开的碳农业大会上，与会科学家警告：全球肥沃土壤将在 60 年内消失，人类因此将面临新的粮食危机。① 实际上，近些年来粮食危机频繁出现，据联合国粮农组织（FAO）调查，2007 ~ 2008 年度玉米价格上涨了一倍，小麦价格上涨了 50%，稻米价格上涨了 70%。全球谷物产量 21.1 亿吨左右，但年度消费量将达到 21 亿吨。全球粮食库存消费比已低于 20%，为 30 年来最低值。② 英国《经济学人》杂志一篇题为《廉价食品时代终结》的文章指出，到 2007 年该杂志的粮食价格指数达到 1845 年该指数开创以来的最高点。粮食价格自 2005 年以来上涨了 75%，世界谷物储备也降到最低点，只有能食用 54 天的储备量。③ 2007 ~ 2008 年间蔓延世界多数地方的粮食危机更是给人类敲响了警钟。

（2）粮食问题之于中国的特殊性

中国是个具有悠久历史的传统农业大国，历朝历代无不把粮食问题摆在治国安邦的重要位置，无不将"以农为本"作为国家发展的基本国策。新中国成立以来，尽管中国农业获得了极大发展，基本满足了广大人民群众的生活需要，但还是面临着诸多问题。中国是一个人口大国，人口多，可耕地少，以仅占世界 7% 的耕地面积，养活着占世界 22% 的人口，因此中国的粮食问题更具有其他国家无可比拟的特殊性，粮食安全问题关乎 13 亿人口的生存。同时，中国农业发展并不平衡，现代农业在不少地区并没有全面发展，不少地方的农业依然处在传统农业阶段，甚至是靠天吃饭。而中国又是一个自然灾害频发的国家，面对频发的自然灾害，传统农业又显示了其脆弱的一面。因此，在人口多、可耕地少、现代农业不发达、自然灾害频发的现实状态下，如何满足 13 亿人口的粮食需求，粮食问题该如何解决，的确是一个关乎国家全面发展的基础性、关键性问题。可以预见，在当前及将来相当长的时间内，我国政府仍然会把农业放在最基础、最重要的位置，这既是维护国家安全的需要，也是实现经济社会全面、协调、可持续发展，构建和谐社会的基本保障。

---

① 李雪：《全球肥沃土壤 60 年内将消失 人类面临新粮食危机》，2010 年 2 月 4 日，http://world. huanqiu. com/roll/2010 – 02/709946. html。

② 《大豆推高中国 CPI 全球农业生产一片黯淡》，《经济观察报》2008 年 2 月 27 日，http://news. dayoo. com/finance/news/2008 – 02/27/content_ 3314239. htm。

③ 《廉价食品时代已终结 如今全球都闹"粮荒"》，《瞭望》新闻周刊，2008 年 2 月 27 日，http://news. dayoo. com/finance/news/2008 – 02/27/content_ 3314187. htm。

（3）中国调整粮食种植结构的必要性

新中国成立以来的60多年间，虽然在国家政策、自然环境、生产技术、市场调节等方面有了较大改进，我国的粮食种植结构较之以前有了较大调整，有力地促进了粮食生产的大发展，但随着国家政策的调整、市场需要的变化、生态环境的改变、农业生产技术的提高，现在的粮食种植结构仍需进一步调整，才能应对新的粮食危机或粮食忧患。早在2004年3月7日，中国杂交水稻之父、中国工程院院士袁隆平先生在全国政协会议上做了《高度重视我国粮食安全问题》发言，认为我国粮食总产自1998年以来逐年下降，由此引起粮价不断上涨。他明确指出："粮食产量锐减的一个最重要、最直接的原因，就是粮食播种面积持续下降。"他认为，要保障粮食安全，不仅要"切实保证一定规模的粮食播种面积"，而且要"充分发挥科技对粮食安全的保障作用"，继续调整农业种植结构，在有限的土地上播种高产作物，提高单位土地亩产量。①以袁隆平先生在中国农业发展领域中的地位，他的这一观点自然会引起国家和社会的高度重视。

2. 选题目的和意义

意大利历史学家克罗齐曾提出"一切真历史都是当代史"的著名命题，虽然该理论存在诸多问题，但强调历史与现实的密切联系对我们有着重要的启示意义。从历史中寻求解决现实问题的答案，是人类常用的手段。"史为今鉴""史为今用"更是历史学家追求的崇高目标。笔者做本研究的目的意在通过对明清时期华北平原粮食种植结构变迁的研究，为今天的中国在面临人口激增、耕地减少、环境恶化状态下保证粮食安全提供一些参考。

选择明清时期作为研究的时间段，是因为这一时期中国所面临的情况与今天中国所面临的现状具有一定的相似性。明清时期是我国古代人口快速增殖、人均耕地面积下降、生态环境恶化的时期。就人口来说，在17世纪中期，全国人口大约为1亿，18世纪时出现人口迅增，乾隆六年（1741）"会计天下"民数，"各省通共大小男妇一万四千三百四十一万一千五百五十九名口"②，即约1.43亿。随后，人口迅速增加，乾隆二十七年（1762），全国人口突破2亿大关，达到200472461人；乾隆五十五年（1790）突破3亿大关，达到301487115人；乾隆五十九年（1794），又上升到313281795人；

① 袁隆平：《高度重视我国粮食安全问题》，2011年9月30日，http://www.people.com.cn/GB/shizheng/1026/2377647.html。

② 《清高宗实录（二）》卷157，中华书局，1985，第1256页。

嘉庆二十五年（1820），人口数达353377694人；道光十四年（1834），人口数较乾隆二十七年约翻了一番，突破4亿，达到401008575人；道光二十年（1840），人口数为412814828人，[①] 这是中国封建社会历史上的最高人口数值记录。从乾隆二十七年到道光十四年，只有72年时间，而清代人口却增加了一倍。虽然这一人口数字形成的背后有着诸多原因，但清代人口增长的速度之快和数额之大，是以前任何朝代所无法比肩的。当然，关于清代人口的统计，学界存在着不同的看法，但谁也无法否认这一时期人口快速增长的历史事实。

伴随着人口的急剧增长，明清时期的人均耕地面积快速下降，明初洪武十四年（1381）人均耕地为6.13亩，清初康熙二十四年（1685）人均耕地5.77亩，到清末光绪十三年（1887）人均耕地仅为2.13亩。而且，这一时期生态环境恶化加快，土地盐碱化、土壤流失、北方水资源紧缺等问题越来越严重。那么，明清时期的中国如何应对人口迅猛增殖、人均耕地面积急剧降低、生态环境恶化加剧的矛盾，采取什么措施来提高粮食产量、满足社会需要呢？这是一个值得深思的问题，也是一个对当今中国而言可资借鉴的问题。不言而喻，在众多措施中，必然包括对粮食种植结构调整这一重要举措。因此，我们可以通过考察历史上如何调整、优化粮食种植结构来应对粮食危机问题，找到解决现实粮食忧患问题的参考答案。

选择华北平原作为研究地域，是因为该区域是中国传统意义上的粮食主产区，很具有代表性。明清时期的华北平原是全国的主要农业区之一，其在农业中的地位虽比不上"苏湖熟，天下足"的江南，但在国家整个农业布局中占据着极为重要的地位。这一地区既是国家的政治中心，也是重要的经济中心。人口增长快、人均耕地少、干旱化加剧，这一状况与今天的华北平原非常相似。新中国成立以来，尽管国家及华北区域各级政府为应对粮食安全问题采取了不少必要的措施，也取得了明显的效果，然而这一区域人口密度较大，可耕地面积日益萎缩，干旱化趋势加快，粮食安全问题依然存在，威胁到无数百姓的生活和国家及社会的稳定。如何面对这一现状，保障粮食安全，也是当前需要考虑的重要问题。一个重要的途径是调整、优化粮食种植结构，这一点，可以从明清华北平原的粮食种植结构调整中找到一些借鉴。

实际上，在中国五千多年的历史长河中，我们的先祖为应对粮食问题不

---

① 梁方仲：《中国历代户口、田地、田赋统计》，中华书局，2008，第248~252页。

断地根据各区域实际情况和现实需求调整粮食种植结构，维系我们这个民族的生存。限于能力、精力，笔者无法对五千多年来的粮食种植结构调整做一详细分析，只能选取与现在最为接近的明清时期作为一个时间区段，以这500多年为一个时间窗口窥视华北平原粮食种植结构的变迁及其原因，以及对当时该区域及国家的重大影响。

总之，选择这一课题不仅是基于笔者对当今国家粮食安全问题的现实关注，也是基于学界有关明清时期华北平原粮食种植结构变迁问题缺乏系统研究而提出的，因此该选题既具有重要的学术意义，也具有明显的现实意义。

二 国内外研究状况

对于明清时期华北平原种植结构变迁问题，国内外已有不少著作或论文有所涉及，因条件所限，国外资料难以遍览，故而笔者只能对这一问题的研究做概略性的评述，以展示该问题的研究状况，明确本课题研究的方向。

1. 有关古代农业种植结构变化的研究

20世纪以来，关于古代农作物的研究，学界早已开始，无论是对"五谷"的名称、概念、源流的文献佐证等，还是对历代农作物的发展演变、历代农业发展的研究等，都取得了很大成就。因成果众多，笔者无法一一详述，只将与中国古代农业种植结构，尤其是与明清华北平原农业种植结构变迁有关的内容略做介绍。

有关古代农业种植结构变化方面的研究，总体来说成果不算丰硕。较有代表性的成果有如下几种。万国鼎先生的《中国古今粮食作物的变化及其影响》探讨了中国自远古至20世纪50年代粮食作物的变化及其影响，认为中国粮食作物的变化过程中，"有一种趋势很明显，就是高产优质的作物，在长途竞赛中，逐渐赶上并超过比较差一些的作物而继续跑向前面"。粮食的大量增产，"还得力于新的高产作物的发展并不影响原有高产作物的生产"。[①] 张履鹏先生的《我国历代作物布局的演变》，分农垦之初的作物布局、施行休闲制时期的作物布局、轮作制盛行时期的作物布局、西亚通道打通后的作物布局变化、南方开发后的作物布局、纤维作物布局的改变和海运发展对作物布局的影响7个部分，探讨我国历代作物布局的演变，具有开创

---

① 万国鼎：《中国古今粮食作物的变化及其影响》，王思明、陈少华主编《万国鼎文集》，中国农业科学技术出版社，2005，第118页。

意义。① 唐启宇的《中国作物栽培史稿》分述了稻、小麦、大麦、大豆、粟类、高粱、玉米、马铃薯、芝麻、油菜等各种粮食作物、经济作物的栽培史及其大致变化情况。② 张家炎的《中国古代作物结构的演变及其原因》一文，对中国古代南北作物结构演变、南北方作物交流，以及外来物种引入问题进行了探讨，认为自然条件、政府的推广、水利条件、农业技术水平、救荒、文化交流与人口迁徙、商品经济的发展、食性与人口的决定性作用、生产发展的必然性等均是中国古代作物结构演变的原因。③ 林其宝的《试述我国历代主要大田作物的种植》一文，对我国历代主要大田作物种植的发展与变化做简要叙述，并对其发展变化的原因略做分析。④ 李槐的《中国古代的产业结构调整》将中国古代产业结构调整分为起步期、逆向调整期、复起期、兴盛期，并对明清时期由于棉花的大面积种植以及烟草、番薯（甘薯）、玉米等新作物的引入对产业结构的影响有较多的讨论。⑤ 韩茂莉的《中国古代农作物种植制度略论》一文，以春秋战国时期、唐宋时期、清代中后期三个中国农业种植制度重要转型时期为线索，论述了中国古代农业种植制度的发展历程。⑥

2. 有关明清华北平原粮食种植结构的研究

依笔者考察，截至目前，学界虽尚未有专著对明清时期整个华北平原粮食种植结构变迁问题进行研究，但已有相关研究成果，大致以两种形式出现。

其一，在研究中国古代农业问题时有所涉及。谈明清时期的农业发展情况，自然离不开这一时期的农业种植结构变化。如日本熊本大学文学部的足立启二先生的《清代华北的农业经营与社会构造》一文，以《农言著实》《西山梁农圃便览》《马首农言》等清代华北民间农书为主要素材，对清代华北地区农业经营与社会结构问题进行了讨论，其中部分内容涉及了清代华北地区的种植结构、种植制度问题。⑦ 许檀的《明清时期区域经

① 张履鹏：《我国历代作物布局的演变》，《农史研究》第2辑，农业出版社，1982，第28～34页。
② 唐启宇：《中国作物栽培史稿》，农业出版社，1986。
③ 张家炎：《中国古代作物结构的演变及其原因》，《古今农业》1990年第1期。
④ 林其宝：《试述我国历代主要大田作物的种植》，《首都师范大学学报》（社会科学版）1996年第4期。
⑤ 李槐：《中国古代的产业结构调整》，《云南教育学院学报》1998年第3期。
⑥ 韩茂莉：《中国古代农作物种植制度略论》，《中国农史》2000年第3期。
⑦ 〔日〕足立启二：《清代华北的农业经营与社会构造》，李范文等主编《国外中国学译丛》第1辑，青海人民出版社，1986，第64～71页。

济的发展——江南、华北等若干区域的比较》一文的第三部分，讨论了
"华北平原种植结构的调整与棉纺织业的发展"。① 这是较早对明清时期华
北平原种植结构进行研究的论文，对本文的写作具有重要的参考意义。闵
宗殿的《从方志记载看明清时期我国水稻的分布》以方志为基础考察了明
清时期黄河流域的水稻分布和长江流域的双季稻种植情况。② 其对明清时
期黄河流域水稻分布情况的研究，实际上已大体包含了华北平原的水稻分
布情况。他的另一篇文章《明清时期经济作物、园艺作物的专业化经营》，
考察了明清时期经济作物、园艺作物专业化经营情况，分析它对农业和社
会经济产生了什么样的影响。③ 张顺周的硕士论文《明代华北平原地区农
业试探》考察了明代华北平原农业发展的地理环境、历史背景、一般状况
及趋势、农作物分布及商品化等问题。④ 龚关的《明清时期华北市场的发
展与制约》在讨论明清时期华北市场的发展情况及制约因素时，涉及了华
北地区的农业产业结构问题，认为华北地区粮食作物的结构促使小麦逐渐
成为主要产品，玉米、番薯（甘薯）、高粱等高产作物逐渐获得推广。⑤ 张
显清的《明代后期粮食生产能力的提高》认为明后期随着劳动力的增
殖、田地的垦辟、农业集约化的增强、农业基本生产要素投入的加大、
粮食新品种的引进、粮食作物结构和耕作制度的变革，粮食总产量和单
位面积产量空前提高。粮食生产能力的提高为商品性农业、手工业、商
业的发展和工商业市镇的兴起提供了前提，并由此引起经济结构和生产
方式的历史性变化。⑥ 其中该文对明代新品种的引进、粮食作物结构、耕
作制度的变革等问题的探讨很有意义。魏小英、曹敏的《明清时期农业
领域商品经济发展刍议》一文，考察了明清时期粮食和经济作物的种植
生产以及畜牧业、林业、渔业等方面商品经济的长足发展。⑦ 当然，还有
一些农业史专著也涉及了明清时期华北平原农业种植结构变化问题，在此

---

① 许檀：《明清时期区域经济的发展——江南、华北等若干区域的比较》，《中国经济史研究》
1999 年第 2 期。
② 闵宗殿：《从方志记载看明清时期我国水稻的分布》，《古今农业》1999 年第 1 期。
③ 闵宗殿：《明清时期经济作物、园艺作物的专业化经营》，《古今农业》2001 年第 3 期。
④ 张顺周：《明代华北平原地区农业试探》，硕士学位论文，郑州大学，2003。
⑤ 龚关：《明清时期华北市场的发展与制约》，《山西大学学报》（哲学社会科学版）2004 年
第 2 期。
⑥ 张显清：《明代后期粮食生产能力的提高》，《学术探索》2005 年第 5 期。
⑦ 魏小英、曹敏：《明清时期农业领域商品经济发展刍议》，《重庆工商大学学报》（社会科学
版）2008 年第 4 期。

不一一赘述。

由于明清时期是外来物种引入中国的又一重要时期，以玉米、番薯、烟草为代表的美洲作物在这一时期大举进入中国，对中国传统的农业种植结构产生了较大冲击，对华北平原亦是如此。因此，学界在讨论明清时期华北平原农业发展时，自然会对这一现象更加关注。章楷的《番薯的引进和传播》《玉米在我国粮食作物中地位的变化》、周源和的《甘薯的历史地理——甘薯的土生、传入、传播与人口》、佟屏亚的《玉米的起源、传播和分布》《试论玉米传入我国的途径及其发展》、咸金山的《从方志记载看玉米在我国的传播》、公宗鉴的《对甘薯的再认识》等都对玉米、番薯的引进进行了探讨。① 这些文章虽有先导之功，但不够深入。

近些年来，学界对明清时期美洲作物的引入及影响问题进行了深入研究，形成了较为系统的研究成果，如何炳棣的《美洲作物的引进、传播及其对中国粮食生产的影响》考察了美洲作物的引进、传播路径、过程及其对中国粮食生产的影响。② 这是作者 1978 年写就的，是较早对美洲作物传入问题进行系统研究的文章。张岳华的《中国古代玉米的引进和栽培史》简述了中国古代玉米的引进和栽培过程，指出明末清初时至少有 12 个省（安徽、广西、河南、江苏、甘肃、云南、河北、山东、陕西、浙江、福建、广东）大面积种植玉米。到了 18 世纪，玉米栽培几乎遍及全国，成为我国主要的栽培作物之一。③ 佟屏亚的《中国玉米科技史》讨论了有关玉米传入路线、名称、栽培技术等问题。④ 曹玲的硕士论文《美洲粮食作物的传入、传播及其影响研究》对美洲粮食作物的传入、传播及影响进行了系统研究。⑤ 宋军令的《明清时期美洲农作物在中国的传种及其影响研究——以玉米、番薯、烟草为视角》也对明清时期美洲作物在中国的传种及影响进

---

① 章楷：《番薯的引进和传播》，《农史研究》第 2 辑，1982 年；章楷等：《玉米在我国粮食作物中地位的变化》，《农业考古》1983 年第 2 期；周源和：《甘薯的历史地理——甘薯的土生、传入、传播与人口》，《中国农史》1983 年第 3 期；佟屏亚：《玉米的起源、传播和分布》，《农业考古》1986 年第 1 期；咸金山：《从方志记载看玉米在我国的传播》，《古今农业》1988 年第 1 期；佟屏亚：《试论玉米传入我国的途径及其发展》，《古今农业》1989 年第 1 期；公宗鉴：《对甘薯的再认识》，《农业考古》1991 年第 1 期。

② 何炳棣：《美洲作物的引进、传播及其对中国粮食生产的影响》，《历史论丛》第 5 辑，齐鲁书社，1985，第 175～223 页。

③ 张岳华：《中国古代玉米的引进和栽培史》，《种子世界》1990 年 12 期。

④ 佟屏亚：《中国玉米科技史》，中国农业科技出版社，2000，第 1～57 页。

⑤ 曹玲：《美洲粮食作物的传入、传播及其影响研究》，硕士学位论文，南京农业大学，2003。

行了深入研究。① 王思明的《美洲原产作物的引种栽培及其对中国农业生产结构的影响》详细考察了美洲作物的引种栽培情况、原因及其对中国农业生产结构的重大影响，认为美洲作物的引入和传播，不仅在推进农业技术进步和满足日益增长人口的需求等方面发挥了积极的作用，而且对丰富中国农作物的种类，改善中国饮食原料的结构，推进商品经济的发展和增加农民收入也产生了非常重要的影响。② 曹玲的《美洲粮食作物的传入对我国人民饮食生活的影响》一文，探讨美洲粮食作物传入后对我国人民饮食生活的影响。③ 韩茂莉的《近 300 年来玉米种植制度的形成与地域差异》讨论了近 300 年来中国玉米种植制度的形成与地域差异问题，认为玉米进入中国后，在同传统作物的竞争中，通过环境适应与文化认同，一方面形成以适应山区种植为优势的土地利用形式，另一方面则通过产量优势取代了谷子等作物的种植空间，加入作物轮作系统中，并在空间上形成北方一年一熟制春玉米轮作区、北方两年三熟制夏玉米轮作区和南方丘陵山区玉米、杂粮轮作区。④ 她的另一篇文章《近五百年来玉米在中国境内的传播》肯定了玉米传入的东南海路、西南陆路、西北陆路三条路径，指出经由东南海路一线完成的传播空间在国内占主导地位，而以移民为主要形式的人口流动是玉米在中国境内传播的主要动力。⑤ 郑南的《美洲原产作物的传入及其对中国社会影响问题的研究》从饮食史、中外食事交流史的角度，结合文献，重新论证了传入品种的异称名实、时间途径、传播分布，并且分析了美洲作物传入对中国社会饮食生活、食物结构、人口增长、生态环境、农业生产等相关方面的影响。⑥

其二，在研究明清华北平原各省粮食问题时进行专题分析。关于明清时期山东农业种植结构研究，除了山东地方史对该问题有零星和分散地分析外，许檀、李令福、陈冬生等学者对此也做出了很大贡献。许檀的《明清时期山东商品经济的发展》第二章"农业生产结构的调整与经济布局的优

---

① 宋军令：《明清时期美洲农作物在中国的传种及其影响研究——以玉米、番薯、烟草为视角》，博士学位论文，河南大学，2007。

② 王思明：《美洲原产作物的引种栽培及其对中国农业生产结构的影响》，《中国农史》2004年第 2 期。

③ 曹玲：《美洲粮食作物的传入对我国人民饮食生活的影响》，《农业考古》2005 年第 3 期。

④ 韩茂莉：《近 300 年来玉米种植制度的形成与地域差异》，《地理研究》2006 年第 6 期。

⑤ 韩茂莉：《近五百年来玉米在中国境内的传播》，《中国文化研究》2007 年第 1 期。

⑥ 郑南：《美洲原产作物的传入及其对中国社会影响问题的研究》，博士学位论文，浙江大学，2010。

化"、第六章"几种主要商品的流通",考察了明清时期山东农业生产结构的调整以及商品化的情况。① 她的文章《明清时期山东经济的发展》涉及粮食生产结构的调整（粮食作物种植的变化、经济作物种植的发展等）、经济布局的合理化趋势、农副产品加工业的发展、城乡市场与流通网以及明清时期山东经济发展的特点与历史趋势。② 李令福的《明清山东农业地理》第四章"粮食作物的产量、结构、分布与流通",讨论了粮食作物内部结构的调整与品种的引进改良,分析了各种粮食作物的地域分布问题。第五章"经济作物的生产与分布"考察了各种经济作物在商品经济因素影响下的地位消长与分布格局。③ 他的文章《明清山东粮食作物结构的时空特征》利用曲阜孔府档案、地方史志等资料,大致匡算出各类粮食作物播种面积在明清各时期占山东各地区总耕地的比例以后,发现山东传统粮食作物在结构上发生了重大的调整变化,小麦、高粱的播种面积比例不断增大,粟的地位下降,夏播复种大豆得到推广和普及,促使复种指数逐渐上升,提高了粮食的单产和总产。④ 陈冬生的《甘薯在山东传播种植史略》探讨了甘薯在山东的传播种植历史概况。⑤ 其《山东古代稻作史考述》一文对山东古代稻作栽植历史进行考察。⑥ 其《试述古代山东麦作生产的发展》一文则考察了古代山东麦作生产的发展,其中自然包含了明清时期山东麦作生产情况。⑦ 其《山东历史上主粮作物的农家品种资源》一文在历史文献的基础上,结合有关调查资料,对山东历史上小麦、粟谷、大豆、高粱、玉米 5 种粮食作物农家品种资源进行了考察。⑧ 他的《明清山东种植结构变化及对农业的影响》一文考察了明清时期山东粮食作物、经济作物的结构变化情况及其产业分布,并讨论了这一变化对山东近现代农业种植结构与生产布局的影响。⑨

除了以上三位学者之外,还有一些学者对这一问题进行探讨。如李军的《20 世纪 30 年代山东地区农业恐慌的历史分析——农作物种植结构视角的

---

① 许檀:《明清时期山东商品经济的发展》,中国社会科学出版社,1998。
② 许檀:《明清时期山东经济的发展》,《中国经济史研究》1995 年第 3 期。
③ 李令福:《明清山东农业地理》,台北,五南图书出版公司,2000。
④ 李令福:《明清山东粮食作物结构的时空特征》,《中国历史地理论丛》1994 年第 1 期。
⑤ 陈冬生:《甘薯在山东传播种植史略》,《农业考古》1991 年第 1 期。
⑥ 陈冬生:《山东古代稻作史考述》,《古今农业》1992 年第 3 期。
⑦ 陈冬生:《试述古代山东麦作生产的发展》,《古今农业》1993 年第 1 期。
⑧ 陈冬生:《山东历史上主粮作物的农家品种资源》,《古今农业》1997 年第 3 期。
⑨ 陈冬生:《明清山东种植结构变化及对农业的影响》,《中国社会经济史研究》1998 年第 4 期。

考察》一文，虽以 20 世纪 30 年代山东地区农业恐慌为主题，但探讨了明清时期山东农业种植结构的变化及其原因。① 苏远渠的硕士论文《清代山东运河水灾与两岸农村社会经济》的第三部分，讨论了清代山东运河两岸的农业种植结构问题，具体分析了山东西部地区农业种植结构的差异及原因，运河和山东西部农业种植结构的地区分工。② 苏远渠的《明清运河和鲁西南地区农作物种植结构的调整》考察了大运河开通之后鲁西南地区微观地理环境变化和农作物种植结构变化之间的关系。③

关于明清时期河南农业种植结构研究，除了河南地方史对该问题有零星分析和研究外，马雪芹等学者对此做出了很大努力。马雪芹的《明清河南粮食作物的地理分布及结构变化》考察了明清时期河南粮食作物的地理分布情况，并在此基础上分析了其结构发生的变化。④ 其《古代河南的水稻种植》考察了古代河南水稻种植的情况。⑤ 其《明清时期玉米、番薯在河南的栽种与推广》一文根据明清史料和各级地方志的记载，对明清时期玉米、番薯在河南的种植与推广情况进行叙述。⑥ 其《明清时期河南省部分经济作物的种植与分布》一文考察了明清时期河南省的油料作物、染料作物、嗜食作物的种植与分布情况。⑦ 另外，刘士岭的博士论文《大河南北，斯民厥土：历史时期的河南人口与土地（1368～1953）》的第五章，讨论了明清时期河南的主要粮食作物及分布、明清时期河南经济作物的种植与分布。⑧

关于明清时期京津冀地区农业种植结构研究，除京津冀地方史有零星涉及外，李增高等学者在此方面取得了不少研究成果。李增高的《白薯在北京地区的传播》探讨了历史上白薯在北京地区传播的大致情况。⑨ 他的《京津冀地区历史上的稻作类型品种及引种概况》考察了文献记载中的京津冀地区稻作类型及品种，并在此基础上探讨了这一地区历史上水稻引种

---

① 李军：《20 世纪 30 年代山东地区农业恐慌的历史分析——农作物种植结构视角的考察》，《历史视角中的"三农"：王毓瑚先生诞辰一百周年纪念文集》，中国农业出版社，2008，第 255 页。
② 苏远渠：《清代山东运河水灾与两岸农村社会经济》，硕士学位论文，曲阜师范大学，2005。
③ 苏远渠：《明清运河和鲁西南地区农作物种植结构的调整》，山东人民出版社，2007。
④ 马雪芹：《明清河南粮食作物的地理分布及结构变化》，《中国历史地理论丛》1996 年第 1 期。
⑤ 马雪芹：《古代河南的水稻种植》，《农业考古》1998 年第 3 期。
⑥ 马雪芹：《明清时期玉米、番薯在河南的栽种与推广》，《古今农业》1999 年第 1 期。
⑦ 马雪芹：《明清时期河南省部分经济作物的种植与分布》，《史学月刊》2003 年第 7 期。
⑧ 刘士岭：《大河南北，斯民厥土：历史时期的河南人口与土地（1368～1953）》，博士学位论文，复旦大学，2009。
⑨ 李增高：《白薯在北京地区的传播》，《中国土特产》1994 年第 5 期。

概况。① 他与李朝盈合作的《明代徐贞明与京畿地区的水利及稻作史话》考察了徐贞明对明代京畿地区水利发展的重要贡献，以及其栽种水稻的尝试。② 他的《明代北京地区的农业（续二）》考察了明代北京地区的农作物种类及农业生产技术问题。③ 他的《康熙御稻的育成与推广》考察了康熙御稻的育成及其在承德和江南推广的经过，以及在中国水稻育种史上的重要地位。④ 此外，李仲均的《京津保地区水稻栽植的历史》以京津保地区的河渠为线索，考察了这一地区水稻栽植的历史过程。⑤ 王栻、于以舜、翟乾祥合作的《天津历代种稻概述》考察了天津历史上种植水稻的情况。⑥ 谢志诚的《甘薯在河北的传种》考察甘薯于明万历以后在河北的传种情况。⑦ 李辅斌的《清代河北山西粮食作物的地域分布》考察了清代河北、山西两省的粮食作物分布情况。⑧ 李心纯的《黄河流域与绿色文明——明代山西河北的农业生态环境》一书，详细考察了明代山西、河北农业生态环境、人口、灾荒、农作物情况，其中对河北粮食作物、经济作物地域分布的研究有重要价值。⑨

应当承认，有关华北平原粮食种植结构的研究虽然取得了一定的成绩，但是，总体而言，其研究仍然相对薄弱。有关明清时期华北平原粮食种植结构的变化截至目前，没有专门的研究成果。学者们大都在通论或者分区域研究时对此问题有所涉及，长期以来没有形成专门的研究领域。因此，笔者认为有必要对明清华北平原粮食种植结构的变迁进行总体研究，并在此基础上总结其变化的原因及影响，期待给今天农业发展和粮食生产提供历史借鉴。

三 基本思路和研究方法

1. 相关概念界定

（1）华北平原

关于华北及华北平原、华北地区的概念讨论，学界研究成果较多。⑩ 就

---

① 李增高：《京津冀地区历史上的稻作类型品种及引种概况》，《古今农业》1999 年第 3 期。
② 李增高、李朝盈：《明代徐贞明与京畿地区的水利及稻作史话》，《北京农学院学报》2000年第 4 期。
③ 李增高：《明代北京地区的农业（续二）》，《古今农业》2001 年第 4 期。
④ 李增高：《康熙御稻的育成与推广》，《古今农业》2005 年第 3 期。
⑤ 李仲均：《京津保地区水稻栽植的历史》，《自然科学史研究》1983 年第 4 期。
⑥ 王栻等：《天津历代种稻概述》，《古今农业》1989 年第 2 期。
⑦ 谢志诚：《甘薯在河北的传种》，《中国农史》1992 年第 1 期。
⑧ 李辅斌：《清代河北山西粮食作物的地域分布》，《中国历史地理论丛》1993 年第 1 期。
⑨ 李心纯：《黄河流域与绿色文明——明代山西河北的农业生态环境》，人民出版社，1999。
⑩ 参见张利民《"华北"考》，《史学月刊》2006 年第 4 期。

自然地理而言，华北平原的范围有一个变化的过程。早期"华北平原"的地理范围包含了燕山以北地区的冀北高原和山地，以及燕山以南，太行山以东，大别山、伏牛山以北的大片平原和丘陵地区。近些时候，华北平原的地理范围有所缩小，包括燕山以南，大别山、伏牛山以北，太行山以东及黄海、渤海和山东丘陵之间的地区，主要由黄河、淮河和海河冲积而成，故又称黄淮海平原，总面积 30 多万平方公里，是我国第二大平原。就所属行政区划而言，大体包括今天的河北省、河南省、山东省、江苏与安徽两省北部地区和北京、天津二市，与美国学者施坚雅所言的华北经济区①相类。

需要指出的是，本研究所选取的地域——华北平原与当今自然地理概念中的华北平原范围不完全相同。为了研究的方便，本文所限定的明清华北平原范围大体包括明清两代的直隶（明代为北直隶）、河南、山东三省。

（2）粮食

传统"粮食"概念。中国传统的"粮食"定义有广义和狭义之分。狭义的"粮食"是指谷物类，即禾本科作物，包括稻谷、小麦、玉米、大麦、高粱、燕麦、黑麦、谷子、荞麦等；广义的"粮食"是指谷物、豆类、薯类的集合，包括农业生产的各种粮食作物，这与国家统计局每年公布的粮食产量概念基本一致。豆类，尤其是大豆，中国将其归类为粮食，联合国粮农组织将其归类为油料；薯类主要包括甘薯、马铃薯等。②

粮食部门的"粮食"概念。从粮食部门来看，粮食是指其经营管理的谷物、豆类、薯类商品品种，一般按贸易粮食口径统计。为了能在不同地区之间进行比较，粮食部门对粮食商品品种统一进行分类，规定排列顺序。几经变更，1994 年，我国粮食的五大品种定为小麦、大米、玉米、大豆、其他，这一划分标准一直沿用至今。③

国外"粮食"概念。国外通用的"食物""谷物"概念与中国"粮食"概念大不一样。英文"food"译为中文是"食物"，是指可吃的干物质。英文"grain"译为中文是"谷物"，*Webster's New Twentieth Century Dictionary*

① 〔美〕施坚雅：《中国农村的市场和社会结构》，史建云，徐秀丽译，中国社会科学出版社，1998。
② 肖春阳：《中外粮食、粮食安全概念比较》，《黑龙江粮食》2009 年第 2 期；李长风主编《粮食经济四百题》，中国商业出版社，1991。
③ 肖春阳：《中外粮食、粮食安全概念比较》，《黑龙江粮食》2009 年第 2 期。

注释为特指谷物植物生产的，如小麦、稻谷、玉米、黑麦。联合国粮农组织的"粮食"概念是指谷物，即小麦、稻谷、粗粮（包括大麦、玉米、黑麦、燕麦、高粱）。[①]

本研究采用广义上的粮食概念，即粮食作物包括谷物（小麦、玉米、稻谷）、大豆和薯类。[②]

（3）粮食种植结构

现代意义上的粮食种植结构，是指一定区域内粮食生产的品种、面积、产量之间的比例。粮食种植结构调整，是指一定区域内耕地上种植的农作物的品种、面积比例及分布区域的调整。也有学者认为，粮食种植结构的调整既包括粮食品种结构、品质结构调整，也包括区域粮食种植结构的调整。粮食作物的种植结构不仅会随着生产发展、政府决策的改变而变化，而且会受许多因素的影响，如自然条件、生产技术水平、耕作制度、经济发展水平、劳动力水平、市场需要状况以及粮食价格等因素。[③]

对于中国古代社会来说，粮食种植结构的调整主要指粮食品种结构和区域粮食种植结构的调整。这一调整不仅对满足日益增大的人口压力作用明显，而且对于灾荒救济、维护国家和社会的稳定具有重大意义。诚然，由于资料的限制，我们无法准确地计算明清时期华北平原各类粮食作物的种植面积比例的绝对值，也无法准确计算各粮食作物间的产量比例，只能对明清时期华北平原的粮食种植结构做一概略性的分析，如能反映粮食种植结构变迁的基本状况就达到目的了。

明清时期时间跨度500多年，这应该说不是一个很短的时间段，其间的粮食种植结构自然不是静态的。考察其间的变化是本研究的基本任务，但更重要的任务是考察粮食种植结构变迁背后的因素，如人口增长、耕地变化、政府决策、生产技术、品种引进等，而这些应该对当今社会更有借鉴意义。

2. 基本思路

第一章，主要通过对华北平原自然生态环境的考察来分析明清时期这一地区粮食种植结构调整的基本条件和环境。主要涉及以下几个方面内容：其一，华北平原的自然地理概况。华北平原位于中国的中北部，是一个以平原地形为主，兼有丘陵和山地的地理区划，加之基本处在黄河、海河等大河的

---

① 肖春阳：《中外粮食、粮食安全概念比较》，《黑龙江粮食》2009 年第 2 期。

② 杨春：《中国主要粮食作物生产布局变迁及区位优化研究》，博士学位论文，浙江大学，2009。

③ 严文廷：《农业经营管理》，内蒙古教育出版社，1987，第 45～50 页。

冲积扇上，水系较为发达，这就为大规模粮食作物种植提供了基本条件。从史前至现当代，华北平原一直是一个非常重要的农业区域，在中国农业史上具有举足轻重的地位，有着发展农业的历史传统。其农业类型主要是大田旱作农业，兼有其他农业类型。其二，华北平原的气候。华北平原处在北半球暖温带，属于半湿润、半干旱气候区，季风特征明显，导致农业灾害频发，威胁农业生产的发展。尤其是明清时期的华北平原受到"明清宇宙期"的影响，在大部分时间里，气候趋向干冷，致使干旱加剧，对粮食种植结构有着重要影响。其三，华北平原的水资源状况。华北平原上流淌着黄河、海河、淮河等多条河流，水系较为发达，形成了多个大河冲积扇，这为古代华北平原农业发展提供了先天有利条件。

第二章，主要讨论明清之前华北平原粮食种植结构的变化情况。一个地区的粮食种植结构不是一朝一夕形成的，必然有一个长期的演变过程。因此考察明清之前华北平原粮食种植结构的演变情况，意在通过比较的方式来反映明清时期华北平原粮食种植结构变迁情况。本部分大体分史前、夏商周、春秋战国、秦汉魏晋南北朝、隋唐宋元 5 个时期，考察华北平原粮食种植结构的演变情况，为后面讨论明清时期华北平原粮食种植结构变迁奠定基础。

第三、四章，主要考察明清时期华北平原粮食种植结构的变迁情况。有关粮食种植结构的讨论离不开对具体粮食作物品种、分布、产量、比重的讨论。因此，这两章一方面对明清时期华北平原的麦类、粟类、高粱、稻类、豆类、新作物的分布、产量、比重等问题分别进行考察；另一方面在考察以上各类粮食作物种植、分布情况的基础上，归纳出明清时期华北平原粮食种植结构演变的总体特征，找出这一时期的时空变化特点。

第五章，主要分析明清时期华北平原粮食种植结构变迁的动因。明清时期 500 多年里粮食种植结构变迁的原因是多重的，涉及多个方面。其一，气候变化是影响粮食种植、分布的基本因素，因此探讨粮食种植结构的演变离不开对气候变化的考察；其二，粮食种植结构调整的目的在于缓解因人地矛盾严重而造成的粮食危机。明清时期是中国人口快速增长的时期，尤其是清代，人口呈爆炸式增长。然而随着人口的急剧增加，耕地面积没有获得相应的增长，因此人均耕地面积不断缩小，到清中后期人均耕地面积只有二三亩。面对这种严峻的情况，开辟耕地，引种高产作物，调整粮食种植结构是当时必然的选择。其三，频繁而严重的灾害也对明清时期华北平原粮食种植结构产生重要影响。明清时期是中国古代灾害最为严重的时期之一，频繁的灾害不仅对农业生产产生了严重的影响，而且对生态环境的破坏也非常严重,如严重的土壤沙化、盐碱化等。为了应对自然灾害后的粮食危机,人们自然需要选择那些抗灾性较强的作物进行种植,这也对明清时期华北平原粮食作物的选择产生了不可忽视的影响。其四,经济作物如棉花、烟草等的种植对华北平原粮食种植结构的调整也产生影响。明清时期是棉花的大规模种植时期,大量的棉花种植自然会压缩粮食作物的种植空间,影响到粮食作物的种植结构。其五,政府政策、行为影响明清时期华北平原粮食种植结构。粮食是封建国家得以稳定运行的基础,粮食的短缺势必导致社会的不安定,因此封建统治者执行重农政策,颁布一些有利于农业发展的政策,采取行政手段对农业种植进行干预,如推广高产农作物,兴建农业水利设施等。诚然,明清时期华北平原粮食种植结构的变化并非单一因素起的作用,而是上述因素合力的结果。

第六章,讨论明清时期华北平原粮食种植结构调整的影响。粮食种植结构调整的影响是多方面的,其核心是提高粮食总产量,保障粮食安全,主要包括以下几个方面:其一,促进了华北平原种植制度的改变。种植制度与农作物种植结构密切相关,随着明清时期华北平原粮食种植结构的变迁,条件较好的地区的主要粮食作物如小麦等,基本形成了两年三熟制的种植制度。其二,粮食种植结构的变迁使得农业商品化趋势得以加强。农业商品化是明清时期一个较为普遍的趋势,华北平原粮食种植结构调整加快了这一地区农业商品化趋势。其三,对社会生活的多方面有所影响。一方面随着高粱、玉米、番薯种植的不断推广,人们的饮食生活中有了更多的食物来源,饮食结构逐渐有所变化。另一方面,随着这些高产、适应性强的作物的播种,华北平原抗御灾害的能力在不断加强。而且这些农作物用途多样,并非只是食用,还用做饲料、医用、河工材料等。不仅如此,明清华北平原粮食种植结构变迁也对后世产生了重要影响。其一,给民国及其后的华北平原粮食种植结构调整奠定了基础。民国时期,华北平原粮食种植结构承续明清时期的,小麦主体地位更为稳固,玉米、番薯地位提升,粟米地位下降。其二,为华北平原全国小麦主产区的形成创造了条件。明清时期,华北平原已是全国小麦播种面积最广的地区。民国及其后,小麦作为华北平原粮食主体的地位进一步得到巩固。其三,初步奠定了河南全国小麦主产省份的地位。清代河南小麦播种面积一般占耕地面积的50%以上,有些地方甚至超过70%,河南小麦在全国粮食生产中取得了举足轻重的地位,以至乾隆皇帝曾做出"豫省麦为秋,麦收天下足"的极高评价。明清时期河南小麦在全国粮食中的这种崇高地位,为今天河南小麦全国主产区地位的形成奠定了很好的基础。

最后为结论，主要分析明清时期华北平原粮食种植结构变迁对现代农业发展的启示。随着人口的增长、工业的发展、城镇化速度的加快，华北平原可耕地面积呈现下降的趋势，加之近些年来灾害不断，作为全国经济中心之一、全国粮食主产区的华北平原的农业发展受到较大影响，原有的粮食种植结构也日益显示不符合社会发展的趋势。面临新的形势，必须采取措施对华北平原粮食种植结构进行调整。这种调整必须建立在对各类农作物自身特性、各地土壤特点、水资源情况充分了解的基础上，根据国家实际需要、各地的实际情况、市场实际需求，有步骤、有针对性地进行科学调整。只有这样，才能起到通过调整粮食种植结构提高粮食生产力的作用。这既是历史的启示，又是现实的需要。

3. 研究方法

本课题的研究方法主要有三。

其一，多学科交叉的方法。在具体研究过程中，注意借助历史学、农学、计量学等相关理论和方法，对明清时期华北平原粮食种植结构调整问题进行研究。

其二，统计与分析相结合。在本课题的研究中，由于要讨论各类粮食作物的种植结构问题，所以要制作不少图表，并在此基础上进行分析，力求做到定量分析与定性研究的有机结合，以期反映明清时期华北平原粮食种植结构变迁的基本情况。

其三，资料研究与理论分析相结合。注意充分运用相关文献资料，做到具体描述与理论分析相结合，言之有据，史论统一。力求做到既有扎实的文献依托，又有相应的理论高度。

第一章　自然环境与华北平原农业发展

众所周知，农业是自然环境条件和社会经济环境条件综合作用的产物。无论人类社会经济环境条件如何变化，自然地理环境始终对农业有着深刻的影响。自然环境条件包括的要素很多，主要有地貌、气候、水文、植被、土壤等，这些因素均对农作物的生长、分布、品种选择，以及农业种植制度形成、耕作方法变革等产生重要影响。因此，在讨论明清时期华北平原粮食种植结构之前，非常有必要对这一地区的自然生态环境做一简要说明。

第一节　华北平原的地貌概况

华北平原位于我国东部，主体在东经114°～121°、北纬32°～40°，南北跨纬度11.2°，东西跨经度12.4°。西起太行山脉和豫西山地，东到黄海、渤海和山东丘陵，北起燕山山脉，西南到桐柏山和大别山，东南至苏皖北部，与长江中下游平原相连。延展在北京市、天津市、河北省、山东省、河南省、安徽省和江苏省5个省和2个直辖市中，面积约31万平方公里，是我国第二大平原。因其境内有海河、黄河、淮河三大水系，故又称黄淮海平原。

就地势而言，华北平原的地势均自山地向海洋倾斜，大致在天津、保定以北地势倾斜为西北—东南向，而在南部则倾斜西南—东北向。海拔均在100米以下，及至滨海地带，海拔仅2～3米；地面坡度甚为平缓，在1/20000～1/200。由于河流携土交互沉积，平原并不平整，且有一定的起伏，应属具有微度起伏的平原地区。

就地貌而言，华北平原大致可以划分为山麓带即侵蚀残丘及高阶地，山洪堆积而成的冲积扇及山麓平原（主要沿太行山及燕山一带分布），黄河、海河及滦河沉积物所组成的冲积平原，滨海三角洲平原，河流沉积物与冲积扇沉积物交互沉积所形成的一系列交界洼地及湖泊洼地，滨海河三角洲及部分海相物质所组成的滨海平原等类型。残丘和洼地受人为活动的影响，坡度不大时，可修筑梯田种植作物；冲积扇地带属于褐土地区，有草甸褐土，地下径流畅通，可以开发井灌，土壤没有盐渍化威胁，有利于农业种植；冲积平原土壤有浅色草甸土、褐土化草甸土、盐化草甸土，地下径流良好，可以灌溉，但是要防止地下水位升高，导致土壤的盐渍化；滨海平原大部分属于重盐渍土，地下径流停滞或者滞缓，进行农业开发时要先引水冲洗，才能进行农作物种植。[①]

第二节　华北平原的气候特点

一　华北平原气候概况

1. 华北平原的气候现状

华北平原的气候，属于暖温带季风大陆性半湿润气候，其主要特点是季节差别大、热量充足、气温差较大、降水不多但是很集中。

华北平原冬季受蒙古高气压的控制，降雪量少，气温偏低，盛行偏北风。夏季盛行偏南风，海洋气团可直达本区，空气湿润，容易形成降水，可以说本区降水60%以上集中于夏季，尤其是河北平原，夏季降水量竟占全年的3/4左右。夏季气温较高，与亚热带、热带不相上下，温暖期较长。降水与高温同期，利于喜温作物的生长，对农业生产是有利的。但是，华北平原降雨常以暴雨形式出现，且集中在7~8月，强烈的暴雨容易造成洪涝灾害。春秋两季是蒙古高压和太平洋高压的过渡时期，降水只占年降水量的10%~15%。由于降水不足，且气温升高很快（3月以后每4~6天，日平均气温升高1℃，4月气温超过10℃，5月猛增到20℃），所以华北平原的春旱往往很突出，旱情往往延续到6月中下旬，影响喜温作物的春播、出苗、保苗，也影响冬小麦在生长期对水分的需求，所以春旱对农业生产危害

---

① 以上参考熊毅、席承藩等《华北平原土壤》，科学出版社，1961，第35~48页。

很大。秋季空气稳定，风沙少，是一年中最好的季节。

概而言之，华北平原气候特点是：春季干旱多风，且大风与沙暴较多；夏季温度高，雨水集中；秋季秋高气爽；冬季寒冷干燥。①

2. 华北平原历史时期气候变化概况

根据目前学界的研究，华北平原经历过 4 个寒暖波动的历史时期。

第一次温暖时期。公元前 3500 年到公元前 1000 年左右，估计当时大部分时间内年平均温度比现在高 2℃ 左右，年降水量比现在多 200 毫米以上，是华北近 5000 年来最温暖的时期。

第一次寒冷时期。在公元前 1000 年到公元前 850 年之间的西周初期，气候比较寒冷干燥。但这次寒冷期不长，只持续了 150 年左右。

第二次温暖时期。在公元前 770 年到公元初（相当于东周秦汉时期），华北平原当时气候比现在温暖湿润，华北平原中部小麦收获时间提前到夏历四月。

第二次寒冷时期。在公元初到 6 世纪，相当于东汉、三国到南北朝时期，其中 4 世纪前半期寒冷气候达到顶点。贾思勰《齐民要术》中记载的华北物候现象和农作时间都比现在晚 15 ~ 28 天，可见当时河南、山东一带的气候比现在要冷。

第三次温暖时期。在公元 7 世纪到 9 世纪的隋唐时代。据记载，公元 650 年、669 年和 678 年的冬季，当时的都城长安（今陕西西安）无冰、无雪。可见隋唐时代比现在暖和得多。

第三次寒冷时期。在公元 10 世纪到 12 世纪，尤其是 12 世纪初南宋时代，气候变冷更加明显。公元 1170 年南宋诗人范成大于 10 月 20 日到达燕京（今北京西南）时，看到西山已经遍地皆雪。这种情况现在极为罕见，可见当时气候要比现在寒冷得多。

第四次温暖时期。公元 13 世纪气候又开始回暖，这种温暖气候可能一直持续到 13 世纪后半叶。

第四次寒冷时期。从公元 15 世纪到 19 世纪末（明清时期）长达 500 年，这次寒冷期对应于欧洲现代小冰期，是 5000 年来最寒冷的时期。其中公元 1470 年 ~ 1520 年、公元 1600 年 ~ 1720 年、公元 1840 年 ~ 1890 年最寒

---

① 参考刘昌明、魏忠义等《华北平原农业自然条件与区域开发研究》，科学出版社，1989，第 10 页；《中国自然地理》编写组：《中国自然地理》（第二版），高等教育出版社，1984，第 185 ~ 190 页；任美锷主编《中国自然地理纲要（修订第三版）》，商务印书馆，1992，第 169 ~ 170 页。

冷。①

通过对上述气候变化史料的分析，可见在华北平原近 5000 年中的最初 2000 年，也就是从仰韶文化到殷商时期，大部分时间年平均温度比现在高 2℃左右，是 5000 年来最温暖的时期。自那以后，气候寒暖交错，秦汉、隋唐、元初等时期比较温暖，周初、三国至南北朝、南宋、明清等时期比较寒冷。气候的变化，对农业生产有很大的影响。明清时期，气温下降，湿度降低，这加剧了华北平原农业生产的干旱化程度。

二　华北平原历史时期主要气候灾害概况

华北平原由于特殊的气候区位，历史上一直是一个水旱灾害非常严重的地区。

古史中有不少关于这一地区遭受水灾的记载。《孟子·滕文公上》云："当尧之时，天下犹未平，洪水横流，泛滥于天下，草木畅茂，禽兽繁殖，五谷不登。"②《孟子·滕文公下》又云："当尧之时，水逆行，泛滥于中国，蛇龙居之，民无所定，下者为巢，上者为营窟。"③《荀子·富国篇》云："禹十年水，汤七年旱。"④尧舜禹时期，其统治区域中华北平原占主体，这些资料反映了尧舜禹时期洪水泛滥的情况。

夏商时期，华北平原自然灾害仍很严重，主要表现在夏末商初旱灾的长期持续上。《荀子》所言"汤七年旱"已说明商初旱灾的基本情况，且连旱七年说明这次旱灾的严重程度。商代中期，华北平原广大地区，洪涝灾害比较严重。商前中期的多次迁都，都与水灾有密切关系。

商末周初，华北平原的旱灾比较严重，其中西周厉、宣、幽王到东周平王时期的 100 多年间，严重干旱达 25 次之多。这说明当时整体气候是干旱的，旱灾在当时的自然灾害中比较突出。

春秋至汉初的 600 多年间，华北平原旱涝相间，气候灾害复杂。大体而言，公元前 719 年至公元前 662 年为多涝灾时期，公元前 661 年至公元前 587 年为多旱灾时期，公元前 586 年至公元前 549 年为涝灾偏多期，公元前 548 年至公元前 423 年为多旱时期，公元前 422 年至公元前 366 年为涝灾偏多期，公元前 365 年至公元前 311 年为偏旱时期，公元前 310 年至公元前

①　竺可桢：《中国近五千年来气候变迁的初步研究》，《考古学报》1972 年第 1 期。
②　朱熹：《四书章句集注·孟子集注·滕文公上》，中华书局，1983，第 259 页。
③　朱熹：《四书章句集注·孟子集注·滕文公下》，第 271 页。
④　王先谦：《孟子集解》卷 6《富国篇》，中华书局，1988，第 195 页。

271 年为多洪水期，公元前 270 年至公元前 201 年为偏旱时期，公元前 200 年至公元前 161 年为偏涝灾时期，公元前 160 年至公元元年为偏旱时期。

汉初至明清时期，华北平原的旱涝灾害更是频繁发生。大体而言，在这 2000 年左右的历史时期中，华北平原的旱涝变迁呈现 4 个基本特征："第一，旱涝灾害的世纪性交替。在 2000 年左右中黄淮海平原的旱涝灾害有多次百年尺度的变化。第二，旱涝灾害频率变化的准周期值。在百年尺度上黄淮海平原的旱涝频率虽有明显的交替，但这种交替变化不表现为严格的周期值。旱灾频繁时期和涝灾频繁时期所间隔的时间长度并不相一致。如 12 世纪的旱灾多发时期比其前后两个涝灾多发时期均要短得多。第三，旱涝灾害频率的南北差异。黄淮海平原南北两部分各自的旱涝灾害频率，从大的波动来看，两者基本相同，但具体起伏的时间和小的波动仍有一些差异。如平原北部在 8 世纪初已进入涝灾多发阶段，而平原南部则要晚一个世纪左右。15 世纪初平原北部进入旱灾多发时期，而平原南部要迟至 16 世纪中叶旱灾频率才相应增加。到 17 世纪中叶平原南部涝灾增多，但平原北部仍然处在旱灾偏多的时期。第四，黄淮海平原的北旱南涝。这表现在两个方面，其一，涝灾多发时期一般平原北部略短于平原南部，而旱灾多发时期则有相反的变化。其二，在相同的涝灾多发时期，涝灾频率一般是平原南部高于平原北部，而在旱灾多发时期，旱灾频率则平原北部高于平原南部。这两方面组合的结果是黄淮海平原南部涝灾要比北部为多，而旱灾则南北两部分呈相反的分布。"[①]

所以说从历史和现在的气候条件来看，华北平原并非是农业生产条件最为优越的地区。

第三节　华北平原水资源概况

水是农业的命脉，农业的发展离不开水资源。由于土壤与气候的特殊性，农业生产中水分供应必不可少，水资源的充足是提高农业生产力的一个特别重要的因素。

水资源有两种：一种为地表水，即地表径流，如江、湖、水库、地上积雪、冰；一种为土壤水，即地下径流等。它们的补给归根结底均依赖于降

---

① 邹逸麟：《黄淮海平原历史地理》，安徽教育出版社，1993，第 60 页；李克让等：《华北平原旱涝气候》，科学出版社，1990，第 80~84 页。

水。我国水资源人均为 2200 立方米，而华北平原人均仅为 335 立方米，不足全国人均数的 1/6。可以说，华北平原的水资源是比较匮乏的，这不免对这一地区的农业生产产生不利影响。

一　水系分布

华北平原境内河流众多，水流归属三大水系：海滦河水系、淮河水系（包括沂、沭、泗等河）和黄河下游水系。海滦河水系包括滦河和海河以及冀东沿海诸河，其中海河由蓟运、北运、潮白、永定、大清、子牙、漳卫等水流组成。在历史上海河水系除蓟运河单独入海外，其余各河都曾汇注天津附近，从海河流入大海。这种河流流向容易使海河在夏季降水量集中时在河口地区发生水灾。淮河流域分为淮河水系和沂沭泗水系，以废黄河为界，以南为淮河水系，以北为沂沭泗水系。淮河支流众多，较大的支流有白露河、史灌河、涠河、东肥河、池河、沣河、洪汝河、沙颍河、西肥河、涡河、漤潼河、新汴河等。沂沭泗水系发源于山东沂蒙山区，由沂河、沭河、泗水等水流组成。泗水在历史上长期是联系中原与江淮地区的交通要道，自元代后逐渐成为大运河的一部分。[①] 黄河流过孟津以后进入冲积平原，经河南省、山东省，最后在山东省利津附近注入渤海。黄河因含沙量很高，故其河道大量泥沙沉积，淤塞河床，使其易于改道。据历史记载，黄河大小改道、决口多达 1500 余次。多次的黄河大改道，对华北平原沉积物的特性产生了决定性作用，进而对这一地区的生态平衡、农业生产、社会生活产生了非常重要的影响。如在明代，黄河夺淮入海，对华北平原农业生产、人民生活影响尤其大。

二　地表水资源

华北平原属于季风气候，地势平坦，水系结构独特，使本地区的地表水资源在数量和变化方面都具有独特之处。其中地表径流量是衡量地表水资源的重要指标，而地表径流量主要取决于降水。华北平原的年均降水量变化介于 500 毫米至 1000 毫米之间，高低相差 500 毫米以上，自南向北、自东向西依次减少。降水量最多的地区在淮、沂、沭、泗四河下游，约 1000 毫米。这是由距海远近，地形与地理位置的差别，以及形成降水的环流条件等因素

---

① 参考水利部治淮委员会《淮河水利简史》编写组《淮河水利简史》，水利电力出版社，1990。

决定的。

地表径流量的分布与降水量的分布趋势大致相似，总的来说是南多北少，东多西少，山地多于平原。但径流量地区分布的不均匀性比降水量的不均更为严重。泰沂山前平原、淮北诸河平原下游，由于有径流形成的各种条件，因此为多水带，年径流深为200毫米至600毫米。淮河以北的平原及其周围山地，主要包括黄河以南平原大部分及海河北四河系及沿海地区，因地势处于过渡带，一般年径流深介于50毫米至200毫米之间。淮河以北的海河南三河系平原，因地势不利于排泄，年径流深介于25毫米至50毫米之间。

径流量的季节分配也很不均匀，因径流的补给以雨水为主，夏季降水量集中，径流量也就大。65%的年径流量集中于夏季3个月，8月是全年径流量最大的月份，可占全年的20%～30%，因而形成夏汛期和冬春的枯水期。[①]

三　地下水资源

地下水是水资源的重要组成部分，对支撑我国经济社会可持续发展具有不可替代的作用。华北平原地下水资源包括浅层地下水和中深层地下水两部分，以前者为主。平原区浅层地下水丰富，具有储量大、埋藏浅、增补快、宜开采的特点。它与地表水相结合，井渠并用，是农田灌溉的主要水源。[②]对于华北平原而言，在地表水资源不足的情况下，在发展农业的过程中，对地下水进行合理利用是一个必然的选择。

华北平原各地的地下水资源，由于地形、地势、地表径流、蒸发量等因素，深度不一。就深度来说，华北平原地下水的分布情况与地形相符合。冲积扇与山麓平原地势相对高起，地下水埋藏较深，尤其在太行山冲积扇下，地下水埋藏更深。平原地区大致可分为南北两部分，平原南部地势相对较高，地下水埋藏较深；平原北部地势较低，地下水埋藏较浅。滨海地区地下水埋藏也比较浅。

第四节　自然环境与华北平原农业生产

自然环境是粮食作物生长最为基础的条件，粮食作物只有与自然环境相

---

① 参考刘昌明、魏忠义等《华北平原农业水文及水资源》，科学出版社，1989，第37～39页。
② 胡廷积主编《河南农业发展史》，中国农业出版社，2005，第19页。

适应才有可能得到推广。自然环境包含的因素很多，与粮食生产密切相关者主要有地貌、气候、水文、土壤等，这些因素均对粮食作物的品种选择、具体分布、种植制度形成、耕作方法变革等产生重要影响。而一定区域内的粮食作物也正是在逐渐适应自然环境诸多因素的情况下才得以推广的。从这个意义上来讲，是自然环境诸因素共同选择了区域内粮食作物的种类，决定了其分布范围。

华北平原主要粮食作物正体现了自然环境对粮食作物的这种选择和决定作用。华北平原广阔的冲积平原、和缓的冲积扇为小麦、粟谷等大田作物的广泛种植提供了良好的土地空间。华北平原暖温带半湿润大陆性季风气候，为冬小麦的生长提供了基本的温度、水分条件，但同时也容易引发水旱灾害，对粮食生产造成严重威胁，需要选择抗旱耐涝的农作物与之相适应。而长久以来粟谷适应了这种气候条件，成了该区域传统的旱地作物；玉米、甘薯也因具有良好的抗旱耐涝性而在明清时期得以广泛传播和种植。华北平原水资源的总量不足、人均量少，也使得在选取粮食作物时只能倾向于选择抗旱的种类，虽然有水稻种植，但多呈点块状分布。

总之，华北平原的自然环境决定了本区域以旱作农业为主的农业生产模式，而小麦、粟谷、玉米、高粱等旱地粮食作物正是在与华北平原自然环境的长期适应过程中确立自己的重要地位。

第二章　明清以前华北平原
粮食种植结构变迁

任何一个地区粮食种植结构的形成都不是一朝一夕完成的，都有着一个逐渐演变的长期过程，明清时期的华北平原也是一样。因此，要想考察明清时期华北平原粮食种植结构的演变，需要先对明清之前这一区域粮食种植结构的变化做一分析，以明了其发展脉络。

第一节　史前时期华北平原粮食种植结构

史前时期的华北平原是当时我国先民的主要聚居地区，也是中华文明最早的起源地之一。支撑华北平原这一历史地位的最为重要的支柱是当时已经起源并有所发展的原始农业。那么史前时期华北平原农业状况如何，农作物种植结构又怎样呢？他们都栽培哪些农作物品种？这些都是需要我们探讨的。

一　华北平原原始农业的起源

华北平原农耕历史悠久，根据现代学者的研究，其农业起源于万年前。河北阳原于家沟、河北徐水南庄头、北京东胡林、北京怀柔转年等遗址中已蕴含一些农业萌芽的线索。于家沟遗址位于河北省阳原县境内的泥河湾盆地，发掘于 1995～1997 年，该遗址中发现了中国北方最早的陶器。南庄头遗址位于河北省徐水县境内的一处新石器时代早期遗址发掘于 1986 年和 1997 年，该遗址中发现家猪、家狗的遗骨，草本花粉，以及陶器、石磨盘、石磨棒等。经测定，南庄头遗址距今 10500～

9700 年[1]。北京东胡林遗址在门头沟区军饷乡东胡林村西侧，该遗址出土石磨盘、石磨棒和夹砂粗陶。经北京大学考古文博学院科技考古与文物保护实验室测定，东胡林遗存的年代在距今 1 万年前后，属新石器时代早期[2]。北京怀柔转年遗址位于北京北部怀柔县宝山寺乡转年村，是一处新石器早期遗址；1992 年发现并试掘，1995 年秋至 1996 年春发掘；出土有石斧、石磨盘、石磨棒和夹砂褐陶。该遗址的年代，经对出土木炭标本的碳十四测定可知，距今 9800～9200 年[3]。陶器是农业生产发展的产物，家畜的饲养需要用谷糠做饲料，尤其是对猪的饲养，必须依赖于农业的发展。由此我们可以推断，新石器时代早期华北平原的原始农业已经起源并有所发展。

二　新石器时代华北平原粮食种植结构

1. 以粟、黍为主的早期

原始农业产生之后，自然就有了农作物的种植问题，考古发掘已给我们展示了新石器时代华北平原农作物种植情况。

通过考察，华北平原新石器时代早期的遗址中出土过农作物遗存，主要品种有粟、黍、稻。河南新郑沙窝李遗址中发现分布面积 0.8～1.5 平方米的粟的炭化颗粒[4]；许昌丁庄遗址一方形半地穴房子中发现炭化粟粒[5]，经鉴定，丁庄遗址中的炭化粟粒为春谷[6]。滕州北辛遗址的陶碗、钵及小口壶的底部发现粟糠痕迹[7]。此外，河南密县莪沟[8]、渑池班村[9]、巩义坞罗西坡、偃师府店东址[10]

---

① 保定地区文物管理所等：《河北徐水县南庄头遗址试掘简报》，《考古》1992 年第 11 期；王珥：《徐水南庄头遗址又有重要发现》，《中国文物报》1998 年 2 月 11 日。

② 赵朝洪、郁金城、王涛：《北京东胡林新石器时代早期遗址获重要发现》，《中国文物报》2003 年 5 月 9 日；于德源：《浅议北京东胡林遗址的新发现》，《农业考古》2006 年第 4 期。

③ 郁金城：《北京市新石器时代考古发现与研究》，《跋涉集》，北京图书馆出版社，1998；北京大学考古系碳十四实验室：《碳十四年代测定报告（一〇）》，《文物》1996 年第 6 期。

④ 王吉怀：《新郑沙窝李遗址发现碳化粟粒》，《农业考古》1984 年第 2 期。

⑤ 吴梓林：《古粟考》，《史前研究》1983 年第 1 期。

⑥ 张履鹏：《谷子的起源与分类史研究》，《中国农史》1986 年第 1 期。

⑦ 中国社会科学院考古研究所山东队等：《山东滕县北辛遗址发掘报告》，《考古学报》1984 年第 2 期。

⑧ 河南省博物馆等：《河南密县莪沟北岗新石器时代遗址》，《考古学集刊》1988 年第 1 期。

⑨ 孔昭宸、刘长江、张居中、靳桂云：《中国考古遗址植物遗存与原始农业》，《中原文物》2003 年第 2 期。

⑩ 李昆娥、〔加〕盖瑞·克劳福德、刘莉、陈星灿：《华北地区新石器时代早期至商代的植物和人类》，葛人译，《南方文物》2008 年第 1 期。

以及山东济南月庄①等遗址中都发现有新石器时代早期粟的遗存。对临淄后李遗址进行的孢粉分析发现有禾本科植物的花粉，其形态酷似现在的谷子。② 章丘西河和小荆山后李文化遗址中土壤样品的植物硅酸体也呈现类似现在谷子的形态。以上新石器时代早期遗址出土情况表明，粟是这一时期华北平原主要种植的农作物之一。

关于黍的遗存，在一些遗址中也有发现。20 世纪 70 年代河北武安磁山遗址③中出土了大量农作物遗存，当时被认定是距今 8000 年左右的栽培粟。2009 年吕厚远等学者对此进行重新分析，认为在距今 10300～8700 年的样品中，炭化粮食的植硅体全部是黍；而在距今 8700～7500 年期间，开始出现少量粟的植硅体，但粟的含量一直没有超过 3%，依然是以黍为主。④ 此外在新郑裴岗岗文化遗址中发现的炭化作物籽粒，经农学家李璠鉴定为黍；⑤ 在山东济南月庄遗址中也出土了 40 粒炭化黍⑥。虽然我们无法确定新石器时代早期黍在农作物中的确切比重，但其为这一时期主要种植的农作物之一是毋庸置疑的。

稻作遗存主要是在河南舞阳贾湖遗址和山东济南月庄遗址中有所发现。在贾湖遗址中，出土了上千粒炭化稻谷，另外还有大量的植物硅酸体，经过浮选也发现其中有栽培稻谷。形态学研究表明，贾湖古稻多数为栽培粳与偏粳稻，少部分为栽培籼与偏籼稻。贾湖遗址出土木炭标本经碳十四测年树轮校正值为距今 8942～7868 年。⑦ 济南长清区月庄遗址发现了后李文化时期的炭化水稻 26 粒，由于现在没有足够证据证明它们就是栽培品种，所以研究者认为，这 26 粒水稻既有可能是野生稻，也有可能是栽培稻。⑧

---

① 山东大学东方考古研究中心：《山东济南长清区月庄遗址 2003 年发掘报告》，山东大学东方考古研究中心编《东方考古》第 2 集，科学出版社，2005，第 247 页。

② 严富华、麦学舜：《淄博临淄后李庄遗址的环境考古学研究》，《中国第二届环境考古学术讨论会论文》，1994，油印稿。

③ 周本雄：《河北武安磁山遗址的动物骨骼》，《考古学报》1981 年第 3 期。

④ Houyuan Lu etc，"Earliest Domestication of Common Millet（Panicum Miliaceum）in East Asia Extended to 10，000 Years Ago"，*PNAS* 18Per.，106Vol.，2009.

⑤ 李璠：《中国栽培植物起源与发展简论》，见王玉棠等主编《农业的起源和发展》，南京大学出版社，1996，第 11 页。

⑥ 山东大学东方考古研究中心：《山东济南长清区月庄遗址 2003 年发掘报告》，山东大学东方考古研究中心编《东方考古》第 2 集，科学出版社，2005，第 247 页。

⑦ 陈报章、张居中：《河南舞阳贾湖新石器时代遗址稻作遗存的发现及古文化生态学研究》，《徐州师范学院学报》1995 年第 4 期。

⑧ 山东大学东方考古研究中心：《山东济南长清区月庄遗址 2003 年发掘报告》，山东大学东方考古研究中心编《东方考古》第 2 集，科学出版社，2005，第 247～249 页。

由华北平原出土的新石器时代早期农作物遗存的情况来判断，当时华北种植的农作物种类有粟、黍、稻，以粟、黍为主，水稻为辅。为说明华北平原新石器时代早期农作物种植情况，依据收集到的考古资料列表2-1如下。

表2-1　新石器时代早期植物遗存出土情况统计

出土作物 遗址	粟	稻	麦	豆	黍
山东济南月庄(后李文化)	有	未说明属于栽培还是野生	—	—	有
山东滕县北辛(北辛文化)	有	—			
山东长岛北庄(北庄一期文化)					有
河南新郑裴李岗(裴李岗文化)	有				
河南新郑沙窝李(裴李岗文化)	有				
河南偃师府店东(裴李岗文化)	有				
河南舞阳贾湖(距今约8000年)		有		有(野生)	
河南巩义市西村镇坞罗村坞罗西坡(裴李岗文化)	有				
河南许昌丁庄(裴李岗文化)	有				
河北武安磁山(磁山文化)	—	—	—	—	有

表2-1的10处遗址中，有7处有粟遗存，3处有黍遗存，1处有稻遗存，1处有野生豆遗存。虽然收集的资料不是足够多，但已清楚地说明这一时期粮食种植结构中粟占绝对主体地位。

2. 以粟稻为主、多元格局初现的中期

新石器时代中期，华北平原农作物品种逐渐增多，除了原来的粟、黍、稻外，新增了豆、麦等作物，华北平原农作物种植更加多元化。粟的遗存发现数量最多，如河南洛阳王湾一期出土的生活用具的器壁上有粟的痕迹；[1] 在广饶傅家大汶口文化遗址的一件鼎器内曾发现过粟粒；[2] 在枣庄建新遗址大汶口文化灰坑内获取了60粒轻度炭化粟粒的籽实；[3] 在胶县三里河遗址窖穴内发现了大量炭化粟粒，据推算可能有三四千斤。[4] 此外在河南临汝大

---

[1] 北京大学考古实习队：《洛阳王湾遗址发掘简报》，《考古》1961年第4期。

[2] 山东省文物考古研究所等：《山东广饶新石器时代遗址调查》，《考古》1985年第9期。

[3] 山东省文物考古研究所等：《枣庄建新》，附录，科学出版社，1996；孔昭宸、刘长江、张居中、靳桂云：《中国考古遗址植物遗存与原始农业》，《中原文物》2003年第2期。

[4] 中国社会科学院考古研究所：《胶县三里河》，科学出版社，1988；何德亮、张云：《山东史前居民饮食生活的初步考察》，《东方博物》2006年第2期。

张①、巩义市坞罗水库、巩义市芝田镇喂庄（仰韶文化）、巩义市天坡村②、淅川黄楝树、郑州大河村、洛阳孙旗屯、郑州林山砦、安阳后岗、三门峡南交口、河北正定南杨庄、新乐北郊伏羲台、邢台南瓦窑、邯郸赵城和山东莱阳于家店等遗址中出土粟的遗存。可以说，粟是华北平原新石器时代中期最主要的农作物，不仅种植面积大，而且分布很广泛。

水稻在这一时期发展很快，发现的遗存比早期要多。河南渑池仰韶村、洛阳高崖、洛阳王湾、淅川黄楝树、下王岗、淅川下集、郑州大河村、三门峡南交口、社旗谭岗、内乡小河③、巩义羽林庄以及河北邯郸赵城等遗址都发现水稻印痕或稻叶、稻秆。④ 在河南邓州八里岗遗址中发现水稻植硅石，且随着时间的推移，到石家河文化时期，植硅石含量比仰韶文化中晚期的要高，这就反映当地稻作农业在不断发展，其种植规模在不断扩大⑤。此外，兖州王因遗址中的禾本科植物的花粉有可能属于稻（oryza sativa）。⑥ 胶东半岛北部的蓬莱市大仲家遗址、位于沭河上游的莒县盆地的集西头和段家河遗址（大汶口文化早期）中都有水稻植硅体。⑦ 截至目前，学界未在山东新石器时代中期的考古学文化遗址中发现栽培水稻实物。

有关黍的遗存，在河南巩义市坞罗水库（仰韶文化）、巩义市芝田镇喂庄（仰韶文化）、巩义市天坡村（仰韶文化），以及山东长岛北庄遗址一期等遗址中都有出土⑧。

---

① 黄其煦：《黄河流域新石器时代农耕文化中的作物》，《农业考古》1982 年第 2 期。

② 李㛃娥、〔加〕盖瑞·克劳福德、刘莉、陈星灿：《华北地区新石器时代早期至商代的植物和人类》，葛人译，《南方文物》2008 年第 1 期。

③ 张居中、孔昭宸、刘长江：《舞阳史前稻作遗存与黄淮地区史前农业》，《农业考古》1994 年第 1 期。

④ 安志敏：《中国的史前农业》，《考古学报》1988 年第 1 期；洛阳博物馆：《洛阳高崖遗址试掘简报》，《文物》1981 年第 7 期；北京大学考古实习队：《洛阳王湾遗址发掘简报》，《考古》1961 年第 4 期；长江流域规划办公室考古队河南分队：《河南淅川黄楝树遗址发掘报告》，《华夏考古》1990 年第 3 期；安志敏：《略论三十年来我国新石器时代考古》，《考古》1979 年第 5 期。

⑤ 姜钦华、张江凯：《河南邓州八里岗遗址史前稻作农业的植硅石证据》，《北京大学学报》（自然科学版）1998 年第 1 期。

⑥ 高广仁、胡秉华：《王因遗址形成时期的生态环境》，《庆祝苏秉琦考古五十五年论文集》，文物出版社，1989；孔昭宸、杜乃秋：《山东兖州王因遗址 77sywT4016 探方孢粉分析报告》，《山东王因一新石器时代遗址发掘报告》，科学出版社，2000。

⑦ 中国社会科学院考古研究所：《胶东半岛贝丘遗址环境考古》，社会科学文献出版社，1999；齐乌云等：《山东沭河上游出土人骨的食性分析研究》，《华夏考古》2004 年第 2 期。

⑧ 李㛃娥、〔加〕盖瑞·克劳福德、刘莉、陈星灿著，葛人译《华北地区新石器时代早期至商代的植物和人类》，《南方文物》2008 年第 1 期。

此外，这一时期的人们还种植了一些新的农作物。在陕县庙底沟文化遗址中发现麦类的印痕，距今有 7000 年的历史；[1] 在郑州大河村遗址中发现有一瓮高粱和麻籽炭化物[2]，山东枣庄建新大汶口文化遗址中曾出土豆，但种属不明。

出土的实物资料使我们知道，当时人们种植的农作物品种可能有粟、稻、黍、麦、高粱等。不过，从出土实物数量来判断，在新石器时代中期，华北平原主要以粟作为主。学者对山东莒县小朱家村遗址中出土的人骨进行碳、氮同位素分析，发现山东沭河上游普通老百姓的食物在大汶口晚期时以粟为主，在食物中占 65.1%；栖霞市古镇都遗址的人骨测量显示，当地人的食物是以 C^4 类粟作农业为主[3]。水稻的种植在这一时期呈现增多的态势，考古实物出土的数量比前期增加许多，有的地方甚至还以水稻作为主要的耕种对象，像莒县陵阳河人的生活就是以 C^3 类稻米为主（占食物的 66.4%）。[4]

为说明这一时期华北平原粮食种植的基本结构，特列表 2－2。

表 2－2　新石器时代中期植物遗存出土情况统计

遗址 ＼ 出土作物	粟	稻	麦	豆	黍
山东枣庄建新(大汶口文化)	有	—	—	豆类（未说明属于哪种）	—
山东蓬莱大仲家(大汶口文化早期)	—	水稻植硅体	—	—	—
山东胶县三里河(大汶口文化)	有	可能属于稻类	—	—	—
山东兖州王因(大汶口文化)	有	—	—	—	—
山东广饶傅家(大汶口文化)	有	—	—	—	—
山东莱阳于家店(大汶口文化早期)	有	—	—	—	—
山东莒县集西头河(大汶口文化晚期)	—	水稻植硅体	—	—	—
山东莒县龙山镇段家河(大汶口文化晚期)	—	水稻植硅体	—	—	—
河南邓州八里岗(仰韶文化)	—	有	—	—	—

[1] 金善宝：《中国小麦学》，中国农业出版社，1996，第 18 页。

[2] 郑州市博物馆：《郑州市大河村遗址发掘报告》，《考古学报》1979 年第 3 期。

[3] Lanehar Rheta E.，Tykot Robert H.，方辉、栾丰实、于海广、蔡凤书、〔美〕文德安、〔美〕加里·费曼、〔美〕琳达·尼古拉斯：《山东日照市两城镇遗址龙山文化先民食谱的稳定同位素分析》，《考古》2008 年第 8 期。

[4] 齐乌云等：《山东沭河上游出土人骨的食性分析研究》，《华夏考古》2004 年第 2 期；蔡莲珍、仇士华：《碳十三测定和古代食谱研究》，《考古》1984 年第 10 期。

续表

遗址＼出土作物	粟	稻	麦	豆	黍
河南临汝大张(仰韶文化)	有	—	—	—	—
河南巩义坞罗水库(仰韶文化)	有	—	—	—	有
河南巩义芝田镇喂庄(仰韶文化)	有	—	—	—	有
河南巩义天坡村(仰韶文化)	有	—	—	—	有
河南淅川黄楝树(屈家岭文化)	有	有	—	—	—
河南洛阳王湾(仰韶文化)	有	有	—	—	—
河南郑州大河村(仰韶文化)	有	有	—	—	—
河南洛阳孙旗屯(仰韶文化)	有	—	—	—	—
河南安阳后岗(仰韶文化)	有	—	—	—	—
河南渑池仰韶村(仰韶文化)	—	有	—	—	—
河南淅川下集(仰韶文化)	—	有	—	—	—
河南淅川下王岗(仰韶文化)	—	有	—	—	—
河南洛阳西高崖(仰韶文化)	—	有	—	—	—
河南陕县庙底沟(距今 7000 年)	—	—	有	—	—
河南郑州林山砦(仰韶文化)	有	—	—	—	—
河南三门峡南交口(仰韶文化)	有	有	—	—	—
河南淅川社旗谭岗(仰韶文化)	—	有	—	—	—
河南内乡小河(仰韶文化)	—	有	—	—	—
河南巩义羽林庄(仰韶文化)	—	有	—	—	有
河北正定南杨庄遗址(仰韶文化)	有	—	—	—	—
河北邯郸赵城遗址(仰韶文化)	有	有	—	—	—
河北新乐北郊伏羲台(仰韶文化)	有	—	—	—	—
河北邢台南瓦窑(仰韶文化)	有	—	—	—	有

在表 2 – 2 所列 32 个新石器时代中期考古遗址中，其中有粟作遗存 19 个，有稻作遗存 17 个，有黍作遗存 5 个，有麦作遗存 1 个，有豆类遗存 1 个。显然，从发掘的遗存来看，新石器中期华北平原的粮食种植是以粟稻为主，多品种开始出现，而且和前期相比，这一时期在一般情况下以种植两种作物为多，或粟稻，或粟黍，实行多品种农作物种植方式，而不是种植单一的农作物。多品种农作物种植方式的意义一是可以提高农业的总体产量，二是能降低单系粮食种植的危险系数，这是古代农业发展的水平的一个重要标志。

3. 粟稻黍并重、五谷形成的晚期

新石器时代晚期，华北平原的农作物种植结构发生了变化，稻的地位上升，与粟并重，五谷基本形成。

粟依然是华北平原新石器时代晚期重要的农作物。栖霞杨家圈遗址中出土掺杂了粟皮壳和茎叶的红烧土，外墙皮中则有大量粟粒及颖壳，脉纹印痕清晰[①]；在莱阳于家店遗址中发现了不少粟壳痕迹，与杨家圈遗址的粟粒相同，可以断定为粟；枣庄二疏城遗址中的一件磨光黑陶罐内装满了已经炭化的粟类遗存。此外在山东日照两城镇、茌平教场铺、胶州赵家庄[②]、济南大辛庄，以及河南新安县石寺镇寺沟、偃师马屯、巩义市坞罗南店、登封王城岗、巩义市鲁庄镇念子庄西北等遗址中都曾出土粟。

从对现有考古资料统计中可见，稻作农业获得快速发展，其发展程度可能超过粟。栖霞杨家圈遗址龙山文化灰坑内曾发现稻谷的痕迹[③]；从胶州市赵家庄遗址中出土 370 粒炭化稻米；在滕州庄里西遗址中发现人工栽培的粳稻[④]；临淄桐林田旺龙山文化遗址的灰坑内发现水稻植物硅酸体[⑤]；在日照尧王城龙山文化遗址出土的 10 余粒炭化水稻，经专家鉴定，可能是人工栽培的粳稻[⑥]；在日照两城镇遗址，专家根据土壤样品中的水稻硅酸体分析，认为当时稻作农业具有重要地位[⑦]；从五莲丹土遗址的土样中，检测出水稻的植硅体[⑧]；从临淄桐林遗址的多个灰坑的采样中检测出水稻的植硅体，研究者认为此处可能是贮存或加工稻谷的场所[⑨]；在河南新密市刘寨镇发现的新砦遗址，表明当地在龙山文化时期也是以稻作农业为主。

---

① 北京大学考古实习队、山东省文物考古研究所：《栖霞杨家圈遗址发掘报告》，严文明主编《胶东考古》，文物出版社，2000，第 198~199 页。

② 靳桂云、燕生东、〔日〕宇田津彻郎等：《山东胶州赵家庄遗址 4000 年前稻田的植硅体证据》，《科学通报》2007 年第 18 期。

③ 山东省文物考古研究所等：《山东栖霞杨家圈遗址发掘简报》，《史前研究》1984 年第 3 期；北京大学考古学系、烟台市博物馆：《栖霞杨家圈遗址发掘报告》，《胶东考古》，文物出版社，2000。

④ 孔昭宸、刘长江、何德亮：《山东滕州市庄里西遗址植物遗存及其在环境考古学上的意义》，《考古》1999 年第 7 期。

⑤ 靳桂云等：《山东临淄田旺龙山文化遗址硅酸体研究》，《考古》1999 年第 2 期。

⑥ 中国社会科学院考古研究所：《尧王城遗址第二次发掘有重要发现》，《中国文物报》1994年 1 月 23 日。

⑦ 〔加〕凯利·克劳福德等：《山东日照市两城镇遗址龙山文化植物遗存的初步分析》，《考古》2004 年第 9 期；靳桂云等：《山东日照市植物硅体研究》，《考古》2004 年第 9 期。

⑧ 刘延常、王学良：《五莲县丹土大汶口文化、龙山文化城址和东周时期墓葬》，《中国考古学会·中国考古学年鉴（2001）》，文物出版社，2002，第 182~184 页。

⑨ 靳桂云等：《山东临淄田旺龙山文化遗址植硅体研究》，《考古》1999 年第 2 期。

表 2-3　新砦遗址龙山文化植物遗存出土数量

单位：粒，%

种类	稻	粟（黍）	野大豆	其他			合计
				李	杏	酸枣	
数量	134	62	30	2	2	1	231
概率	58.01	26.84	12.99	0.87	0.87	0.43	100.01

表 2-4　新砦遗址龙山文化植物遗存出土频率

单位：%

种类	稻	粟	黍	野大豆	其他		
					李	杏	酸枣
频率	13	4	2	9	1	2	1
概率	72.22	22.22	11.11	50	5.56	11.11	5.56

从表 2-3、表 2-4 可以看出，新砦遗址龙山文化时期以稻作农业为主，兼及旱作农业，采集经济仍占一定的地位。[①] 此外，在山东胶州赵家庄、茌平教场铺以及河南禹州阎寨龙山[②]、驻马店杨庄、登封王城岗、汝州李楼等遗址中都发现水稻遗存。而且在山东胶州赵家庄遗址、河南汝州李楼龙山文化遗址中还发现少量的野生稻。不仅如此，在赵家庄遗址考古发掘过程中，考古学者通过对采集土样的植硅体分析，确认了水田的存在。这一时期水稻遗存的大量发现，说明当时稻作农业经济有了长足发展，也说明这一时期华北平原气候的温暖湿润。

黍在这一时期的不少考古遗址中也有所发现。在山东栖霞杨家圈、滕州庄里西[③]、河南西平上坡[④]、胶州赵家庄、日照两城镇、济南大辛庄，以及河南新安县石寺镇寺沟、偃师马屯、巩义市坞罗南店、登封王城岗、豫东三台寺等遗址中都曾出土黍。

麦的种植在这一时期开始增多。据报道，在莒县杭头遗址灰坑中浮选出

① 赵春青：《夏代农业管窥——从新砦和皂角树遗址的发现谈起》，《农业考古》2005 年第 1 期。
② 张居中、孔昭宸、刘长江：《舞阳史前稻作遗存与黄淮地区史前农业》，《农业考古》1994 年第 1 期。
③ 孔昭宸、刘长江、何德亮：《山东滕州市庄里西遗址植物遗存及其在环境考古学上的意义》，《考古》1999 年第 7 期。
④ 刘长江、孔昭宸：《粟黍籽粒的形态比较及其在考古鉴定中的意义》，《考古》2004 年第 8 期。

炭化小麦 1 粒，但因为其形态不完整，所以难以鉴定其是野生还是栽培品种；在河南焦作博爱的西金城龙山文化遗址中浮选出小麦的炭化遗存；[①] 日照两城镇遗址中浮选出的 2 粒炭化小麦，其尺寸小于现代的普通小麦[②]。此外在茌平教场铺、胶州赵家庄、济南大辛庄等遗址中都曾出土麦。

这一时期，华北平原也有大豆种植。在河南登封王城岗遗址中浮选出的炭化大豆，共计 168 粒，占农作物籽粒总数（4357 粒）的 3.9%。根据研究，这些炭化大豆介于野生和栽培之间。这表明，王城岗遗址出土的炭化大豆遗存应该属于栽培品种，但仍处在栽培大豆的早期阶段。[③] 之前，中国出土的年代最早的栽培大豆遗存来自洛阳南郊关林镇皂角树二里头文化晚期遗址[④]，王城岗遗址出土的炭化大豆，把中国大豆的起源时间大大地往前推进了。此外，在西平上坡二里头文化晚期遗址一期中发现大豆实物[⑤]；从山东茌平教场铺遗址中出土的豆科种子以大豆属为主，可能属于栽培品种[⑥]；新安县石寺镇寺沟曾出土豆。此外野生大豆从这一时期的遗址中出土的也不少，如河南渑池班村遗址曾出土野生豆，新密新砦遗址中发现野生豆，在山东滕州庄里西龙山文化遗址中发现了野大豆遗存，在日照两城镇遗址的浮选样品中也发现了野大豆[⑦]。这些遗址中出土的栽培大豆和野生大豆，说明大豆是这一时期华北平原的重要农作物之一，可能正处在由野生豆向栽培豆的过渡时期，或者正处在栽培豆的早期阶段。

另外，在山东滕州庄里西遗址中曾出土疑似高粱的遗存，经鉴定，其颖片的形状及光泽与高粱相似，但比现代高粱的颖片要小（现代的颖片长 5 毫米，宽 3.2 毫米），故是否高粱，学者们还存有疑虑[⑧]。

---

① 《河南博爱西金城遗址发掘取得重要成果》，http://www.ccrnews.com.cn/100004/100007/16080.html，2008 年 1 月 23 日 2 版。

② 〔加〕凯利·克劳福德等：《山东日照市两城镇遗址龙山文化植物遗存的初步分析》，《考古》2004 年第 9 期。

③ 赵志军、方燕明：《登封王城岗遗址浮选结果及分析》，《华夏考古》2007 年第 2 期。

④ 叶万松、方孝廉：《洛阳市皂角树二里头文化遗址》，《考古学年鉴（1994）》，文物出版社，1997。

⑤ 魏兴涛、孔昭宸、余新红：《河南西平上坡遗址植物遗存试探》，《华夏考古》2007 年第 3 期。

⑥ 靳桂云、王春燕：《山东地区植物考古的新发现和新进展》，《山东大学学报》（哲学社会科学版）2006 年第 5 期。

⑦ 〔加〕凯利·克劳福德等：《山东日照市两城镇遗址龙山文化植物遗存的初步分析》，《考古》2004 年第 9 期。

⑧ 何德亮、张云：《山东史前居民饮食生活的初步考察》，《东方博物》2006 年第 2 期。

为说明新石器时代晚期华北平原粮食种植结构的大致情况，笔者列表
2-5如下。

表2-5　新石器时代晚期植物遗存出土情况统计

出土作物 遗址	粟	稻	麦	豆	黍
山东滕州庄里西(龙山文化)	有	有	—	野生	有
山东临淄田旺(龙山文化)	—	有	—	—	—
山东日照两城镇(龙山文化)	有	有	有	野生	有
山东日照尧王城(龙山文化)	—	有	—	—	—
山东五莲丹土(龙山文化)	—	水稻植硅体	—	—	—
山东栖霞杨家圈(龙山文化)	有	有	—	—	—
山东临淄桐林(龙山文化)	—	水稻植硅体	—	—	—
山东茌平教场铺(距今4400~4000年)	有	有	有	豆类(种属不明)	—
山东胶州赵家庄(距今4600~4300年)	有	有	有	—	—
山东济南大辛庄(3500~3200年)	有	—	有	—	有
河南汝州李楼(龙山文化)	有	有	—	—	—
河南驻马店杨庄(龙山文化)	—	有	—	—	—
河南渑池班村(庙底沟二期文化)	有	—	—	野生	—
河南禹州严寨(龙山文化)	—	有	—	—	—
河南西平上坡(龙山文化)	—	—	—	有	有
河南省新安县石寺镇寺沟(龙山文化)	—	—	—	有	有
河南偃师马屯(龙山文化)	有	—	—	—	有
河南登封王城岗(龙山文化)	有	有	—	有	有
豫东三台寺遗址(龙山文化)	有	—	—	—	有
河南巩义市鲁庄镇念子庄西北(龙山文化)	有	—	—	—	有
河南巩义市坞罗南店(龙山文化)	有	—	—	—	有
河南新安县石寺镇寺沟南(龙山文化)	有	—	—	—	有
巩义市西村镇罗口东北(龙山文化)	有	—	—	—	有
回龙湾东(龙山文化)	有	—	—	—	有
河南博爱西金城遗址(龙山文化)	有	有	有	有	有

从表2-5可知，所列25个新石器晚期文化遗址中，有粟作遗存的有
17处，有稻作遗存的有14处，有黍遗存的有13处，有麦遗存的有5处，
有豆遗存的有8处。较中期而言，晚期华北平原的粮食种植结构呈现以下四
个特点。

第一，粟的地位受到挑战。通过对华北平原新石器时代晚期农作实物的
考古分析，我们可以看出，到龙山文化时期，粟的生产地位不断受到稻的挑

战。目前发现有粟作遗存的遗址有 17 处，发现稻作遗存的遗址有 14 处，在有些地方，甚至出现了以稻作农业为主的新气象。在山东日照两城镇遗址中，稻谷的出土概率为 49%，粟的出土概率为 36%。从植硅体的检测结果来看，包含水稻植硅体的样品比例达 70%。① 从对 15 个人骨样品的测试结果来看，粟和食粟动物在人类食谱中的比例可占到 25% ~ 30%。这就表明，在龙山文化时期，山东东南部居民可能不再以粟为主食，当时人们可能更多地食用其他农作物，尤其是稻米②。在山东胶州赵家庄遗址中，从农作物种植的数量上看，水稻最多，占总数的 61%；其次是谷子，占 34%；再次是黍，占 4%；最后是麦，占 1%。③ 可见在赵家庄遗址中，水稻的重要性已经超过谷子。山东滕州庄里西遗址灰坑中浮选出的农作物种子遗存中，炭化稻米有 280 余粒，而黍的炭化标本仅为 2 粒。这就反映当时处于以稻作为主、黍作为辅的农耕文化。

第二，发现小麦的遗址在不断增多。就已发掘的情况看，华北平原大概有 5 处遗址中发现有小麦遗存，而在新石器时代中期仅发现一处遗址。这就说明小麦这种农作物从新石器时代中期传种到华北平原以来，在本地获得了快速的发展。小麦作为一种优良的旱地粮食作物，传入本区后，势必对原有的主体粮食作物粟和黍产生巨大的冲击，诱使当地的农耕经济体系逐步由以粟和黍种植为主向以小麦种植为主的方向转化。

第三，大豆的出现使中国大豆栽培历史大大提前。河南登封王城岗龙山文化晚期遗址中发现野生和栽培大豆籽粒，说明当时我国大豆已经进入驯化栽培阶段，大大推进了栽培大豆的起源时间。

第四，种植的品种增多，粟、稻、黍、麦、豆都出现在华北平原种植的农作物的品种中。虽然 5 种谷物都已经开始栽培，但到目前为止，还没有发现一处遗址中同时出现这 5 种农作物，发现品种最多的也只有 4 种，如：河南登封王城岗龙山文化晚期遗址中就出土粟、稻、豆、黍；山东日照两城镇龙山文化遗址出土有粟、稻、麦、黍。不过，粟、稻、麦、黍、豆栽培品种

---

①　靳桂云等：《山东日照市两城镇遗址土壤样品植硅体研究》，《考古》2004 年第 9 期；赵志军：《两城镇与教场铺龙山时代农业生产特点的对比分析》，山东大学东方考古研究中心编《东方考古》第 1 集，科学出版社，2004。

②　Lanehar Rheta E., Tykot Robert H., 方辉等：《山东日照市两城镇遗址龙山文化先民食谱的稳定同位素分析》，《考古》2008 年第 8 期。

③　王春燕：《山东胶州赵家庄遗址龙山文化稻作农业研究》，硕士学位论文，山东大学，2007。

的出现，标志我国传统"五谷"已经形成。我国"五谷"之说出现于春秋、战国时期，《论语·微子》："四体不勤，五谷不分。"何谓"五谷"，却有不同的解释，一说是"黍、稷、菽、麦、稻"，一说是"麻、黍、稷、麦、豆"，一说是"黍、稷、麦、菽、麻"。从考古学证据来看，"五谷"之说更可能指黍、稷、麦、菽、稻。

　　总之，史前时期华北平原的原始农业不仅已经起源，而且获得了一定的发展。在几千年的演化历史中，农作物种植结构发生了很大变化，即由简单的两三个品种，到多个品种并存多元发展，再到形成几种主要品种。具体而言，由新石器时代早期的以粟、黍为主；到中期的以粟为主，多个品种出现；再到晚期的粟稻并重，五谷形成。在史前时期的华北平原农作物种植结构中，除了粟一直作为主要农作物存在，并占据核心地位外，最为显著的变化有三点。

　　（1）稻谷种植较为普遍。根据学界的研究，从全新世开始，华北平原的气候比现在更为温暖湿润，水稻得到较为普遍的种植。虽然龙山文化时期华北平原稻谷种植范围扩大的原因是多方面的，但气候变暖——仰韶温暖期的影响仍是重要因素。

　　（2）小麦开始传入并逐渐发展。小麦由新石器时代早期的鲜见栽种，到中期仰韶文化时期的少量种植，再到龙山文化时期种植区域逐渐扩大，在该区域农作物中日益占据重要地位。这既有小麦本身的自然属性因素，也与人们物种选择的努力分不开。

　　（3）五谷种植结构开始形成。由以种植粟和黍为主的单一种植结构转变为包括了稻、麦、大豆等在内的多元种植结构。这种农作物种植结构的形成，不仅能够提高农作物的总体产量，而且还能够缩小单一农作物种植的危险系数，反映了史前时期华北平原生产力水平的提高，为以后农业发展打下了坚实基础。

第二节　夏商周时期华北平原粮食种植结构

　　这一时期粮食作物品种和史前时期没有大的差别，主要有粟、黍、稻、麦、菽，但各作物种植的规模有所差异。

一　以粟为主的夏代

夏代种植的粮食作物在文献上有所记载。《史记》之《夏本纪》载：

"令益予众庶稻，可种卑湿。"① 反映夏代历史情况的史书《夏小正》及载入《大戴礼记》的《夏小正传》中也有不少关于农作物的记载，如"二月，……往耰黍"，"三月，……祈麦实。麦实者，五谷之先见者，故急祈而记之也"，"五月，种黍、菽、糜时也"，"九月，……荣鞠树麦。鞠，草也。鞠荣而树麦，时之急也"。② 从上述记载看，夏人种植的农作物品种主要有粟、黍、稻、麦、菽。

从考古发掘的农作物资料来看，粟是这一时期最为重要的粮食作物。据河南新密新砦遗址的植硅石分析，当时种植的农作物有稻、粟、黍、麦，但是谷子（粟、黍）植硅石存在的数量比较大，远远多于水稻植硅石和小麦颖片植硅石的数量。2000 年学者又对新砦遗址进行浮选，其结果显示，从龙山文化时期到新砦期，粟的数量增长了约 6 倍，黍的数量增长了约 5 倍。③ 这就说明，当时新砦的农业生产是以粟作农业为主。在河南洛阳皂角树遗址中，考古人员既发现有炭化粟的遗存，又发现有炭化黍的遗存，不过，发现的粟比黍数量要多些。另外，在该遗址中还发现炭化小麦、大豆和栽培稻的种子。④ 有学者对皂角树遗址主要农作物遗存出土的频率进行过统计（见表 2 - 6），得出结论认为，夏代主要是以粟作农业为主，不过小麦种植面积呈现增长的趋势，水稻的播种面积已今非昔比，呈现零星分布。另外大豆也成为当时的主粮之一。⑤ 2007 年考古工作者在山东烟台照格庄岳石文化遗址⑥中浮选出不少炭化植物遗存，这些植物遗存主要以粮食作物为主，包括粟、黍、小麦、水稻和大豆。根据统计资料，粟遗存的出土数量最多，出土概率也最高，其后依次是黍、小麦、大豆、水稻和大麦。上述 5 种粮食作物中，水稻遗存数量最少。这就表明，当地是以粟为最主要的粮食作物。⑦

---

① 司马迁：《史记》卷 2《夏本纪》，中华书局，1959，第 51 页。

② 夏纬瑛：《夏小正经文校释》，农业出版社，1981，第 20、35、45、61 页。

③ 姚政权、吴妍、王昌燧、赵春青：《河南新密市新砦遗址的植硅石分析》，《考古》2007 年第 3 期。

④ 叶万松、方孝廉：《洛阳市皂角树二里头文化遗址》，《考古学年鉴（1994）》，文物出版社，1997。

⑤ 赵春青：《夏代农业管窥——从新砦和皂角树遗址的发现谈起》，《农业考古》2005 年第 1 期。

⑥ 据碳十四测定得知，岳石文化的相对年代在夏朝时间范围内，是夏朝东方夷人在其东方创建的方国文化。

⑦ 赵敏、王富强、张博：《山东烟台照格庄岳石文化遗址植物考古初步结果》，《中国文化报》2008 年 3 月 28 日。

表 2-6　皂角树遗址二里头文化主要植物遗存出土频率统计

单位：%

	粟	黍	狗尾草	稻	小麦	大麦	大豆
一期	100.00	33.33	66.66	—	—	—	33.33
二期	62.50	37.50	25.00	12.50	5.00	12.50	25.00
三期	54.55	54.55	36.36	9.09	18.18	—	36.36
四期	50.00	—	—	—	100.00	—	—
平均	66.76	31.35	32.01	5.40	30.80	3.13	23.67

资料来源：赵春青著《夏代农业管窥——从新砦和皂角树遗址的发现谈起》，《农业考古》2005年第1期。

不过，在有些地区，主要农作物的种植并非以粟为主。在驻马店杨庄遗址中，发现了二里头文化时期的大量水稻植硅体和炭化稻粒，因此发掘者认为这里的"农作物以水稻为主，并有相当大的规模"。[1] 另外，在该遗址采集到的一口陶尊上，刻画着一穗水稻，该穗水稻有 6 个带芒稻粒和两层稻叶，这证明当时人们对水稻已不生疏。[2] 不过，在该遗址中也淘选出一些炭化谷子。[3]

总体而言，夏代华北平原的粮食作物种植以旱作品种为主，如粟和黍。水稻只在水源充足的地方种植，且种植规模日益缩小。

二　黍粟并重的商代

商代统治者对粮食作物的种植比夏朝更为重视，甲骨文中频繁地出现有关商王祈年、卜禾、求黍、登麦、卜雨、省田，以及督促臣子监督粮食生产等情况的记载。根据研究，商代的粮食作物品种主要有禾（粟）、黍（其品种可能有黏与不黏之分）、粱（秫，即黏性粟，其中白粱为黏性粟之上品）、麦（大麦）、来（秾，小麦）、秔（栽培稻）、秫（糯稻）、荅（大豆）、齐（高粱）等 9 大类。[4] 这几种农作物都是华北平原种植的粮食品种。

在甲骨文中，记载次数最多的粮食作物是黍，"黍"字出现 300 多次，

---

[1]　北京大学考古学系、驻马店市文物保护管理所：《驻马店杨庄》，科学出版社，1998。

[2]　詹子庆：《夏史与夏代文明》，上海科学技术文献出版社，2007，第190页。

[3]　中国社会科学院考古研究所：《中国考古学·夏商卷》，中国社会科学出版社，2003。

[4]　宋镇豪：《夏商社会生活史》，中国社会科学出版社，1994，第 255~261 页；宋镇豪：《五谷、六谷与九谷——谈谈甲骨文中的谷类作物》，《中国历史文物》2002 年第 4 期。

"受黍年"大概有上百条。① 史书中对黍也有记载，如《尚书·盘庚篇》中云："惰农自安，不昏作劳，不服田亩，越其罔有黍稷。"② 考古工作者曾在商代的遗址发现过黍的遗存，如河北邢台曹演庄、藁城台西等遗址中都出土过黍的遗存。③ 和粟比较起来，黍是一种口感更好的粮食作物，但是由于其产量很低，一般情况下，它主要供统治阶层如贵族食用，一般平民是吃不到的。④

稷，现在学界认为其为粟。⑤ 在商代，稷的地位没有黍高，主要是老百姓食用。孔颖达疏《诗经·良耜》说："玉藻云，子卯稷食菜羹，为忌日贬而用稷，是为贱也，贱者当食稷耳。"⑥ 虽然甲骨文中有关稷的记载没有黍的多，只有36条⑦，但是，在甲骨文里，"禾"字的植株形态，与粟抽穗时的形态相似；"粟"字是禾结实时带籽实的象形描述；"苗"字是田中禾植株幼苗的形象；"年"字像粟连根拔起的形象；⑧ 而且甲骨文中谈"登稷"比谈"登黍"多。这些都说明稷是商人食用的主要粮食作物之一。

甲骨文中也有水稻和麦的记载，不过出现的次数并不多，显得远不如粟和黍那样重要。在郑州商城白家庄遗址中发现有稻壳遗存；⑨ 在新中国成立前发掘的殷墟遗址中出土过稻谷的遗存；⑩ 在偃师商城宫城北部发现的祭祀遗址中有炭化稻谷的遗存。⑪ 甲骨文中有"稻""秫"等字，甲骨文中"受稻年"出现约30次，"稻"字出现的次数仅次于"黍""稷"。⑫ 可见商代时期华北的整体生态环境也适宜稻谷的种植。⑬

---

① 邹逸麟：《先秦两汉时期黄淮海平原的农业开发与地域特征》，《历史地理》第11辑，上海人民出版社，1993。

② 阮元：《十三经注疏·尚书正义·盘庚上》，中华书局，1980，第57页。

③ 唐云明：《河北商代农业考古概述》，《农业考古》1982年第1期。

④ 裘锡圭：《甲骨文中所见的商代农业》，《农史研究》第8集，农业出版社，1989。

⑤ 李根蟠：《稷粟同物，确凿无疑——千年悬案"稷穄之辨"述论》，《古今农业》2000年第2期。

⑥ 阮元：《十三经注疏·毛诗正义》，中华书局，1980，第602页下。

⑦ 于省吾：《商代的谷类作物》，梁家勉主编《中国农业科学技术史稿》，农业出版社，1989，第57页。

⑧ 王思明、陈少华主编《万国鼎文集》，中国农业科学技术出版社，2005，第118页。

⑨ 许顺湛：《灿烂的郑州商代文化》，河南人民出版社，1957，第7页；杨育彬：《郑州商城初探》，河南人民出版社，1985，第22页。

⑩ 李济：《安阳发掘报告》第4册，台北，中研院历史语言研究所，1933，第576页。

⑪ 王学荣等：《偃师商城发掘商代早期祭祀遗址》，《中国文物报》2001年8月5号第1版。

⑫ 彭邦炯：《商代农业新探》，《农业考古》1988年第2期。

⑬ 郭旭东：《甲骨文"稻"字及商代的稻作》，《中国农史》1996年第2期。

麦在卜辞中多作"登麦""告麦""食麦"等。在中国社会科学院考古研究所安阳工作站的陈列室内陈列着出土于殷墟的炭化小麦粒。[①] 另外，中国社会科学院考古研究所承担的或与其他单位合作的主动考古发掘项目中，除有粟和黍的遗存外，还浮选出了炭化小麦遗存，虽然数量相对较少，但每一处遗址中均有出土。[②] 根据学者的研究，当时麦子主要集中在黄河附近地区种植，不过其种植规模有限，收获量比较小，故卜辞中才说"月一正，曰食麦"。

三 以粟为主、麦作初兴的西周

西周时期，华北平原农作物的种植情况和商代差不多，主要有粟、黍、麦、稻、菽。

在种植结构上，西周时期，华北平原的粮食种植仍然是以粟为主。这从《诗经》的记载中可以看出。根据齐思和先生的统计，《诗经》中稷出现的次数为23次（稷，18次；粱，3次；芑，2次），黍出现的次数为25次（黍，19次；秬，4次；秠，2次），麦13次（麦，9次；来，2次；牟，2次），大豆有8次（菽，6次；荏菽，2次），稻有6次（稻，5次；稌，1次）[③]。从学者的统计数字可以看出，稷和黍出现的次数是相同的，但是稷加上其别称禾、苗、粟等，那么其出现的总次数应该超过黍的。如"禾"字出现7次，其中一部分当作专用名词，指粟。如《诗经·大雅·生民》"禾役穟穟，麻麦幪幪，瓜瓞唪唪"中的"禾"就是指粟（即稷）。又有《魏风·硕鼠》"无食我苗"，苗和黍、麦并举，苗当是指稷的苗。《小雅·黄鸟》"无啄我粟"，粟和粱、黍并举，粟也应当是指稷。稷又是重要的祭祀食物，《诗经·甫田》作"齐"，亦作"齍"，《毛传》说："器实曰齍。"郑玄注《周礼·小宗伯》"辨六齍之名物"说"齍读为粢"，粢也就是稷。六粢指六种谷物，但因稷是谷类之长，所以统称为粢。这些都从印证了粟是当时最重要的粮食作物。[④]

麦子的种植在这一时期发展是比较快的。《诗经》中共有9首诗提到麦。从这些诗的地理背景分析，大致可以看出产麦的地点主要集中于华北平原。如《鄘风·桑中》："送我乎淇水之上，……爰采麦矣，沬之北矣。"疏

---

① 赵志军：《关于夏商周文明形成期农业经济特点的一些思考》，《华夏考古》2005年第1期。
② 赵志军：《关于夏商周文明形成期农业经济特点的一些思考》，《华夏考古》2005年第1期。
③ 齐思和：《毛诗谷名考》，《中国史探研》，中华书局，1981，第1~26页。
④ 王思明，陈少华主编《万国鼎文集》，181页。

云："淇，淇水，传：沬，卫邑。正义云：朝歌，即沬也。"① 沬，在今河南淇县境，当时属于卫地。《鄘风·载驰》："我行其野，芃芃其麦。"传云："原行卫之野，麦芃芃然方盛长。"② 显然，此诗也来自卫地。《鲁颂·閟宫》："是生后稷，降之百福。黍稷重穋，稙稺菽麦。"③ 此诗是鲁人赞颂鲁僖公的诗，但诗中也赞颂后稷，反映了西周时期周人种植菽麦的情况。《王风·丘中有麻》："丘中有麦，彼留子国。彼留子国，将其来食。"④ 《周颂·思文》："贻我来牟。"⑤ 《周颂·臣工》："於皇来牟。"⑥ 这三首诗，虽没有提到地名，但据这两首诗中记载的农作情形来看，应该反映的是王城畿内的情状。

此外，水稻、大豆、黍等农作物继续在华北进行种植。稻在《诗经》中出现6次，《诗·唐风·鸨羽》："不能艺稻粱，父母何尝？"⑦ 《诗·豳风·七月》"十月获稻"。⑧ 《诗·秦风·权舆》："於我乎！每食四簋。"《毛传》云："四簋，黍稷稻粱。"⑨ 《诗·小雅·白华》："滮池北流，浸彼稻田。"⑩ 记载的范围包括河南、山东。菽在《诗经》中也出现几次，如《小雅·采菽》："采菽采菽，筐之筥之。"⑪ 《大雅·生民》："蓺之荏菽，荏菽旆旆。"⑫ 《小雅·小宛》："中原有菽，庶民采之。"⑬ 《鲁颂·閟宫》："黍稷重穋，稙稺菽麦。"⑭

总而言之，夏商周时期华北平原农作物的种植以粟黍为主，兼种麦、豆、稻，它们之间的比重变化，万国鼎先生曾做了一个示意图（如图2-1），形象地把各种农作物种植情况勾勒清楚。

---

① 郑玄笺，孔颖达疏《毛诗注疏》卷4，《文渊阁四库全书》第69册，台北，台湾商务印书馆，1986，第233~234页；以下《文渊阁四库全书》各册均由台湾商务印书馆于此年出版，故省略。
② 《毛诗注疏》卷4，第246页。
③ 《毛诗注疏》卷29，第957页。
④ 《毛诗注疏》卷6，第282页。
⑤ 《毛诗注疏》卷26，第899页。
⑥ 《毛诗注疏》卷27，第902页。
⑦ 《毛诗注疏》卷10，第355页。
⑧ 《毛诗注疏》卷15，第415页。
⑨ 《毛诗注疏》卷11，第378页。
⑩ 《毛诗注疏》卷22，第669页。
⑪ 《毛诗注疏》卷22，第648页。
⑫ 《毛诗注疏》卷24，第757页。
⑬ 《毛诗注疏》卷19，第552页。
⑭ 《毛诗注疏》卷29，第957页。

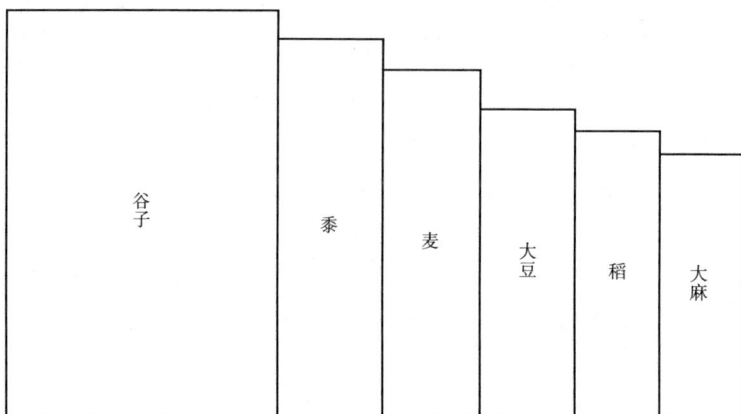

图 2 - 1　2800 年前五谷比重示意

资料来源：王思明，陈少华主编《万国鼎文集》，第 183 页。

第三节　春秋战国时期华北平原粮食种植结构

春秋战国时期，随着华北平原农田水利事业的发展，各地陆续建立了一些水利工程。灌溉条件的改善，使农田土壤水分状况得到一定程度的调节，这为高产、喜水植物的发展提供了条件，带动了粮食作物结构的变化。这一时期，菽的生产不仅超过了黍、麦、稻等作物，而且与粟并驾齐驱，成为人们的主要粮食。

一　菽粟并重的基本格局

1. 粟的首要地位

在菽、粟两种农作物中，粟的地位尤其重要，其在粮食作物中的首要地位没有发生变化。《吕氏春秋·审时》在论述 6 种农作物种植情况时，把"禾"放在首要位置，说明"禾"已成为粟的专用名词。其《十二纪》篇谈到其他重要作物收获情况时，说"尝麦""尝黍""尝稻""尝麻"，唯独不说"尝谷"，而说"尝新"。"尝新"的说法，说明谷子（即粟）在当时粮食供应上占主体，是起主导性作用的。《吕氏春秋》反映的情况表明，粟在粮食中的主导地位已经得到完全确立。万国鼎先生曾经说过，当"禾"由谷子（即粟）的专名演化成统括所有粮食作物时，当"粟"由以前专门指的是谷物的籽粒演变成粮食的通称时，表明这种农作物在农业生产中已取得主导地位。① 据史书记载，战国时列国储藏的战略粮食是粟，而且经常大量储藏，如"粟支数年""粟支十年"。《战国策·燕策一》载，苏秦说燕文侯，燕国之"粟支十年"。② 《史记·苏秦列传》也载："当今之时，山东之建国莫强于赵。赵地方二千余里，带甲数十万，车千乘，骑万匹，粟支数年。"③ 这些表述虽然带有夸张的成分，但能做到"粟支十年""粟支数年"，可见当时粟的播种面积是相当大的。由于粟是当时人们种植和食用的主要作物，所以也成为诸侯国官吏俸禄的形式，如"赵国的俸禄一般是粟"。④ 正因为粟有如此重要的地位，所以古人在祭祀祖先时才频频使用它，并祈求先祖给他们带来更多的粟，以至于进入坟墓时也要有粟这一主要的粮食作物相伴，如"太原金胜村赵简子大墓中，殉葬的豆内陈有谷稷"。⑤ 《战国策》一书中提到的农作物寥寥无几，只有粟、麦、豆、稻，其中提到粟 18 次，豆、麦各 2 次，稻 1 次。

2. 大豆地位的上升

除粟以外，大豆也是当时人们食用的主要粮食。《墨子》《孟子》中都把菽（大豆）粟并称，有时把大豆看得比粟还重要。⑥ 大豆地位的迅速上升，有着多重因素。一是可能从少数民族地区引进了优良的大豆品种。《管子·戒》记载：齐桓公五年（公元前 681）"北征山戎，出冬葱与戎菽，布之天下"。⑦ 二是农田水利事业有了长足的发展。现代科学试验表明，生产同样重量的固体物质（不包括根），大豆所需的水量是粟的三倍，大豆的"蒸腾效率"在一般粮食作物中是最小的⑧，而这一时期正好是华北平原兴修水利的一个高潮期。三是大豆本身的独特性。《氾胜之书·大豆》指出："大豆保岁易为，宜古之所以备凶年也。"⑨ 这一特点正好适应了耕作技术相对落后的先秦时代的需要。大豆可以春夏两季播种，在不同气候和不同

---

① 万国鼎：《五谷史话》，《古代经济专题史话》，中华书局，1961，第 12 页。

② 刘向集录《战国策·燕策一》，上海古籍出版社，1978，第 1039 页。

③ 司马迁：《史记》卷 69《苏秦列传》，中华书局，1959，第 2247 页。

④ 沈长云等：《赵国史稿》，中华书局，2000，第 315 页。

⑤ 沈长云等：《赵国史稿》，第 516 页。

⑥ 杨宽：《战国史》（增订本），上海人民出版社，2003，第 69 页。

⑦ 管仲撰，房玄龄注《管子》卷 10《戒》，《文渊阁四库全书》第 729 册，第 111 页。

⑧ L. J. King, Weeds of The Word：Biology and Control, *Journal of Range Management*, 1966.

⑨ 贾思勰著，缪启愉校释《齐民要术校释》卷 2《大豆第六》 "引"，中国农业出版社，1998，第 113 页。

土壤条件下都可生长，并可以利用高地山沟和其他空隙地方播种，产量较高。① 多种因素的影响，使大豆在这一时期得以迅速发展。以洛阳为中心的豫西和豫中地区，大豆甚至成为主粮，所谓"韩地险恶，山居，五谷所生，非麦而豆，民之所食，大抵豆饭藿羹；一岁不收，民不厌糟糠"。② 而大豆的广泛种植，与当时耕作制度的转变也有密切的关系。大豆称得上是一种固氮植物，它的根瘤菌能把空气中的氮气转换为可以利用的氮肥，增加土壤肥力。实行禾豆轮作的耕作制度后，大豆这种自肥能力为土壤肥力的恢复和发展创造了条件，带动了农业快速发展。大概从战国到汉代这一段时期，大豆在粮食中的重要性远远超过了以后的各个时期。

二 麦、稻的进一步发展

1. 麦作的发展

麦的发展和黍相反，在甲骨文和《诗经》里，麦出现的次数远比黍的少。但春秋以后，麦的重要性渐渐超过黍。《战国策》之《东周策》载："今其民皆种麦，无他种矣。"③ 《礼记》之《月令》所载："季春之月……天子乃为麦祈实。"④ "仲秋之月……乃劝种麦，毋或失时，其有失时，行罪无疑。"⑤ 劝民种麦，如果到时间不种植的话，就要受到惩罚，这种重视程度是其他作物所没有获得的。正因为小麦在人们生活中占有重要地位，所以它在当时诸侯争霸中成为最重要的战略物资之一，产麦区也成为兵家抢夺的要地。如隐公三年（公元前720），郑国和周王室发生矛盾，"四月，郑祭足帅师取温之麦"。⑥ 哀公十七年（公元前478），"楚既宁，将取陈麦"。⑦ 笔者曾对《左传》中出现的农作物做过统计，粟出现的次数是14次，麦出现的次数是10次，黍是2次，稻是2次，菽是2次。从各种农作物名字在书中出现的次数就可以看出其地位。可以说小麦地位的上升，必然会对传统耐旱作物黍的地位造成不小的冲击。麦子在这一时期的推广，与自身的特点有

① 杨宽：《战国史》（增订本），第69~70页。
② 刘向著，高诱注《战国策》卷26《韩策一》，《文渊阁四库全书》第406册，第417页。
③ 刘向著，高诱注《战国策》卷1《东周》，《文渊阁四库全书》第406册，第245页。
④ 郑玄注，孔颖达疏《礼记注疏》卷15，《文渊阁四库全书》第115册，第330页。
⑤ 郑玄注，孔颖达疏《礼记注疏》卷15，《文渊阁四库全书》第115册，第358页。
⑥ 杜预注，孔颖达疏《春秋左传注疏》卷2，《文渊阁四库全书》第143册，第68页。
⑦ 杜预注，孔颖达疏《春秋左传注疏》卷60，《文渊阁四库全书》第144册，第658页。

密切的关系。一是其收获时间是五六月份。这时正是传统意义上青黄不接的时候，能够弥补粮食的短缺，具有接绝续乏的功能。二是农田水利事业的发展。麦子虽然属旱地作物，但和粟、黍相比，耐旱性较差，在播种期内，如果土壤中水分不足，容易遭受自然灾害，所以需要灌溉才能种植。这就要求播种小麦的地区要有较好的灌溉条件，若这个条件不能满足，会影响其播种范围，一般只能在地势较低的地区种植。春秋战国时期，随着铁器在农业生产领域内的使用，修建大型水利工程成为可能。中国历史上第一个营建农田灌溉设施的高潮就出现在这一时期。华北平原当时有渠系工程、陂塘工程，还有水井灌溉体系，这为小麦的种植和推广创造了便利的条件。于是，它的播种区域迅速扩大，其重要性逐渐超过黍粟。不过，从史书的记载来看，当时麦子的种植主要是在城郊，《左传·成公十年》载"甸人献麦"①，《孔子家语》载"请放民皆使出获附郭之麦"②。这种状况直到汉代仍然没改变。从《吕氏春秋·审时篇》里所讲的 6 种作物中麦列最末这一点来推断，它作为食粮的重要性显然比粟、稻要弱些。

2. 水稻的种植

华北平原水稻的种植，与水资源的充足供应有着密切关系。这一时期随着大规模农田水利工程的兴建，稻区有所扩大。如战国时期，史起、西门豹在安阳引漳水进行灌溉，改造安阳的盐碱土地来种植水稻；魏襄王时，史起又继续引漳水灌田，收效很大，当时老百姓歌颂他说："邺有贤令兮为史公，决漳水兮灌邺旁，终古舄卤兮生稻粱。"③ 自此以后，当地适宜种植水稻。定都洛阳的东周和西周共享一条洛水，"东周欲为稻，西周不下水"，时人曾为引水种稻发生过争执；④ 战国时沈诸梁在南阳地区的叶县"作陂池，资灌溉"⑤，修建东大陂、西大陂，所种水稻远近驰名。《周礼·职方氏》言青州谷宜稻麦，豫州谷宜五种，兖州谷宜四种，幽州谷宜三种。在郑玄的注中，几种谷类作物中都包括水稻，由此可知战国时华北平原水稻种植范围已比较广了。不过，由于北方水资源的限制，各地种植水稻的规模都不大，所以收获物只能供少数贵族享用。《论语·阳货》篇载："食夫稻，衣夫锦。"《荀子·荣辱篇》以"刍豢稻粱"并举，"刍豢"指肉食，可见

① 阮元：《十三经注疏·春秋左传注疏》，中华书局，1980，第 1906 页。
② 王肃注《孔子家语》卷 8，《文渊阁四库全书》第 695 册，第 83 页。
③ 班固：《汉书》卷 29《沟洫志》，中华书局，1962，第 1677 页。
④ 何建章：《战国策注释》卷 1，中华书局，1990，第 19 页。
⑤ 田文镜等：（雍正）《河南通志》卷 56《名宦》，《文渊阁四库全书》第 537 册，第 307 页。

那时稻是统治阶级的日常食物。

黍在这一时期的播种，开始向纬度较高或高寒地区发展。在赵国境内，据《周礼·职方氏》记载，黍是一种广泛种植的作物。黍还是重要的祭品，荀子说，在祭祀祖先时要"先黍稷而饭稻粱"。① 《论语·微子》篇说，荷蓧丈人留子路住宿，"杀鸡设黍而食之"。黍被当作招待客人的好东西，可见其比稷珍贵一些。②

总之，这一时期华北古人的种植结构以粟为主，豆麦种植发展很快。

第四节　秦汉魏晋南北朝时期华北平原粮食种植结构

秦汉魏晋南北朝时期华北平原种植的粮食作物和前朝差不多，这可从考古发掘的实物中得到印证。洛阳汉墓中出土的陶仓模型上，有的书写有"粱粟万石""粱米万石""大麦万石""大豆万石""小麦万石"等。③ 洛阳西郊汉墓中出土的 67 个模型中，有 18 个标有麦及其亚种，有 17 个标有禾，有 16 个标有豆、麻，有 4 个标有黍，有 4 个标有稻。④ 古人讲究视死如生，阴间生活是现世生活的反映，可以说，粟、粱、麦、稻、黍、豆等谷物可能是当时非常普遍的粮食。虽然粮食作物的品种和以前大致相同，但其种植结构发生了一些变化。

一　粟首要地位的保持

粟仍然是人们最主要的粮食作物。考古工作者在洛阳地区汉代墓葬中出土了大批陶仓模型，有的上书"粱粟万石""粱米万石"；洛阳西郊、涧沟、烧沟等汉墓中还出土了粟的实物，颗粒饱满、粗硕，反映了两汉时期洛阳人民的粟种植技术已达很高的水平。⑤ 在北京丰台区大葆台西汉广阳王（燕王）第 1、2 号墓中发现有小米的遗存。⑥ 文献中也多次提到粟，郑玄注《周礼·地官·仓人》时说："九谷尽藏焉，以粟为主。"⑦ 《淮南子集释·

---

① 《荀子》卷 13《礼论》，《文渊阁四库全书》第 695 册，第 235 页。
② 李现红：《赵国的饮食习俗》，硕士学位论文，河北师范大学，2006。
③ 郭宝钧：《洛阳涧滨古文化遗址及汉墓》，《考古学报》1956 年第 1 期。
④ 洛阳发掘队：《洛阳西郊汉墓发掘报告》，《考古学报》1963 年第 2 期。
⑤ 余扶危、叶万松：《洛阳农业考古概述》，《农业考古》1986 年第 1 期；周军、冯健：《从馆藏文物看洛阳汉代农业的发展》，《农业考古》1991 年第 1 期。
⑥ 于德源：《北京农业经济史》，京华出版社，1998，第 69 页。
⑦ 阮元：《十三经注疏·周礼注疏》卷 16《仓人》，第 750 页。

诠言训》中载："量粟而舂，数米而炊。"① 《史记》之《平准书》称："汉兴，……转漕山东粟，以给中都官，岁不过数十万石。"② 《四民月令》记载洛阳一带当时一年12个月的农事安排，其中涉及最多的就是粟的种植，具体情况如表2-7。

表2-7　《四民月令》所载一年农事安排

月份	农事安排	月份	农事安排
二　月	可粜粟、黍……可种穊(植)禾	四月	可种黍禾,谓之上时
三　月	可种穊(植)	十月	籴粟
十一月	籴粟		

东汉班固在《汉书》之《郊祀志》说："稷者，百谷之主，所以奉宗庙，供粢盛，人所食以生活也。"③ 这里指出稷（即粟）仍是人们的主要食粮。直到北魏时，《齐民要术》仍将"谷"（粟）排在最前，而且《种谷》篇的篇幅远远超过其他。品种的不断增加也反映人们对粟的重视，粟的品种在《广志》中记载为11个，《齐民要术》补充了86个，加上梁的品种4个，秫品种6个，包括《广志》所记的品种在内，共记载粟类品种107个。可以说，当时华北平原的粟类种植，无论是单产还是总产，都居全国领先地位。

二　麦重要地位的形成

麦子的种植在这一时期发展很快，麦饭是当时人们餐桌上的主食之一。刘秀起兵河北，行至南宫，人们给他吃的就是麦饭。④ 建武末年，沛王畏等五王邀请井丹吃饭，"设麦饭葱叶之食"。⑤ 正是因为小麦成为人们食用的主要粮食，所以其种植规模在不断扩大，如泰山郡的莱芜，"土人悉以种麦。云：此丘不宜殖稷黍而宜麦"。⑥ 《四民月令》记载的农活安排中，五六月份是"蕡麦田"，八月份是"出售麦种"，白露时"种大小麦"。⑦ 正是由于小

---

① 何宁：《淮南子集释·诠言训》，中华书局，1998，第1033页。
② 司马迁：《史记》卷30《平准书》，中华书局，1959，第1418页。
③ 班固：《汉书》卷25（下）《郊祀志》，中华书局，1962，第1269页。
④ 范晔：《后汉书》卷17《冯异传》，中华书局，1973，第641页。
⑤ 范晔：《后汉书》卷113《井丹传》，第2765页。
⑥ 郦道元：《水经注》卷24《汶水》，《文渊阁四库全书》第573册，第379页。
⑦ 崔寔：《四民月令》，河南教育出版社，1994，第14页。

麦种植的快速发展，所以有的地方竟然以"麦"来命名。《史记·建元以来王子侯者年表》载，西汉武帝元狩元年（公元前122），封城阳顷王子刘昌为侯，国名麦。另据《汉书·地理志》，汉时城阳国辖莒、阳都、东安及虑四县，其地理范围大致相当于今鲁中南地区的莒县和沂南二地。据考，麦国在今莒县境内，既然国以麦来命名，说明当地小麦的种植不会稀少。

晋代时小麦播种面积进一步扩大，在农业生产中占有着举足轻重的地位，其收成的好坏直接影响国计民生。正因为其地位的提高，史书中有关小麦受灾害的记载明显增加。《晋书》之《五行志》记载："太康元年四月，河南、河内、河东、魏郡、弘农雨雹，伤麦豆。""太康二年二月辛酉，陨霜于济南、琅邪，伤麦。壬申，琅邪雨雹，伤麦。三月甲午，河东陨霜，害桑。五月丙戌，城阳、章武、琅邪伤麦。"① "太康六年三月，青、梁、幽、冀郡国旱。六月，济阴、武陵旱，伤麦。"② 青、梁、幽、冀、济阴、武陵、河南、河内、济南、琅邪、城阳、章武这些地方囊括了华北的大部分地区，可以说麦作的种植范围还是很广泛的。

三 豆类种植的普及与豆制品的出现

豆类作物在农业中的重要性虽然不及麦子，但其种植的规模并不小。《焦氏易林》记载："中原有菽，以待饔食……且树菽豆，暮成藿羹。"③《四民月令》中几乎全年的农事安排都与大豆有关。豫南的汝南、颍川、南阳一带，两汉时期大豆栽培也较多。《南都赋》说，南阳的原野上有"菽麦稷粟"，菽被排在第一位。《汉书》之《翟方进传》记载童谣："坏陂谁？翟子威。饭我豆食羹芋魁。"④ 这说明当地人民以"豆食"为饭。不过当时种植大豆主要是作为一种救荒措施。《氾胜之书·大豆》认为："大豆保岁易为，宜古之所以备凶年也。谨计家口数，种大豆，率人五亩。此田之本也。"⑤ 豆饭粗粝，是贫民或荒年的粮食。不过，此时期，华北人民对大豆进行了深加工，不仅把它制成豆豉、豆酱，而且还提取大豆中的植物蛋白制成豆腐，从而扩大了大豆的应用范围。1959～1960年间，考古人员在河南密县打虎亭发掘了两座汉墓，一号汉墓耳室的画

---

① 房玄龄等：《晋书》卷29《五行志》，中华书局，1974，第873页。
② 房玄龄等：《晋书》卷28《五行志》，第839页。
③ 汪灏：《御定佩文斋广群芳谱》卷10《谷谱》，《文渊阁四库全书》第845册，第437页。
④ 班固：《汉书》卷84《翟方进传》，中华书局，1962，第3440页。
⑤ 贾思勰著，缪启愉校释《齐民要术校释》卷2《大豆第六》"引"，第113页。

像石上有一幅豆腐制作过程的图，包括磨浆、滤渣、点卤、去水等环节。①

四　水利建设与水稻的区域性发展

秦汉时期，随着国家的统一，大型水利工程的兴建，华北平原的稻作农业获得快速发展，很多地区都种植水稻。

洛阳地区自从新石器时代以来一直种植水稻。秦汉时期，当地所产的香稻在全国很有名气，魏文帝曹丕曾评论说："江表唯长沙有好米，何得比新城（今伊川西南）粳稻耶！上风炊之，五里闻香。"② 到西晋初年，据《晋书》云，"今以邺奚官奴婢著新城，代田兵种稻。奴婢各五十人为一屯，屯置司马使，皆如屯田法"。③

在南阳，由于陂塘水利工程的大量营建，稻作农业盛况空前，水稻成为当时南阳盆地的主要农作物。张衡《南都赋》中的"其水则开窦洒流，浸彼稻田"与"滍皋香秔"，就是对当时水稻种植的生动描写。④

邺地自从战国时西门豹、史起引漳水改良土地后，一直栽培水稻。东汉元初二年（115），汉安帝就下令将原来西门豹"所分漳水为支渠，以溉民田"。⑤ 东汉末年，曹操选择在邺地建立都城，继续发展当地的稻作农业。左思在《魏都赋》中记载："西门溉其前，史起灌其后。澄流十二，同源异口。蓄为屯云，泄为行雨。水澍粳稌，陆莳稷黍。黝黝桑柘，油油麻纻。"⑥

汝南地区在汉晋之时也是一个水稻产区。汉成帝时当地的鸿郤陂因为遭遇大水而毁坏，丞相翟方进上奏将其摧毁。东汉建武中（25～55），太守邓晨欲修复以利灌溉，"署（许）杨为都水掾，使典其事。杨因高下形势，起塘四百余里，数年乃立，百姓得其便，累岁大稔"。于是，汝南地区成为有名的鱼米之乡。⑦

---

① 陈文华：《豆腐起源于何时》，《农业考古》1991 年第 1 期；文物编辑委员会：《文物考古工作三十年》，文物出版社，1979，第 284 页。

② 李昉等：《太平御览》卷 839，《文渊阁四库全书》第 900 册，第 472 页。

③ 房玄龄等：《晋书》卷 26《食货志》，第 787 页。

④ 张衡：《南都赋》，《御定历代赋汇》卷 32，《摘藻堂四库全书荟要》第 426 册，台北，世界书局，1990，第 135 页。

⑤ 范晔：《后汉书》卷 5《安帝纪》，第 222 页。

⑥ 萧统编，李善注《文选注》卷 6，《文渊阁四库全书》第 1329 册，第 108 页。

⑦ 范晔：《后汉书》卷 82 上《许杨传》，第 2710 页。

河内地区在当时是一个重要的水稻产区。曹魏时在野王（今河南沁阳市）设置典农中郎将，令其在沁水、丹河上修建水利工程，促进当地稻作农业的发展。以后很多朝代都在这里兴修水利工程，开发水田，进行稻作种植。如唐代广德元年（763）时，杨承仙担任怀州刺史，"浚决古沟，引丹水以溉田，田之污莱遂为沃野，衣食河内数千万口"。①

今北京周围地区，在这一时期水稻种植也有所发展。东汉建武十五年（39），渔阳（治今北京怀柔县梨园庄）太守张堪在狐奴（今北京市顺义县东北）"开稻田八千余顷，劝民耕种，以致殷富"。② 这是北京地区种植水稻的最早记载。汉章帝建初元年（76），邓训带领黎阳兵在狐奴屯田，开发水田，种植水稻。魏晋时，当地不断修建水利工程。曹魏嘉平二年（250），驻守蓟城（今北京西南）的镇北将军刘靖在漯水（今永定河）上筑戾陵堰，开车箱渠，下游入高梁河，"灌田岁二千顷"。景元三年（262），谒者樊晨"更制水门，限田千顷，刻地四千三百一十六顷，出给郡县，改定田五千九百三十顷，水流乘车箱渠，自蓟西北径昌平，东尽渔阳潞县，凡所润含，四五百里，所灌田万有余顷"。③ 后来，这些水利设施曾经遭洪水摧毁，经过人们的修复，水稻种植得以继续。④

山东这一时期的水稻种植也很广。如北海地区（今临淄、寿光以北地区），据《史记·河渠书》载，西汉武帝时，山东的北海引巨定泽水、泰山以南汶水，"皆穿渠为溉田，各万余顷"。⑤ 琅琊郡高密县西南的潍水流域，当地人们立堰造塘，引水溉田，形成了一个颇具规模的稻区。《太平寰宇记》引《郡国志》云："高密县西有郑玄宅，亦曰郑城。玄后移葬于砺阜，墓侧有稻田十万顷。断水造鱼粱，岁收亿万，号万足粱。"⑥ 可见，这里的水稻种植已成规模，并且很有名气，连《齐民要术》也有记载。一直到唐代，这里仍旧种植水稻。山东西南的山阳（今金乡县）与济阴（今定陶县）二郡，稻作农业也见发展。《后汉书》之《秦彭传》记

---

① 独孤及：《故怀州刺史太子少傅杨公遗爱碑》，《毗陵集》卷8，《文渊阁四库全书》第1072册，第218页。
② 范晔：《后汉书》卷31《张堪传》，第1100页。
③ 郦道元注，陈桥驿校证《水经注校证》卷14《鲍丘水注》，中华书局，2007，第340页。
④ 游修龄：《中国稻作史》，中国农业出版社，1995，第270页。
⑤ 《史记·河渠书》原作"东海引巨定"。元代于钦始疑有误，顾炎武考定"东海为北海之误"。详文可参见顾炎武著，黄汝成集释《日知录集释》卷26《史记》条，上海古籍出版社，2006，第1430页。
⑥ 乐史：《太平寰宇记》卷24，《文渊阁四库全书》第469册，第214页。

载，建初元年（76），山阳太守秦彭"兴起稻田数千顷"，并"每于农月，亲度顷亩，分别肥瘠，差为三品，各立文簿，藏之乡县"。① 建安年间，济阴太守夏侯淳，"断太寿水作陂，身自负土，率将士劝种稻，民赖其利"。②

这一时期，随着华北平原农田水利的兴修，水利条件得以改善，其稻作农业的规模还是相当可观的。不过，就当时华北平原粮食生产情况来说，稻的总产量远不及粟，至少在西汉以前还赶不上麦和大豆的总产量。

除了粟、麦、稻、菽这几种粮食作物外，黍在这一时期也多有种植。如秦汉时期河北地区普遍种植黍，但多用于酿酒，如《吕氏春秋·审时篇》《氾胜之书》《四民月令》中都有种黍的记载。但《齐民要术》之《黍穄第四》云："凡黍，黏者收薄；穄，味美者亦收薄，难舂。"③ 因其产量不高，人们多用黍来酿酒，其在粮食中的地位已不如粟。

总之，秦汉魏晋南北朝时期华北平原的粮食种植结构和前期相比，粟的首要地位依然牢固，在人们的生活中依然处于主导地位；小麦的地位上升很快，这与人们的食用方式的改变有一定的联系；豆类的食用有了一个新方向，即豆制品的出现，一些地方大豆甚至成为主食之一；稻作农业在这一时期随着农田水利工程的兴修在许多地区有所发展，但毕竟受到水资源的制约，其种植的规模不会很大。

第五节　隋唐宋元时期华北平原粮食种植结构

隋唐宋元时期，华北平原的粮食作物种植格局基本稳定，粟、麦是当时播种最广的粮食作物。如果把《农桑辑要》或《王祯农书》和《齐民要术》所讲述农作物的次序对比一下，就可以看出从南北朝到元朝大约8个世纪中粮食作物种植结构的变化。就全国而言，稻和麦的地位显著地超过了黍、粟。不过在华北，粟始终是广大人民的主要食粮。王祯说："粟者，五谷之长。中原土地平旷，惟宜种粟。古今谷禄，皆以是为差等，出纳之司，皆以是为准则。"④ 而小麦的种植面积，一直没有超过它的。《宋史》之《食货上二》记载，"岁赋之物，……谷之品七，一曰粟，二曰稻，三曰麦，

---

① 范晔：《后汉书》卷76《秦彭传》，第2467页。
② 陈寿：《三国志》卷9《魏志·夏侯淳传》，中华书局，1982，第268页。
③ 贾思勰著，缪启愉校释《齐民要术校释》，第102页。
④ 王祯著，王毓瑚校《王祯农书·百谷谱之一·粟》，农业出版社，1981，第79页。

四曰黍，五曰稷，六曰菽，七曰杂子"。① 这反映当时全国各种粮食作物比重的基本情况；而对于华北平原而言，稻的地位实际上是低于麦的。

一 粟麦并重格局的形成及其稳定发展

1. 粟主体地位的保持

粟一直是华北平原传统的旱地粮食作物，在隋唐宋元时期依然居于秋粮中的主体地位。因其对环境适应性强，故分布范围极广。一方面分布在小麦轮作地区，大凡出产二麦的地区都有粟的种植；另一方面分布在那些不适于小麦生长的地区，如一些贫瘠山区及受水患、盐碱影响的地区。因此，粟的种植面积往往比小麦要大，依然是华北平原最为重要的秋粮作物。

唐代，华北平原粟的播种面积相当大，远远超过其他类农作物。洛阳含嘉仓发掘的实物就可证明。考古工作者在洛阳含嘉仓共发现259座大型粮窖，在第160号窖内，有大半窖已经变质炭化的粟，据推算，这堆炭化粟原体积应与窖的容积大体一致，大约50万斤。② 唐代赋税制度也规定：凡授田之民，"户每丁租粟二石"。③ 由于粟的播种面积大，因此其价格相对而言比较低廉。据史书记载，唐高宗永徽五年（654），"大稔，洛州粟米斗两钱半，秔米斗十一钱"；④ 开元十三年（725），"东都米十五钱，青、齐五钱，粟三钱"；⑤ 天宝年间（742~755），"海内富实，米斗之价钱十三，青齐间斗才三钱"。⑥ 正因为其重要，所以直至晚唐，人们仍将粟与茶、盐并举，认为是日常生活不可缺少的东西。

宋代，粟依然是秋粮的主体。欧阳修曾云："京东自去冬无雪，麦不生苗，已及暮春，粟未布种，不惟目下乏食，兼亦向去无望。"⑦ 这反映了华北平原麦粟轮作的情景。范仲淹《范文正集》也记载，在德、博二州一带，人称"地唯沃饶，菽粟易敛"。⑧ 可见粟是当地最基本的秋粮作物。

---

① 脱脱等：《宋史》卷174《食货上二》，中华书局，1977，第4202页。
② 河南省博物馆、洛阳市博物馆：《洛阳隋唐含嘉仓的发掘》，《文物》1972年第3期。
③ 李林甫等撰、陈仲夫点校《唐六典》卷3《尚书·户部》，中华书局，1992，第76页。
④ 司马光：《资治通鉴》卷199，中华书局，1956，第6286页。
⑤ 司马光：《资治通鉴》卷212，第6769页。
⑥ 欧阳修、宋祁：《新唐书》卷51《食货志》第41，中华书局，1975，第1346页。
⑦ 欧阳修著，李逸安点校《欧阳修全集·奏议》卷2《论修河第一状》，中华书局，2001，第1643页。
⑧ 范仲淹：《范文正集》卷13《资政殿大学士礼部尚书赠太子师谥忠庄范公墓志铭》，《文渊阁四库全书》第1089册，第705页。

粟在北方旱作农业区秋粮中的地位，在金元时期并未发生大的改变，仍然是华北平原秋粮作物的主体。

2. 小麦种植区域的扩大、地位的提高

唐代，麦子种植发展很快，华北平原是小麦的主要产区。当时的河南道、河北道均为小麦主产区，开元五年（717）五月诏曰："河南河北，去年不熟，今春亢旱，全无麦苗。"① 河南道，除山东丘陵地带外，怀、颍、宋、滑、蔡、沂、徐、兖等州俱是产麦之地，小麦产地几乎连成一片。② 河北道也是小麦的主要产地，开元十四年（716）秋，河北水灾，庄稼受损，次年春三月，出现饥荒，百姓"旧谷既没，新麦未登"③，唐玄宗即下诏赈济。唐末五代农书《四时纂要》中所记载的大田作物种类与《齐民要术》所记载的大致一样，但其中麦作出现的次数较历代农书中的明显增多，说明麦作在北方地区粮作中的地位明显上升。

宋代华北平原依然是最为重要的小麦产区，当时北方四路的小麦种植相当普遍。在今天的河北地区，小麦的种植范围遍及"都城以北，燕蓟之南"，苏轼的《北岳祈雨文》曾云："都城以北，燕蓟之南，既徂岁而不登，又历时而未雨，公私并竭，农末皆伤，麦将槁而禾未生。"④ 其中，太行山山前各州由于土壤肥沃、水源充足，成为主要的小麦产区。邢、洺、赵三州的广平监退牧后，7500多顷草地辟为粮田，"每年共约供粟八万七千五百余石，小麦三万一千二百余石"。⑤ 今天的河南、山东在当时也是全国的主要小麦产区，以冬小麦为主。据文献记载，这两省境内的很多州县都有小麦种植。《宋会要辑稿》载，济州有南李堰、濮州有马陵泊，经疏治得良田四千余顷，夏秋民间耕种获菽麦三万余石。⑥ 郭祥正诗云：青州"富饶足鱼盐，饱暖遍年麦"。⑦ 秦观《淮海集》云：蔡州"迄今来二麦并已成熟，……麦苗有一茎二穗或三穗，其多有至五穗者甚多。父老等皆云数十年来无此丰

① 王钦若、杨亿：《册府元龟》卷105《帝王部·惠民第二》，《文渊阁四库全书》第903册，第856页。
② 华林甫：《唐代粟、麦生产的地域布局初探》，《中国农史》1990年第2期。
③ 王钦若、杨亿：《册府元龟》卷135《帝王部·愍征役》，《文渊阁四库全书》第904册，第430页。
④ 苏轼：《东坡后集》卷3《北岳祈雨文》，《文渊阁四库全书》第1108册，第576页。
⑤ 包拯撰，张田编《包孝肃奏议集》卷7《请将邢洺州牧马地给人户依旧耕佃》第一章，《文渊阁四库全书》第427册，第150页。
⑥ 徐松辑《宋会要辑稿·食货》63之187，国立北平图书馆，1936。
⑦ 郭祥正：《青山续集》卷3《青州作》，《文渊阁四库全书》第1116册，第795页。

熟，亦未尝见有麦苗一茎至数穗者。"① 诸如此类的记载非常多，这显然反映小麦种植遍及今河南、山东。

金元时期，华北平原小麦依然种植广泛。根据吴宏歧先生的研究，"河北的大都路、永平路、彰德路、保定路、真定路、广平路都是麦类产区。黄河以北，西由怀、孟，东抵曹、单，在金朝都是产麦的。元时这个区域的农业依旧发达，作为主要夏粮的小麦，种植当仍是非常普遍。除此以外，山东地区的济南路、般阳路和益都路也都是麦类的主要产地"。② 此外，这一时期河南也是重要麦作区，有"河南之田最宜麦"之誉。③ 这说明河南地区拥有良好的土壤、水分条件，适合小麦的种植，也说明当时麦作种植非常广泛。其中，河南府、汴梁路的郑州、钧州皆出二麦。南阳盆地的邓州、新野、顺阳、淅川诸县也都出产小麦。④

从以上史料征引可知，在隋唐宋元的近 800 年里，小麦在华北平原的广大区域里得到非常广泛地种植，其种植面积的扩大、产量的提高，改变了这一时期的赋税结构和人们的饮食结构，对中国古代社会的影响非常大。

3. 粟麦并重格局的形成及其稳定发展

在隋唐宋元的近 800 年里，粟作为秋粮主体的地位得以持续。但麦作为夏粮主体的形成，尤其是小麦种植面积的扩大和地位的提高，使得华北平原粮食结构形成了粟麦并重的格局。夏粮为麦，秋粮为粟成为常态。唐末五代农书《四时纂要》中提到粟是 52 次，麦子是 33 次。虽然从出现频率上看，小麦低于粟，但差距已大大缩小，这说明小麦地位在上升。

小麦地位的上升，可以从唐代赋税中看出。安史之乱前，历代政府征收税粮，未尝专征小麦。但到唐德宗建中元年（780）实行的两税法中，夏税以小麦为征收对象，这表明小麦在粮食中的地位和粟已经相差无几了。⑤ 虽然在实际的赋税收入账目中，往往将粟（谷）、麦并称，但无论赋税数量还是地位，麦始终没有超越粟，粟（谷）一直居麦前。宋代元丰年间河北路、京东路的赋税收入比例大致能说明这一问题。据《文献通考》记载，元丰年间（1078～1085）河北路夏税收入为 1393983 斤，秋税收入为 7758107

① 秦观：《淮海集》卷36《代蔡州进瑞麦图状》，《文渊阁四库全书》第1115册，第624页。
② 吴宏歧：《元代农业地理》，西安地图出版社，1997，第111～112页。
③ 脱脱等：《金史》卷107《高汝砺传》，中华书局，1975，第2355页。
④ 吴宏歧：《元代农业地理》，第111～112页。
⑤ 李爱军：《汉唐之际小麦在黄河中下游区域的发展及原因》，《咸阳师范学院学报》2008年第5期。

斤，夏税收入不足秋税收入的 1/5。而多山地的京东路，夏税收入为 1555880 斤，秋税收入为 1445021 斤，夏税收入略多于秋税收入。① 区域之间虽然有差异，但基本可看出小麦地位在逐渐提高，夏粮以小麦为主体的格局已经形成并稳定发展。

由于小麦种植比重的提高，小麦成为华北居民的半年粮食，这是这一时代华北粮食结构的一次重大调整。② 据王利华先生研究，"在中古后期，华北地区逐渐改变了漫长的以'粒食'当家的消费传统，确立了以'面食'为主、'面食'与'粒食'并存的膳食模式，并一直维持到当代"。③

二　水稻点块状分布及周期性波动

与粟、麦相比，水稻并非北方的优势作物，长期以来并没有形成固定的稻作区和稳固的种稻习惯，因此水稻种植时断时续，极不稳定。在隋唐宋元的近 800 年间，华北平原水稻种植没有一个定向性的发展趋势，自然无法成为华北平原夏秋粮的主体，所以其在华北平原粮食作物种植结构中地位无法超越粟和小麦。在隋唐宋元时期，受华北平原区域性自然条件的限制，水稻种植呈点块状分布；又由于水稻的种植和推广与水利建设息息相关，所以其往往在王朝重视农业、重视水利的时期获得了很大的发展，又往往在王朝衰败、水利不兴时衰落，总体上呈周期性波动状态。

隋朝建立后，随着农田水利的复兴，华北平原洛阳、安阳、南阳等地的水稻生产也有所发展。洛阳平原的秔稻一直很有名气。隋炀帝自洛南巡，庾自直应诏作诗："伊雒山川转，江河道路长。昭日秋源净，分花曲水香。稻粱叨岁月，羽翮仰恩光。"④《旧唐书·玄宗本纪》还谈到开元二十二年（734）七月，曾"遣中书令张九龄充河南开稻田使"，"又遣张九龄于许、豫、陈、亳等州置水屯"⑤ 开置稻田，伊河、洛河流域稻作经久不衰。隋唐时期南阳盆地的水稻生产，经过卢庠等人的苦心经营，水稻种植又兴盛一时，不仅盆地中部的唐州"昔之菽粟者多化而为稌"⑥（稌，即粳稻），而且周边山地的内乡、淅川等的稻作也比较引人注目，经常可以

① 马端临：《文献通考》卷 4《田赋考四》，中华书局，1986，第 59~60 页。
② 王利华：《中古华北饮食文化的变迁》，中国社会科学出版社，2000，第 73 页。
③ 王利华：《中古华北饮食文化的变迁》，第 206 页。
④ 李昉《文苑英华》卷 170《初发东都应诏》，《文渊阁四库全书》第 1334 册，第 516 页。
⑤ 刘昫：《旧唐书》卷 8《玄宗本纪》，中华书局，1975，第 201 页。
⑥ 王安石：《临川文集》卷 38《新田诗·并序》，《文渊阁四库全书》第 1105 册，第 207 页。

听到一些赞美水稻的诗句，如白居易"枣赤梨红稻穗黄"① 等等。② 然终唐一代，黄河流域水稻种植面积在耕地面积中所占比例是很小的，华林甫先生依粮食来源与消费量相等的原则，推算出永徽六年（655）雍州的水稻种植面积至多占总耕地的 13.44%，河南道水稻种植面积仅占总耕地面积的 1.02%。③

宋代华北平原的稻作也有所发展。淳化年间（990~994），在雄州（今河北雄县）、莫州（今河北任丘市）、霸州（今河北霸州市）、破虏军（今霸州市东信安镇）、平戎军（今河北文安县西北新镇）、顺安军（今河北高阳县东旧城）等州军境内淀泊之处，地方政府兴建堤堰，设置斗门，引淀水灌溉新辟的稻田。《宋史》载曰："凡雄莫霸州、平戎顺安等军，兴堰六百里，置斗门，引淀水灌溉。初年种稻，值霜不成。懋以晚稻九月熟，河北霜早而地气迟，江东早稻七月即熟，取其种课令种之，是岁八月，稻熟。"④ 在地方政府的积极支持下，稻田开辟得越来越多，"自顺安以东濒海，广袤数百里，悉为稻田，而有莞蒲蜃蛤之饶，民赖其利"⑤。到了熙宁年间（1068~1077），界河南岸洼地接纳了滹沱、漳、淇、易、白（沟）和黄河诸水，形成了由破船淀、灰淀、方淀、鹅巢淀、陈人淀、燕丹淀、大光淀、孟宗淀、水纹淀、得胜淀、下光淀、小兰淀、李子淀、大兰淀、粮料淀、回淀、百水淀、黑羊淀、小莲花淀、大莲花淀、洛阳淀、牛横淀、康池淀、畴淀、白羊淀等 30 多处大小淀泊组成的淀泊带，当地的人们就在这片淀泊地带广开稻田，颇有成效。⑥ 另外，太行山山前冲积扇地带也是重要的水稻分布区，这里土地肥沃，又有漳河、滹沱河等数条河流，水源条件良好，时人称"怀、保二郡傍山，可以植稻。定武、唐河抵瀛、莫间，可兴水田"。⑦ 这表明怀、保、瀛、莫等州是适合种植水稻的。明道二年（1033），朝廷"遣尚书职方员外郎沈厚载出怀、卫、磁、相、邢、洺、镇、赵等州，教民种水田"⑧。一时，这一区域成为河北平

---

① 白居易：《白氏长庆集》卷 20《内乡县村路作》，《文渊阁四库全书》第 1080 册，第 224 页。
② 张泽咸：《试论汉唐间的水稻生产》，《文史》第 18 辑，中华书局，1983，第 33~68 页。
③ 华林甫：《唐代水稻生产的地理布局及其变迁初探》，《中国农史》1992 年第 2 期。
④ 脱脱等：《宋史》卷 176《食货志四·屯田》，第 4264 页。
⑤ 脱脱等：《宋史》卷 273《何继筠传》，第 9328 页。
⑥ 脱脱等：《宋史》卷 95《河渠志五》，第 2358 页。
⑦ 脱脱等：《宋史》卷 323《郭咨传》，第 10531 页。
⑧ 脱脱等：《宋史》卷 176《食货志》，第 4164 页。

原重要的水稻产区，怀州甚至与相邻的河南孟州一并有"小江南"之誉。宋人周密《癸辛杂识别集·汴梁杂事》云："北人言河北惟怀、孟州号小江南，得太行障其后，故寒稍杀，地暖，故有梅，且山水清远，似江南云。"①

宋代河南水稻种植主要分布在汴河沿岸及京西唐、邓、许、汝等州。汴河两岸，土壤肥沃，水源充足，是发展水稻的理想之地。《宋会要辑稿·食货》记载，北宋中后期在京畿一带将"引水不利之地一万二千余顷并置图籍，拘管入稻田务，召人承佃"。② 这说明，当地水稻种植面积是相当大的。京西唐、邓、许、汝等州也是重要的水稻分布区，其中汝州一带是京西最重要的种稻区域，苏辙《栾城集》载"汝阴土沃民多，有鱼稻之饶"。③ 苏颂也记曰："汝阴地濒淮颍，厥土良沃，水泉鱼稻之美，甲于近甸。"④ 因此朝廷在这里设置了稻田务。京东齐鲁之地山地较多，稻区呈零星分布，大面积的种稻区不多。

宋代之后，华北平原的水稻种植时断时续，但也有不少较为典型的种稻区。如金朝贞祐年间（1213～1217），曾在京东、西、南三路开治水田，"秔稻之利，几如江南"⑤。元朝时，京师东面濒海地区土地肥沃、水源充沛，非常有利于水稻的栽种。虞集云："京师之东，萑苇之泽。滨海而南者，广袤相乘，可千数百里。潮淤肥沃，实甚宜稻。用浙闽堤圩之法，则皆良田也。"⑥ 除京东外，河南唐州泌阳县（今唐河县）县令赵鹏见泌阳"土腴而桑鲜，及知玉池、洫坡等陂，民尝资以莳稻，岁获千万钟"，于是"散理沟洫，复作斗门"，"开辟大片稻田"。⑦ 怀州修武县清真观"旁近出大泉，溉千亩稻"。⑧ 汴梁路水稻种植区域依然较大，元政府甚至于此设稻田提举司加强管理。⑨ 山东沂州（今临沂县）沭水流域稻田面积广大，所产香

① 周密：《癸辛杂识别集·汴梁杂事》，《文渊阁四库全书》第1040册，第112页。
② 徐松辑《宋会要辑稿》7之36，国立北平图书馆，1936。
③ 苏辙：《栾城集》卷30《崔公度知颍州》，《文渊阁四库全书》第1112册，第322页。
④ 苏颂：《苏魏公文集》卷61《少府监致仕玉尹墓志铭》，《文渊阁四库全书》第1092册，第658页。
⑤ 孙承泽：《天府广记》卷36《水利》，北京古籍出版社，1982，第540页。
⑥ 虞集：《道园学古录》卷6《送祠天妃两使者序》，《文渊阁四库全书》第1207册，第102页。
⑦ 王恽：《秋涧集》卷52《金故朝请大夫泌阳县令赵公神道碑铭》，《摛藻堂四库全书荟要》第401册，台北，世界书局，1990，第44～45页。
⑧ 元好问：《遗山集》卷35《清真观记》，《文渊阁四库全书》第1191册，第412页。
⑨ 宋濂等：《元史》卷87《百官志》，中华书局，1976，第2211页。

粳，亩收一钟。元人于钦《齐乘》有载："泇水有二：东泇出沂州西北其山，南流至卞庄站，东分一支入芙蓉湖，溉田数千顷，湖在沂州东南芙蓉山下，香粳钟亩，古称琅邪之稻即此。西泇出峄州东北抱犊山，东南流至三合村，与东泇合，南贯四湖，溉田倍芙蓉。"[①]

以上所述多为分析隋唐宋元近800年间水稻种植的成绩，由此可以看出水稻种植与封建王朝水利建设是息息相关的，在王朝重视水利的时候，水稻种植发展较快，当水利衰败时则水稻种植萎缩。此外，由于华北平原总体上温度、水分条件远差于江南，这对于喜水喜湿的水稻而言，其种植势必会受到限制，因此华北平原的水稻种植多呈点块状分布，虽然有部分地区水稻种植面积较大，产量较高，但水稻并非全域性粮食作物，因此难以撼动粟、麦在华北平原粮食种植结构中的主体地位。

结合以上所述，笔者认为隋唐宋元的近800年间，粟作秋粮主体地位的保持及小麦的迅速发展及地位提高，使华北平原粮食种植结构形成了粟麦并重的局面。水稻种植呈点块状分布，随水利的兴衰而兴衰，具有周期性的波动，难以占据主导地位。这种格局不仅反映在赋税的征收上，也体现在饮食文化的变迁上。从唐代开始，小麦越来越多地成为华北平原人们最主要的粮食品种，从此"南米""北面"成为中国南北饮食结构中的典型特色。在明代新作物引进以前，粟、麦在华北平原人们的生活中占据着主导地位。

第六节 对明清之前华北平原粮食种植
结构变迁的基本认识

通过以上几节的分析可以看出，明清之前华北平原的粮食种植结构发生过较大变化。

在新石器时代早期，华北平原的粮食种植以粟、黍为主，兼营水稻；到中晚期，经过几千年的农作物栽培、驯化、引种，粮食作物种植结构发生了很大变化，由简单的两三种作物，到多个品种并存，再到传统意义上的五谷种植结构的形成。这种粮食作物种植结构，不仅能够提高农业的总体产量，而且还能够降低单系粮食种植的危险系数，反映了史前时期华北平原生产力水平的提高，这为以后农业发展打下了坚实基础。

在五谷种植结构形成之后，在新作物传入以前的漫长岁月里，华北平原

---

① 于钦：《齐乘》卷2《益都水》，《文渊阁四库全书》第491册，第717页。

粮食作物种植结构的变化虽然不能用具体的数字来体现，但从文献的记载、考古出土实物的数量，以及人们对各种农作物的态度等方面都可以得到翔实反映。

从夏商周到宋元，作为旱作农业主要作物的粟，一直在华北平原粮食作物中居于主导地位，其播种面积是其他农作物无法相比的，一直保持高位。小麦从其出现，到在华北平原种植范围逐渐扩大，再到唐宋时达到与粟并驾齐驱的地位，使华北平原粮食种植结构在明清以前形成了粟、麦并重的局面。水稻在华北平原的发展一直受到水资源的制约，水利工程的兴衰对其种植面积的大小有很大的影响，即水利兴，则水稻种植兴盛；水利衰，则水稻种植萎缩。所以水稻的播种区域主要集中在水资源状况比较好的局部地区，其播种区域呈点块状分布。由于其种植受到各种因素的影响，其播种面积有限，所以很难在粮食种植结构中占据主导地位。大豆的种植在春秋战国时期发展很快，与粟并驾为当时主要的粮食作物。但从汉代开始，大豆的食用方式有了一个新方向，即豆制品的出现，其种植规模也随之有了不小的发展。

总之，明清以前，华北平原的粮食种植结构以粟麦为主，粟是秋粮作物的主体，小麦是夏粮征收的对象，粟麦并重格局呈现。这种格局不仅反映在赋税的征收上，也体现在饮食文化的变迁上。从唐代开始，小麦日益地成为华北平原人们最主要的粮食作物，从此"南米""北面"成为中国南北饮食结构中的典型特色。在明代新作物引进以前，粟、麦在华北平原人们的生活中占据着主导地位。

第三章 明清华北平原粮食种植结构的变迁（上）

明清时期是古代华北平原粮食种植结构调整最大的一个时期。在明清500多年间，中国社会生活和经济领域发生了很大变化，人口激增，达4亿多，水旱灾害频繁发生，粮食作物品种增加，商品交流日益活跃。诸多因素使得粮食种植结构发生了很大变化，而这种变化在华北平原尤为明显，影响也尤为深远。①

第一节 明清华北平原麦类作物种植及比重变化

麦类作物包括小麦、大麦、荞麦、矿麦等。大麦古称为"牟"，因茎叶与小麦相似，"种获期与小麦相同"②，种植范围也与小麦大致相同，故而人们习惯上将大小麦并称。大麦皮厚面黏，不如小麦适口。荞麦也称荍麦，"秋半下种，不两月而即收"③，耐寒温，适口性较差，是一种灾后救荒补种作物，也是一种麦茬后复种作物，但播种面积很小，单产很低。矿麦，"是马所食者，山东河北人正月种之"④，人们仍把它看作大麦的一种。大麦、荞麦、矿麦在华北平原种植面积都不大，在粮食种植结构中的比重都很小。而小麦是麦类大宗，在华北平原粮食种植结构中占据着重要地位。因此，本部分有关明清华北平原麦类作物种植及比重的探讨主要围绕小麦来进行。

---

① 关于明清时期华北平原粮食种植结构问题，许檀、李令福、陈冬生、马雪芹等先生有不同程度的分区研究，笔者多有参考，特此致谢！

② 宋应星著，钟广言注释《天工开物》卷上《乃粒第一·麦》，中华书局，1978，第34页。

③ 宋应星著，钟广言注释《天工开物》卷上《乃粒第一·麦》，第34页。

④ （民国）《齐河县志》卷17《实业·谷类》，1933年铅印本。

一 明代华北平原小麦种植及比重

1. 小麦种植的基本状况

从唐宋以来，中国粮食作物分布格局一直有"南稻北麦"之称。作为麦类之长的小麦一直是华北平原最为重要的农作物。不过在明代之前，小麦在华北平原并不占主导地位，明代这一局面获得了很大改观。明代的华北平原虽然粟的地位依然重要，但小麦的地位在不断上升，在不少地区，小麦甚至已超越粟在粮食作物中占首要位置。

（1）小麦种植的普遍性

明代北方地区是全国最为重要的小麦产区，科学家宋应星曾指出："四海之内，燕、秦、晋、豫、齐、鲁诸道，丞民粒食，小麦居半，而黍、稷、稻、粱仅居半。"[①] 这句话就表明小麦是明代北方地区最为重要的粮食作物，约占全部粮食产量的一半，其他粮食作物如黍、稷、稻、粱的产量合起来约占一半。事实上，明代全国的冬小麦主要产区集中在北方地区的北直隶、山东、河南、山西、陕西五省，而华北平原的北直隶、河南、山东三省麦产量尤大，分布亦非常广泛。北至华北平原北部，西至豫西山地，南至豫南光山、固始，东部至濒海地区，都有小麦分布，这是前代所没有达到的广度。

以华北平原北部的北直隶为例，经历元末战乱，一片凋敝，明初才有所恢复和发展。洪武二十一年（1388），户部尚书刘九皋建议迁民移入："今河北诸处，自兵后田多荒芜，居民鲜少，不若山东西之民，自入国朝，生齿日繁，宜令分丁徙居宽闲之地，开种田亩。如此则国赋增而民生遂矣。"[②] 随着人口的增加，农业生产也逐渐得以恢复，北京近郊开始大规模地种植小麦。《春明梦余录》记载："按辔行七八里，乃折而南，涉小涧稍东，而弥望皆麦始萌。"[③] 明成祖朱棣于永乐十一年（1413），曾"以扈从军士闲暇，而北京壤地肥沃，旷废者多，命于城外旁近，人种麦二十亩，官给麦种，仍委官提督，依屯田例考较"[④]，以此要求军屯发展小麦种植。位于北直隶几乎最北部的怀柔，小麦也是其重要农产，《顺天府志》记载的怀柔农产主要有"粟、黍、大麦、小麦、黑豆、菜豆、脂麻、蜀黍、棉花"等。[⑤]《怀柔

---

① 宋应星著，钟广言注释《天工开物》卷上《乃粒第一·麦》，第33页。
② 《明太祖实录》卷193，台北，中研院历史语言研究所，1962，第2895页。
③ 孙承泽：《春明梦余录》卷64，北京古籍出版社，1992，第1243页。
④ 黄彰健：《明太宗实录校勘记》，台北，中研院历史语言研究所，1962，第573页。
⑤ 缪荃孙辑《顺天府志》卷13，北京大学出版社，1983影印版，第367页。

县新志》亦记载其物产谷类有："稻（水旱两种），黍，麦（大小两种），梁，荞麦，黄豆，黑豆，赤豆，绿豆，扁豆，豇豆，豌豆，蚕豆，芝麻，苏子（取油用），观音粟。"① 偏远的山区，如房山县的上房山，也"村落林烟，水田麦畦，时时有"。②

在华北平原南部的河南，小麦种植亦非常普遍。伊、洛河流域广泛种植小麦，徐霞客在其游记中曾记载："余出嵩、少，始见麦畦青。"③ 嵩指嵩山，少指少室山，出嵩、少二山，即入伊、洛河流域，这说明伊、洛河流域已种植小麦。豫南也有小麦种植，光山县自明初开始，夏税即征小麦，洪武二十四年（1391）夏税征收小麦"二百四十一石三斗"，弘治十五年（1502）征"二百五十六石五斗七升九合"，嘉靖初，实征小麦"二百四十九石八斗一升有余"。④ 固始县虽为传统稻作区，但明代时小麦面积已达稻田面积的一半还多。⑤《河南通志》亦记载，穆宗隆庆四年（1570），"汝宁大雨伤麦"。⑥ 明代的汝宁府包含今天信阳的大部分地区，这说明今豫南信阳地区当时是种植小麦的。豫西南的南阳地区，也因小麦粉质极强，养分极多，成为中上人家的重要食品，小麦种植受到极大重视。⑦ 嘉靖时邓州小麦已成为农产品之大宗，小麦种植面积几近耕地面积的一半。内乡、新野等地的小麦种植面积比例也已达全部耕地面积的一半。⑧

华北平原东北部的濒海地区，为"百川所趋，潴溢之污莱之壤"，即徐光启所说的"北土最下地"。这一地区"极苦涝，土人多种葛秫"，明末之前种麦尚不多。徐光启经过考察后认为，"涝必于伏秋间，弗及麦地。涝后能疏水，及秋而涸，则艺秋麦；不能疏水，及冬而涸，则艺春麦。近河近海，可引潮者，即旱后又引秋潮灌之，令沙淤地泽，亦随时艺春秋麦。此法可令十岁九稔"。⑨ 徐

---

① 吴景果等：《怀柔县新志》，台北，成文出版社，1968，第 181 页。
② 刘侗、于奕正著，孙小力校注《帝京景物略》卷 8《畿辅名迹》，北京古籍出版社，1983，第 344 页。
③ 徐宏祖：《徐霞客游记》卷 1（下）《游太和山日记》，商务印书馆，1933，第 38 页。
④ （嘉靖）《光山县志》卷 4《贡赋》，1556 年刻本，天一阁藏明代方志选刊本，中州古籍出版社，1991 年影印。
⑤ （嘉靖）《固始县志》卷 4《民物志·田亩》，中州古籍出版社，1994 年影印。
⑥ 田文镜等：《河南通志》卷 5《星野》，《文渊阁四库全书》第 535 册，第 169 页。
⑦ （嘉靖）《南阳府志》卷 3《土产》，1528 年刻本。
⑧ （嘉靖）《邓州志》卷 10《赋役志·田赋》，1557 年刻本；此刻本为天一阁明代方志选刊本，下同。
⑨ 徐光启撰，石声汉校注《农政全书校注》卷 25《树艺·谷部上》，上海古籍出版社，1979，第 631 页。

光启的建议很快被农民采用，种麦区域逐渐扩大，该区域的沾化县"通县所赖惟小麦、棉花二种"。[①]

从整体来说，明代华北平原的广大区域都有小麦种植，这是此前所没有的情况。

（2）小麦种植的区域差异性

尽管明代华北平原广泛种植小麦，但由于区域内自然地理、环境、气候状况及水资源条件均存在一定差异，小麦在各地的分布也存在一定的差别。

平原区是华北平原的主体，大致包括燕山以南，太行山以东，伏牛山、淮河以北，泰山以西地区，也即今天所说的冀中南平原区、鲁西北平原、胶莱平原、豫北平原、豫中平原、豫东平原、豫西伊洛平原、南阳盆地的中部平原。平原区小麦种植极为普遍，而且产量较高。北直隶的中南部均为广阔的平原，小麦种植非常普遍，如大名府，所辖元城、大名、南皮、魏、清丰、内黄、浚、滑、开州、长垣、东明等均普遍种植小麦。[②] 又如广平府，夏税以小麦征收对象，所属永年、曲周、肥乡、鸡泽、广平、邯郸、成安、威县、清河九县，岁征小麦"一万七千八百四十二石有余"。[③] 再如保定府，下属易州、祁州、安州、清苑、安肃、定兴、容城、新城、雄、新安、高阳、涞水、满城、完、唐、庆都、博野、蠡、深泽、束鹿三州十七县均遍种小麦，共征夏税小麦"五万五千八百六十七石"。[④] 其他中南部府州县亦以小麦为主要农作物，且以小麦作为夏税缴纳对象。鲁西北平原和山麓平原，土壤、水资源条件较为优越，形成了大面积的麦作产区，小麦播种比重很大，产量很惊人。山东兖州府滕县"濒河之民千亩麦……其人皆与邑朊仕等"[⑤]，显然较高的小麦产量，让百姓生活水平得以提高。兖州府鱼台县小麦产量很高，小麦制品每年销售量很大，如万历《兖州府志》就记载，鱼台麦收之后，贾人"鬻曲蘖岁以千万"。[⑥] 东昌府"其谷多黍麦"，青州府"其谷多稻麦"。[⑦]

---

① （光绪）《沾化县志》卷12《艺文》，1890年刻本。

② （正德）《大名府志》卷3《田赋志·贡赋》，1506年刻本。

③ （嘉靖）《广平府志》卷6《版籍志》，1549年刻本。

④ （弘治）《保定郡志》卷6《财赋》，1494年刻本。

⑤ 顾炎武：《天下郡国利病书》（原编）第15册《山东上》引《滕县志》，《续修四库全书》第596册，上海古籍出版社，2013影印版，第396页；以下《续修四库全书》各册均于同年由该出版社出版，故省略。

⑥ （万历）《兖州府志》卷4《风土志》，1596年刻本。

⑦ （嘉靖）《山东通志》卷1《图考》，《四库存目丛书》史部第187册，齐鲁书社，1997年影印。

丘陵、山地区的小麦种植面积比之平原区的要小，比如，山东中南部的山地、丘陵地区的小麦种植面积稍逊于他处的。如安丘县万历时"齐民岁所树艺菽粟为主，麦次之"，① 宁海州嘉靖时则"多黍及穄"，② 麦作很少。

2. 小麦播种面积比例的变化

谈明代华北平原麦地播种面积比例的变化，似乎离不开明代田制问题。"考明代田制有官田、民田两种，其田租分夏税、秋粮二等，夏税以小麦为本色，秋粮以粟米为本色，纳棉布丝绢钱钞等为折色。原先本折并征，而以米麦为准，中叶后皆折银计算。"③ 作为夏税主要征收对象的小麦，实以冬小麦为主，一般八月播种，次年五月收获。因此，冬小麦就成为明代华北平原夏税的主要征收对象。明代华北平原冬小麦播种面积到底有多大，因为统计资料的缺乏，今天已无法得到一个准确的数字，主要原因在于耕地面积的统计标准难以确立，但从有些资料中可以大致看出冬小麦在华北平原耕地面积中的比重。有的地区方志记载的田土面积实为总田土面积，有的是起课田土面积，有的是二者兼有，但以记载起课田土面积为多。为了统计的方便，笔者以起课田土地面积为依据进行统计。以起课田土为标准来分析明代华北平原冬小麦的播种面积，与明代华北平原冬小麦实际播种面积比就存在误差，但这种误差不会太大。在没有更为准确资料可以依据的情况下，姑且如此，如能大致反映基本情况也就达到目的了。

（1）北直隶地区小麦播种面积比例

北直隶地区是明代华北平原的重要冬小麦产区，冬小麦播种面积基本保持在起课田地总面积的30％。以隆庆州为例，永乐二十年（1422）至嘉靖二十一年（1542）间，夏麦地④占起课田土总面积，均低于平均数额，尤其是景泰七年（1456），占26.77％；成化八年（1472），占31.74％，高于平均数额；其他年份，夏地占起课田土比重均保持在30％上下，波动非常小（见表3-1）。

---

① （万历）《安丘县志》卷10《方产考》，1589年刻本。
② （嘉靖）《宁海州志》卷上《物产》，1552年刻本。
③ （民国）《重修林县志》卷5《财政·田赋》，1932年石印本。
④ 夏麦地，也称夏税地，简称夏地或夏田，即冬小麦种植地；秋粟地，也称秋粮地，简称秋地或秋田，即粟米种植地。

表 3 – 1 明代部分年份隆庆州冬小麦播种面积情况

时间	总额（亩）	夏地（亩）	秋地（亩）	麦地比例（%）
永乐二十年(1422)	82350	24705	57645	30.00
宣德七年(1432)	83538	25061	58477	30.00
正统七年(1442)	85219	25595	59624	30.03
景泰七年(1456)	93153	24933	68220	26.77
天顺六年(1462)	85892	25767	60125	30.00
成化八年(1472)	86200	25866	60344	31.74
弘治五年(1492)	81500	24450	57050	30.00
正德七年(1512)	81000	24300	56700	30.00
嘉靖二十一年(1542)	80562	24168	56394	30.00

资料来源：(嘉靖)《隆庆志》卷3《食货·财赋》，天一阁藏明代方志选刊本，上海古籍出版社，1981年影印（下省出版社和影印年份）。

　　隆庆州所属的永宁县，冬小麦播种比重也与整个隆庆州大体一致。除了成化八年，冬小麦播种面积比重高达49.52%外，其他年份均维持在30%的水平（见表3-2）。显然，当时的隆庆州乃至北直隶，冬小麦播种面积占起课田土的30%。

表 3 – 2 明代部分年份永宁县冬小麦播种面积情况

时间	总额（亩）	夏地（亩）	秋地（亩）	麦地比例（%）
永乐二十年(1422)	34550	10365	24185	30.00
宣德七年(1432)	34464	10339	24125	30.00
正统七年(1442)	35723	10716	25017	30.00
景泰七年(1456)	8389	2516	5873	30.00
天顺六年(1462)	35841	10752	25089	30.00
成化八年(1472)	35856	17756	18100	49.52
弘治五年(1492)	36050	10815	25235	30.00
正德七年(1512)	36220	10866	25354	30.00
嘉靖二十一年(1542)	36500	10950	25550	30.00

资料来源：(嘉靖)《隆庆志》卷3《食货·财赋》，天一阁藏明代方志选刊本。

　　再如，北直隶大名府正德年间（1505～1521）田土总面积为5294559亩，其中夏麦地1594019亩，占30.11%。大名府所辖的元城县、大名县、南乐县、魏县、清丰县、内黄县、濬县、滑县、开州、长垣县、东明县的冬小麦播种面积，其比例也基本保持在30%左右（见表3-3）。

表 3-3　明代正德年间大名府及其属县赋税田亩情况统计

	夏地（亩）	秋地（亩）	夏地所占比例（%）
大名府	1594019	3700540	30.11
元城县	114731	257742	30.80
大名县	35060	81255	30.14
南乐县	101248	229712	30.59
魏　县	153830	357001	30.11
清丰县	141580	345918	29.04
内黄县	84362	193845	30.32
濬　县	188994	438636	30.11
滑　县	327121	761466	30.05
开　州	230655	522948	30.61
长垣县	169278	400686	29.70
东明县	47503	112699	29.65

资料来源：（正德）《大名府志》卷3《田赋志·贡赋》，1506年刻本，天一阁藏明代方志选刊本。

通过以上资料的分析可以看出，明代北直隶地区冬小麦播种面积一直约占起课田地总面积的30%。

（2）山东地区小麦播种面积比例

山东地区是明代华北平原最为重要的小麦产区，夏税小麦播种面积基本保持在起课田地总面积的30%左右。万历年间兖州府嶧阳县起课田亩面积为245520亩，夏麦地为73122亩，占总额的29.78%；曲阜县，田地总面积141198亩，夏麦地为40529亩，占总额的28.70%；邹县起课田地总面积为313077亩，其中夏麦地为92818亩，占总额的29.65%；滕县起课田土总面积2680807亩，其中夏麦地为804243亩，占总额的30%；单县的田土总面积为580575亩，夏麦地为174172亩，占总额的30%（详见表3-4）。由此可以看出，无论是嶧阳、曲阜，还是邹县、滕县、单县，各县的小麦播种比重基本维持在30%，上下浮动范围非常小。但在有的地方，小麦播种面积很大，如万历十九年（1591），在曲阜县孔府屯庄张阳庄的161亩分种地中，种麦66亩，占41%；顺治十年（1653）汶上县孔府12个屯庄的1220余亩耕地中，共种植小麦947.95亩，种大麦84.93亩，两者合计占播种面积的72.3%，占耕地面积的80%以上。[1]

---

[1]　许檀：《明清时期山东经济的发展》，《中国经济史研究》1995年第3期。

表 3 – 4　万历年间兖州府部分州县小麦播种比例情况

	总额(亩)	夏地(亩)	秋地(亩)	夏地比例(%)
嵫阳县	245520	73122	172398	29.78
曲阜县	141198	40529	100669	28.70
邹　县	313077	92818	220259	29.65
滕　县	2680807	804243	1876564	30.00
单　县	580575	174172	406403	30.00

资料来源：（万历）《兖州府志》卷14《田赋志》，1596 年刻本。

（3）河南地区小麦播种面积比例

明代河南布政使司统计的小麦播种面积比重，有些地区与北直隶、山东地区的差不多，保持在30%左右。如河南偃师，洪武二十四年（1391）起课田地为 480034 亩，夏税地 133250 亩，占起课田地的 27.8%；嘉靖四十年（1561）起课田地为 405754 亩，夏麦地 122446 亩，占起课田地的 30.2%。[①] 但很多州县小麦种植面积要比北直隶和山东的大，其所占比重大约高出10~20 个百分点。如鲁山县，洪武二十四年（1391），起课田地 314154 亩，其中夏麦地为 165714 亩，占起课田地面积的 52.75%；不起课田地为 300556 亩，其中夏麦地为 177719 亩，占不起课田地面积的 59.13%。二者综合，起课与不起课夏麦地共计 343433 亩，占所有田地面积 614710 亩的 55.87%。永乐十年（1412），起课田地为 267356 亩，其中夏麦地为 140743 亩，占起课田地面积的 52.64%；不起课田地 301667 亩，其中夏麦地 177719 亩，占不起课田地面积的 58.91%。成化十八年（1482）、弘治十五年（1502）夏麦田亩数目及占全县田地面积比例与永乐十年几乎一样，没有什么变化。嘉靖元年（1522），起课田地为 277384 亩，其中夏麦地为 141108 亩，占起课田地面积的 50.87%；不起课田地为 289580 亩，其中夏麦地 154500 亩，占不起课田地面积的 53.35%。详见表 3 – 5。由鲁山县以上九个年份的统计分析可以看出，明代该县起课的小麦播种面积在所有起课田地中一直保持在 50% 左右的比例，前中期一度高达 56%，由于明后期棉花播种面积的扩大，麦作面积略有缩小，但仍维持一半左右的比例。

---

① （乾隆）《偃师县志》卷8《田赋志》，1789 年刻本。

表 3-5　明代部分年份鲁山县夏秋地情况

		洪武二十四年(1391)	永乐十年(1412)	成化十八年(1482)	弘治十五年(1502)	嘉靖元年(1522)
起课	夏麦地	165714	140743	140743	140742	141108
	秋粟地	148440	126613	126613	126612	136276
	小计	314154	267356	267356	267354	277384
	夏麦地比例(%)	52.75	52.64	52.64	52.64	50.87
不起课	夏麦地	177719	177719	177719	177719	154500
	秋粟地	122837	123948	123948	123948	135080
	小计	300556	301667	301667	301667	289580
	夏麦地比例(%)	59.13	58.91	58.91	58.91	53.35

资料来源:(嘉靖)《鲁山县志》卷2《田赋》,1552 年刻本,天一阁藏明代方志选刊本。

又如豫北的卫辉府,洪武二十四年(1391)起课地总额为1508283 亩,夏麦地为589402 亩,占39.08%;永乐十年(1412),夏麦地占39.43%;成化十八年(1482),夏麦地占38.90%;正德十六年(1521),夏麦地占33.23%。总之,整个明代,卫辉府种植小麦的比例都在30%以上(详见表3-6)。

表 3-6　明代部分年份卫辉府夏秋粮食作物播种比例情况

	总额(亩)	夏地(亩)	秋地(亩)	夏地比例(%)	秋地比例(%)
洪武二十四年(1381)	1508283	589402	918881	39.08	60.92
永乐十年(1412)	1665540	656734	1008806	39.43	60.57
成化十八年(1482)	1698767	660859	1037908	38.90	61.11
正德十六年(1521)	1532577	509249	1023328	33.23	66.77

资料来源:(万历)《卫辉府志》卷5《田赋志上·土田》,中州古籍出版社,2010 年影印。

河南邓州,邓州洪武二十四年(1391)夏麦地比例为42.21%,永乐十年(1412)为42.05%,宣德七年(1432)为41.94%,成化八年(1472)为41.94%,成化十八年(1482)和嘉靖十二年(1533)均为42.05%。内乡县,洪武二十四年(1391)夏麦地比例为51.78%;永乐十年(1412)为51.99%;宣德七年(1432)为52.23%;成化八年(1472),内乡一部分分置淅川,分置后的内乡县夏麦播种面积比例为51.39%;成化十八年(1482)为50.27%;嘉靖十二年(1533)为50.27%。新野县,从洪武二十四年（1391）到成化八年（1472），夏麦播种面积比例均为46.90％；成化十八年（1482）至嘉靖十二年（1533）为47.27％。淅川县于成化八年（1472）由内乡县析出，当年夏麦播种面积比例为51.68％，成化十八年（1482）、嘉靖十二年（1533）分别为51.69％、51.92％（详见表3－7、表3－8）。从总体来看，明代邓州一州三县夏麦播种面积比例都超过了40％，有的县甚至达到50％以上。

表3－7　明代部分年份邓州冬小麦播种面积比例（一）*

单位：亩，％

	洪武二十四年(1391)		永乐十年(1412)		宣德七年(1432)	
总额	403750		391594		379767	
邓州	总额	70524	总额	68691	总额	68691
	夏地	29766	夏麦	28882	夏地	28812
	比例	42.21	比例	42.05	比例	41.94
内乡	总额	263701	总额	253377	总额	241550
	夏地	136557	夏地	131724	夏地	126153
	比例	51.78	比例	51.99	比例	52.23
新野	总额	69525	总额	69525	总额	69525
	夏地	32610	夏地	32610	夏地	32610
	比例	46.90	比例	46.90	比例	46.90

*注：正统七年（1442）、景泰三年（1452）、天顺六年（1462）数字与宣德七年（1432）几乎没有什么变化。

资料来源：（嘉靖）《邓州志》卷10《赋役志·田赋》，1557年刻本。

表3－8　明代部分年份邓州冬小麦播种面积比例（二）*

单位：亩，％

	成化八年(1472)		成化十八年(1482)		嘉靖十二年(1433)	
总额	—		388483		403871	
邓州	总额	68691	总额	68691	总额	84024
	夏地	28812	夏地	28882	夏地	28882
	比例	41.94	比例	42.05	比例	34.37
内乡	总额	140518	总额	143055	总额	143069
	夏地	72208	夏地	71916	夏地	71916
	比例	51.39	比例	50.27	比例	50.27
新野	总额	69525	总额	72720	总额	72761
	夏地	32610	夏地	34376	夏地	34376
	比例	46.90	比例	47.27	比例	47.25

续表

	成化八年(1472)		成化十八年(1482)		嘉靖十二年(1433)	
淅川	总额	104030	总额	104017	总额	104017
	夏地	53765	夏地	53765	夏地	54008
	比例	51.68	比例	51.69	比例	51.92

*注：弘治五年（1492）、弘治十五年（1502）、正德七年（1512）、嘉靖元年（1522）数字与成化十八年（1482）几乎相同。另，成化八年，原内乡县分出淅川县。

资料来源：（嘉靖）《邓州志》卷10《赋役志·田赋》，1557年刻本。

又如河南兰阳，洪武二十四年（1391），起课田地为181637亩，夏地为62100亩，占全部起课田地的34.19%；成化十八年（1482），起课田地为185855亩，夏地为64859亩，占全部起课田地的34.90%。[①]

豫南地区，气候湿润，雨水充沛，水稻种植较为普遍。不过，小麦播种面积实际上并不低。如河南光山县，弘治年间，起课田地总面积为276815亩，夏地为84362亩，占起课田地的30.48%。[②] 河南固始，永乐十年（1412），田亩总额为147469亩，麦田为49379亩，占田亩总额的33.48%；成化十八年（1482），田亩总额为148131亩，麦田为49578亩，约占田亩总额33.47%。成化十八年（1482）固始分出商城县后，固始县嘉靖元年（1422）壬午，起课官民田地塘151582亩，夏税为49590亩，占起课田地的32.71%。[③]

从以上统计分析可看出，明初华北平原小麦播种面积比重基本维持在30%左右，这一标准在北直隶、山东也得到较好维持，而河南很多地区则高于这一标准，甚者达到50%以上。由此，可验明代科学家宋应星"四海之内，燕、秦、晋、豫、齐、鲁诸道，丞民粒食，小麦居半"[④] 之言不虚。

需要指出的是，笔者以上所做的统计，主要以起课田亩为依据，当与实际情况会存在一定程度的误差。实际上，明中期以后，赋税折银成为历史的大趋势，农民有了更多的种粮自主权，一定程度上促进了小麦播种比例的提高。加之小麦属于细粮，市场价格高，产量较为稳定，民间有"一麦胜三秋"之说，于是纷纷扩大小麦的播种面积。[⑤] 山东曲阜县张阳庄万历十九年

[①] （嘉靖）《兰阳县志》卷2《田赋志·税粮》，1545年刻本。

[②] （民国）《光山县志约稿》卷2《田赋·田亩》，1936年铅印本。

[③] （嘉靖）《固始县志》卷4《民物志·田亩》，中州古籍出版社，1994年影印。

[④] 宋应星著，钟广言注释《天工开物》卷上《乃粒第一·麦》，第33页。

[⑤] 刘敕：《历乘》卷12《方产考》，崇祯六年刊本，中国书店，1959年影印。

（1591）有孔府分种地 161 亩，播种小麦 66 亩，约占了 41%，已较明初，其比重约增加了一成。[①] 万历以后，由于实行了"一条鞭法"的赋役改革，田赋由过去的实物征收变为折银交纳。田赋形态的变化，促进了农产品的商品化。这进一步促进了小麦播种面积的扩大。北直隶的广平、顺德、大名等府中的许多州县，"十亩之田，必种小麦五亩"[②]。鲁北的阳信县，麦被视为"江北第一嘉谷，岁征七千六百余石"[③]；沾化县农家经济"通县所赖惟小麦，棉花二种"[④]。在麦作相对较少的山东莱阳地区，"民之贫者无以自给"，赖"菽麦熟而售之，资以糊口"[⑤]。这些都在一定程度上反映明代华北平原小麦种植在人们农业生产、日常生活中其重要性得以提高。

3. 夏麦征收比重情况

明代华北平原夏税征收对象主要是小麦，因为时间不同，三省上缴小麦的数量并不一样。洪武二十五年（1392），北直隶应上缴小麦 353280 石，占全国赋税夏粮总额的 7.5%；山东应上缴小麦 773297 石，占全国赋税夏粮总额的 16.4%；河南应上缴小麦 556059 石，约占全国赋税夏粮总额的 11.8%。三省所应承担的夏税小麦征收份额占全国夏税的 35.7%。弘治十五年（1502），这一比例没有发生很大变化，只是北直隶所承担的夏税份额有所减少，而山东、河南两布政司承担的夏税则有所增加。其中北直隶承担的夏粮任务为 179522 石，占全国夏税的 3.9%，这两个数字与洪武二十五年的相比大约少了一半。而山东、河南所承担的夏税额和比例都有所增加，山东承担了 855246 石，约占全国夏税总额的 18.5%；河南承担了 618645 石，约占全国夏税总额的 13.4%。从三个省份承担的夏税总额来看，也占全国 35.74%，与洪武二十五年大致相当。万历六年（1578），北直隶承担夏税份额为 178639 石，占全国总额的 3.9%；山东承担夏税份额为 855172 石，占全国总额的 18.6%；河南承担夏税份额为 617322 石，占全国总额的 13.4%。三省所承担的夏税总额占全国总额的 35.85%。显然，万历六年（1578）的三省承担的夏税额大致与弘治十五年（1502）的相当，无论是各省所应承担的夏粮任务，或各省所承担的份额占全国的比例，还是三省所承担总份额占全国夏税比例等，都与弘治十五年没有太大区别。由此可知，弘

① 《曲阜孔府档案史料选编》（全一册）第二编，齐鲁书社，1988，第 137 页。
② （光绪）《巨鹿县志》卷 6《风土》，1886 年刻本。
③ （康熙）《阳信县志》卷 6《物产》，1682 年刻本。
④ （光绪）《沾化县志》卷 12《艺文》，1890 年刻本。
⑤ （康熙）《莱阳县志》卷 3《食货志》，1669 年刻本。

治十五年一直到万历六年间，明王朝夏税并没有太大增长，依然维持在原有的水平上（详见表3-9）。

表3-9 明代部分年份华北平原三省承担夏粮比例

地区年份	总额（石）	北直隶（比例）	山东（比例）	河南（比例）
洪武二十五年（1392）	4712900	353280（7.5%）	773297（16.4%）	556059（11.8%）
弘治十五年（1502）	4625594	179522（3.9%）	855246（18.5%）	618645（13.4%）
万历六年（1578）	4605242	178639（3.9%）	855172（18.6%）	617322（13.4%）

资料来源：（万历）《明会典》卷24《会计一》、卷25《会计二》，《续修四库全书》第789册。弘治十五年总赋粮额含有大、小麦，北直隶永平府麦类包括大、小麦两种，其中大麦数量较少。

从总体上来看，虽然各地夏麦比重存在地区差异，但这一比重大体能说明小麦在各地乃至全国粮食结构中的地位。

（1）北直隶地区夏麦征收比重情况

根据（万历）《明会典》的记载，北直隶地区夏税麦在赋粮总额中的比重，大体保持在30%左右（见表3-10）。其中，保安州因地处山地，小麦种植面积较之平原地区小，收成也均较平原区低，因此，作为赋税征收的夏麦在赋粮中的比重也相应较低。

表3-10 明代部分年份北直隶地区夏麦比例情况

时间		总额（石）	夏麦（石）	秋粮（石）	夏麦比例（%）
洪武二十五年（1392）	北平布政司	1170520	353280	817240	30.18
弘治十五年（1502）	顺天府	66737	19603	47134	29.37
	永平府	33349	9996	23353	29.97
	保定府	61773	18793	42980	30.42
	河间府	66081	19801	46280	29.96
	真定府	117079	34733	82346	29.67
	顺德府	42998	12537	30461	29.16
	广平府	59321	17842	41479	30.08
	大名府	147176	44096	103080	29.96
	隆庆州	5650	1713	3937	30.32
	保安州	1461	408	1053	27.93

注：弘治十五年行"北直隶"一列在各府之前有合并单元格"北直隶"。

续表

时间			总额（石）	夏麦（石）	秋粮（石）	夏麦比例（%）
万历六年（1578）	北直隶	顺天府	64007	18803	45204	29.38
		永平府	33349	9996（大小麦）	23353	29.97
		保定府	61773	18793	42980	30.42
		河间府	65805	19718	46087	29.96
		真定府	117082	34733	82349	29.67
		顺德府	42998	12537	30461	29.16
		广平府	59321	17842	41479	30.08
		大名府	147176	44096	103080	29.96
		延庆州	5650	1713	3937	30.32
		保安州	1461	408	1053	27.93

资料来源：（万历）《明会典》卷24《会计一》，《续修四库全书》第789册。

（2）山东地区夏麦征收比重情况

山东布政司夏麦比重，洪武二十五年至万历年间，维持在30%左右。据（万历）《明会典》和（嘉靖）《山东通志·田赋》记载，山东省夏税实征小麦855161石，约占夏秋纳粮总数的2851042石的30%，其下属济南府、兖州府、东昌府、青州府、登州府、莱州府税麦数额占起课赋税总额的30%左右，虽有个别府低于30%，但差距非常之小。可以说，整个山东布政司，税麦约占整体夏秋纳税粮食的30%（见表3-11、表3-12）。

表3-11 明代部分年份山东地区夏麦比例情况

时间	总额（石）	夏麦（石）	秋粮（石）	夏麦比例（%）
洪武二十五年（1391）	2578917	773297	1805620	29.99
弘治十五年（1502）	2851127	855246	1995881	30.00
万历六年（1578）	2850936	855172	1995764	30.00

资料来源：（万历）《明会典》卷24《会计一》、卷25《会计二》，《续修四库全书》第789册。

表3-12 嘉靖年间山东地区各府税麦比例情况

地区	总额（石）	税麦（石）	税粟（石）	税麦比例（%）
山东布政司	2851042	855161	1995881	30.00
济南府	852235	255860	596375	30.02
兖州府	450314	134884	315430	29.95
东昌府	318628	95585	223043	30.00

续表

地区	总额（石）	税麦（石）	税粟（石）	税麦比例（%）
青州府	670126	200942	469184	29.99
登州府	236654	70993	165661	30.00
莱州府	323283	96983	226300	30.00

资料来源：（嘉靖）《山东通志》卷8《田赋》，《四库存目丛书》史部第188册。

在山东布政司，各府以30%的标准划分夏税地亩情况，各府之下的县也基本按照这一标准来确定起课税粮比例。以万历年间兖州府为例来说明（见表3–13）。万历时，山东兖州府税麦占所有应纳粮食的三成左右，这一比例与山东小麦种植面积在全部土地（尤其是起课田地）的比重（平均约30%）是一致的。

表3–13　万历年间兖州府税麦比例情况

	田赋总额（石）	税麦（石）	税粟（石）	税麦比例（%）
兖州府	350315	134884	215431	38.50
峄阳县	13134	3940	9194	30.00
曲阜县	7227	2168	5059	30.00
宁阳县	16423	4927	11496	30.00
邹县	16653	4996	11657	30.00
泗水县	10365	3109	7256	30.00
滕县	36937	11081	25856	30.00
峄县	15630	4684	10946	29.97
金乡县	13106	3932	9174	30.00
鱼台县	12925	3877	9048	30.00
单县	18317	5495	12822	30.00
城武县	7430	2229	5201	30.00
曹州	10919	3229	7690	30.21
曹县	12280	3550	8730	28.91
定陶县	3064	1064	2000	34.73
济宁州	22715	6806	15909	29.96
嘉祥县	6108	1832	4276	30.00
巨野县	9284	2785	6499	30.00
郓城县	6736	1936	4800	28.74
东平州	14418	4325	10093	30.00
汶上县	24083	7225	16858	30.00

	田赋总额（石）	税麦（石）	税粟（石）	税麦比例（%）
东河县	12394	3718	8676	30.00
平阴县	9794	2938	6856	30.00
阳谷县	23810	7143	16667	30.00
寿张县	3875	1162	2713	29.99
沂　州	61152	18345	42807	30.00
郯城县	27656	8436	19220	30.50
费　县	33065	9919	23146	30.00

资料来源：（万历）《兖州府志》卷14《田赋志》，1596年刻本。

（3）河南地区夏麦征收比重情况

根据（万历）《明会典》的记载，从洪武二十五年至万历六年间，河南布政司小麦在应征粮食中比重大致维持在25%（见表3-14）。

表3-14　明代部分年份河南地区夏麦比例情况

时间	总额（石）	夏麦（石）	秋粮（石）	夏麦比例（%）
洪武二十五年（1392）	2198909	556059	1642850	25.29
弘治十五年（1502）	2387776	618645	1769131	25.91
万历六年（1578）	2380759	617322	1763437	25.93

资料来源：（万历）《明会典》卷24《会计一》、卷25《会计二》，《续修四库全书》第789册。

而越往豫南，小麦在赋税总额中所占比例越少，比如，豫南光山县在洪武二十四年（1391）至嘉靖初，夏麦在当地赋税中所占不到3%。

表3-15　明代部分年份光山县夏麦比例情况

时间	总额（石）	夏麦（石）	秋粮（石）	夏麦比例（%）
洪武二十四年（1391）	9276	241	9035	2.60
弘治十五年（1502）	9400	256	9144	2.72
嘉靖元年（1522）	9485	249	9236	2.63

资料来源：（嘉靖）《光山县志》卷4《贡赋》，1556年刻本，天一阁藏明代方志选刊本。

以上所论，主要基于官府对小麦播种面积及夏麦征收情况的统计及分析。从这些统计数字可以看出，华北平原的小麦种植面积在不同的地区略有不同，北直隶、山东基本保持在30%左右；河南则基本上保持在40%以上，有的府州县则高达50%以上。夏麦在赋税中的比重也因地区不同而略有不同，北直隶、山东基本保持在30%左右；河南则略低，维持在25%左右。在河南，因地区不同，夏麦在赋税中的比重仍有不同，豫南地区如光山、光州等地赋税中稻米较多，夏麦占次要地位，夏麦在赋税中的比重不到3%。总之，小麦在华北平原的粮食播种面积比重、赋税比重中均未达到半数。明代科学家宋应星"四海之内，燕、秦、晋、豫、齐、鲁诸道，丞民粒食，小麦居半"之语，虽体现了小麦在明代的快速发展和普及，但在北方，广大人民的主要食粮还是北方的粟和豆类，"丞民粒食，小麦居半"并不具有普遍性，即对于城市居民而言，具有这种可能性，而对于广大农村而言这种标准则难以实现。

二 清代华北平原小麦种植及比重

通过对明代小麦分布情况的分析可以看出，小麦在明代的华北平原基本得到普及，几乎每个府州县的方志都记载小麦的种植，但在播种面积比例和赋税比重方面均不及秋粮——粟米，也就是说小麦在明代的华北平原粮食种植结构中并未占据绝对优势。

明后期，"一条鞭法"陆续在各地推行，这一赋役制度的改革将原来的里甲、均徭、杂役等名目繁多的徭役合并在一起征收，并将部分丁役负担摊入田亩之中，把过去按户丁出办的徭役改为据丁数和田粮数摊派，并入田赋的夏秋二税，一起征收。田赋中除了苏、松、杭、嘉、湖等地仍收本色供皇室、官僚食用外（"一条鞭法"施行以前，规定夏税秋粮为本色），其余一律折收银两。差役中的力差也全改为缴纳代役银，由地方官收银后自行雇役。这一改革，减少了实物粮食在国家赋税中的比重，原本需缴纳的本色粮食，多折以银两征收。清朝将这改革深入化，康熙、雍正、乾隆年间实行摊丁入亩政策，将历代相沿的丁银并入田赋中进行征收。由于政策的变化，清代的田制已无明前中期夏税、秋粮之分，因此在这里笔者也无法用前文统计明代小麦夏税比例及麦田播种比例的方式来分析清代小麦的赋税比例和播种比例问题，只能根据文献相关记载来分析清代华北平原小麦种植的基本状况。关于清代华北平原小麦种植情况，学界已有论述，笔者在此多有参考。

1. 小麦播种面积的进一步扩大

清代华北平原小麦的分布是相当广泛的，现存的清修方志及民国修方志对此记载非常多，几乎各地均有小麦种植。明代传统的麦作区在清代依然是小麦的主要产区，但因各地具体情况不一而比重不一样。大体而言，直隶地区小麦种植区域和比重较之明代的变化不大；山东、河南地区种植面积有所扩大，总产量有所增加。

（1）直隶地区的小麦种植

直隶的诸多方志中都对小麦有所记载，不少地方有"一麦抵三秋"之谚，可见小麦在农作物中的地位。但直隶的情况较为复杂，有些地方小麦种植较多，有些地方则种植较少。乾隆时期方观承认为，"直隶广平、大名等府，麦地居十之五；正定、保定、河间、天津等府居十之三；永平、宣化、遵、蓟等府州，麦地不过十之一二"。[①]（乾隆）《正定府志》也说："民间地亩不皆种麦，秦雍之地种麦者十之七，直隶广平、大名等府麦地占十之五，正定、保定、河间、天津等府麦地居十之三，永年、宣化、遵、蓟等府州麦地不过十之一二。"[②] 由以上记载可知，在广平、大名等府，清代小麦的种植面积较之明代有较大规模扩大。而正定、保定、河间等府麦作比例之所以较广平、大名等府低，当与这一区域棉花种植有关。黄可润《畿辅见闻录》称："直隶保定以南，以前凡有好地者多种麦，今则种棉花。"由此可知，正定、保定、河间等府麦作的面积，的确因种棉而被缩小。

总体而言，在冲积平原，小麦播种的面积较大，如广平、顺德、大名等府内的许多州县，"十亩之田，必种小麦五亩"；[③] 沧县"邑人产麦为田产十之四"；[④] 望都县"二麦本县所产，小麦分有芒、无芒两种，均系今秋种，明夏收。每年种植面积约占全县地亩百分之三十。"[⑤] 在一些洼涝地区，"地极苦涝，土人多种葛秫"，种麦不是很多。徐光启认为，"涝必于伏秋间，弗及麦也。涝后能疏水，及秋而涸，则艺秋麦；不能疏水，及冬而涸，则艺春麦。……此法可令十岁九稔"。[⑥] 这种方法非常有用，不仅能够排涝，而且还可以充分利用土地。后来，此法在河北普遍得到了推广，形成了所谓的"一水一麦"的种植方式。在一些极易洪涝的地方，农民特别重视种麦，往往"刈麦后，不种晚禾者，谓留麦地"。[⑦] 像直隶的最下地顺天府之雄县、

---

① 方观承：《赈纪》卷2《会议办赈十四条》，《四库未收书辑刊》第1辑第25册，北京出版社，2000，第23页。

② （乾隆）《正定府志》卷14《惠政下·赈恤》，1762年刻本。

③ （光绪）《巨鹿县志》卷6《风土》，1886年刻本。

④ （民国）《沧县志》卷11《物产》，1933年铅印本。

⑤ （民国）《望都县志》卷1《舆地志一·物产》，1934年铅印本。

⑥ 徐光启撰，石声汉校注《农政全书校注》卷25《树艺·谷部上》，第631页。

⑦ （光绪）《雄县乡土志》卷14《物产》，1905年刻本。

文安县，"水土宜麦，为出产大宗"。① 遇到水涝灾年，在一些河流的附近，那些土壤肥沃的地方往往在大水过后种植麦子。乾隆五十九年（1794）地方奏报称，"查天津土性碱薄，宜麦之地，向来不过十分之三、四。去年秋禾被水，农民盼麦收接济。……所种分数实比往年有增无减"。②

（2）山东地区的小麦种植

清代山东农民因小麦"收早而利赢"，更加重视麦作生产，小麦种植面积迅速扩大。乾隆年间，署理山东巡抚的方观承曾对清中期以前的山东小麦播种比重进行过基本估计，他认为山东通省田亩种麦"十居六七"。③ 如鲁西南平原区的巨野县，"种植五谷以十亩为率，大约二麦居六，秋禾居四"；④ 地处平原边缘的曲阜等地"黍、稻、稷、豆诸种，不过四之一"，而麦作则占到了四之三；⑤ 鲁南的峄县，"二麦则阖境有之，视他禾十居七焉"；⑥ 曹州全部农作物中，"通计小麦居十之六七余，谷属十之三四，或俟收麦后就其地种之"。⑦ 李令福先生曾根据《孔府档案选编》统计了康熙年间鲁南邹县毛家堂、夏涧铺二庄的农作物播种面积，共有 13 年次资料，其中毛家堂 20 年间本庄小麦播种面积比例基本稳定于 60%～70%，而夏涧铺平均小麦播种面积比例为 50%，汶上县美化庄的情形与此基本相似。乾隆元年至四十年间（1736～1770）孔府档案资料表明，本庄小麦播种面积占总耕地的比例最高为 63%，最低为 52%。清后期，随着新兴作物玉米、番薯以及经济作物花生等在山东各地的大规模扩种，小麦的播种面积自然受些影响，但影响程度不会太大。⑧ 如鲁东胶莱平原的平度县，"附城者如有田二十亩，以十四亩种麦"。⑨ 据此推算，麦作比重已在 60%～70%。不过，有些地方由于地理环境的特殊，小麦播种没有那么高的比例。如滨海平原，由于土壤的盐碱化，小麦播种比重略低，宝箴堂 1886 年在海丰县（今山东无棣县）种植小麦 1651 亩，为总耕地的 44.5%（杂粮为 2060.64 亩，棉花

---

① （民国）《文安县志》卷 1《物产》，1922 年铅印本。
② 水利电力科学研究院水利史研究室编（以下省略）《清代海河滦河洪涝档案史料》，中华书局，1981，第 236 页。
③ 方观承：《赈纪》卷 6《借贷麦种谕》，《四库未收书辑刊》第 1 辑第 25 册，第 114 页。
④ （康熙）《巨野县志》卷 7《风俗》，1708 年刻本。
⑤ （乾隆）《曲阜县志》卷 37《物产》，1774 年刻本。
⑥ （康熙）《峄县志》卷 2《物产》，1717 年刻本。
⑦ （康熙）《曹州志》卷 6《风俗》，1674 年刻本。
⑧ 李令福：《明清山东粮食作物结构的时空特征》，《中国历史地理论丛》1994 年第 1 期。
⑨ （光绪）《平度志要》卷 2《田赋》，1893 年稿本。

为 8.02 亩，不详者为 94.93 亩）①；鲁中南由于山地较多，小麦播种面积比例只占 40%～50%，如寿光、临朐等地，"十亩之田，必种小麦五亩"，"百亩之田种麦半"。临朐县，麦"有大麦小麦二种，本境多小麦，约占农田十分之四"②。鲁中南山地的中心蒙阴县，小麦不太多，即"平原地多种谷子、高粱，次为麦豆"③。东部半岛地区，"小麦，……大率于百谷居什之四"④。

从总体上来看，清代山东小麦种植比重在多数州县中，都占总耕地的 50% 以上，有的稍高，为 60%～70%，高于同期的北直隶地区。显然，这一比重与方观承的评论是基本契合的，是明代所不能企及的。同时，我们也应看到，山东的各地区之间，由于自然因素小麦种植比重也不一致，存在着较大差距。

（3）河南地区的小麦种植

通过前文考察，我们知道明代河南小麦种植比重基本占全部起课耕地的 50%，不少已超过 50%。到了清代，小麦在粮食种植结构中的这种优势继续得到强化。乾隆初年，尹会一曾云："豫省产粮惟二麦最广。"据其观察，彰、卫、开封三府"各邑地亩种麦十之七八"。⑤ 不少州县遍种小麦，如禹县"全境皆宜麦"；⑥ 密县小麦"遍地皆种，性质最佳"；⑦ 鹿邑县"最贵者麦，小麦独多"；⑧ 太康县小麦"于本邑农植亦占多数"；⑨ 宜阳县"种麦独多"；⑩ 孟津县小麦"艺最广"；⑪ 孟县以麦为出产大宗，县西南的紫金山，"一名麦山，其地宜麦，故名"；⑫ 武陟县小麦播种面积很大，除满足本地外，还行销京津麦商；⑬ 南阳盆地的南阳县、邓州、新野、淅川、泌阳、唐

---

① 李文治编《中国近代农业史资料》第 1 辑（1840—1911），三联书店，1957，第 187 页。
② （民国）《临朐续志》卷 11《食货·物产》，1935 年铅印本。
③ 林修竹：《山东各县乡土调查录》卷 2《济宁道·蒙阴县》，山东省长公署教育科印行，1920。
④ （顺治）《招远县志》卷 5《物产》，1660 年刻本。
⑤ 陈铮：《清代前期河南农业生产述略》，《史学月刊》1990 年第 2 期。
⑥ （民国）《禹县志》卷 7《物产志》，1937 年刊本。
⑦ （民国）《密县志》卷 13《实业志·物产》，1924 年铅印本。
⑧ （光绪）《鹿邑县志》卷 9《物产》，1896 年刻本。
⑨ （民国）《太康县志》卷 2《物产》，1933 年铅印本。
⑩ （光绪）《宜阳县志》卷 6《土产》，1881 年刻本。
⑪ （康熙）《孟津县志》卷 4《贡赋》，1708 年刻本。
⑫ （民国）《孟县志》卷 1《地理上·山川》，1932 年刻本。
⑬ （民国）《续武陟县志》卷 8《食货》，1931 年刻本。

县等地，小麦种植非常普遍。其中泌阳县，小麦收获季节"笑声齐逐镰声出，麦穗堆成大小山"①。豫南地区尽管主产是水稻，但在淮河以北的州县，小麦种植也不少，如息县农产"以麦为主"；② 西平县境内以麦田为多，民食以面为主。③

通过以上三省清代小麦种植的基本情况分析，我们可以得出结论：与明代相比，清代华北平原小麦播种面积有所扩大，比重有所提高；但因多种因素影响，各地的发展并不平衡。河南、山东的小麦在播种面积及在粮食种植结构中的比重要远高于北直隶地区，其中河南小麦比重略高于山东，河南平原区很多州县全境种植小麦。导致这一局面的各种因素中，除了对小麦生长有影响的自然条件之外，还有社会经济的因素，这个因素不容忽视。这里主要指棉花种植对小麦播种的影响。北直隶平原区的不少地方在乾隆之后小麦种植面积有所减小，其中的原因之一就在于棉花的大规模种植。从乾隆朝开始，棉花的大量种植影响到了不少地方的小麦种植。关于这一点，后文有所论述，此不赘述。不过，就整个华北平原而言，清代小麦在播种比例上要高于明代，这一点是毋庸置疑的。另外，由于自然条件的差异，地区差异也很大。平原地区作为传统的小麦产区，小麦播种比例较高，山区则播种比例较小。

2. 小麦地位的进一步提高

清代华北平原小麦地位较明代有了进一步提升。虽然北直隶地区因棉花种植，小麦播种面积较明代增长不多，甚至在清中期之后有所下降，但小麦在粮食种植结构中的地位并不比明代低。

山东由于小麦播种比例较高，小麦在粮食比重中的地位就自然升高，居于粮作物之首。如山东省，麦"有大麦小麦二种，大麦甚少，普种者皆小麦也"④。如在鲁北阳信县，麦被视为"第一嘉谷"，有"一麦抵三秋"之说。⑤ 东平县，"邑人凡单言麦皆指小麦而言，秋种夏熟，具四时之气，故其秆为四节有红白二种，红者又名火麦，白者又名鲜麦，为本邑贵重食粮，亦为食粮中最多之产品，高阜下隰种之皆宜"。⑥ 馆陶县，麦有"大小二种，

① （道光）《泌阳县志》卷12《艺文》，1828年刻本。
② （光绪）《光州志》卷4《物产志》，1887年刻本。
③ （民国）《西平县志》卷36《风俗》，1934年刻本。
④ （宣统）《山东通志》卷41《疆域志·物产》，1918年刻本。
⑤ （康熙）《阳信县志》卷6《物产》，1682年刻本。
⑥ （民国）《东平县志》卷4《物产志·食用植物》，1936年铅印本。

大麦间或有种者，而小麦居多，秋种夏熟"，"小麦大为宗"。^① 临沂县，"凡麦制曲作饼为民食主要……故县境农业以麦为重"^②。这类记载是相当多的，在一定程度上反映了小麦在清代山东农民粮食结构中的比重以及在人们饮食生活中的地位。不仅如此，小麦还在百姓社会经济生活中占据着重要地位，成为农民家庭经济的主要来源之一，如沾化县农民日常支出"所赖惟小麦、棉花二种"。^③ 临朐县农民家庭婚嫁无所凭依，能够"持以为资"的是"麦与豆"。^④ 莱阳"民之贫者无以自给"，所赖"菽麦熟而售之，资以糊口"。^⑤

另外，小麦在粮食种植结构中的主体地位，也反映在一些村庄的租粮上，下面以清代中期山东汶上县美化庄与曲阜县齐王庄租粮情况来说明（详见表 3 - 16）。

表 3 - 16　乾嘉年间孔府屯庄农作物种植结构统计

屯庄	年代	小麦(%)	大豆(%)	高粱(%)	粟(%)
汶上县美化庄	乾隆三十一年(1766)	37.3	32.7	17.8	8.3
	乾隆三十二年(1767)	41.5	35.1	14.6	6.8
	乾隆三十三年(1768)	35.3	31.3	21.6	7.6
	乾隆三十五年(1770)	34.1	28.9	22.2	7.9
	乾隆三十六年(1771)	38.0	32.0	18.2	6.3
	乾隆三十七年(1772)	41.0	30.9	12.6	3.7
	乾隆三十八年(1773)	39.3	33.4	19.1	6.4
	乾隆四十年(1775)	38.0	30.9	19.1	6.1
	平均	38.1	31.9	18.2	6.6
曲阜县齐王庄	乾隆五十五年(1790)	33.1	33.6	27.7	3.2
	嘉庆十年(1805)	35.5	18.6	26.0	4.2
	嘉庆十三年(1808)	30.9	30.9	30.7	4.5
	嘉庆十五年(1810)	29.3	29.3	31.7	4.4
	平均	32.2	28.1	29.0	4.1

资料来源：据《曲阜孔府档案史料选编》第三编第 9、11 册各该庄租粮账册统计。

---

① （光绪）《馆陶县乡土志》卷 8《物产》，1908 年铅印本。
② （民国）《临沂县志》卷 3《物产》，1936 年铅印本。
③ （光绪）《沾化县志》卷 12《艺文》，1890 年刻本。
④ （光绪）《临朐县志》卷 8《风土志·物产》，1884 年刻本。
⑤ （康熙）《莱阳县志》卷 3《食货志》，1669 年刻本。

从表 3-16 可知，无论是汶上县美化庄，还是曲阜县齐王庄，租粮账册上反映的粮食比重表明，小麦是第一大粮食来源，其次为大豆、高粱、粟。其中小麦在以上两庄租粮账册上的比重基本都在 30% 以上。这从一个侧面说明，清前期山东一些地区小麦已经是第一大粮食作物了。

清代河南小麦在粮食作物种植结构中占据着绝对主体地位。第一，小麦已成清代河南各州县物产之冠。清代，随着小麦在河南的种植比重的提高，小麦越来越受到人们的重视，"麦为上""麦为贵""一麦抵三秋"之说频频见诸地方文献，而且在诸多方志的物产部分，小麦已于河南各州县物产之冠。如康熙时期，开封、河南、陈州等府的小麦都被置于本府物产的首位。[①] 不仅如此，据马雪芹先生统计，河南有 40 多个县的粮食种植也以小麦为首，如豫北地区的临漳、滑县、武安、孟县、汲县等，豫西地区的洛阳、新安、偃师、孟津、宜阳等，豫东地区的许昌、禹县、太康、长葛、兰阳、陈州、阳武、鄢陵、鹿邑等，南阳地区的裕州、南阳、泌阳等，豫南地区的汝南、淮阳、西平、新蔡等。[②] 当然，以上所列并非精确数字，将小麦列为物产首位的应该不止上述这些州县，但这些已经表明在清代，小麦已成为河南各州县物产之冠。

第二，小麦品种增多，品质更为优良。随着长期的种植和培育，清代河南小麦品种不断增多，而且品质更为优良，各地小麦都有很多品种。如鄢陵县，"小麦自黄皮、蝤子外，有白麦、御麦为最嘉，其他曰红杆，曰铁杆，曰光头，曰条儿之类，难以悉举"。[③] 禹县小麦品种很多，有"糁麦、楼麦、红脖雁麦、疙瘩杆麦、拳芒麦、白和尚头麦、三月黄"等，"麦之辨名虽多，以色别之，不外白麦、火麦二种耳。白麦畏风，风弱之地宜之；火麦耐风，风悍之地宜之。凡义让镇、峰、钧阳三里皆多白麦，而文风、万柏、礼临、颍川、镇定、紫金、锡章七里皆多火麦"。[④] 太康县，小麦有红芒白、白芒白、红芒红、短杆躁、紫杆躁、薄地强、玉麦、白参麦、石榴子等品种。[⑤]

---

① 参见陈梦雷等《古今图书集成·职方典》卷 379《开封府物产考》、卷 435《河南府物产考》、卷 485《汝州物产考》，中华书局，1934 年影印版；(康熙)《河南府志》卷 4《土产》，1663 年刻本；(乾隆)《陈州府志》卷 11《风俗·物产》，1747 年刻本。

② 马雪芹：《明清河南粮食作物的地理分布及结构变化》，《中国历史地理论丛》1996 年第 1 期。

③ (道光)《鄢陵县志》卷 6《土产》，1883 年刻本。

④ (民国)《禹县志》卷 7《物产志》，1937 年刊本。

⑤ (乾隆)《太康县志》卷 3《物产》，1761 年刻本。

襄城县，小麦被当地人赞为"襄土第一奇，耐旱多收，八九月种者为上"。①
夏邑县，小麦"皮薄面多，最为上品"。② 小麦品种的大量增加，一方面反
映了河南农民经过长期栽培，在培育品种上获得成功；另一方面也是为提高
小麦适应不同土壤和气候的能力及为增产增收准备条件。这一切说明，清代
河南小麦生产选种、育种技术已经达到了很高的水平。

　　第三，小麦成为河南粮食的绝对大宗。与播种比重的提高和选种、育种
技术的进步相适应，小麦已成为河南粮食结构中的大宗。如鹿邑县"最贵
者麦，小麦独多"。③ 偃师县"小麦之出产量为大宗"。④ 阌乡县"麦为谷之
最贵者，小麦为最贵"。⑤ 陕县物产中"最贵者麦"有"一麦抵三秋"⑥ 之
说。获嘉县北部"唯麦为出产大宗"。⑦ 随着小麦成为河南各地粮食的绝对
大宗，不少地区的人们逐步将面食作为日常饮食的重要原料，如阳武县之二
麦为"农人食品之大宗"。⑧ 中牟县的民间饮食中，"以面饭最多"。⑨ 如果
说明代河南小麦基本达到"丞民粮食，小麦居半"标准的话，那么到清代
则以绝对优势成为河南粮食中的大宗。

　　第四，小麦商品率提高，有"麦收天下足"之称。清代，随着河南小
麦的广泛种植，小麦不仅能满足河南人民的生活需求，而且对周围省份产生
了重要影响，这种重要性是明代所没有的。正因如此，清代皇帝对河南小麦
生产非常重视，并加以褒扬。乾隆皇帝曾在自己的诗句中流露对河南小麦生
产的重视，他曾写下了诸多诗句，如"麦收三月雨，农谣向所传。中州土
脉厚，更以麦为天"；⑩ "今年秋雨缺，种麦仅河南。幸接抚臣奏，开封四寸
沾"；⑪ "豫省麦为秋，麦收天下足。迩闻小丰年，额手慰心曲"；⑫ 等等。

---

①　（康熙）《襄城县志》卷 1《土产》，1697 年刻本。

②　（民国）《夏邑县志》卷 1《物产》，1920 年石印本。

③　（光绪）《鹿邑县志》卷 9《物产》，1896 年刻本。

④　（民国）《偃师县风土志略》第二编《物产》，1934 年石印本。

⑤　（民国）《新修阌乡县志》卷 9《物产》，1932 年铅印本。

⑥　（民国）《陕县志》卷 13《物产》，1936 年铅印本。

⑦　（民国）《获嘉县志》卷 1《地质》，1934 年铅印本。

⑧　（民国）《阳武县志》卷 1《物产》，1936 年刊本。

⑨　（民国）《中牟县志》卷 3《人事志·礼俗》，1936 年石印本。

⑩　清高宗：《御制诗集》第 2 集卷 33《河南巡抚陈宏谋奏报得雨》，《文渊阁四库全书》第
1303 册，第 624 页。

⑪　清高宗：《御制诗集》第 4 集卷 43《河南巡抚徐绩奏报得雨》，《文渊阁四库全书》第 1308
册，第 66 页。

⑫　清高宗：《御制诗集》第 2 集卷 18《河南收麦志慰》，《文渊阁四库全书》第 1303 册，第
415 页。

这些诗句反映了河南小麦生产在全国的重要性，"麦收天下足"更是将河南小麦生产与"湖广熟，天下足"相媲美。① 河南"麦收天下足"的一个重要表现，就是河南小麦以商品的形式被贩运到外省，满足外省的粮食需求，如安阳县西部的白麦"驰名平津"，致使"各面粉公司争相抢购"。② 武陟县的小麦除了供本地食用外，还行销京津麦商。③ 雍正十年（1732）河南麦收，外地客商云集："四方辐辏，商贩群集，甫得收获之时，即络绎贩运他往……他省客商来豫籴麦者，陆则车运，水则船装，往来如织，不绝于道。"④ 又如乾隆十八年（1753）漕运京师粮食八省中唯河南运有麦子8199石。⑤ 除以粮食供应周边省份外，清代河南小麦还加工成酒曲，营销外省。河南作为当时全国酒曲的最主要产地，吸引着周围各省的客商，如乾隆年间署理河南巡抚尹会一曾指出："造酒必需曲蘖，踩曲必用二麦。豫省产粮，惟二麦为最广，而耗费麦粮者，莫如踩曲为最甚。凡直隶、山、陕等省，需用酒曲，类皆取资于豫。故每年二麦登场后，富商巨贾，在于水陆马头，有名镇集，广收麦石，开坊踩曲，耗麦奚啻数千万石。"⑥ 这些都说明清代河南小麦商品率进一步提高了，同时也说明清代河南小麦生产获得了长足发展。

虽然小麦在清代华北平原获得了快速发展，但对于广大劳动人民而言，由于地主阶级剥削严重，商品交换日益兴旺，有些地区小麦依然被视为珍贵的粮食，如河南鹿邑县有"谷之属最贵者麦，次曰谷"一说，⑦ 商水县人称"谷之最贵者麦，其次曰谷，粟也"。⑧ 灵宝县直到1935年，小麦在当地人的饮食中还不居于主导地位，"灵邑人民除居城市者多数食麦粉外，其居乡者，中人之家，半年食麦半年食包谷、杂粮，至贫寒小户则每年食麦之期不过麦罢一二个月，其余全食包谷、杂粮"。⑨ 北直隶《沧县志》记载："邑

---

① 程民生：《河南经济简史》，中国社会科学出版社，2005，第259页。

② （民国）《续安阳县志》卷3《物产》，1933年铅印本。

③ （民国）《续武陟县志》卷8《食货》，1931年刻本。

④ 清世宗：《世宗宪皇帝朱批谕旨》卷126之24，雍正十年五月十八日，《文渊阁四库全书》第421册，第713页。

⑤ 梁方仲：《中国历代户口、田地、田赋统计》乙表《清乾隆十八年八省漕运米麦豆实数》，上海人民出版社，1980，第423页。

⑥ 尹会一：《尹少宰奏议一》卷2《河南疏·一议禁酒曲疏》，茅一相编《丛书集成初编》，商务印书馆，1936，第17页。

⑦ （光绪）《鹿邑县志》卷9《物产》，1896年刻本。

⑧ （民国）《商水县志》卷5《物产》，1918年刻本。

⑨ （民国）《灵宝县志》卷2《风俗》，1935年铅印本。

人产麦为田产十之四，而食麦者不及百之一。城镇大商、乡村仕富俗庖厨以制面食，而卖馒首馎饦者多售之街市及行人，中等以下产食者盖少。"① 因此，我们说在封建社会小麦的种植比重增大，收获增加，并不意味着小麦在劳动人民日常饮食中占据主要地位，这是时代的悲剧。

三　简短总结

明清 500 多年来，小麦作为华北平原传统粮食作物经历了一个较快发展的时期，呈现诸多变化，归纳起来，大致有如下几个方面。

1. 小麦种植比重进一步提高

明清 500 多年，小麦在华北平原的种植比重逐步提高。虽然各个省份的提高幅度并不一样，但就华北平原整体而言，其幅度还是相当大的。北直隶地区，明代时小麦种植面积约占起课田地的 30%（据起课田地统计），到了清代，由于棉花、水稻种植面积的扩大，小麦种植比重并没有明显提高。而山东省、河南省的小麦种植比重则有明显提高。山东明代小麦种植面积约占起课田地的 30%（据起课田地统计），清代这一比例大大提高，各州县小麦种植比重普遍超过 50%，有的州县甚至在 70% ~ 80%。河南省小麦种植比重也提高得很快，本来明代河南小麦种植比重就达到 40%，有不少已达到 50%，到了清代，这一比例得到较大提高。除了西部山区及淮河以南的州县比重较低外，豫东、豫北、豫中的平原区小麦种植比例非常高，不少县甚至"全县皆麦""全县遍麦"，种植比重理应在 60% ~ 70%，有的甚至达到 80% 以上。就整个华北平原而言，清朝后期小麦的种植比重能维持在 50% 以上。

2. 小麦地位进一步上升

明代时，小麦虽然在粮食结构中占据着重要地位，有些县甚至有着"一麦抵三秋"之说，但尚不普遍。清代，"一麦抵三秋"已成为劳动人民的普遍共识，小麦在粮食结构中的地位获得提升。其表现有二：一是品种大为增加，品质更为优良，一些新的品种被培育出来，更加适合在不同土壤、气候和水资源环境下种植；二是人们对小麦种植更为重视，小麦成为很多州县最为重要的农产，也是最为重要的粮食作物，不仅能够满足本省的需要，而且达到了"麦收天下足"的程度。

3. 小麦商品率进一步提高

在北方旱田作物中，小麦比粟等产量高，经济价值也更高，而且由于小

---

① （民国）《沧县志》卷 11《物产》，1933 年铅印本。

麦能越冬生长，"故为五谷之贵"。摊丁入亩之后，赋税用银子缴纳，人们自然希望种植更多价高的粮食来换取银两，故而"收早而利赢""为利甚普"的小麦受到人们的高度重视，种植面积迅速扩大。这一状况本身就是商品利益驱动，在这种背景之下，小麦的商品化程度也进一步得到提高。河南的小麦在满足本省需求的情况下，还贩运到外省。河南、山东以小麦为原料制作的酒曲行销周围省份，鱼台县在明代就有麦收之后贾人"鬻曲蘖岁以千万"① 一说，进入清代，此说更盛。这一切都说明清代华北平原小麦商品率进一步增强。

当然，明清华北平原麦作的变迁表现并不局限于以上所谈三点，限于篇幅，此处只说主要表现。

第二节 明清华北平原粟类作物种植及比重变化

粟类作物主要包括粟、黍、稗等，其中粟是粟类作物的主体，也是我们研究粟类作物的主要对象。在明清以前，粟是华北地区人们主要种植的旱地农作物，在播种面积、赋税比例，以及人们的生活中，都占有主导地位。在明清时期，这种状况却发生了变化：一方面，粟在粮食作物中依然占据主体地位，仍然是百姓日常饮食的口粮；另一方面，粟在粮食种植结构中的地位和比重逐渐下降。下面我们就来探讨粟在明清华北平原粮食种植结构中的比重及其变化问题。

一 明代华北平原粟谷种植及比重变化

1. 秋粟播种面积及比例变化

粟，或称谷子，或简称谷，适应性强，对土壤条件的要求不高，不管是山区还是平原，都能够种植，而且耐旱，耐储藏，适应华北平原的气候、土壤环境，故可以非常广泛地种植。从农业起源开始，它一直是华北人们的主要口粮。因长年累月积累的经验，其栽培技术日见提高，培育出的品种也逐渐增多。明代华北平原各省府县都有粟的种植，而且在嘉靖以前，其生产量排在粮食作物的首位，品种亦相当多，有数十种。

粟也是明清北方赋税征收的主要对象。明代前中期赋税征收分夏、秋两次，夏税征麦，秋税收米，此处米多指粟米。明代万历之前的田地，亦有夏

---

① （万历）《兖州府志》卷4《风土志》，1596年刻本。

地和秋地之别。由此，通过考察秋地与耕地间的比例关系和秋粟占赋税总额的比重，就能大致看出明代粟在粮食种植结构中的大致情况。

（1）北直隶地区粟播种面积比例变化

明代前中期，北直隶地区秋粮作物一直以粟为主，粟的播种面积占耕地面积的比例一般都在70%左右。随着明后期北直隶地区高粱的扩种，这一比例略有下降，但仍保持在一个很高的比例。相应的，粟的产量也很大，在百姓日常生活中占据着重要的地位。

如北直隶隆庆州，永乐二十年（1422）、宣德七年（1432）、正统七年（1442）、景泰七年（1456）、天顺六年（1462）、成化八年（1472）、弘治五年（1492）、正德七年（1512）、嘉靖二十一年（1542）等9个有记载的年份，除景泰七年外，秋地所占田地总额的比重都超过70%（详见表3-17）。这一比重，远超过以小麦为种植对象的夏地在田亩总额中的比重。

表3-17　明代隆庆州粟播种面积情况

时间	总额（亩）	秋地（亩）	秋地比例（%）
永乐二十年（1422）	82350	57645	70.00
宣德七年（1432）	83538	58476	70.00
正统七年（1442）	85219	59723	70.08
景泰七年（1456）	93153	58321	62.61
天顺六年（1462）	85892	60124	70.00
成化八年（1472）	86200	60356	70.02
弘治五年（1492）	81500	57050	70.00
正德七年（1512）	81000	56700	70.00
嘉靖二十一年（1542）	80562	56394	70.00

资料来源：（嘉靖）《隆庆志》卷3《食货·财赋》，天一阁藏明代方志选刊本。

隆庆州所属的永宁县，秋粮（粟）播种面积占起课田地总额的比重也与隆庆州基本相符，大致保持在70%（见表3-18）。

表3-18　明代永宁县粟播种面积情况

时间	总额（亩）	秋地（亩）	秋地比例（%）
永乐二十年（1422）	34550	24185	70.00%
宣德七年（1432）	34464	24125	70.00%
正统七年（1442）	35723	25005	70.00%
景泰七年（1456）	8389	5872	70.00%

续表

时间	总额(亩)	秋地(亩)	秋地比例(%)
天顺六年(1462)	35841	25088	70.00%
成化八年(1472)	35856	25099	70.00%
弘治五年(1492)	36050	25235	70.00%
正德七年(1512)	36220	25354	70.00%
嘉靖二十一年(1542)	36500	25550	70.00%

资料来源：(嘉靖)《隆庆志》卷3《食货·财赋》，天一阁藏明代方志选刊本。

不仅如此，华北平原各地秋地面积一般是夏地面积的两倍多，如北直隶隆庆州从永乐二十年至嘉靖二十一年间，秋地与夏地比值基本在2.33（见表3-19）。秋地面积的广大，也说明粟在明代前中期粮食种植结构中的重要地位。

表3-19   明代隆庆州秋地、夏地比值情况

时间	秋地(亩)	夏地(亩)	秋夏地比值
永乐二十年(1422)	57645	24705	2.33
宣德七年(1432)	58476	25061	2.33
正统七年(1442)	59723	25595	2.33
景泰七年(1456)	58321	24933	2.34
天顺六年(1462)	60124	25767	2.33
成化八年(1472)	60356	25866	2.33
弘治五年(1492)	57050	24450	2.33
正德七年(1512)	56700	24300	2.33
嘉靖二十一年(1542)	56394	24168	2.33

资料来源：(嘉靖)《隆庆志》卷3《食货·财赋》，天一阁藏明代方志选刊本。

大名府的秋夏地比值也说明了这一问题。正德年间，大名府秋地与夏地比值大致保持在2.3，也就是说粟的播种面积大致是小麦播种面积的2.3倍（见表3-20）。

表3-20   明代正德年间大名府及其属县秋夏地比值情况

地 名	秋地(亩)	夏地(亩)	秋夏地比值
大名府	3700540	1594019	2.32
元城县	257742	114731	2.25
大名县	81255	35060	2.32
南乐县	229712	101248	2.27

续表

地　名	秋地(亩)	夏地(亩)	秋夏地比值
魏　县	357001	153830	2.32
清丰县	345918	141580	2.44
内黄县	193845	84362	2.30
濬　县	438636	188994	2.32
滑　县	761466	327121	2.33
开　州	522948	230655	2.27
长垣县	400686	169278	2.37
东明县	112699	47503	2.37

资料来源：（正德）《大名府志》卷3《田赋志·贡赋》，1506 年刻本，天一阁藏明代方志选刊本。

从秋地占所在区域起课耕地的比重可知，明代北直隶粟的种植基本占耕地面积的 70%，秋夏地之比值维持在 2.30。因此，可以说明代华北平原粟的播种面积是很大的。

需要指出的是，随着明后期高粱播种面积的扩大，粟的播种面积相应逐渐缩小，粟在粮食种植结构中的比重日益下降。

（2）山东地区粟播种面积比例的变化

明代的山东，粟的种植非常普遍，不仅是秋粮征收的主要对象，而且是仓储的主要粮食。（崇祯）《历乘》说："北人以粟米为主，粟收遂称大稔。"[1] 与北直隶粟的播种情况有些相似，明代山东秋地占田地总额的比重大致保持在 60% ~ 70%，因此粟的丰收即意味着粮食丰收。山东 280 万石税粮中，夏税麦 85 万余石，约占 30%，秋粮粟为 195 万石，约占 70%。[2]

为说明代山东地区粟的播种面积比例的变化，笔者以万历年间兖州府为例进行统计分析。统计结果显示，兖州府所属州县粟的种植面积占耕地的比例一般维持在 65% ~ 70%（见表 3 - 21）。

---

① 刘敕：《历乘》卷 12《方产考·粟品》，崇祯六年刊本，中国书店，1959 年影印。

② 《山东经会录》卷 3《税粮因革》；转引自许檀《明清时期山东经济的发展》，《中国经济史研究》1995 年第 3 期。

表 3 - 21　万历年间兖州府部分州县粟播种比例情况

	总额（亩）	秋地（亩）	秋地比例（%）
嶧阳县	245520	170620	69.49
曲阜县	141198	94569	66.98
邹　县	313077	216577	69.18
滕　县	2680807	1876565	70.00
单　县	580575	406402	70.00

资料来源：（万历）《兖州府志》卷 14《田赋志》，1596 年刻本。

但是，更多的时候，我们难以用数据来分析这一问题。如明中期"弘治年间岁荒"，李本"捐粟八千石赈饥"。[①] 对个人而言，这已是数量很大的粟米捐赠。明后期，安丘县"齐民岁所树艺菽粟为多"。[②]《历城县志》亦云："谚虽云一麦胜三秋，然历人以谷成为大有，其名有百余种。"[③] 显然，粟的播种面积还是很大的。

（3）河南地区粟播种面积比例的变化

明代河南的粟种植比重，虽然依然很高，但随着高粱播种面积的扩大，逐渐缩小。豫北卫辉府洪武二十四年（1391）秋地面积为 918879 亩，占全部起课田地 1508283 亩的 60.92%，永乐十年（1412），秋地比例达到 60.57%，成化十八年（1482）达 61.10%，正德十六年（1521）达 66.95%。由明代卫辉府情况来看，明代前中期秋地比例大体维持在 60%，而且这一比例在正德年间还略有提高（见表 3 - 22）。

表 3 - 22　明代部分年份卫辉府粟播种比例情况

	总额（亩）	夏地（亩）	秋地（亩）	秋粟地比例（%）
洪武二十四年（1391）	1508281	589402	918879	60.92
永乐十年（1412）	1665540	656734	1008806	60.57
成化十八年（1482）	1698766	660859	1037907	61.10
正德十六年（1521）	1535358	509249	1026109	66.83

资料来源：（万历）《卫辉府志》卷 5《田赋志上·土田》，中州古籍出版社，2010 年影印。

---

① （嘉靖）《莱芜县志》卷 6《人物志·义人》，1572 年刻本。

② （万历）《安丘县志》卷 10《方产考》，1589 年刻本。

③ （崇祯）《历城县志》卷 5《赋役志·土产》，1640 年刻本。

　　从鲁山县秋地与夏地比也可看出这一时期粟的播种面积萎缩的情况。地处山区的鲁山县，粟的播种面积一直小于小麦的播种面积，无论是洪武二十四年，或是永乐十年、成化十八年，还是弘治十五年、嘉靖元年，秋地面积都小于夏麦播种面积。无论是起课，还是不起课，秋地面积都小于夏地面积。秋夏地的比值一度达到 0.69。如表 3－23 所示。

表 3－23　明代部分年份鲁山县田亩情况

		洪武二十四年（1391）	永乐十年（1412）	成化十八年（1482）	弘治十五年（1502）	嘉靖元年（1522）
起课	秋地	148440	126613	126613	126612	136276
	夏地	165714	140743	140743	140742	141108
	秋夏地比值	0.90	0.90	0.90	0.90	0.97
不起课	秋地	122837	123948	123948	123948	135080
	夏地	177719	177719	177719	177719	154500
	秋夏地比值	0.69	0.70	0.70	0.70	0.87

资料来源：（嘉靖）《鲁山县志》卷二《田赋》，1552 年刻本，天一阁藏明代方志选刊本。

　　豫南邓州粟的播种面积比例从洪武二十四年至嘉靖十二年，大致维持在 60%，内乡县一直维持在 50% 以下，新野县则大致保持在 53%，成化八年后从内乡析出的淅川维持在 48% 以上（详见表 3－24、表 3－25）。

表 3－24　明代邓州粟的播种面积比例（一）*

单位：亩，%

		洪武二十四年(1391)		永乐十年(1412)		宣德七年(1432)	
邓州	总额	70524	总额	68691	总额	68691
	秋田	40758	秋田	39809	秋田	39879
	比例	57.79	比例	57.95	比例	58.06
内乡	总额	263701	总额	253377	总额	241550
	秋田	127144	秋田	121651	秋田	115397
	比例	48.22	比例	48.01	比例	47.77
新野	总额	69525	总额	69525	总额	69525
	秋田	36915	秋田	36915	秋田	36915
	比例	53.10	比例	53.10	比例	53.10

资料来源：（嘉靖）《邓州志》卷 10《赋役志·田赋》，1557 年刻本。

*注：正统七年（1442）、景泰三年（1452）、天顺六年（1462）数字与宣德七年（1432）几乎没有什么变化。

表 3-25　明代邓州粟的播种面积比例（二）*

单位：亩，%

		成化八年(1472)		成化十八年(1482)		嘉靖十二年(1433)
邓州	总额	68691	总额	68691	总额	84024
	秋田	39879	秋田	39809	秋田	55142
	比例	58.06	比例	57.95	比例	65.63
内乡	总额	140518	总额	143055	总额	143069
	秋田	68310	秋田	71139	秋田	71153
	比例	48.61	比例	49.73	比例	49.73
新野	总额	69525	总额	72720	总额	72761
	秋田	36915	秋田	38344	秋田	38385
	比例	53.10	比例	52.73	比例	52.75
淅川	总额	104030	总额	104017	总额	104017
	秋田	50265	秋田	50251	秋田	50009
	比例	48.32	比例	48.31	比例	48.08

资料来源：（嘉靖）《邓州志》卷 10《赋役志·田赋》，1557 年刻本。

*注：成化八年（1472），原内乡县分出淅川县。弘治五年（1492）、弘治十五年（1502）、正德七年（1512）、嘉靖元年（1522）四县相关数字与成化十八年（1482）几乎相同。

　　从以上讨论粟的播种面积的情况来看，尽管北直隶、山东、河南三省秋田在播种田地中所占比例不尽相同，但都反映了同一个特征：秋田在华北平原所占比例较大，但是随着时代的发展，这一比例逐渐减小。北直隶、山东粟的种植面积相对于冬小麦而言占有绝对优势，其比重一般在 60%~70%。越往南，到河南，则粟的播种面积有所下降，少数地区其比重尚能保持在 50%，有不少地区甚至低于 50%。即是说，粟在明代华北平原粮食结构中地位有所变化，即由原来完全占主导地位向次要地位转变，其比重逐渐降低。在有些地方，其比重甚至低于小麦。北直隶、山东粟的播种比例高于同时期的河南。河南由于小麦、高粱扩大种植，客观上压缩了粟的种植空间。虽然在每个省也存在着区域性的差异，但总体而言，这一状况大体反映了整个华北平原明代粟的播种面积自北而南逐渐萎缩的趋势。

　　2. 秋粮赋税征收比重情况

　　虽然粟的播种面积占明代华北平原耕地的比重从北往南基本呈逐渐下降的趋势，但粟在国家赋税构成及人们粮食构成中的比重依然很大。不过，这一比重也呈现逐渐下降的特点。为说明这一问题，笔者简要分析一下华北平原三省秋粟征收及比重情况。

（1）北直隶地区秋粮征收及比重

粟是明代前中期秋税的主要征收对象，在明代赋税构成中占据主要地位。如果没有特别指出的话，明前中期赋税中的秋粮主要是指粟米，因此从分析秋粮在赋税收入中的大致构成就可看出粟的分布及其在粮食作物结构中的构成比重。明代北直隶地区赋税中，秋粮占全年赋税比重大致保持在70%（详见表3-26），从总体而言占据着主体地位。

表3-26　明代部分年份北直隶地区秋粮比例情况

时间		总额（石）	夏麦（石）		秋粮（石）	
			数量（石）	比例（%）	数量（石）	比例（%）
洪武二十五年（1392）	北平布政司	1170520	353280	30.18	817240	69.82
弘治十五年（1502）	顺天府	66737	19603	29.37	47134	70.63
	永平府	33349	9996	29.97	23353	70.03
	保定府	61773	18793	30.42	42980	69.58
	河间府	66081	19801	29.96	46280	70.04
北直隶	真定府	117079	34733	29.67	82346	70.33
	顺德府	42998	12537	29.16	30461	70.84
	广平府	59321	17842	30.08	41479	69.92
	大名府	147176	44096	29.96	103080	70.04
	隆庆州	5650	1713	30.32	3937	69.68
	保安州	1461	408	27.93	1053	72.07
万历六年（1578）	顺天府	64007	18803	29.38	45204	70.62
	永平府	33349	9996	29.97	23353	70.03
	保定府	61773	18793	30.42	42980	69.58
	河间府	65805	19718	29.96	46087	70.04
北直隶	真定府	117082	34733	29.67	82349	70.33
	顺德府	42998	12537	29.16	30461	70.84
	广平府	59321	17842	30.08	41479	69.92
	大名府	147176	44096	29.96	103080	70.04
	延庆州	5650	1713	30.32	3937	69.68
	保安州	1461	408	27.93	1053	72.07

资料来源：（万历）《明会典》卷24、25，《续修四库全书》第789册。

从表3-26也可看出，从洪武二十五年、弘治十五年，乃至万历六年，粟在赋税中比重基本没有变化，一直维持在70%上下。万历六年之后，由于"一条鞭法"的推行，赋税制度进行了改革，因缺乏各府具体赋税资料，故无法进行相应地统计分析。

（2）山东地区秋粮征收及比重

明代山东布政司的秋粮在全年赋税中的比重大致和北直隶一样，保持在70%上下（详见表3-27）。和北直隶地区一样，山东秋粮在明前中期的比重从洪武二十五年至万历六年依然保持这水平。

表3-27　明代部分年份山东地区秋粮比例情况

时间	总额（石）	夏麦（石）	秋粮（石）	秋粮比例（%）
洪武二十五年（1392）	2578917	773297	1805620	70.00
弘治十五年（1502）	2851127	855246	1995881	70.00
万历六年（1578）	2850936	855172	1995764	70.00

资料来源：（万历）《明会典》卷24《会计一》、卷25《会计二》，《续修四库全书》第789册。

就山东各个府而言，税粟比重也占全部赋税约70%，体现整个布政司的秋粟在赋税构成中的基本比例关系（见表3-28）。

表3-28　嘉靖年间山东各府税粟比例情况

地区	总额	税麦（石）	税粟（石）	税粟比例（%）
山东布政司	2851042	855161	1995881	70.00
济南府	852235	255860	596375	69.98
兖州府	450314	134884	315430	70.05
东昌府	318628	95585	223043	70.00
青州府	670126	200942	469184	69.01
登州府	236654	70993	165661	70.00
莱州府	323283	96983	226300	70.00

资料来源：（嘉靖）《山东通志》卷8《田赋》，《四库存目丛书》史部第188册。

而就万历年间兖州府而言，各县税粟占赋税总额的比重均保持在70%上下（见表3-29）。

从山东布政司、兖州府粟作的情况来看，粟在赋税结构中大致占到70%，依然是赋税构成的主体。青州府[①]、东昌府[②]的税粟在赋税中的比重与兖州府相似。

---

① （嘉靖）《青州府志》卷7《田赋》，1565年刻本。
② （乾隆）《东昌府志》卷9《户役》，1777年刻本。

表 3 - 29　万历年间兖州府税粟比例情况

	田赋总额	税麦（石）	税粟（石）	税粟比例（%）
兖州府	350315	134884	215431	61.50
峄阳县	13134	3940	9194	70.00
曲阜县	7227	2168	5059	70.00
宁阳县	16423	4927	11496	70.00
邹　县	16653	4996	11657	70.00
泗水县	10365	3109	7256	70.00
滕　县	36937	11081	25856	70.00
峄　县	15630	4684	10946	70.03
金乡县	13106	3932	9174	70.00
鱼台县	12925	3877	9048	70.00
单　县	18317	5495	12822	70.00
城武县	7430	2229	5201	70.00
曹　州	10919	3229	7690	69.79
曹　县	12280	3550	8730	71.09
定陶县	3064	1064	2000	65.27
济宁州	22715	6806	15909	70.04
嘉祥县	6108	1832	4276	70.00
巨野县	9284	2785	6499	70.00
郓城县	6736	1936	4800	71.26
东平州	14418	4325	10093	70.00
汶上县	24083	7225	16858	70.00
东河县	12394	3718	8676	70.00
平阴县	9794	2938	6856	70.00
阳谷县	23810	7143	16667	70.00
寿张县	3875	1162	2713	70.00
沂　州	61152	18345	42807	70.00
郯城县	27656	8436	19220	69.50
费　县	33065	9919	23146	70.00

资料来源：（万历）《兖州府志》卷 14《田赋志》，1596 年刻本。

（3）河南地区秋粟征收及比重

河南布政司粟在赋税结构中的比重也是很大的，根据（万历）《明会典》的记载，洪武二十五年、弘治十五年、万历六年秋粟在当年赋税总额中比重均在 74% 左右（详见表 3 - 30），这个比例是很高的。

表 3-30　明代部分年份河南地区秋粮比例情况

时间	总额（石）	夏麦（石）	秋粮（石）	秋粮比重（%）
洪武二十五年（1392）	2198909	556059	1642850	74.71
弘治十五年（1502）	2387776	618645	1769131	74.09
万历六年（1578）	2380759	617322	1763437	74.07

资料来源：（万历）《明会典》卷24《会计一》、卷25《会计二》，《续修四库全书》第789册。

此外，对于河南各地而言，粟在赋税构成中的比重也是很高的。从诸多方志记载的情况来看，粟在各州县赋税构成中所占比重均超过60%，磁州、武安、涉县、偃师、固始均超过80%。新乡县正德年间夏麦为8701石，秋粮为15793石，秋粮是夏麦的近2倍。[1] 许州洪武二十四年（1391）夏麦为7635石，秋粮19427石，秋粮约是夏麦的2.5倍。[2] 偃师县成化十八年（1482）夏麦为6634石，秋粮30370石，秋粮约是夏麦的4.6倍。[3] 如表3-31所示。

表 3-31　明代河南部分州县秋粮比例情况

时间	总额（石）	夏麦（石）	秋粮（石）	秋粮比重（%）	资料出处
安阳	72758	16519	56239	77.30	（嘉靖）《彰德府志》卷4《田赋志》,1522年刊本
汤阴	41958	11226	30732	73.24	（嘉靖）《彰德府志》卷4《田赋志》,1522年刊本
临漳	35899	9396	26503	73.83	（嘉靖）《彰德府志》卷4《田赋志》,1522年刊本
林县	31588	7981	23577	74.64	（嘉靖）《彰德府志》卷4《田赋志》,1522年刊本
磁州	34363	5122	29241	85.09	（嘉靖）《彰德府志》卷4《田赋志》,1522年刊本
武安	24973	4621	20352	81.50	（嘉靖）《彰德府志》卷4《田赋志》,1522年刊本
涉县	11266	2154	9112	80.88	（嘉靖）《彰德府志》卷4《田赋志》,1522年刊本
新乡	24494	8701	15793	64.48	（正德）《新乡县志》卷2《田赋》,1506年刊本
内黄	15170	4610	10560	69.61	（嘉靖）《内黄县志》卷2《田赋》,1537年刻本
许州	27062	7635	19427	71.79	（嘉靖）《许州志》卷3《田赋志》,1541年刊本
尉氏	15354	6179	9175	59.76	（嘉靖）《尉氏县志》卷2《田赋》,1548年刻本
偃师	37004	6634	30370	82.07	（弘治）《偃师县志》卷1《田赋》,1504年抄本
汝州	83390	28536	54854	65.78	（正德）《汝州志》卷3《田赋》,1510年刊本

① （正德）《新乡县志》卷2《田赋》，1506年刊本。

② （嘉靖）《许州志》卷3《田赋志》，1541年刊本。

③ （弘治）《偃师县志》卷1《田赋》，1504年抄本。

从表3-30、表3-31可以看出，在明代河南赋税构成中，秋粮比重平均达到了74%，磁州、武安、涉县、偃师的甚至超过80%。这一比例要略高于同时期的北直隶和山东。而通过上面的研究，我们知道随着小麦播种面积的扩大，明代河南粟的播种面积占耕地的比例有所降低，比值在整个华北平原范围内也略低于北直隶和山东，有些地区甚至远低于二者。就统计数据来看，明代河南粟播种面积比例的下降与秋粟在赋税结构中比重保持高位之间似乎存在矛盾（尤其是在赋税结构中其比重低于北直隶和山东的）。其实不难理解，其中的原因有二：其一，国家对河南夏麦和秋粮有额定标准。通过上节对明代河南小麦占赋税比例的分析，我们知道小麦在赋税结构中的比重约为25%，因此秋粮的比例在74%左右是合理的。其二，河南小麦商品化率较高。河南地处中原，是南北交通的枢纽，小麦作为细粮，价格较高，不仅以商品形式输往外地，而且多制成酒曲输往周围的北直隶、山东、山西等地，甚至销往南方。清雍正皇帝曾有"豫省麦为秋，麦收天下足"之说，但这种情况不是一蹴而就的，在明代即有雏形。明代河南集镇发展很快，如永城县在嘉靖之前只有4个集镇，即赞阳集、太丘集、胡家庄集和苗村桥，到了嘉靖年间，集镇增加达到了42个。[①] 朱仙、周家口、荆紫关、清化、赊旗、瓦店、北舞渡等大镇的迅速发展，使河南小麦流通到各地。而对于百姓而言，小麦多作为商品用来出售的，并不是用来做口粮的，人们日常食用则是以粟米为主。

当然，粟的播种随地区不同而有所差异，各地粟米在赋税中比重也不尽相同，甚至在明代华北平原的一些地区，如河南南部的固始、光州等地秋粮主要是稻米，而不是粟米。这种地域性的差异是明显存在的，也是应该注意的。

3. 粟谷品种的增加

明代华北平原的粟不仅在播种面积和赋税中占主要地位，而且品种繁多，在人们的食粮构成中依然占据着主导地位。

山东人王象晋的《群芳谱·谷谱》收录了明代山东的几个有代表性的粟谷品种，如早熟品种有"赶麦黄、百日粮、六十日还仓之类"，中熟品种有"八月黄、老军头之类"，晚熟品种"有雁头青、寒露粟、铁鞭头之类"。此外，"又有粱谷、滑谷、白谷、白谷黄米、黄谷白米之类"。[②] 很多地方志

---

① （嘉靖）《永城县志》卷2《市集》，1544年刊本。
② 王象晋：《二如亭群芳谱·谷谱》，《四库存目丛书补编》第80册，齐鲁书社，2001，第268页。

将粟置于粮食作物的首位，而且各地记载诸多品种。如北直隶河间府所种粟谷即有竹根青、金蚕儿、金苗儿、水里红等 15 种。① 山东泰安州 "粟百余种，曰九里香、花里黄，其最佳者"。② （万历）《沾化县志》记本地种植的粟谷农家品种有："齐头白，黄毛尾，大金钱，小金钱，十弟兄，黑秫谷、白秫谷、红秫谷、夺麦场、玉谷、黄谷、金坠（谷）。"③ 临邑县粟谷品种有："齐头白、大白（谷）、小白（谷）、粱谷、毛谷、龙爪（谷）、小猪尾、刀把齐、趴蜡睄、独脚黄、红黍谷、母鸡头、铁鞭头、旱不愁、倒寻根、漫粱窜、女儿笑、拖泥秀、亲不换、瓦屋粒。"④ 河南鄢陵县 "五谷惟粟类最伙，其色有青、白、红、黄，其名有六月先、七里香、八百光、铁坝齿者佳，其他如鸡肠、兔蹄、龙爪、猴尾等等，随象立名，动以百计焉"。⑤ 明代华北平原的粟产总量是相当高的，不仅满足百姓日常生活需要，而且用于缴纳赋税，甚至还有余粮售于他乡。据（嘉靖）《河南府志》载："有售粟于京师者，青县、沧州、故城、兴济、东光、交河、景州、献县等处皆漕挽，河间、肃宁、阜城、任邱（丘）等处皆陆运，间亦以舟运之。"⑥ 显然，明代的华北平原，粟依然在粮食构成中占据着大宗的地位。明中叶以后，华北平原的粟类作物虽然也随着小麦的扩种而有所减少，但小米仍是 "北人日用不可缺者"⑦，其在百姓日常饮食中的主体地位并未被撼动。

二　清代华北平原粟谷种植及比重变化

到了清代，随着高粱等作物播种面积的扩大，华北平原粟的种植面积有所萎缩，但依然是人们日常生活中的重要粮食。另外，经过明万历年间的 "一条鞭法" 及清初的 "地丁银" 改革，粟已不再是政府赋税征收的对象。在诸多因素影响下，粟虽然在华北平原人们的粮食构成中依然占据着主要地位，依然是人们的主要食粮，但其比重在逐渐下降，重要性在逐渐降低。

1. 粟的种植与分布

粟是清代华北平原的重要粮食作物。据《清高宗实录（三）》记载，乾

---

① （嘉靖）《河间府志》卷 7《土产》，1540 年刻本。
② 鄂尔泰等：《钦定授时通考》卷 25《谷种·粟》，《文渊阁四库全书》第 732 册，第 351 ~ 352 页。
③ （万历）《沾化县志》卷 3《食货志·物产》，1619 年刊本。
④ （同治）《临邑县志》卷 2《地舆志下·物产》，1874 年刻本。
⑤ （嘉靖）《鄢陵县志》卷 3《田赋志·土产》，1537 年刊本。
⑥ （嘉靖）《河间府志》卷 7《风俗》，1540 年刻本。
⑦ （雍正）《畿辅通志》卷 56《土产》，1735 年刻本。

隆九年（1744），兵部侍郎雅尔图称："直隶民食首重高粱、粟米，其次则春麦、荍麦。"①（宣统）《晋县乡土志·格致册四》也载，晋州"谷品粟为大宗"。②（民国）《磁县志》载，"小米为吾磁之重要农产"。③ 可见粟是清代北直隶地区的重要粮食作物。此外，（康熙）《顺义县志》、（民国）《怀柔县新志》、（乾隆）《延庆县志》、（雍正）《密云县志》、（光绪）《密云县志》、（光绪）《昌平州志》等诸多方志均将粟作为一种非常重要的粮食作物收入各地物产名目之中。在清代，粟谷不仅种植广泛、产量很大，而且品种多样。顺义县的粟谷"各色俱有"④；密云县的粟也是各色均有，其种不一。⑤ 河间府的粟谷也有竹根青、金蚕儿、金苗儿、水里红、耙齿金、大叶黄、罗裙带、朱里纱等品种，有15种之多。⑥ 保定府清苑县"粟约有数十种，名号不一"。⑦ 满城县的粟"种类甚多，有青、黄、红、白、黑等色"。⑧ 热河的白粟米，曾大受康熙帝的褒扬："茎干叶穗较他种倍大，熟亦先时，作糕饵，洁白如糯稻，而细腻香滑殆过之。"⑨ 虽然北直隶各地地形、环境等具体情况有异，但粟依然是"北人日用不可缺者"⑩。到了民国时期，粟的地位依然很高，望都县的"粟为全县大宗品产，民生日用不可缺者。每年种植面积约占全县地亩百分之五十以上。其品质中等每亩（以二百四十步计）产量优者一石三四斗（每斗以二十管计），次者七八斗"。⑪

清代山东粟谷也有多个品种，如济阳县，粟的品种多样，"其先种后熟者，俗曰铁板头，曰毛谷，曰馍馍谷，曰金苗谷，曰大细穗。后种先熟者，曰竹叶青，曰大头黄，曰小细穗，曰拔谷，曰乌谷，曰红黍谷，曰龙爪谷。后熟胜先熟，受气足也，而铁板头、大细穗为尤美"。⑫ 清人张新修的《齐雅》反映了齐地风物，其对粟的记载非常详细，其记载的粟不仅品种多，而

---

① 《清高宗实录（三）》卷214，乾隆九年四月庚申，中华书局，1985，第750页。
② （宣统）《晋县乡土志·格致册四》第二课《谷品》，《中国方志丛书》，台北，成文出版社，1968，第104页。
③ （民国）《磁县志》第8章《物产·农产品》，台北，成文出版社，1968。
④ （民国）《顺义县志》卷2《风俗土产》，1915年铅印本。
⑤ （民国）《密云县志》卷2《物产》，1914年铅印本。
⑥ （康熙）《河间府志》卷8《物产》，1678年刻本。
⑦ （同治）《清苑县志》卷6《土产》，1873年刻本。
⑧ （民国）《满城县志略》卷9《风土·物产》，1931年铅印本。
⑨ （光绪）《畿辅通志》卷8《宸章》，1884年刊本。
⑩ （雍正）《畿辅通志》卷56《土产》，1735年刊本。
⑪ （民国）《望都县志》卷1《舆地志一·物产》，1934年铅印本。
⑫ （乾隆）《济阳县志》卷1《物产》，1765年刻本。

且性状各异，其文曰："一粱谷，青苗青穗，穗上有毛，米极白，饭盛拌（盘）中，望如堆雪，古人与膏并称即此米也。籽粒轻，人不多种。一秋露白，青苗青穗，粒大收重，以恋秋晚熟，恐竭地妨麦，亦不多种。一关东自，青苗青穗，穗上有毛，茎稍弱，将熟穗重，往往倾欹，收最重，性亦略晚。一六棱白，穗有觚稜，收重，熟略早，人多种之。一瓦屋粒，赤根青苗，米性硬，作饭略涩，收重。一黄滑谷，苗粒皆黄，作粥粘（黏）滑，香而多脂，收重。一小粒黄，黄苗黄穗，粒小而坚，收在轻重之间。一高头粘，黄苗，起课特高，米滑宜人，收重。一柳根躁，赤根青苗，熟略早，收重。一细穗，穗长尺许，宜麦后种，收重。一一簿蚕，亦宜麦后种，立苗欲密，收最重。以上皆饭粟。一青猫尾，青苗青穗，穗上有毛，粒大米员（圆），多膏液，收重。一关公面，青苗赤穗，赤粒，米略小，收重。一猪矢秫谷，青苗穗黑，如猪矢，粒亦黑。一龙爪秫谷，穗端作岐，如龙爪。以上俗呼小黄米，并可酿酒。"①

清代河南粟的播种也非常广泛，广大的平原区秋粮多以粟谷为第一选择。有些地区，如豫北山区林县："谷麦为农产大宗，丰年本境自食外，可行销外境。麦不熟小歉，谷不熟则大饥。"② 显然，在日常饮食中粟谷地位高于小麦，粟米系民间最为重要和普遍的口粮。乾隆时汲县百姓"膳食以小米为主，大米惟宴会始用，不常食。小麦面亦为佳品"。③ 滑县，粟亦为"土产之大宗"。④ 阳武县，粟谷为"农人食品大宗"。⑤ 扶沟县，"宜黍稷，宜粟，不忧水旱，庶几称常稔焉"。⑥ 荥阳县，"麦、粟、玉蜀黍最为普通"，"黍、稷、荞麦皆有而不多"。⑦ 嵩县"谷为秋稼之主"。⑧ 阌乡县，粟之地位仅次于麦。⑨ 大体而言，随着高粱、玉米种植比重的增加，清代河南的粟谷种植的比重有所下降，其中豫南地区下降的幅度是最大的。随着粟的大规模种植，粟的品种逐渐增多。清代河南省各地的粟品种都很多，如陈州，粟谷"种类甚多"。⑩ 考城县，粟有黄谷、白谷、七里香等。⑪ 阌乡县，"谷之

① （光绪）《临朐县志》卷8《风土志·物产》征引《齐雅》语，1884年刻本。
② （民国）《林县志》卷10《风土·生计》，1932年石印本。
③ （乾隆）《汲县志》卷6《食货》，1755年刻本。
④ （民国）《滑县志》卷10《实业·农业》，1932年铅印本。
⑤ （民国）《阳武县志》卷1《物产》，1936年刊本。
⑥ （光绪）《扶沟县志》卷10《农桑·物产》，1893年刻本。
⑦ （民国）《续荥阳县志》卷4《食货·垦植》，1924年铅印本。
⑧ （乾隆）《嵩县志》卷15《食货·物产》，1767年刻本。
⑨ （民国）《新修阌乡县志》卷9《物产》，1932年铅印本。
⑩ （乾隆）《陈州府志》卷11《风俗·物产》，1747年刻本。
⑪ （民国）《考城县志》卷7《物产志》，1924年铅印本。

种有黄、白、红三项，三月种七月熟者为早谷，四月种八月熟者为晚谷。早晚不同，种类则一"。① 有关粟谷的记载在清代、民国时的府州县方志中屡见不鲜，不再赘举。

总之，在清代的华北平原，粟的产量很大、品种多样，在粮食作物构成中依然占据很大比重，是华北平原人们的主要食物。但随着小麦的扩种、新作物的引入、高粱的扩大生产，其在粮食种植结构中的地位逐渐呈下降的趋势。

2. 粟作地位的下降

上文已提及，随着小麦种植面积的增加、高粱种植区域的扩大、新作物的引进，清代华北平原粟在粮食种植结构中的地位逐渐下降。河南的情况即是如此，嘉庆二十五年（1820）河南全省秋税粮米为 50731.7 石，夏税麦为 47990.2 石。② 当然，秋税粮中包括秋季作物中的稻米、高粱、玉米等，如果除去这些粮食作物的税粮，粟谷的数量应该少于小麦的数量。北直隶的情况与河南相似，"从乾隆年间的种麦比例来看，广平、大名各府，麦地居十之五，可以肯定，这一区域内谷类作物是随着小麦的扩种而减少了。正定、保定、河间等府麦地居十之三，则与该区域内的因种棉花而挤掉小麦的现象有关。因此，麦作比例虽不如广平、大名各府高，但谷类作物的种植比例很可能也下降了"③。山东省的情况也体现粟作种植的大体趋势。李令福先生曾对 1919 年山东省 8 个州县的主要粮食作物产量进行统计，结果发现除莒县外，海阳县、潍县、益都县、蒲台县、乐陵县、范县、滕县粟的产量总体上要低于小麦，且低于高粱，在主要粮食作物中居第三位，地位较之清初有了明显的下降。④ 当然，对于整个华北平原而言，虽然小麦比重有所上升，粟的地位有所下降，但粟依然是秋粮的主要作物，与高粱一起扮演了谷类作物主体的角色。

三 简短总结

1. 粟依然是百姓口粮的主体

明清时期，虽然小麦的地位获得了提高，而且在一些地方其种植面积占

---

① （民国）《新修阌乡县志》卷 9《物产》，1932 年铅印本。

② 梁方仲：《中国历代户口、田地、田赋统计》乙表 77《嘉庆二十五年各省府州厅户口、田地及额征田赋数》，上海人民出版社，1980，第 401 页。

③ 李心纯：《黄河流域与绿色文明——明代山西河北的农业生态环境》，人民出版社，1999，第 197～198 页。

④ 李令福：《明清山东粮食作物结构的时空特征》，《中国历史地理论丛》，1994 年第 1 期。

耕地总额的一半以上，但是就整个华北平原而言，小麦在食粮构成中并非占主体地位。无论是在明万历以前的赋税构成中，还是在万历之后乃至清朝的百姓日常饮食生活中，粟依然占主体地位；无论是国家赋税征收中，还是百姓日常饮食生活，粟都是主要对象。"麦不熟小歉，谷不熟则大饥"是粟、麦在粮食结构和百姓日常饮食生活中比重的基本写照。这一基本格局直到近代仍没有完全改变。

2. 粟比重、地位的相对下降

明清500多年间，随着小麦的比重上升、高粱的异军突起、新作物的引入和传播，粟在粮食种植结构中的比重逐渐下降，尤其是高粱种植面积的快速扩展，压缩了粟的播种空间，使得粟在秋粮作物中的地位下降。明中叶以前，以粟为主要播种对象的秋地一般占耕地总面积的60%～70%，秋地面积一般为夏地面积的2～3倍；赋税征收比例中，秋地一般占70%。但是明中叶之后，这一现象发生了变化，粟在粮食结构中的比重开始下降。由前引资料可知，嘉庆二十五年（1820）河南全省秋税粮只比夏税麦多出2700多石，其中还包括高粱、稻米、玉米等，应该说粟谷比重已低于小麦。而民国陵县粟谷播种面积降得很低，约占田地面积的30%，静海县粟谷总量只占粮食总量的9%。这一切都说明明清时期粟在粮食作物种植结构中比重下降的趋势和事实。

第三节　明清华北平原高粱种植及比重变化

虽然作为秋粮主体的粟，在明清华北平原依然是百姓的主要口粮，但明清华北平原秋粮迎来了新的力量。在明清华北平原粮食作物种植结构中，高粱迅速崛起，播种面积以迅雷不及掩耳之势在扩大，占据了杂粮作物中的主要位置，这是明清华北平原粮食作物种植结构中的新变化。

一　有关高粱起源的争议

高粱是我国最早栽培的禾谷类作物之一，其在古书中被称为蜀黍、芦粟、蜀秫、秫秫、秫黍等。从地下发掘的遗存来看，现在出土的实物资料从史前时期的到隋唐的都有，如在山西万荣荆村、河南郑州大河村遗址中就出土了新石器时代的炭化高粱的遗存；在山西、江苏、辽宁、河北等地发现商周时期的炭化的高粱、高粱秆和高粱叶等实物资料；汉代，南方的广东、江苏也种上了高粱。从出土的实物资料来看，高粱确实是一种我国古老的农作物。

　　然而史书中关于它的记载却少之又少。从现在可以查到的书籍来看，高粱最早见于西晋张华的《博物志》中，在此以前的古籍里没有提到过。此后，唐代陆德明的《尔雅音义》对高粱有记载，但其他农书、本草类医书以及一些唐人的诗歌中都没有提到它。宋人诗里提到蜀黍。一直到元代，农书里才出现蜀黍栽培方法的记录。关于蜀黍的具体描绘，明正德年间汪颖《食物本草》云："蜀黍北地种之，以备缺粮，余及牛马，谷之最长者，南人呼为芦穄。"① 李时珍也云："蜀黍不甚经见，而今北方最多。"又云："蜀黍宜下地，春月布种，秋月收之。茎高丈许，状似芦荻而内实，叶亦似芦，穗大如帚，粒大如椒，红黑色，米性坚实，黄赤色。有二种，粘（黏）者可和糯秫酿酒作饵，不粘（黏）者可以作糕，煮粥可以济荒。"②

　　显然，文献资料记载的晚出与出土实物体现的历史久远之间形成了较大的反差，学者对此有诸多的看法，出现了很多争议。综合而言，大致可以归结为两种观点：一种认为高粱这种农作物是中国古已有之的，一种认为高粱是从国外传播过来的。仁者见仁，智者见智，各有不同的看法。这里我们避开人们对高粱名称的争议，着重谈高粱在明清时期种植的情况。

二　明清华北平原高粱的种植及地位的跃升

　　明清时期，华北平原高粱种植面积迅速扩大，高粱在秋粮中的比重也获得极大的提高。究其原因，除了人口激增导致粮食需求扩大，水旱灾害频发造成应灾需求增加等社会性因素外，高粱本身的特点也是其种植扩大和比重提高的因素。高粱的特点主要有两个：其一，高粱具有很强的抗灾性。高粱又称蜀秫，具有抗旱、耐涝、耐寒、抗碱等特性，适应性强。《农政全书校注》记载："北方地不宜麦禾者，乃种此（高粱），尤宜下地。立秋后五日，虽水潦至一丈深，不能坏之；但立秋前水至即坏，故北土筑堤二三尺，以御暴水，但求堤防数日，即客水大至亦无害也。"③ 其二，高粱浑身是宝，用途广泛，利用程度高。高粱用途非常广泛，如酿酒、做饭、做建筑材料、做工具原料和做柴火，等等。《群芳谱诠释》记载："粘（黏）者可和糯秫酿酒，作饵；不粘者可作糕煮粥，可济饥，亦可养畜。茎可织箔、编席、夹

---

① 汪颖：《食物本草》，见李时珍《本草纲目》卷23《谷之二》，《文渊阁四库全书》第773册，第457页。

② 李时珍：《本草纲目》卷23《谷之二》，《文渊阁四库全书》第773册，第457页。

③ 徐光启撰，石声汉校注《农政全书校注》卷25《树艺·蜀秫》，第630页。

篱、供焚。梢可作笼帚。壳浸水色红，可以红酒。有利于民者最博。"① 明代以前，史书中有关高粱的记载很少，但明清时期，史书对此的记载就源源不断，可以说，它已经是我国人民重要的粮食作物之一。

1. 河北地区的高粱种植

明代北直隶是高粱的重要分布区。由于高粱秆高而坚挺，"虽水潦至一丈深，不能坏之"，所以在明中叶以前，河北高粱的种植已经遍布全省。② 保定府《容城县志》也载："北方下湿地，尤宜此。"③ 显然，即便是地势低洼地区，也适合种植高粱。

清代直隶高粱的种植有增无减，直隶总督刘峨奏称："高粱一项，直省种植较多"，而且还说"粟谷与高粱，价值相仿。"④ 尤其是地势低洼的平原区域最适合种高粱。乾隆年间，河北平原北部开始普遍种植高粱。钱汝诚在乾隆二十六年（1761）汇报宁河县水灾时指出，"查各庄秋禾，高粱居其大半，高者出水结实尚可收获"⑤，所以，除非地居极涝处，才另当别论。一般来说，"春间无水，尚堪种麦，夏间稍旱，亦可种蜀"。⑥ 直隶地区的高粱有红白二种，以红色居多，俗称为红粮。平原地区多在小麦丰收后播种，山区则多在春季播种。依据笔者搜集到的资料可知，明清时期整个河北地区很多府县志中都提到了高粱种植。为说明明清时期河北高粱的种植与分布情况，兹列表 3 - 32 如下。

表 3 - 32　明清方志中有关河北地区高粱的记载

地名	名称	资料来源
保定	蜀秫	（弘治）《保定郡志》卷7《土产·谷属》，1961年天一阁藏明代方志选刊本
易州	蜀秫	（弘治）《易州志》卷2《土产》，1502年刻本
大名	秫蜀	（正德）《大名府志》卷3《田赋志·物产》，1506年刻本
雄乘	蜀	（嘉靖）《雄乘县志》卷3《风土志·土产》，1537年刻本
隆庆	秫	（嘉靖）《隆庆志》卷3《食货·物产》，1549年刻本
河间	蜀秫	（嘉靖）《河间府志》卷7《风土志·土产》，1540年刻本

---

① 王象晋著，伊钦恒诠释《群芳谱诠释》卷1《谷谱》，农业出版社，1985，第22页。
② 李心纯：《黄河流域与绿色文明——明代山西河北的农业生态环境》，第210~212页。
③ （光绪）《容城县志》卷4《物产》，1896年刻本。
④ 《清高宗实录（一六）》卷1213，乾隆四十九年八月下，中华书局，1986，第273页。
⑤ 《钱汝诚奏折》，乾隆二十六年八月十六日，引自《清代海河滦河洪涝档案史料》，第161~162页。
⑥ （民国）《文安县志》卷1《河议》，1922年铅印本。

续表

地名	名称	资料来源
霸州	蜀秫	（嘉靖）《霸州志》卷5《食货志·物产·谷之类》，1558年刻本
赵州	蜀秫	（隆庆）《赵州志》卷9《杂考·物产》，1567年刻本
成安	稷	（康熙）《成安县志》卷5《物产·谷属》，1673年刻本
深泽	蜀秫	（同治）《深泽县志》卷5《食货志·物产》，1862年刻本
庆都	秫	（康熙）《庆都县志》卷2《赋役志·土产》，1678年刻本
井陉	蜀秫	（雍正）《井陉县志》卷3《物产志·谷类》，1730年刻本
沧州	蜀秫	（乾隆）《沧州志》卷4《物产》，1743年刻本
宣化	蜀秫	（乾隆）《宣化府志》卷32《风俗物产·谷属》，1743年刻本
赤城	蜀秫	（乾隆）《赤城县志》卷3《食货志·物产》，1748年刻本
南和	蜀秫	（乾隆）《南和县志》卷5《田赋·物产·谷属》，1749年刻本
任邱	蜀秫	（乾隆）《任邱县志》卷3《食货志·物产·谷之属》，1762年刻本
鸡泽	高粱	（乾隆）《鸡泽县志》卷8《风俗·物产·果之类》，1766年刻本
武强	高粱	（道光）《武强县新志》卷1《方舆志·物产·谷之类》，1831年刻本
庆云	蜀秫	（咸丰）《庆云县志》第9《风土志·物产》，1855年刻本
固安	蜀秫	（咸丰）《固安县志》卷3《赋役志·物产·谷类》，1859年刻本
武邑	高粱	（同治）《武邑县志》卷1《方舆志·物产·谷之属》，1872年刻本
蠡县	秫	（光绪）《蠡县志》卷2《方舆志·方产·谷类》，1876年刻本
抚宁	蜀黍	（光绪）《抚宁县志》卷3《物产·谷属》，1877年刻本
乐亭	蜀秫	（光绪）《乐亭县志》卷13《食货志下·物产·谷属》，1877年刻本
巨鹿	秫	（光绪）《巨鹿县志》卷6《风土志·物产·谷类》，1887年刻本
承德	蜀秫	（光绪）《承德府志》卷28《物产》，1887年刻本
定兴	蜀黍	（光绪）《定兴县志》卷13《风土志·物产·谷属》，1890年刻本
丰润	蜀秫	（光绪）《丰润县志》卷3《物产·谷之属》，1891年刻本
容城	秫	（光绪）《容城县志》卷4《物产·蔬食类》，1896年刻本
滦州	稷	（光绪）《滦州志》卷8《封域志·物产·谷类》，1898年刻本
南乐	蜀秫	（光绪）《南乐县志》卷2《物产志·方物·谷类》，1903年刻本
束鹿	高粱	（光绪）《束鹿县志》卷12《物产·植物产·谷类》，1905年刻本
邢台	蜀秫	（光绪）《邢台县志》卷1《舆地·物产·谷之属》，1905年刻本
阜城	蜀秫	（光绪）《阜城县志》卷10《物产·百谷之类》，1908年刻本
昌平	蜀秫	（光绪）《昌平州志》卷17《物产志》，1886年刻本
宛平	蜀黍	缪荃孙缉《顺天府志》卷11《宛平县·土产》
大兴	蜀黍	缪荃孙缉《顺天府志》卷12《大兴县·土产》
香河	蜀黍	缪荃孙缉《顺天府志》卷13《香河县·土产》
怀柔	蜀黍	缪荃孙缉《顺天府志》卷13《怀柔县·土产》
良乡	蜀黍	缪荃孙缉《顺天府志》卷13《良乡县·土产》
昌平	蜀黍	缪荃孙缉《顺天府志》卷14《昌平县·土产》
东安	蜀黍	缪荃孙缉《顺天府志》卷14《东安县·土产》

表 3-32 所列说明，明清时期高粱在河北地区已获得广泛种植。当然，资料所限，笔者未能将这一时期有关河北的所有府州县志一一概览，所做统计也可能挂一漏万，但如能反映明清时期河北高粱种植和分布的基本状况也就达到目的了。

随着高粱的普遍种植，高粱在粮食种植结构中的地位也迅速提高。在很多地方，高粱已经成为当地粮食生产的大宗，其地位仅次于小麦、粟，成为当地的第三大农作物。《南乐县志》记载："蜀秫，即高粱，种者最多。"[1]《乐亭县志》中也记载，"蜀秫：按，蜀黍，一名蜀秫，北地通呼为高粱，京东高粱惟永属最多，永属惟乐境最多，种者盖十之六七，日用常食不可少缺，若所云种宜下地，又言'地之不宜麦禾者乃种之'则大非，今日之风土也，色分红白，白者黏，红者不黏，又有淡红色者，性亦黏，俗呼黏高粱，然惟于下地间种之，上地则惟以红者为种……"[2]《静海县志》里有当地各种谷类产量比较表，其中高粱产量排在第二位，占25%（见表3-33）。[3]

表 3-33　民国静海县各种谷类产量比较

种类	产量	备考	种类	产量	备考
麦	百分之三十	小麦多	稷	百分之四	俗名糜子
蜀秫	百分之二十五	即高粱	芝麻	百分之一点五	非胡麻
菽	百分之十四	大豆多	稻	无定	泛水年种
玉蜀秫	百分之十二	书名苞谷,俗名棒子	稗	无定	泛水年种
谷	百分之九	俗名谷子	莜麦	无定	非先旱不种
黍	百分之四	暑日可种,故曰黍			

资料来源：（民国）《静海县志·土地部·物产志·谷属·统计谷类产量比较表》，1934 年铅印本。

《成安县志》记载："稷，高粱也。《说文》以为五谷之长，程瑶田《九谷考》云，稷之粘（黏）者为秫，北方谓之高粱，又谓之蜀秫，我成统呼之为高粱，其茎干高大似芦穗，聚而上出，谷类中之最早，夏秋之交开花结实，实粗硬，不如黍稻之美。本境农户普通多用为食品，间有充作牲口饲

---

[1]　（光绪）《南乐县志》卷2《物产志·方物·谷类》，1903 年刻本。
[2]　（光绪）《乐亭县志》卷13《食货志下·物产·谷类》，1877 年刻本。
[3]　（民国）《静海县志·土地部·物产志·谷属》，1934 年铅印本。

料者。"① 到民国时期，高粱已处于当地的第三大农作物的位置，如表 3-34
所示。

表 3-34　民国成安县农作物播种面积、产量、用途情况

名称	种植亩数（顷）	产额（石）	用途	销路	备考
麦	700	21000	供食品	无	仅供本地之用
谷	1400	84000	供食品	无	仅供本地之用
稷（指高粱）	500	30000	供食品及饲养牲口之用	无	仅供本地之用
黍稷	200	12000	供食品	无	仅供本地之用
大小豆	200	8000	供食品及饲养牲口之用	无	仅供本地之用
豇豆	3			无	仅供本地之用
玉蜀秫	2000	12000	供食品	无	多与他物混作,故地积难以计算
荞麦	100	3000	供食品	无	仅供本地之用
脂麻	100	4000	榨油	无	仅供本地之用
甘薯	5	400000（斤）	供食用	自用	每亩约八百斤

说明:每斗以 12 筒计算

资料来源:（民国）《成安县志》卷 5《物产·谷属》,1931 年铅印本。

2. 山东地区的高粱种植

明代高粱在山东地区种植不少，如在地势低洼、积水较多的济宁、汶
上，粮食作物就是以麦和高粱为主。② 历城北部多水，高粱种植也很多。③
《明英宗实录》卷 311 记载，天顺四年（1460），济南、东昌等地因去年庄
稼被雨水浸烂，税粮没有办法征收，获准改用高粱和黄、黑、绿豆等按相应
比例折纳。在长期的种植过程中，高粱被培植出许多品种。如（万历）《沾
化县志》记载，该县高粱有铁干燥、乱采毛等 11 个品种。④ 章丘县的高粱

① （民国）《成安县志》卷 5《物产·谷属》,1931 年铅印本。
② （万历）《兖州府志》卷 4《风土志》,1596 年刻本。
③ 刘敕:《历乘》卷 12《方产表》,崇祯六年刊本,中国书店,1959 年影印。
④ （万历）《沾化县志》卷 3《食货志·物产》,1619 年刊本。

有糙秫蜀、粘秫蜀、饭秫蜀、麦黄秫蜀、望天回、回回眼、野狐尾 7 个品种。① 此类记载，明清山东方志里还有不少。高粱的多品种的出现，反映明代山东高粱的种植已较为广泛。

清代时，山东高粱的种植发展更快。在鲁西北，高粱的种植面积较早地超过了粟，康熙年间地方官上报作物生长情况时，西三府总是将高粱放在粟前，东三府却将高粱放在粟后。清代各地志书物产部分大都记载高粱，据统计共有郓城、濮州、巨野、汶上、邹县、泗水、曲阜、兖州、沂州、即墨、乐安、青州、新泰、德州、齐东、济阳、章丘、历城、东昌、武城、蒲台、商河、滨州、青城、武定、潍县、莱州等 118 个州县种植高粱。随着高粱的普遍种植，人们也根据各种需求培育出许多品种，如济阳县的高粱品种有："先种后熟曰黄罗伞，曰老瓜座，曰柳木儿；后种先熟曰六叶，曰打锣锤。"② 莒州高粱品种有"红、白、黑三种，白如玉者曰玉秫"。③ 日照县"今高粱多赤、白，或硬或粘（黏），约十余种"。④

为说明明清时期山东高粱的种植与分布情况，根据笔者所接触到的方志所载列表 3-35 如下。

表 3-35　明清方志有关山东地区高粱的记载

地名	名称	资料来源
邹县	蜀秫	（嘉靖）《邹县地理志》卷 1《土产·谷品》，1525 年刻本
濮州	秫	（嘉靖）《濮州志》卷 2《土产》，1527 年刻本
德州	蜀秫	（嘉靖）《德州志》卷 1《土产·谷之属》，1528 年刻本
淄川	秫蜀	（嘉靖）《淄川县志》卷 2《物产·植物》，1546 年刻本
武城	秫	（嘉靖）《武城县志》卷 2《物产·谷类》，1549 年刻本
临朐	秫蜀	（嘉靖）《临朐县志》卷 1《风土志·物产》，1552 年刻本
高唐州	秫	（嘉靖）《高唐州志》卷 3《物产》，1553 年刻本
青州	秫蜀	（嘉靖）《青州府志》卷 7《地理志二·物产》，1565 年刻本
莱芜	秫蜀	（嘉靖）《莱芜县志》卷 3《物产》，1572 年刻本
单县	蜀秫	（隆庆）《单县志》卷 1《土田（土产附）》，1569 年刻本
即墨	蜀秫	（万历）《即墨县志》卷 1《物产》，1579 年刻本
蒲台	蜀秫	（万历）《蒲台县志》卷 3《物产·禾类》，1582 年刻本

---

① （嘉靖）《章丘县志》卷 4《物产》，1527 年刻本。
② （乾隆）《济阳县志》卷 1《物产》，1765 年刻本。
③ （嘉庆）《莒州志》卷 5《物产》，1796 年刻本。
④ （光绪）《日照县志》卷 3《食货志·物产》，1886 年刻本。

续表

地名	名称	资料来源
泗水	蜀秫	（万历）《泗水县志》卷3《土产》，1596 年刻本
东昌	蜀秫	（万历）《东昌府志》卷2《物产》，1600 年刻本
乐安	秫蜀	（万历）《乐安县志》卷7《物产》，1603 年刻本
沂州	蜀秫	（万历）《沂州志》卷1《土产》，1608 年刻本
青城	蜀秫	（万历）《青城县志》卷1《物产·谷类》，1612 年刻本
汶上	蜀秫	（万历）《汶上县志》卷7《杂志·物产》，1608 年刻本
滨州	蜀秫	（万历）《滨州志》卷8《纪事·物产》，1583 年刻本
兖州	秫	（万历）《兖州府志》卷4《风土志》，1596 年刻本
商河	蜀秫	（崇祯）《商河县志》卷1《物产·谷品》，1637 年刻本
武定	蜀秫	（崇祯）《武定州志》卷13《物产》，1639 年刻本
历城	秫	（崇祯）《历城县志》卷5《赋役志·土产》，1640 年刻本
郓城	蜀秫	（崇祯）《郓城县志》卷3《物产·谷属》，1634 年刻本
邹平	蜀秫	（顺治）《邹平县志》卷3《物产》，1660 年刻本
乐陵	蜀秫	（顺治）《乐陵县志》卷3《食货志·土产》，1660 年刻本
招远	蜀黍	（顺治）《招远县志》卷5《物产》，1660 年刻本
济宁	蜀秫	（康熙）《济宁州志》卷2《土产》，1663 年刻本
博平	蜀秫	（康熙）《博平县志》卷5《物产》，1664 年刻本
海丰	蜀秫	（康熙）《海丰县志》卷3《物产》，1670 年刻本
潍县	秫	（康熙）《潍县县志》卷3《物产》，1672 年刻本
肥城	蜀秫	（康熙）《肥城县志书》卷1《物产·谷类》，1672 年刻本
昌乐	蜀秫	（康熙）《昌乐县志》卷2《田赋志·物产》，1672 年刻本
滋阳	蜀秫	（康熙）《滋阳县志》卷2《物产》，1672 年刻本
黄县	蜀秫	（康熙）《黄县志》卷3《物产》，1673 年刻本 （乾隆）《黄县志》卷4《赋役志·物产》，1756 年刻本
福山	蜀秫	（康熙）《福山县志》卷5《食货志·土产》，1673 年刻本
临清	蜀秫	（康熙）《临清州志》卷2《土产》，1673 年刻本
齐河	蜀秫	（康熙）《齐河县志》卷3《物产志·谷类》，1673 年刻本
德平	蜀秫	（康熙）《德平县志》卷1《物产》，1673 年刻本
禹城	蜀	（康熙）《禹城县志》卷3《土产》，1673 年刻本
朝城	秫蜀	（康熙）《朝城县志》卷2《物产》，1673 年刻本
蓬莱	蜀秫	（康熙）《蓬莱县志》卷2《物产》，1673 年刻本
平阴	高粱	（康熙）《平阴县志》卷4《食货志·物产》，1674 年刻本
曹州	蜀秫	（康熙）《曹州志》卷2《舆地志·物产》，1674 年刻本
莱阳	蜀秫	（康熙）《莱阳县志》卷3《食货·物产》，1678 年刻本
东平	秫	（康熙）《东平州志》卷2《物产·谷之属》，1680 年刻本
阳信	蜀秫	（康熙）《阳信县志》卷6《物产》，1682 年刻本

地名	名称	资料来源
蒙阴	蜀秫	(康熙)《蒙阴县志》卷1《封圻志·物产》,1685年刻本
鱼台	秫	(康熙)《鱼台县志》卷9《风土》,1691年刻本
新城	秫	(康熙)《新城县志》卷3《物产》,1693年刻本
登州	蜀秫	(康熙)《登州府志》卷8《物产》,1694年刻本
城武	秫	(康熙)《城武县志》卷1《物产·谷类》,1702年刻本
高密	秫	(康熙)《高密县志》卷1《物产》,1710年刻本
金乡	蜀秫	(康熙)《金乡县志》卷2《土产》,1712年刻本
长山	蜀秫	(康熙)《长山县志》卷4《食货志·物产》,1715年刻本
日照	秫	(康熙)《日照县志》卷3《土产·谷属》,1715年刻本
滕县	秫	(康熙)《滕县志》卷3《方物志·谷之品》,1717年刻本
寿张	蜀秫	(康熙)《寿张县志》卷5《食货·物产》,1717年刻本
博兴	秫蜀	(康熙)《博兴县志》卷1《物产》,1721年刻本
范县	秫	(康熙)《范县志》卷上《物产》,1672年刻本
长清	秫	(雍正)《长清县志》卷1《物产》,1727年刻本
昌邑	秫蜀	(乾隆)《昌邑县志》卷2《物产》,1742年刻本
胶州	秫	(乾隆)《胶州志》卷3《物产》,1747年刻本
栖霞	红秫·白秫	(乾隆)《栖霞县志》卷1《物产》,1754年刻本 (光绪)《栖霞续志》卷1《物产》,1879年刻本
掖县	秫	(乾隆)《掖县志》卷1《物产》,1758年刻本
馆陶	蜀秫	(乾隆)《馆陶县志》卷2《物产》,1736年刻本
平原	蜀秫	(乾隆)《平原县志》卷3《物产》,1749年刻本
泰安	秫蜀	(乾隆)《泰安府志》卷2《物产》,1760年刻本
清平	秫	(嘉庆)《清平县志》卷6《户书第二》,1798年刻本
莒	秫蜀	(嘉庆)《莒州志》卷5《物产》,1796年刻本
沂水	秫蜀	(道光)《沂水县志》卷3《食货·物产》,1827年刻本
冠县	蜀秫	(道光)《冠县志》卷5《物产》,1830年刻本
临邑	蜀	(道光)《临邑县志》卷2《地舆志下·物产》,1837年刻本
文登	秫	(道光)《文登县志》卷7《物产》,1839年刻本
平度	蜀秫	(道光)《重修平度州志》卷10《物产》,1849年刻本
济南	蜀秫	(道光)《济南府志》卷13《风俗附物产志》,1840年刻本
益都	蜀秫	(咸丰)《青州府志》卷32《风土考·益都》,1589年刻本
海州	秫	(同治)《宁海州志》卷4《土产·谷品》,1864年刻本
定陶	蜀秫	(光绪)《定陶县志》卷3《物产·谷类》,1876年刻本
宁阳	蜀黍	(光绪)《宁阳县志》卷6《物产》,1879年刻本
菏泽	蜀秫	(光绪)《菏泽县志》卷2《舆地志·物产》,1880年刻本
海阳	蜀秫	(光绪)《海阳县续志》卷7《物产》,1880年刻本

续表

地名	名称	资料来源
利津	蜀秫	（光绪）《利津县志》卷2《舆地图第一·物产》,1883年刻本
曹县	秫	（光绪）《曹县志》卷4《物产》,1884年刻本
莘县	秫	（光绪）《莘县志》卷3《物产》,1887年刻本
堂邑	秫	（光绪）《堂邑县志》卷7《物产》,1892年刻本
惠民	蜀秫	（光绪）《惠民县志》卷16《风土志·土产》,1899年刻本
沾化	蜀秫	（光绪）《沾化县志》卷4《物产》,1890年刻本
峄县	秫	（光绪）《峄县志》卷7《物产考》,1904年刻本
嘉祥	秫	（宣统）《嘉祥县志》卷1《土产》,1909年刻本
阳谷	蜀秫	（民国）《阳谷县志》卷1《物产·谷属》,1920年版
临淄	高粱	（民国）《临淄县志》卷12《物产志·植物·谷类》,1920年版
寿光	蜀黍	（民国）《寿光县乡土志》卷1《志物产·植物天然产》,1935年版

从表3-35可看出，明清山东地区几乎各个州县都有高粱种植，可以说高粱遍植于山东。

作为杂粮作物的一种，高粱的大量种植，势必导致粟的种植面积减小。李令福对孔府档案的研究表明，许多村庄在高粱种植比重上升的同时，粟的比重却出现了下降。在曲阜县南池庄，顺治九年（1652）高粱播种面积占耕种面积的25%，光绪十五年（1889）达36%，与此同时，该地不种粟了。[①] 顺治十年（1653），邹县程家庄净耕面积为114.2亩，小麦、大麦耕地面积为48.4亩，占耕地面积的42.4%；高粱为49亩，占耕地面积的42.9%；谷类只有16.8亩，占耕地面积的14.7%。[②] 邹县双村庄净耕面积为64亩，小麦大麦耕地面积为36.3亩，占耕地面积的56.7%；高粱为22亩，占耕地面积的34.4%。[③] 汶上庄瞳田庄净耕面积为82.5亩，高粱为17亩，占耕地面积的20.6%。[④] 顺治十年（1653），泗水流域的魏庄秋耕地为132.8亩，其播种的秋粮作物有高粱、谷、黍稷等。当地在上报时没有具体

---

① 李令福：《明清山东粮食作物结构的时空特征》,《中国历史地理论丛》1994年第1期。

② 中国社会科学院历史所、山东曲阜师范学院、山东大学历史系等编《曲阜孔府档案史料选编》第三编《清代档案史料》第11册，齐鲁书社，1981~1985，第1~156页。

③ 中国社会科学院历史所、山东曲阜师范学院、山东大学历史系等编《曲阜孔府档案史料选编》第三编《清代档案史料》第11册，第1~156页。

④ 中国社会科学院历史所、山东曲阜师范学院、山东大学历史系等编《曲阜孔府档案史料选编》第三编《清代档案史料》第11册，第1~156页。

说明是哪种农作物，但秋地租粮共计39.85石，至上报时，已交纳谷子12.6石，高粱18.5石。可见，秋地种植以高粱居多，其次为谷。① 《东平县志》记载很详细，"高粱，有红白二种，亦名秫秫，春种秋熟，在五谷中为下品，平原下隰种之皆宜，惟不宜于山地，邑人以此为普通食粮，且为造酒必需之品，又以其秆高而坚实，为薪柴之上品，故种者颇多，产量与小麦等"。② 由此可见东平县种植高粱也很多，竟达到与小麦大致持平的规模。光绪年间束鹿县高粱种植面积已占粮食作物种植面积的1/3。③ 《陵县续志》记载，粟占地亩面积的30%左右，小麦约占30%，其次就是高粱，占地约20%。④ 由此可见，山东一些地区高粱在农作物种植中占有的比例已经达到20%左右。这说明其在农作物中的地位已接近粟，或者和粟齐平，达到第二或者第三的位置。

高粱的大规模种植，使得其在百姓粮食种植结构中占据着重要地位。如《金乡县志》记载，"蜀秫，一曰蜀黍，或曰芦穄，俗呼高粱，田家食用最多"。⑤ 从营养学价值来看，小米的营养价值高于高粱，蛋白质含量也高于高粱，粗纤维含量却低于高粱。高粱对粟的排挤，使得人们在日常饮食中食用高粱越来越多，民食条件越来越恶劣。

3. 河南地区的高粱种植

明清时期随着人们对高粱性状的认识不断深化，其种植在不断增多，成为河南百姓秋粮的重要作物。河南巡抚尹会一说，"中州种植高粱为盛。盖因土地平衍，蓄泄无备……惟高粱质粗而秆长，较他谷为耐水"⑥。康熙时期，当时的开封府、河南府、怀庆府、卫辉府、归德府、汝宁府、南阳府、直隶州都已经把高粱作为土产或者物产；⑦ 乾隆时，高粱首见于彰德府武安县地方志中。⑧ 实际上，笔者在搜检资料时，发现河南有更多的州县广泛种植高粱，兹列表3-36如下。

---

① 中国社会科学院历史所、山东曲阜师范学院、山东大学历史系等编《曲阜孔府档案史料选编》第三编《清代档案史料》第11册，第1~156页。

② （民国）《东平县志》卷4《物产志·物产·食用植物》，1936年铅印本。

③ （光绪）《束鹿县志》卷12《物产》，1905年铅印本。

④ （民国）《陵县续志》卷3《物产志·五谷类》，1936年铅印本。

⑤ （同治）《金乡县志》卷3《食货·物产》，1862年刻本。

⑥ 尹会一：《尹少宰奏议》卷2《请禁酒曲疏》，茅一相编《丛书集成初编》，第20页。

⑦ 参见陈梦雷等《古今图书集成·职方典》（河南各府）《物产考》，中华书局，1934年印影版。

⑧ （乾隆）《武安县志》卷11《物产》，1739年刻本。

表 3 - 36 明清方志有关河南地区高粱的记载

地名	名称	资料来源
新乡	蜀秫	（正德）《新乡县志》卷2《土产》,1506 年刻本
汝州	蜀秫	（正德）《汝州志》卷3《物产》,1510 年刻本
内黄	蜀黍	（嘉靖）《内黄县志》卷2《田赋·物产》,1537 年刊本
兰阳	秫薯	（嘉靖）《兰阳县志》卷2《田赋志·物产》,1546 年刊本
鲁山	蜀秫	（嘉靖）《鲁山县志》卷2《田赋·物产》,1552 年刊本
长垣	蜀黍	（嘉靖）《长垣县志》卷2《田赋·土产》,1541 年刊本
尉氏	蜀黍	（嘉靖）《尉氏县志》卷1《风土类·物产》,1548 年刻本
许州	蜀黍	（嘉靖）《许州志》卷3《田赋志·土产》,1541 刊本
开州	秫蜀	（嘉靖）《开州志》卷1《地理志·物产》,1534 年刊本
夏邑	蜀秫	（嘉靖）《夏邑志》卷1《地理志·物产·谷类》,1548 年刻本
汝阳	蜀秫	（康熙）《汝阳县志》卷4《食货志·方物》,1690 年刻本
上蔡	蜀秫	（康熙）《上蔡县志》卷4《食货志·物产》,1690 年刻本
内乡	蜀秫	（康熙）《内乡县志》卷4《食货志·物产》,1693 年刻本
孟津	秫	（康熙）《孟津县志》卷4《土产·谷之属》,1709 年刻本
获嘉	蜀黍	（乾隆）《获嘉县志》卷9《物产》,1756 年刻本
杞县	蜀黍	（乾隆）《杞县志》卷7《田赋志·物产》,1788 年刻本
新蔡	蜀秫	（乾隆）《新蔡县志》卷2《田赋·物产》,1795 年刻本
泌阳	蜀黍	（道光）《泌阳县志》卷3《风土志·土产》,1824 年刻本
武陟	稷	（道光）《武陟县志》卷11《物产志·谷之属》,1829 年刻本
宜阳	秫	（光绪）《宜阳县志》卷6《土产》,1881 年刻本
光州	蜀黍	（光绪）《光州志》卷4《物产志》,1887 年刻本
卢氏	高粱	（光绪）《卢氏县志》卷2《地理志·土产》,1892 年刻本
虞城	蜀秫	（光绪）《虞城县志》卷2《物产》,1895 年刻本
南阳	蜀秫	（潘守廉）《南阳府南阳县户口地土物产畜牧表图说》,1904 年石印本

从表 3 - 36 的不完全统计可知，明清时期河南地区高粱种植还是相当广泛的，有 40 多个州县都种植高粱。

高粱的广泛种植，使其在明清河南地区百姓日常饮食中的地位上升，在粮食种植结构中的比重增加。乾隆三年（1738），河南巡抚尹会一奏称："豫民食用，以麦为上，高粱、荞麦、菽黍次之。"[1] 乾隆时汲县县民"膳食以小米为主，乡人率以高粱、荞麦、黄豆之属杂制以炊"。[2] 这说明高粱与

---

① 《清高宗实录（二）》卷81，乾隆三年十一月下，第 285 页。
② （乾隆）《汲县志》卷6《食货》,1755 年刻本。

麦、粟一起成为河南百姓的主要粮食作物。在豫东平原，高粱属于优势作物，被广泛种植。考城县，高粱"种者甚多，每朝市秸堆集街满"。[1] 豫南信阳、西平、汝阳、新蔡、正阳、确山等多处都有高粱种植。晚清南阳县的高粱生产量已与玉米持平，达 3000 万斤。[2]

高粱种植得多了，培育的品种自然也多了起来，像禹县"有红米骨朵、黄米骨朵、白米骨朵、黄罗伞、红罗伞、白罗伞（以上六种，以形色名），黑菱菱（稔半松半紧），散头英、狼尾（以上二种以形名），七叶秆（芒种种，立秋熟，发七叶即出穗，此高粱别种）"等品种。[3] 正阳县高粱也有不少品种，据《重修正阳县志》记载，"秫，俗名高粱，蜀黍，有黑、红、糯三种，穗有老冠坐，披毛鬼，打鼓锤等别"。[4]

由以上分析可知，高粱在粮食种植结构中地位的跃升主要是在明中叶之后，明中叶之前的方志及史籍对高粱的记载较少，可知其种植面积不大，比重不高。明中叶以后，高粱开始在华北平原得以广泛种植，不仅成为百姓的主要食物来源，也成为救灾、备灾的主要粮食。如嘉庆六年（1801），为筹集救灾粮，嘉庆皇帝"豫行降旨，令奉天、山东、河南三省，采办米、麦、高粱三十万石，以备平粜之用"[5]。高粱地位在明中叶之后的跃升，不仅改变了华北平原人们原有的以粟麦为主的粮食结构，而且对应对人口激增、灾荒救济、商品交流等均起到了重要作用。清代，随着华北平原人口激增，仍从关东调剂高粱到直隶和山东，以解燃眉之急。据档案记载，关东每年有100 多万石高粱输往直隶、山东等省。[6] 因此，我们既要看到明清时期华北平原高粱的产量提高、比重增加，又应看到因人口激增而存在的粮食不足。

三　简短总结

高粱在明代以前，甚至在明中叶以前的粮食作物种植结构中，并不占重要地位，且古籍对此的记载也非常少，即使有也非常简略。在人们的日常饮食生活中，粟、麦、豆是基本构成成分，并长期得以保持。然而，明中叶以

---

① （民国）《考城县志》卷 7《物产志》，1924 年铅印本。
② 潘守廉：《南阳府南阳县户口地土物产畜牧表图说》，1904 年石印本。
③ （民国）《禹县志》卷 7《物产志》，1937 年刊本。
④ （民国）《重修正阳县志》卷 2《财务·实业·农作物·谷类》，1936 年铅印本。
⑤ 《清仁宗实录（二）》卷 94，嘉庆七年二月，中华书局，1985，第 264 页。
⑥ 转引自王业键、黄国枢《十八世纪中国粮食供需的考察》，《近代中国农村经济史论文集》，台北，中研院近代史研究所，1989。

后，尤其是在清代，高粱因有很强的抗灾性且用途多，受到人们的欢迎，种植面积迅速扩大，品种逐渐增多，在粮食种植结构中的比重迅速提高。如乾隆年间，直隶地区"粟谷与高粱，价值相仿"，山东陵县高粱在粮食构成中的比重甚至达到20%，东平县高粱"产量与小麦等"；晚清时的河南南阳县，高粱产量居然突破3000万斤，而且在救灾过程中与粟、麦一起充当了救济粮的角色。另外，高粱还是酿酒的重要原料，明清时期华北平原酿酒业的发展，对高粱种植有着很强的刺激作用，提升了高粱的商品化生产。这些现象在明中叶以前是不曾有的，可以说高粱在明清时期华北平原粮食种植结构中的地位和比重获得了跃升。

第四章　明清华北平原粮食种植结构的变迁（下）

第一节　明清华北平原稻类作物种植及其比重

华北平原水稻的种植历史悠久，到明清时期获得进一步发展，播种区域较以前有了大幅度的扩展，水稻品种也不断增多。由于气候、土壤及其他因素，水稻在华北平原粮食作物中所占比重较小，不占主要地位。作为华北平原重要的粮食作物之一，水稻的种植弥补了小麦、粟谷等作物因自然条件所限留下的空间，是对明清华北平原粮食作物种植的重要补充。

一　明代华北平原水稻种植及其比重

明代华北平原水稻种植与前代相比，播种区域更加广泛。在明后期，由于政府的推动，水稻种植获得快速发展。然而也因为水资源的缺乏，水稻的种植受到了很大限制，没能发展成华北平原主要的粮食作物。

1. 水稻播种区域的扩展

由于自然条件的限制，北方宜粟、南方宜稻成为人们普遍接受的观点。元人王祯在《农书》中认为，淮北土壤宜粟，淮南宜稻[1]，大致把淮河作为中国农业粟、稻的分界线。然而到了明代，由于政府在华北平原推广种稻，王祯的这一论断遭到一定的挑战。

虽然明代华北平原的主要粮食作物是粟和小麦，但稻的播种区域也很广泛。从现存的方志记载来看，在华北平原三省中，很多州县的方志都对本地

---

[1]　王祯：《农书》卷1，中华书局，1956，第6页。

的稻作种植有所记载。

根据王达等学者的研究和闵宗殿先生的统计①，明代河北（北直隶）隆庆、永宁、宛平、昌平、固安、东安、香河、怀柔、涿州、霸州、文安、保定、蓟州、丰润、乐亭、沧州、易州、广昌、清苑、滦州、雄县、任丘、元氏、灵寿、藁城、赵州、隆平、永年、清河、磁州等33个州县的方志中都有水稻种植的记载，约占该省173个州县的19.1%。山东有福山、潍县、滨州、历城、章丘、新泰、昌乐、临朐、诸城、即墨、沂州、曲阜、邹县、泗水、汶上、单县、巨野等18个州县的方志中都有水稻种植的记录，约占全省104个州县的17.3%。河南有河内、武陟、修武、辉县、汤阴、林县、清丰、新乡、淇县、夏邑、永城、柘城、尉氏、鄢陵、兰阳、仪封、均州、温县、郑州、巩县、鲁山、许州、襄城、郾城、项城、太康、汝南、新蔡、确山、邓州、内乡、裕州等33个州县的方志中都有水稻种植的记载，约占全省108个州县的30.6%，如表4-1所示。

表4-1　明代华北平原三省种稻州县所占比例

省　份	总州县数（个）	种稻州县数（个）	种稻州县所占比例（%）
北直隶	173	33	19.1
山　东	104	18	17.3
河　南	108	33	30.6

资料来源：王达等编《稻》，《中国农学遗产选集》，农业出版社，1993，第971~1207页；闵宗殿：《从方志记载看明清时期我国水稻的分布》，《古今农业》1999年第1期。

大体而言，明代华北平原的水稻种植是较为广泛的，三省至少有83个州县有水稻种植，虽然这一数字与小麦、粟谷相比不占优势，而且属于点块状分布，但与前代相比已有较大的发展。

2. 水稻扩展的不平衡性

与此同时，明代前后期华北平原稻作的发展并不平衡，据闵宗殿先生的统计，明代前期华北平原种植水稻的州县较少，洪武至正德年间，华北平原的山东、河南、河北三省中新增有稻作种植记载的州县仅14个。嘉靖至隆庆年间，三省中新增有稻作种植记载的州县37个。万历至崇祯年间，三省新增33个有种稻记载的州县。详见表4-2。虽然这一统计并不全面和准确，但大体能说明在明嘉靖至崇祯年间，华北平原稻作的发展还是相当迅速的。

---

① 王达等编《稻》，《中国农学遗产选集》，农业出版社，1993，第971~1207页；闵宗殿：《从方志记载看明清时期我国水稻的分布》，《古今农业》1999年第1期。

表4-2 明代华北平原三省中有种稻记载的州县

单位：个

省份	洪武至正德	嘉靖至隆庆	万历至崇祯	合计
山东	1	5	12	18
河南	7	19	7	33
河北	6	13	14	33
合计	14	37	33	84 *

资料来源：据闵宗殿《从方志记载看明清时期我国水稻的分布》，《古今农业》1999 年第 1 期而作

  * 此处统计为 84 个州县，与表 4-1 中的 83 个有些差距。

又据卜正民先生统计，明代北直隶地区自洪武至正德年间初次报告种稻的州县数为 8 个，嘉靖至隆庆年间初次报告种稻的州县数为 10 个，万历至崇祯年间初次报告种稻的州县数为 24 个，北直隶地区累计报告种稻州县数为 42 个。[①] 这一数字与闵宗殿先生的统计略有出入，但都体现明代中后期水稻的扩种要快于前期。

（1）北直隶地区水稻种植情况

明代北直隶地区稻作种植还是比较多的。早在永乐年间，明成祖朱棣派功臣、亲兵、大批移民到津南开荒种稻。弘治元年（1488），丘濬指出，直沽"截断河流，横开长河一条，收其流而分其水，然后于沮洳尽处，筑为长堤，随处各为水门，以司启闭。外以截咸水，俾其不得入。内以泄淡水，俾其不至浸"。[②] 然就大体分布而言，水稻种植多集中在河间府，其他地区种稻很少。顺天府也只有宛平、大兴、昌平三县有水稻生产。[③] 保定府雄县因众水所汇形成多个河淀，该地稻"有早晚二种，沿淀各村多种之"；[④] 赵州"水稻惟隆平有之，本州南门外旧亦常开渠播种，即八景所谓南畦稻熟是也"。[⑤]

[①] 卜正民：《明清两代河北地区推广种稻和种稻技术的情况》，《中国科技史探索》，上海古籍出版社，1986。

[②] 邱濬著，林冠群、周济夫校点《大学衍义补》卷 35《治国平天下之要·制国用·屯营之田》，京华出版社，1999，第 323 页。

[③] 缪荃孙辑《顺天府志》卷 11《宛平县·土产》、卷 12《大兴县·土产》、卷 14《昌平县·土产》，第 295、316、424 页。

[④] （光绪）《雄县乡土志》卷 14《物产》，1905 年刻本。

[⑤] （隆庆）《赵州志》卷 9《杂考·物产》，1567 年刻本。

根据卜正民对明清 292 种省府州县的地方志的查检统计①，直隶有 144 个府州县在明代有种稻的记录，其中时间最早的是磁州（1398），最晚的是元氏（1642），追查它们的种稻消失年份可以发现，种稻时间短的不到 100 年，长的 400 多年，其余为 100 多年。②

明后期，由于人口的增长，水利灌溉的发展，以及江南移民北上，扩大水稻种植成为时代的需求。加之明制规定，江南岁输 400 万石稻米入京畿，辗转运输加之沿途各种折耗，需东南省份供应的稻米总量实际上大大超过额定数量，东南诸省百姓不堪其重。为此，明政府中一部分有识之士有感于每年从东南地区转漕，所费太大，且南方也不堪负担，力陈在京畿地区推广水稻种植，以减南粮北调之劳费。万历三年（1575）工部给事中徐贞明曾建议，可仿元人虞集营稻田之议于京都濒海处兴修水利，以成稻田，种植水稻。他云："恨集言不早售于当时，今自永平滦州，以抵沧州庆云之境，地皆薍苇，土实膏腴。"他指出："若仿其意，招抚南人，筑塘捍水，虽北起辽海，南滨青齐，皆可成田，有不烦转漕于江南而自足者"。③ 万历十三年（1585）徐贞明任垦田使，允诣永平府募南人开垦水田，次年得 3.9 万余亩。万历二十六年（1598），汪应蛟受命任天津登莱等处海防巡抚，积极倡导开水田种植水稻。万历三十年（1602）春，"应蛟在天津，见葛沽、白塘诸田尽为污莱，询之土人，咸言斥卤不可耕。应蛟念地无水则硗，得水则润，若营作水田，当必有利。乃募民垦田五千亩，为水田者十之四，亩收至四五石，田利大兴"。④ 在汪应蛟的倡导和推动下，天津地区依次开发了白塘口、葛沽、东泥沽、西泥沽、盘沽、吴家嘴、辛庄、双港等处屯田种稻，并且在开发的过程中，采用了江南围田的"十字围"耕作法。汪应蛟在天津的种稻事业持续的时间并不长，后来屯兵渐撤，地亦渐荒，但其所采用的围田种稻之法，对天津后来的水稻种植起了重要作用。万历末年，徐光启在天津南部推广水稻种植，当时的津南，稻田已大面积荒废，水稻种植已滑入低谷。他曾在家书中写道："在天津，荒田无数，至贵者不过六七分一亩，贱者不过二三厘，钱粮又轻，中有一半可作水田者。虽低而近大江，可作岸

---

① 卜正民：《明清两代河北地区推广种稻和种稻技术的情况》，《中国科技史探索》，上海古籍出版社，1986。

② 游修龄：《中国稻作史》，农业出版社，1995，第 286~288 页。

③ 徐贞明：《请亟修水利书》，徐光启撰，石声汉校注《农政全书校注》卷 11《西北水利》，第 288 页。

④ 张廷玉等：《明史》卷 241《汪应蛟传》，中华书局，1974，第 6266 页。

备涝，车水备旱者也。有一大半在内地，开河即可种稻，不然亦可种麦种秫也。但亦要筑岸备水耳。其余尚有无主无粮的荒田，一望八九十里，无数，任人开种，任人牧牛羊也。"① 为此，他在葛沽买了 20 顷荒田，引南方优良稻种，采用围田之法种植水稻。万历四十七年（1619），屯田御史左光斗在北京近郊力行屯田种稻，取得了很大成绩。在他的努力下，天启元年（1621）京郊开垦 600 亩水田，第二年开至 4000 亩。至此京畿附近"水利大兴，北人始知艺稻"。邹元标评价说："三十年前，都人不知稻草为何物，今所在皆稻，种水田利也。"② 太仆卿董应举总掌屯务时，顺天、河间、保定等地分置辽东流民，"遂用公帑六千买民田十二万余亩，合闲田凡十公万亩，广募耕者，畀工廪、田器、牛种，浚渠筑防，教之艺稻，农舍、仓廒、场圃、舟车毕具，费二万六千，而所收黍麦谷五万五千余石"。③ 崇祯十二年（1639），天津巡抚李继贞大兴屯田、水利，"白塘、葛沽数十里间，田大熟"。④ 就整个明代而言，北直隶地区的水稻种植在中后期发展最快，除去自然条件的因素之外，社会的需求、政治力量的推动是这一时期北直隶水稻种植获得快速发展的重要因素。需要指出的是，明代北直隶地区尽管多次兴办水田，种植水稻，但成效多是短暂的，随着倡导者人去政息，水稻种植逐渐荒废。清人入关后，更无人顾及水田之事。

就目前所见史籍所载，整个明代，北直隶地区的水稻种植还是比较广泛的。据闵宗殿先生研究和统计，明代北直隶 173 个州县中，33 个有水稻种植的历史。从东到西，从南到北，从平原到山区，各处的州县中都有种稻的经历，清初史学家谈迁曾言："畿内间有水田，其稻米倍于南。闻昌平居庸关外保安、隆庆、阳和并艺水稻。其价轻。"⑤ 京师周围水稻种植较为普遍，北京近郊多处地方大面积种植水稻，如积水潭、草桥、海淀、西湖（今颐和园昆明湖）等都是北京当时有名的水稻产区，史籍中留下了不少相关的记录，如："积水潭水从德胜桥东下，桥东偏有公田若干顷，中贵引水为池，以灌禾黍。"⑥ "德胜门东，水田数百亩，沟洫浍川上，堤柳行植，与畦

① 徐光启撰，王重民辑校《徐光启集》卷 11《书牍二》，中华书局，1963，第 487 页。
② 张廷玉等：《明史》卷 244《左光斗传》，第 6329 页。
③ 张廷玉等：《明史》卷 242《董应举传》，第 6290 页。
④ 张廷玉等：《明史》卷 248《李继贞传》，第 6427 页。
⑤ 谈迁撰，汪北平点校《北游录·纪闻上·水稻》，中华书局，1960，第 314 页。
⑥ 于敏中等：《钦定日下旧闻考》卷 53《城市》，《燕都游览志》，北京古籍出版社，1983，第 850 页。

中央稻，分露同烟。"① "三圣庵在德胜街左，巷后筑观稻亭，北为内官监地。南人于此艺水田，粳秫分塍，夏日桔槔声不减江南。"② "草桥众水所归，种水田者，资以为利。"③ "帝京西十五里为海淀，……丹稜沜，沜之大以百顷，十亩潴为湖，二十亩沉洒种稻，厥田上上。"④ 西湖周围更是"稻畦千顷"，"水田棋布"，俨然有江南水乡之风貌。《长安客话》云："（西湖）近为南人兴水田之利，尽决诸洼，筑堤列塍……竹篱傍水，家鹜睡波，宛然江南风气，而长波茫白似少减矣。"⑤ 此外，北京周围的青龙桥、郑公庄、大马房、丰润、宝坻、蓟州、玉田、通县、良乡、涿州、房山等地也是重要的水稻产区。房山县大石窝村盛产稻米，《燕山丛录》云："房山县有石窝稻，色白粒犉，味极香美。以为饭，虽盛暑经数宿不馊。"⑥ 徐贞明《潞水客谈》亦称赞："西山大石窝所收米，最称嘉美。"⑦ 涿州稻米产量很大，多输往北京市场，对于平衡物价起着重要作用。万历时御史田生金指出："迩年垦地成熟者十分有九，京米之不甚贵皆由于此。"⑧ 除顺天府外，北直隶其他地区也多有水稻种植，如广平府永年县成化年间开利民闸，溉田30余顷，"时虽大旱，而东南独称丰岁，且宜麦宜稻，民始知水之为利也"。嘉靖年间又在阎村建惠民闸，"于是乃饶粳稻之利"。⑨ 在平谷县介四山中，"山泉汇为溪，灌溉稻田数十百顷，平谷之民悉利赖此"。⑩ 在河间府，"业农者随原隰高下布种之，凡东吴之秔稻，楚蜀之糯谷，河间、交河、沧州、东光、故城、兴济、献县、任丘之近河者，或播植焉。其耘籽之劳，视江南十之一二耳"。⑪ 在赵州隆平县，"水稻惟隆平有之，本州南门外旧有，亦常开渠播种，即八景，所谓'南畦稻熟'是也"。⑫ 综合以上所载可知，明代

① 刘侗、于奕正著，孙小力校注《帝京景物略》卷1《城北内外》，北京古籍出版社，1983，第32页。
② 于敏中等：《钦定日下旧闻考》卷54《城市》，《燕都游览志》，第882页。
③ 于敏中等：《钦定日下旧闻考》卷90《郊坰》，《燕都游览志》，第1531页。
④ 孙承泽著，王剑英点校《春明梦余录》卷65《名迹》二引王嘉谟《丹稜沜记》，北京古籍出版社，1992，第1265页。
⑤ 蒋一葵：《长安客话》卷3《郊坰杂记》，北京古籍出版社，1982，第50~51页。
⑥ 于敏中等：《钦定日下旧闻考》卷149《物产》引《燕山丛录》，第2372页。
⑦ 于敏中等：《钦定日下旧闻考》卷149《物产》引《潞水客谈》，第2371页。
⑧ 孙承泽：《天府广记（下）》卷36《水利》，北京古籍出版社，1982，第547页。
⑨ （乾隆）《广平府志》卷7《水利》，1745年刻本。
⑩ 蒋一葵：《长安客话》卷5《畿辅杂记》，第113页。
⑪ （嘉靖）《河间府志》卷7《风土志·风俗》，1540年刻本。
⑫ （隆庆）《赵州志》卷9《杂考·物产》，1567年刻本。

北直隶水稻种植还是比较广泛的，保定府甚至还将稻米作为州县赋税征收的对象，（弘治）《保定郡志》记载：保定府赋税中"秋粮稻米二百四十七石七斗八升四合八勺二抄二撮"，其中"清苑县稻米二十四石七斗六升五合五勺二抄四撮五圭"；"满城县稻米四十一石九斗八升六合八勺五抄三撮五圭"；"庆都县稻米一百八十一石三升二合四勺四抄四撮"。① 与秋粟相比，虽然秋稻米在秋粮赋税中数量很少、比重很小，但将稻米作秋粮来征收，说明水稻一定是明代保定府清苑县、满城县、庆都县的主要特产，而且在当地相当有名。

（2）山东地区水稻种植情况

山东地区稻作种植相对较少。就明代山东水稻种植而言，无论是社会需求，或是政治力量的推动，还是水资源利用条件等方面，均不及直隶地区，因此山东水稻种植的发展要逊色于北直隶，其种植区域要小于北直隶地区。据闵宗殿先生研究，明代山东有 18 个州县有种植水稻的记载，这一数字远低于北直隶。但这并不意味着明代山东水稻种植没有获得发展，事实上明代山东水稻种植的发展还是很快的，如小清河流域、运河流域及沿海地区均有不少州县种植水稻。沿运河一带，湖泊众多，水资源丰富，在明代，这一区域稻作农业获得了明显发展。如滕县临近运河，"地沮洳，多膏腴，宜稻麦"，至明代时已呈现"千亩麦、千石稻"的繁荣景象。② 东平州一带因大面积种植水稻，遂有"稻秧城"之名。③ 小清河流域也是水资源非常丰富的区域，历城城北一带"尽属水田，粳稻之美，甲于山左"。④ 其境内稻田有数百顷之多。⑤ 明人谢肇淛就在济南华不注山下见到过稻田十余顷，膏腴茂盛赛过南方。⑥ 章丘县"其西多水田，宜稻"，境内稻的品种有香粳稻、白粱稻、赤粱稻与糯稻 4 种。⑦ 高苑县嘉靖年间始"兴稻田以致务农"。⑧ 东南沿海地带的斥卤洼地也是山东种植水稻的重要区域，尤以耐贫瘠、抗旱涝的"海稻"（又称"小黄稻"）种植著称。（万历）《青州府志》记载："海上斥

---

① （弘治）《保定郡志》卷 6《财赋》，1494 年刻本。
② （万历）《滕县志》卷 3《风俗志》，1585 年刻本。
③ （万历）《兖州府志》卷首《图考》，1596 年刻本。
④ 陈梦雷等：《草木典》卷 26《稻部》，《古今图书集成》第 533 册，中华书局，1934 年影印；（崇祯）《历城县志》卷 5《赋役志·土产》，1640 年刻本。
⑤ 顾炎武：《天下郡国利病书》原第 15 册《山东上》，《四部丛刊》，上海商务印书馆，1936。
⑥ 谢肇淛：《五杂组》卷 3《地部一》，上海书店出版社，2001。
⑦ （嘉靖）《章丘县志》卷 1《建置论》、卷 4《物产》，1527 年刻本。
⑧ （嘉靖）《青州府志》卷 6《山川》，1565 年刻本。

卤、原隰之地皆宜稻，播种苗出，芸过四五遍，即坐而待获，但雨旸以时，每亩可收五六石，次四五石。秋收，见户舂米，贸迁得高价，可比鱼盐。若江南水田，虽纯艺稻，然功多作苦，农夫终岁胼胝泥淖之中，收入反薄，亩多二三石，次一二石，不如此中海稻功半而利倍也。"① 博兴县在万历年间"建地漏引水灌田，招南民十余人教民种稻"，"由是稻粳之利，甲于一方"。② 兖州府的滋阳、单县、曹县、嘉祥、巨野、汶上等地也都有水稻种植。③ 不过，东昌府境内稻的种植比较少，目前仅博平县有种稻的记载。④ 总体而言，明代山东水稻种植较前代区域有所扩大，但在粮食种植结构中并不占主要地位。

（3）河南地区水稻种植情况

明代河南水稻的种植要比山东普遍，但有些地区较之前代已呈萎缩的趋势，尤其是明末进入"明清小冰河期"，气候寒冷干旱，对水稻种植更为不利。

根据闵宗殿先生研究，明代河南 108 个州县中有 33 个种植水稻。沿黄河地区的部分州县充分利用黄河水灌溉田地，沿淮地区气候温暖湿润，降水较为丰沛，水利条件较好，属于半湿润半干旱气候类型，这些因素都有利于明代河南水稻生产的发展。就大体分布而言，水稻种植还是比较广泛的，豫北、豫中、豫南、南阳地区均有分布。豫北丹沁灌区，在明代由于有利丰、广济、永利及大小利渠、广惠渠等重要渠道，水稻种植获得了水资源条件，济源、孟县、温县、武陟等县都有一定区域的水稻种植。辉县因临百泉河，引泉灌溉系统发达，水稻生产得到一定发展。（嘉靖）《辉县志》称："稻田所堰，自百泉之西分流，南注为三，渡河下至云门，约十五里昔粳稻也。"⑤ 豫中的郑州，因贾鲁河水源而获得便利条件种植水稻，郑州粳稻非常有名。（嘉靖）《河南通志》称："粳，稻属，八府皆有之，出郑州者佳。"⑥ 豫南地区因降水较为丰富，气候较为湿润，区内的信阳、光州、固始、光山等州县的农作物都以水稻为主，⑦ 这一状况直到现在并没有太大改变。在明代，

① （万历）《青州府志》卷 5《物产》，1616 年刻本。
② （道光）《重修博兴县志》卷 10《宦绩志》，1840 年刻本。
③ （万历）《兖州府志》卷 4《田赋志》，1596 年刻本。
④ （正德）《博平县志》卷 1《物产》，1517 年刻本。
⑤ （嘉靖）《辉县志》卷 1《土产》，1528 年刊本。
⑥ （嘉靖）《河南通志》卷 11《物产》，1555 年刻本。
⑦ 详见各县方志。

豫南一些州县还专门开辟稻田种植水稻,如固始县,洪武五年(1372),"稻田九百八十顷九十亩四分七厘五毫";永乐十年(1412),"稻田九百八十顷九十亩四分"。①

南阳地区明初陂塘比较发达,洪武年间邓州孔显修治古陂堰,扩大了水田灌溉面积,水稻种植遍于四境。嘉靖三十年(1551)王道行知邓州,又"修陂凡三十有六,堰一十有四"。②陂塘系统给南阳一些地区发展水稻农业提供了重要条件,但随着明末陂塘系统的废弃,南阳水稻种植越来越少。邓州在嘉靖之后,州内水利屡修屡湮,地方官无计可施,只好听任百姓改水田为旱作。万历、天启以后,邓州境内"闸口淤塞,尽成旱田"。③

不过,整个明代河南的稻作农业,只有豫南地区比较集中,其他都处于零散分布状态,南阳盆地的水稻种植已无汉唐之盛况。

3. 华北平原水稻种植比重分析

通过以上的分析,我们知道稻作种植在明代华北平原分布还是比较广泛,有些地方甚至将之作为赋税征收的对象。尽管有部分州县水稻的产量很大,如北直隶的昌平、清苑等,以及河南豫南地区的部分州县,但总体来说,明代华北平原水稻在粮食种植结构中的比重还是非常小的,兹列表4-3如下。

表4-3 明代粮食及草税中水稻的比重

县	宝坻	昌平	满城	庆都	清苑
时期	1549年	1453年	1465~1487年	1465~1487年	1465~1487年
粮食税					
总数(石)	1518.9	21637.3	6048.4	7414.3	10821.9
稻米(石)	53.5	674.2	42.0	181.0	24.8
比重(%)	3.5	3.1	0.7	2.4	0.2
禾草税					
总数(石)	199967.0	276711.0	77384.0	95887.0	134628.0
稻草(石)	1000.0	12140.0	784.0	3383.0	462.0
比重(%)	0.5	4.4	1.0	3.5	0.3

资料来源:卜正民著《明清两代河北地区推广种稻和种稻技术的情况》,《中国科技史探索》,上海古籍出版社,1986;游修龄著《中国稻作史》,农业出版社,1995,第289页。

---

① (嘉靖)《固始县志》卷4《税赋》,中州古籍出版社,1994年影印。
② (嘉靖)《邓州志》卷11《陂堰志》,1557年刻本。
③ (乾隆)《邓州志》卷4《山川·水利》,1755年刻本。

从表 4-3 可知，稻米在明代北直隶保定府的赋税中占有一定的比重，改变了华北平原传统的粮食税收结构。传统上，华北平原的赋税构成一般夏粮为麦，秋粮为粟米，稻米在粮食赋税中一般不会出现。而以上四县的粮食赋税结构中，稻米已占一定的比重，尽管这一比重很小，最高值才到3.5%。相应的，稻草在禾草税中，其比重也占据一定的地位。

虽然资料所限，我们暂时没有找到豫南地区稻米在赋税中比重的相关资料，但作为河南稻米的主要产区，信阳州、光州、光山、固始、商城等地，稻米在粮食赋税构成中一定占据着重要地位，如有些地方秋粮主要是米，但未明确记载为稻米。

二　清代华北平原水稻种植及比重

清代，华北平原稻作比明代有了进一步发展，不仅播种区域扩大，而且稻作在粮食结构中的比重也较前期有所提高，虽然在整个粮食种植结构中难以撼动麦、粟的主导地位，但其重要性已有很大提升。

1. 水稻种植区的进一步扩展

清代，华北平原稻作播种区域比明代有了很大的扩展，据闵宗殿先生统计，河北（直隶）宣镇、宣化、怀来、蔚州、怀安、延庆、保安、万全、大兴、良乡、通州、三河、武清、宝坻、宁河、顺义、密云、平谷、遵化、玉田、迁安、抚宁、昌黎、临榆、静海、盐山、涞水、满城、安肃、定兴、新城、唐县、庆都、望都、完县、祁州、束鹿、新安、献县、定县、曲阳、真定、井陉、获鹿、平山、阜平、行唐、赞皇、新乐、柏乡、南宫、邢台、南和、平乡、唐山、任县、丘县、曲周、涉县、武安 60 个州县在清代才开始有了稻种植。

山东蓬莱、黄县、栖霞、招远、莱阳、宁海、文登、威海卫、海阳、掖县、平度、昌邑、博平、莘县、馆陶、邹平、长山、新城、陵县、泰安、肥城、东平、临淄、博兴、寿光、胶州、高密、郯城、莒州、沂水、日照、滕县、峄县、济宁、金乡、嘉祥、曹县、定陶等 39 个州县在清代始有水稻种植。

河南安阳、内黄、南乐、汲县、获嘉、封丘、商丘、鹿邑、虞城、睢州、淮川、中牟、禹州、密县、郑州、汜水、济源、孟县、灵宝、阌乡、卢氏、洛阳、偃师、宜阳、新安、永宁、渑池、嵩县、汝州、伊阳、长葛、商水、西华、扶沟、汝阳、正阳、信阳、罗山、光山、南阳、唐县、泌阳、桐柏、新野、舞阳共 45 个州县至清代时才开始有水稻种植。

显然，清代华北平原三省种植水稻的州县数，明显超过明代。山东共有

57 个州县种稻，约比明代 18 个州县增加了 2.2 倍；河南 78 个州县种稻，约比明代 33 个州县增加了 1.36 倍；河北 93 个州县种稻，约比明代 33 个州县增加了 1.82 倍。至清代，山东种稻州县达到 57 个，约占州县总数 106 个的53.8%；河南种稻州县达 78 个，约占州县总数 106 个的 73.6%；河北种稻州县达 93 个，约占 120 个州县总数 77.5%。① 详见表 4-4。

表 4-4　明清时期华北平原种稻州县比例

省名	明代			清代		
	州县数	种稻州县数（个）	种稻州县所占比例（%）	州县数（个）	种稻州县数（个）	种稻州县所占比例（%）
山东	104	18	17.3	106	57	53.8
河南	108	33	30.6	106	78	73.6
河北	173	33	19.1	120	93	77.5

资料来源：闵宗殿《从方志记载看明清时期我国水稻的分布》，《古今农业》1999 年第 1 期。

　　三省之中，河北、河南种稻州明显多于山东。从华北平原三省来看，清代种稻州县占三省总州县数的 68.7%，播种区域广泛。由于资料的限制，虽然这一统计数字并不是清代种稻州县的全部，也不能反映清代华北平原种稻州县完全真实的情况，但起码表现出一点，这就是与明代相比，清代华北平原种稻州县数大大增加，稻作在清代华北平原的播种区域大大扩展。

　　2. 水稻扩展的不平衡性

　　清代华北平原稻作种植的扩展主要集中在康熙至嘉庆年间，这一时期华北平原三省有 142 个州县有开始种植稻的记载，见表 4-5。

表 4-5　清代华北平原三省方志中初载有稻时间统计

单位：个

省名	顺治年间	康熙至雍正年间	乾隆至嘉庆年间	道光至咸丰年间	同治至光绪年间	合计
山东	2	26	6	2	4	40*
河南	8	18	12	5	2	45
河北	2	35	16	1	3	57*
合计	12	79	34	8	9	142

资料来源：闵宗殿著《从方志记载看明清时期我国水稻的分布》，《古今农业》1999 年第 1 期。
　*据闵宗殿先生原文，这两处数据与前文所列数字略有出入，但出入很小，不影响说明问题。

---

　　① 闵宗殿：《从方志记载看明清时期我国水稻的分布》，《古今农业》1999 年第 1 期。

从表4－5可以清楚地看出，清代华北平原三省稻作的扩展呈现阶段上的不平衡性。顺治年间，只有12个州县开始种稻；而在康熙至雍正年间扩展得最快，有79个州县开始种稻，其原因当然很多，其中政府的支持、水利的兴修、气候的适宜等都是非常重要的。乾隆至嘉庆年间有34个州县开始种稻，在稻作扩展速度上仅次于康熙至雍正年间。嘉庆之后，稻作的扩展明显减速，道光至咸丰年间，只有8个州县开始种稻，同治至光绪年间有9个州县开始种稻。由此可以看出，康熙至嘉庆年间是清代稻作扩展最为迅速的时期。

就三省而言，稻作的扩展形势与明代差不多：河北新种稻的州县最多，达57个；河南次之，有45个；山东最少，有40个。明代三省新扩展种稻州县数为84个，而清代达142个。明清两代持续时间差不多，如果单从数字来看，显然稻作在清代要比明代扩展得快。

就各个省而言，具体情况不一样，稻作发展也不一样，呈现出不同的特点。

（1）直隶地区水稻扩展情况

直隶地区在明代水稻种植就很广泛，清代更加突出。清代前中期，清政府比较重视稻作的种植。康熙皇帝对稻作的推广情有独钟，经常出城观稼，劝督农耕。如康熙十一年（1672）七月丙辰，复"出德胜门观禾"。[1] 康熙十二年（1673）四月辛丑，"幸郊外观禾"。[2] 康熙十四年（1675）闰五月癸巳，"幸玉泉山观禾"。[3] 康熙十七年（1678）五月甲寅，"幸西郊观禾"。[4] 康熙十八年（1679）五月壬寅，"出阜成门观禾，驻跸潭柘寺"，壬戌，"出朝阳门观禾"。[5] 康熙十九年（1680）四月甲申，"幸西山一带观禾"。[6] 康熙皇帝甚至引来南方稻种在丰泽园内的水田中进行培植，最后成功培育出适合北方种植的新稻种御稻米。康熙《几暇格物篇》对此加以记载："丰泽园中有水田数区，布玉田谷种，岁至九月，始刈获登场。一日，循行阡陌，时方六月下旬，谷穗方颖，忽见一科，高出众稻之上，实已坚好。因收藏其种，待来年验其成熟之早否。明岁六月时，此种果先熟，从此

---

① 《清圣祖实录》卷39，康熙十一年五月丙辰，中华书局，1985，第523页。

② 《清圣祖实录》卷42，康熙十二年四月辛丑，第555页。

③ 《清圣祖实录》卷55，康熙十四年闰五月癸巳，第716页。

④ 《清圣祖实录》卷73，康熙十七年五月甲寅，第944页。

⑤ 《清圣祖实录》卷81，康熙十八年五月壬寅、壬戌，第1033、1036页。

⑥ 《清圣祖实录》卷89，康熙十九年四月甲申，第1132页。

生生不已。岁取千百，四十余年以来内膳所进皆此米也。其米色微红而粒长，气香而味腴，以其生自苑田，故名御稻米。一岁两种，亦能成两熟。口外种稻，至白露以后数天，不能全熟，惟此种可以白露前收割，故山庄稻田所收，每岁避暑用之，尚有赢余。曾颁给其种与江浙督抚织造，令民间种之。"① 皇帝对稻作推广的重视自然对京畿乃至整个国家水稻种植的发展起到很大的推动作用。

对稻作推广重视的另一个表现是对京畿水利的重视。从康熙、雍正，一直到乾隆时期先后进行多次较大规模地兴修水利工程。如康熙时，天津镇总兵蓝理整顿水利，利用海河潮水营田种稻，城南蓝田及贺家口一带号称"小江南"。《畿辅通志》载："蓝田，康熙间镇臣蓝理所开也，河渠圩岸，周数十里，垦田二百余顷，召浙、闽农人数十家分课耕种，每田一顷用水车四部，插莳之候，沾涂遍野，车戽之声相闻，秋收亩三四石不等。雨后新凉，水田漠漠，人号为小江南云。"② 雍正三年（1725）十二月，怡贤亲王允祥（康熙第十三子）总理京畿水利，并取得了良好效果。其中雍正四年（1726）二月至十月，就营水田七百一十四顷九十三亩。雍正五年（1727），应怡贤亲王允祥之请，清政府在水利营田府下又分设京东、京西、京南和天津局，加强对京畿水利的开发和管理。同年，总理水利营田事怡贤亲王等疏报："现值秋成，所营京东滦州、丰润、蓟州、平谷、宝坻、玉田等六州县，稻田三百三十五顷。京西庆都、唐县、新安、涞水、房山、涿州、安州、安肃等八州县，稻田七百六十顷七十二亩。天津、静海、武清等三州县，稻田六百二十三顷八十七亩。京南正定、平山、定州、邢台、沙河、南和、平乡、任县、永年、磁州等十州县，稻田一千五百六十七顷七十八亩。其民间自营己田，如文安一县，三千余顷。安州、新安、任邱等三州县，二千余顷。据各处呈报新营水田，俱禾稻茂密，高可四五尺。每亩可收谷五六七石不等。至正定府之平山县，及直隶天津州，呈送新开水田所产瑞稻，或一茎三穗，或一茎双穗。谨呈御览。"③ 可以说，从雍正四年到七年（1726～1729），四局总共开辟官私水稻田5600余顷。④ 雍正八年（1730）允祥逝世后，京畿水利又处于荒废状态。

---

① （康熙）《圣祖仁皇帝御制文集》第4集卷31《几暇格物篇·御稻米》，《文渊阁四库全书》第1299册，第600页。
② （雍正）《畿辅通志》卷47《水利营田》，1735年刻本。
③ 《清世宗实录》卷60，雍正五年八月己酉，中华书局，1985，第923页。
④ 游修龄：《中国稻作史》，农业出版社，1995，第285页。

乾隆对京畿水利也很重视，乾隆十四年（1749）动工疏浚昆明湖，乾隆三十八年（1773），清政府又疏浚右安门外凉水河，"自风泉至马驹桥，浚河八千余丈，修葺桥闸凡九，新建闸五，……其河旁稻田数十顷，既垦且辟，益资灌溉之利"，①对发展丰台、大兴、通州地区的农业生产很有益处。直到清末，兴修水利之事仍然有之，光绪时的周盛传在津沽利用海河水营垦稻田，培育出了全国有名的"小站稻"。诸如此类的兴修水利的例子很多，兹不赘述。

正是由于封建统治者的重视以及水利的多次较大规模兴修，才为直隶地区稻作广泛种植提供了充分条件，直隶地区的稻类种植也因此发展得很快。史籍中留下了有关清代直隶稻作发展情况的诸多记载，从中可管窥清代直隶稻作发展的基本情况。京师地区，康熙皇帝引来南方稻种在北京丰泽园进行培植，百姓也利用有限的空间积极种植水稻。西直门外的高粱河沿岸当时也多种植水稻。西郊"沿途稻田村舍，鸟鱼翔泳，宛然江乡风景"。②京师周围，水田也越来越多，稻作种植也自然增加。昌平"稻处处有之，惟玉泉山，鲍榆泉更佳，膳米于是需焉"。房山县土产"稻红白二种，石窝稻色白粒大，米粒美盛，著经三昼夜不馊"。③乾隆年间，京西青龙桥一带有"十里稻畦秋早熟，分明画里小江南"之誉。④丰润陡河沿岸"傍河稻田数百顷，农多饶裕"。⑤大城县"居民每于平滩浅濑，栽种秧田，……数十里皆稻乡也"。⑥广平、顺德等府，稻作也不少，"滏水所经州县，多引流种稻"。⑦天津府滨海地带，康熙四十五年（1706）蓝理开垦稻田200余顷。⑧咸丰年间，僧格林沁督兵天津，于葛沽、咸水沽营田，于"咸水沽营田三千五百四十亩，葛沽营田七百五十亩"。⑨同治年间，崇厚在天津积极屯田。同治二年（1863）"新开稻地一千余亩"；同治五年（1866）"于军粮城大小马厂一带开垦稻地五百余顷"。⑩周盛传也在天津"新城以南开垦荒地，

① 于敏中等：《钦定日下旧闻考》卷110《京畿·通州三》，第1834页。
② 吴振棫：《养吉斋丛录》卷18，中华书局，2005，第238页。
③ 陈梦雷等：《方舆汇编·草木典》卷26，《古今图书集成》第533册，中华书局，1934。
④ （乾隆）《御制诗》初集卷10《青龙桥晓行》，《文渊阁四库全书》第1302册，第216页。
⑤ 林则徐：《畿辅水利议·开治水田有益国计民生》，《林则徐全集》第五册《文录卷》，海峡文艺出版社，2002，第2296页。
⑥ 吴邦庆辑《水利营田图说》，《畿辅河道水利丛书》，农业出版社，1964，第294页。
⑦ 吴邦庆辑《直隶河渠志·滏阳河》，《畿辅河道水利丛书》，第36页
⑧ （雍正）《畿辅通志》卷47《水利营田》，1735年刻本。
⑨ （光绪）《重修天津府志》卷28《屯田》，1899年刻本。
⑩ （光绪）《重修天津府志》卷28《屯田》，1899年刻本。

穿渠建闸，引淡刷卤，共营田十三万六千余亩"，① 并培育出了特色稻种"小站稻"。除了以上所列外，较大规模的稻田还有不少，如文安县稻田在3000顷左右，安州、新安、任丘三州县各有稻田2000余顷。"俱禾稻茂密，高可四、五尺，每亩可收谷五、六、七石不等"。②

从上面的例证可知，清代直隶地区的稻作种植相当广泛。关于明清地区稻作的扩展过程，卜正民先生曾作了一幅图，以说明明清时期河北各州县稻作分布的空间形象（见图4-1）。

从这幅图中我们可以看出，明代河北水稻种植主要集中在京东、天津、广平府地区，其他地区较少。清代，稻作种植开始向河北的其他地区扩展，尤其是随着雍正时期四局（营田水利府所辖京东、京西、京南、天津四局）水利的大规模兴修，其扩展速度加快，已扩展到京西、京南广大地方。需要指出的是，虽然清代直隶地区稻作分布较广泛，但分布地多靠近水源地，大体上呈点状或小面积的带状、片状分布，还无法与秋粮粟在粮食种植结构中的地位相比。有些地区还尚未种植水稻，或水稻很少，如涞水水稻，"石亭、新庄村出，不多"，③ 也就是说涞水一带的水稻只有石亭村、新庄村有，其他没有，而且量很小；新城，"东北濒湖产水稻，间有之"。④ 因此，我们在看到清代直隶地区水稻种植广泛的同时，也应看到它多呈点状或小面积的带状、片状分布的历史事实。

（2）山东地区水稻扩展情况

通过前面的考察，我们知道在清代华北平原三省中，山东稻作种植的州县是最少的，扩展速度是最慢的。这里不仅有山东地理、水文资源等因素的影响，还有山东麦作在清代大规模扩展的原因。清代山东稻作的种植依然集中于小清河，沂河、沭河流域以及运河沿岸等地区。经过雍正、乾隆时期的水利整治，山东沿河地区的稻作也获得了发展，很多稻田被开垦出来。乾隆二十八年（1763）四月，山东巡抚阿尔泰奏："查勘章邱、新城，所引明水泉及乌龙河水，仅资已垦之田，而荒地应并筹办。查有珠龙河一道，挑郑潢沟引水，计垦稻田百顷余。引高苑县大湖之水，入小清乾河，计垦稻田二顷余。……引祁家漏水，计垦稻田五十余顷。寿光县、潍县，洼地尚多，挑沟建闸，计垦稻田十四顷余。尧丹河，入白狼河水口

---

① （光绪）《重修天津府志》卷28《屯田》，1899年刻本。
② 《清世宗实录》卷60，雍正五年八月己酉，中华书局，1985，第923页。
③ （光绪）《涞水县志》卷3《物产》，1895年刻本。
④ （康熙）《新城县志》卷3《食货·物产》，1693年刻本。

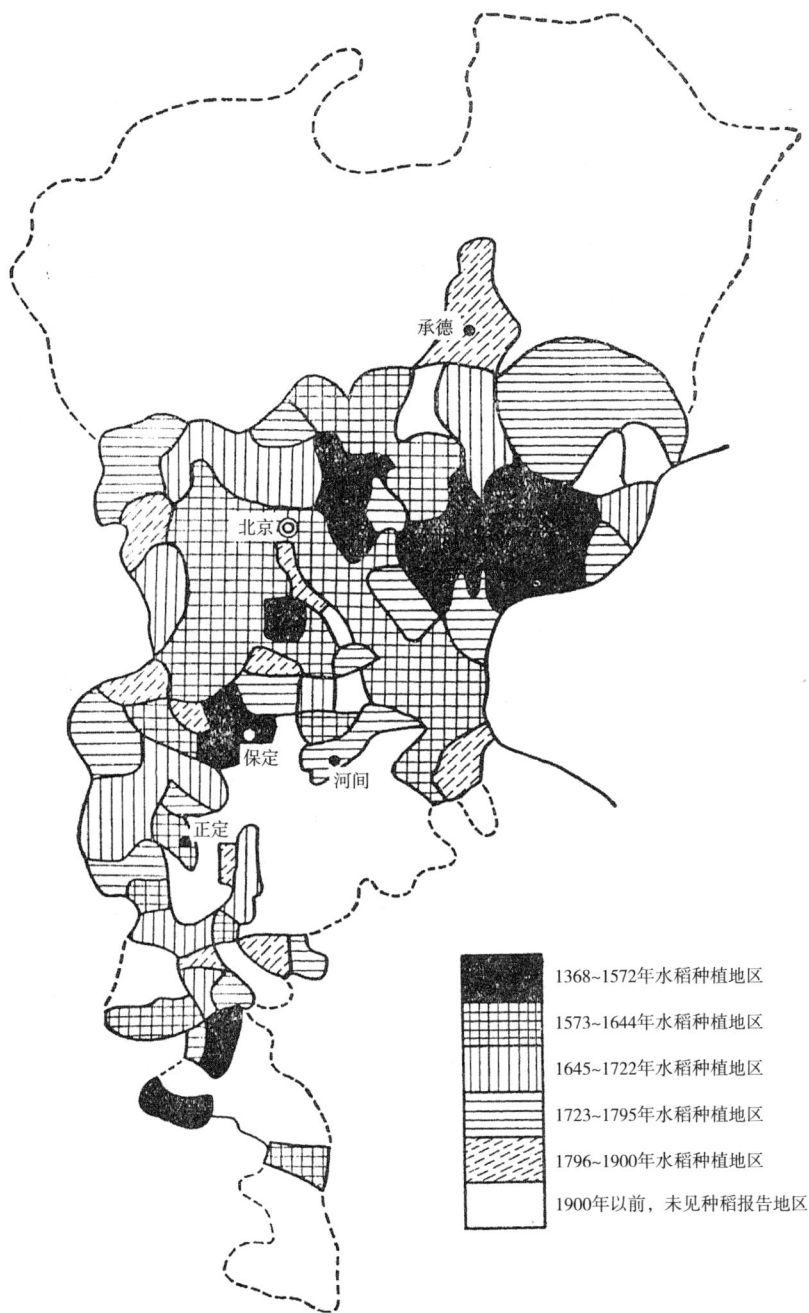

图 4 – 1　明清时期河北各州县水稻种植的出现情况

资料来源：〔加〕卜正民著《明清两代河北地区推广种稻和种稻技术的情况》，李国豪编《中国科技史探索》，上海古籍出版社，1986。

处，添闸开放，足资寿潍两邑灌溉。潍县南北台底，引大小于河水，计垦稻田二十八顷……"① 新城县在乾隆二十四年至二十六年（1759～1761）的三年中，改垦稻田"一万三千七百余亩"。② 运河流域地区，通过对运河沿途的闸与湖坝的综合治理，使运河流域稻作种植获得了较大发展，如乾隆二十七年（1762）汶上县疏通河泉故道"十余道"，开垦出数百顷稻田，名曰"稻屯"。③ 沂、沭河流域也是经过乾隆年间的整治，水利事业获得了较大发展，促进了稻田的开垦。兰山、郯城两县将数千顷涝洼之地变成了良好稻田。"稻作种植的扩大，不仅丰富了山东主粮作物的构成，而且加大了对河泊滩涂资源的开发利用，对促进粮作生产的发展同样意义重大。"④

（3）河南地区水稻扩展情况

清代河南各大区几乎都有稻作种植，康熙三十八年（1699）已有"豫省产米本多"之誉。⑤ 可以说，在清代，无论是豫北、豫南，还是豫东、豫西都有稻作种植。豫北是当时重要的产稻区，其中获嘉县沿横河两岸"水田漠漠，粳稻遍野"，素有"小江南"之美誉。⑥ 安阳县、新乡县、林县、武陟县等均有稻作种植，其中林县溪涧沿河地带"产稻颇丰"。⑦ 豫南的信阳、光山、固始、光州等县，水稻产量依然很大。《清朝文献通考》载："河南固始县，素称产米之乡，每年客贩运至清江浦地方卸卖，其价颇贱。"⑧ 这说明当时豫南稻米产量是很高的。豫中、豫东的襄城、许州、陈州、郑州、太康、鹿邑、密县等均有水稻种植，各县志均有相关记载。以密县为例，清代开建、疏浚众多水渠，为水稻种植提供保障，其中道光年间，密县知县杨炳堃做出了重要贡献。（民国）《密县志》载："前清道光初年，知县杨公炳堃教民凿石开渠，引水灌田，收获较陆地增加数倍，沿河居民实利赖之。"⑨ 见表4－6。

---

① 《清高宗实录（九）》卷684，乾隆二十八年四月，第655页

② （民国）《重修新城县志》卷6《建置志》，1933年铅印本。

③ 《清高宗实录（九）》卷673，乾隆二十七年十月，第532页。

④ 陈冬生：《明清山东种植结构变化及对农业的影响》，《古今农业》2001年第2期。

⑤ 傅泽洪：《行水金鉴》卷138《运河水》，《文渊阁四库全书》第582册，第231页。

⑥ （民国）《获嘉县志》卷1《地理》，1934年铅印本。

⑦ （民国）《林县志》卷10《风土·生计》，1932年石印本。

⑧ 清高宗敕撰《清朝文献通考》卷27《征榷考二》，《万有文库》，商务印书馆，1936，第5086页。

⑨ （民国）《密县志》卷13《实业·稻渠》，1924年铅印本。

表 4 – 6　道光年间密县知县杨炳堃开渠统计

渠名	灌区	灌溉田数	渠名	灌区	灌溉田数
倬云渠	王村	61 亩	生生渠	西邢	2 顷 30 亩
彼壤渠	王村	70 亩	我同渠	西邢	1 顷 97 亩
甫大渠	王村	80 亩	百盈渠	西邢	1 顷 10 亩
田功渠	卢村	75 亩	谷熟渠	西邢	1 顷 80 亩
既阜渠	卢村	1 顷 64 亩	实颖渠	西邢	2 顷 50 亩
顺成渠	卢村	1 顷 70 亩	维实渠	张固	1 顷 52 亩
迺疆渠	院青	84 亩	丰年渠	官泽	1 顷 38 亩
宣力渠	西邢	1 顷 7 亩	合　计	—	20 顷 68 亩

资料来源：（民国）《密县志》卷 13《实业·稻渠》，1924 年铅印本。

据表 4 – 6 可知，道光年间，密县知县杨炳堃组织百姓开水渠 15 道，引水灌稻田 20 顷 68 亩，这一数字显示当时水稻种植之盛。豫西的伊洛河流域，如洛阳县、嵩县、孟津县、偃师县、宜阳县、巩县等县均有稻作种植。[①]

与河南其他地区水稻的发展不同，原本为河南主要水稻产区的南阳盆地，在明代时业已衰落，到清代时水稻种植继续衰败，水稻种植面积越来越小，水稻在粮食种植结构中的比例也越来越小。如南阳县，光绪时全县可耕熟田共 3.2 万余顷，而水稻田只有近 100 顷。[②] 有关清代南阳盆地水利及水稻种植的状况，马雪芹先生有过较详细论述，兹不赘述。[③]

但总体而言，清代河南水稻的种植，面积均不大，这里既有地理、气候、水文等条件的原因，也有麦作扩展的原因。

3. 华北平原水稻种植比重分析

明万历后，随着"一条鞭法"和"摊丁入亩"等政策的实施，实物地租渐被货币地租代替，因此万历以后一直到清代，少有以粮食为征收对象的具体数字记载，难以像讨论明代稻作在粮食结构中比重一样，引用具体的数

---

① （乾隆）《洛阳县志》卷 9《宦绩》，1745 年刊本；（乾隆）《嵩县志》卷 15《食货·物产》，1767 年刻本；（道光）《伊阳县志》卷 1《地理·物产》，1838 年刊本；（康熙）《孟津县志》卷 4《贡赋》，1708 年刻本；（民国）《偃师县风土志略》第一编《地理》，1934 年石印本；（光绪）《宜阳县志》卷 6《土产》，1881 年刻本；（民国）《巩县志》卷 7《民政·物产》，1937 年刻本；（嘉靖）《南阳府志校注》卷 4《陂堰》，1942 年铅印本。

② 潘守廉：《南阳府南阳县户口地土物产畜牧表·全境物产·粮食类》，1904 年石印本。

③ 马雪芹：《南阳地区两汉唐宋明清时期水利事业之比较研究》，《中国历史地理丛》1993 年第 2 期；马雪芹：《古代河南的水稻种植》，《农业考古》1997 年第 3 期。

字来说明问题。

但通过前面的讨论，我们知道华北平原稻作的发展倚赖有限的水源，一旦气候干旱，一旦水利设施失修或荒废，华北平原稻作发展的基础就会动摇。正因为这一因素，清代华北平原稻作发展前后并不平衡，康熙至嘉庆年间稻作种植扩展较快，而顺治年间以及嘉庆之后扩展的速度缓慢。虽然清代华北平原种稻的州县不少，但种植面积并不大，而到了清代后期则更小。林则徐曾经指出："今畿辅行粮地六十四万余顷，稻田不及 2%，非地不宜稻也，亦非民不愿种也，由不知稻田利益倍蓰旱田也。"[①] 在稻作种植扩展最为迅速的直隶地区，稻田只占粮地的 2%，其他地区就可想而知了。在河南，光绪朝南阳县可耕地 3.2 万余顷，稻田只有近 100 顷，不到总耕的 1/32。[②] 当然，在不同的历史阶段，如清康熙至嘉庆年间，稻作扩种比较迅速，稻在粮食结构中的比重略大，但是在嘉庆之后稻作种植萎缩，其在粮食结构中的比重相应缩小。当然，适宜种水稻的豫南几个县情况与华北平原不一样，则另当别论。在无法保证较为广阔的稻作面积的前提下，自然无法期望稻作在清代华北平原粮食结构中占据重要地位。从这个角度来讲，清代华北平原稻作在粮食结构中并占有一个重要地位。

三 简短总结

综合来看，明清时期稻作在粮食种植结构中的比重，这里只能给出一个趋势性或者宏观性的认识，而很难给出一个具体的数字来说明。依据现有的研究成果可知，明代河北稻作在粮食结构中的比例，最高值已达 3.1%，而清代水稻扩展比明代的要快得多，而且播种的区域要大得多，应该说由明至清华北平原稻作播种面积是扩大的，其在粮食种植结构中的比重应是增大的。如在以种植水稻为主的小清河地区，乾隆时期扩大水稻种植面积，"岁增粮石数万"。[③] 博兴县出产的稻米，"一郡食稻者，赖以贩给"。[④] 显然，在清代直隶的部分州县，部分时期稻在粮食种植结构中的比例还是很高的。但需要指出的是，清代稻作的扩展主要集中在康熙至嘉庆年间，这一时期的

---

① 林则徐：《畿辅水利议·开治水田有益国计民生》，《林则徐全集》第五册《文录卷》，第 2294 页。

② 潘守廉：《南阳府南阳县户口地土物产畜牧表·全境物产·粮食类》，1904 年石印本。

③ （民国）《重修新城县志》卷 6《建置志》（乾隆二十六年知县翟翎《建立石闸记》），1933 年铅印本。

④ （道光）《重修博兴县志》卷 5《风土志·物产》，1840 年刻本。

水稻在粮食种植结构中的比重较大；而随着嘉庆之后水稻种植的相对衰落，水稻在粮食种植结构中的比重相应缩小。

对于整个华北平原而言，清代直隶因为统治者的重视和水利的整治，水稻种植扩展较快，部分区域水稻在粮食种植结构中的比例较高。河南部分滨河地区和豫南亚热带地区，因为水资源较为充足，水稻种植扩展得也较快，水稻在局部地区粮食种植结构中的比重也较大。明清时期随着农田水利的周期性起伏波动，水稻种植面积也随之波动，水利兴则水稻兴，水利衰则水稻衰。总体而言，清代华北平原的水稻种植，康熙至嘉庆年间为种植的高峰期，水稻在粮食种植结构中比重相应较大，其他时间段则扩展较慢，比重较小；依然呈现点块状分布和随政策波动的特点。

在这一时代变迁的大背景下，华北平原稻作种植有区域性的不同，河北和河南稻作扩展较快，水稻在部分产区粮食结构中所占份额较大，但有些地区甚至没有稻作。因此，除了河北及河南有部分州县以稻作为主要粮食作物之外，在华北平原的广大地区，稻作在粮食种植结构中并不占主导地位，而是处于从属和辅助的地位。

第二节　明清华北平原豆类作物种植及地位

豆类是明清时期华北平原另一项重要的粮食作物，虽然其在粮食种植结构中的地位和重要性不及粟、麦，但豆类因适应性强、根瘤有固氮作用能增加土壤肥力，加之豆类往往与麦稻等作物搭配轮作，对提高土地利用率及单位面积产量均有重要作用，故而在华北平原各地广泛种植。明清方志中也多把豆类作为重要的农作物门类而单独开列。明清500多年间，豆类作物中的大豆在粮食种植结构中的地位迅速提高，比重也越来越大，大豆与粟、麦一起成为华北平原重要的粮食作物，有些地区大豆产量甚至超过粟，居于第二位。

一　明代华北平原豆类作物种植及地位

1. 豆类种植及种类

关于明代豆类的情况，宋应星在《天工开物》中有所描述："一种大豆，有黑黄两色，下种不出清明前后。黄者有五月黄、六月爆、冬黄三种。……黑者，刻期八月收。淮北长征骡马，必食黑豆，筋力乃强。凡大豆，视土地肥饶、耨草勤怠，雨露足悭，分收入多少。凡为豉、为酱、为

137

腐，皆大豆中取质焉。江南又有高脚黄，六月刈早稻方再种，九十月收获。……一种绿豆，圆小如珠。绿豆必小暑方种。……凡绿豆磨澄晒干为粉，荡片搓索，食家珍贵。做粉溲浆，灌田甚肥。……一种豌豆，此豆有黑斑点，形圆同绿豆，而大则过之。其种十月下，来年五月收。凡树木叶迟者，其下亦可种。一种蚕豆，其荚似蚕形，豆粒大于大豆。八月下种，来年四月收。……一种穞豆，此豆古者野生田间，今则北土盛种。成粉荡皮，可敌绿豆。燕京负贩者，终朝呼穞豆皮，则其产必多矣。"① 当然，明代豆类品种远不止以上所列，据诸家方志所记载，超过 20 个品种。如（万历）《沾化县志》载，当地的大豆品种有"大黄豆、青黄豆、天鹅蛋，大黑豆、小黑豆、牛腰齐、皮狐腿、老鼠眼、芦花白"② 等。又如（万历）《福山县志》记，当地的大豆品种有"白黄豆、青黄豆、缠丝豆、铁黑豆、黑小豆、香豆"，其中香豆俗名"雀卵（豆）"。③ 而从大的类型来分，豆类可分为大豆、绿豆、豌豆、蚕豆、豇豆等，其中大豆是豆类的主体，可分为青、白等多个子类，黄豆和黑豆又是大豆的主体，因此其播种面积及地位的变化决定了豆类作物在粮食种植结构中的比重和地位。

2. 豆类作物的地位及变化

在明代，由于华北平原"两年三熟"的种植制度尚未成熟，豆类在粮食种植结构中的地位并不高。大豆播种期在明代大体上经历了一个由春播向夏播转变的过程。④ 随着这一过程的完成，豆类种植面积得以扩大，在华北平原粮食种植结构中的地位和比重得以提升。

在豆类的各个品种中，以大豆种植最为普遍，是明代华北平原粮食种植结构中的主要品种。明前期，大豆以春播为主，王祯《农书》称："种大豆……皆三四月种"，⑤ 而宋应星《天工开物》载，黄豆品种有"五月黄、六月爆、冬黄三种"。⑥ 其中五月黄、六月爆在五六月就已成熟，理应为春季播种。明中叶以后，夏播大豆逐渐推广，如万历年间东昌府恩县黄黑豆"俱五月初种，九月中收"。⑦ 从农作时间安排上来看，五月种九月收，是夏

---

① 宋应星著，钟广言注释《天工开物》卷上《乃粒第一·菽》，中华书局，1978，第46~47页。

② （万历）《沾化县志》卷3《食货志·物产》，1619年刊本。

③ （万历）《福山县志》卷1《地理·土产》，1618年刻本。

④ 李令福：《明清山东粮食作物结构的时空特征》，《中国历史地理论丛》1994年第1期。

⑤ 徐光启撰，石声汉校注《农政全书校注》卷26《树艺·大豆》引，第649页。

⑥ 宋应星著，钟广言注释《天工开物》卷上《乃粒第一·菽》，第46页。

⑦ （万历）《恩县志》卷3《贡赋·种植》，1599年刻本。

播大豆，是在小麦收获后进行种植的。随着明后期华北平原两年三熟制的逐渐推广，麦后种豆成为一种普遍的种植模式。据成淑君先生研究，明代孔府庄、厂田的86.4%实行麦后复种，其中，麦地复种率超过50%的占54.5%，全部进行复种的则为27.2%。① 麦后复种的作物以豆类为主，其中以大豆为多。其论虽然是针对明代山东豆类而言，而实际上明代整个华北平原的大豆种植由以春播为主向以夏播为主转变。

随着大豆播种期的转变，大豆播种面积迅速扩大，豆类使用范围也有所扩大。

（1）豆类成为贡赋征收的主要对象

作为杂粮作物，豆类不仅是人们主粮的有益补充，而且是牲畜的重要饲料，在人们日常饮食和社会生活中占据着重要地位，因此也成为贡赋征收的主要对象。如隆庆元年（1567）二月，户部奏定内府各监局岁派钱粮时，应包括诸色豆类。具体情况如下：供应库，绿豆1200石；酒醋面局，黄豆2500石，黑豆1350石，绿豆325石；光禄寺，豌豆150石，赤豆550石，黄豆1600石，绿豆8000石，青绿豆300石，白豆6石；司苑局，黑豆1950石；御马仓，豌豆3500石，绿豆5700石。② 而华北平原的三个省份则是内府各监局岁征豆类的主要来源地，承担了供应豆类的主要任务。如正统十二年（1447）九月乙巳，"山东莒州沂水县奏，夏税豌豆旱伤无收，乞折纳黑豆"。③ 正德五年（1510）八月辛卯，"命山东莱芜，直隶平山、南皮等县岁派豌豆、大麦输御马诸仓者，易以绿豆、黑豆；京仓者折银；以旱灾故也"。④ 嘉靖八年（1529），"以灾伤令顺天诸府及山东河南二省秋粮、绿豆及各马房仓黑豆，俱减原额之二"。⑤ 嘉靖年间，山东夏税中有光禄寺所征绿豆，御马仓所征黑豆、绿豆，酒醋面局所征黄豆、绿豆，牺牲所所征黑豆，坝上仓所征绿豆，坝上南仓所征黑豆，等等。⑥ 嘉靖年间，河南邓州岁贡御马仓豌豆85石、光禄寺绿豆842石、供用库黑豆417石、昌平州居庸仓黑豆106石；内乡县岁贡御马仓豌豆86石、牺牲所绿豆86石、坝上南仓

---

① 成淑君：《明代山东农业开发研究》，齐鲁书社，2006，第236页。

② 《明穆宗实录》卷5，台北，中研院历史语言研究所，1962，第148～150页。

③ 《明英宗实录》卷158，台北，中研院历史语言研究所，1962，第3079页。

④ 《明武宗实录》卷66，台北，中研院历史语言研究所，1962，第1436页。

⑤ 《明世宗实录》卷104，台北，中研院历史语言研究所，1962，第2467页。

⑥ （嘉靖）《山东通志》卷8《田赋》，《四库存目丛书》史部第188册，齐鲁书社，1997年影印。

黑豆 118 石、昌平州居庸仓黑豆 359 石；新野县岁贡御马仓豌豆 91 石、陕西延绥料豆 104 石、保安州柴沟堡并西阳河堡仓黑豆 1260 石、昌平州居庸仓黑豆 274 石；淅川县岁贡陕西延绥料豆 134 石、昌平州居庸仓黑豆 338 石。① 隆庆年间，兖州府每年征解绿豆 1132 石，高于黑豆的 971 石和豌豆的 564 石，数额仅次于主要赋税征收对象粟米、小麦。② 由以上所引可知，豆类是明代华北平原各省上缴岁赋的主要作物之一。

需要指出的是，在上缴岁赋的诸色豆中，黑豆虽蛋白质含量较高，却有苦味，多为牛马的饲料。宋应星云："淮北长征骡马，必食黑豆，筋力乃强。"③ 明代华北平原普遍饲养牛马，不少地方还饲养官马，如济南、东昌、兖州等府就承担为国家养马的任务，因此对黑豆的需求量很大。此外，京师及北边各仓，如御马仓、牺牲所、坝上仓、坝上南仓、坝上北马房仓、隆庆卫仓、赵州堡并大小白杨二堡仓、洗马林堡并新河口堡仓、雕口堡仓、张家口堡仓均存贮黑豆，多种因素促使黑豆的需求量很大，黑豆因此也成为岁赋的重要对象。由上引（嘉靖）《邓州志》可知，邓州、内乡、新野、淅川四地岁贡黑豆 2872 石。这一数字显然是很高的。山东省除各州县仓存外，起运秋粮中约有 1/3 折征黑豆。④ 历城县一地就征黑豆 4600 石有余，分别为"洗马林堡仓并新河口堡仓黑豆三千三百四石七斗一升五合"，"御马仓黑豆三百石"，"义和仓黑豆三百四十四石六斗九升八勺七抄九圭九粟六粒"，"湖渠马房仓黑豆七十九石八斗二升七合九勺三抄六撮八圭四粒"，"坝上仓黑豆四石五斗六升一合一勺六抄二撮二圭"，"坝上北仓黑豆五百七十石九斗二升"。⑤ 可见黑豆在大豆乃至豆类中具有重要地位。

（2）豆类大量用作商品交换

明代大豆生产除了上缴赋税和满足日常生活需要之外，更多的是作为商品进行出售。用作商品交换的豆类，以黄豆为主。黄豆全身是宝，用途广泛，"其豆可食，可酱，可豉，可油，可腐。腐之滓可喂猪，荒年人亦可充饥。油之滓可粪地。其可燃火。叶名藿，嫩时可为茹"⑥，而且黄豆

---

① （嘉靖）《邓州志》卷 10《赋役志》，1557 年刻本。
② （万历）《兖州府志》卷 24《田赋》，1596 年刻本。
③ 宋应星著，钟广言注释《天工开物》卷上《乃粒第一·菽》，第 46~47 页。
④ （嘉靖）《山东通志》卷 8《田赋》，《四库存目丛书》史部第 188 册，齐鲁书社，1997 年影印。
⑤ 刘敕：《历乘》卷 7《赋役志·地亩》，崇祯六年刊本，中国书店，1959 年影印。
⑥ 王象晋纂辑，伊钦恒诠释《群芳谱诠释》卷 1《谷谱》，农业出版社，1985，第 24 页。

还有"佐谷之歉"的灾后补救作用。黄豆脂肪含量高，是榨油的主要原料。然现有的研究发现，明代前期北方用黄豆榨油的不多，黄豆的需求量并不大；明中叶之后，黄豆榨油技术才逐渐推广，黄豆的市场需求量逐渐增大，黄豆播种面积随之扩大。明代北直隶、山东、河南黄豆种植量如何，由于资料所限，无法知道具体数字，但从绝大多数地方志将黄豆列于豆类之首这一点，就可知它在豆类中地位是很高的，种植面积也应是居于前列的。

明后期，随着大豆播种期由春播向夏播的逐渐转变，华北平原各省大豆产量迅速增加，除满足岁赋及食用需要外，大量输往外地。以山东为例，（嘉靖）《山东通志》卷1《图考》记载，胶州半岛的登州府、莱州府"其谷多稷菽"。[①] 将"菽"与粮食大宗的"稷"并称，可见二府的豆类在粮食作物中产量是不小的，地位也是很高的。万历年间所刻的《新刻天下四民便览三台万用正宗》曾对明代各地所产黄豆、黑豆进行了详细评述，云："夫豆者，胶州鹅黄、海白、海青，干净精神，可谓上等。徐州山黄、水白、早豆，肥圆寡净，却在次之。"[②] 这段文字中将山东胶州豆类列为上等，则意味着胶州半岛的豆类无论是产量还是质量均为上乘。由于山东有大运河纵穿，明代山东豆类主要通过京杭运河销往江南。隆庆年间，"胶之商民以腌腊、米、豆往博淮之货，而淮之商亦以其货往易胶之腌腊、米、豆"。[③] 商业化发展促使山东豆类种植面积不断扩大和产量不断增加。

至于大豆在明代华北平原粮食种植结构中究竟占多大比例，则无法用具体的数字来说明。原因主要有如下几个方面：其一，大豆并不是政府赋税征收的主要对象（主要对象是麦和粟谷），有些地区有，有些地区则没有，难以找到较为全面而充足的资料来说明；其二，明代地方志资料虽不少，但仍有不足，且地方志中多记豆类物产，而少有豆产量的具体数字。因此，笔者难以对大豆的具体播种面积、产量，以及在粮食种植结构中的比例进行较为具体的统计。但通过上述论述，可以知道豆类在明代华北平原种植结构的地位仅次于麦、谷，高于稻，居于第三位。

---

① （嘉靖）《山东通志》卷1《图考》，《四库存目丛书》史部第187册，齐鲁书社，1997年影印。

② 余象斗辑《新刻天下四民便览三台万用正宗》卷21《商旅·黄黑豆》，余氏双峰堂，1599年刊本。

③ 许铤：《地方事宜议》，（乾隆）《即墨县志》卷10《艺文志》，1764年刻本。

二　清代华北平原豆类作物种植及地位

由于清代及民国所修方志的大量存世，有关清代华北平原豆类种植情况的资料相对明代的而言要多了许多，这对我们讨论清代华北平原豆类作物种植情况有很大帮助。通过考察，一个基本情况是：清代，尤其是清中叶以后，由于人口增加和两年三熟制的盛行等，麦后种豆成为华北平原豆类种植的最普遍的形式。加之豆类"可面，可蔬、可粉、可油，为用最多"，豆类"最为民利"，① 在农家经济中占据重要地位，故而豆类在粮食种植结构中的比例进一步上升，虽然仍没有超过小麦和粟谷的地位，但其产量、播种面积都较之明代有所提高。

1. 豆类品种进一步增加

有关豆类品种，明代方志记载较为简略，而清代方志则记载较为详细。从诸多方志记载可以看出，清代华北平原豆类品种大为增加。《顺天府志》中《物产》记载的豆类有 16 种之多：青大豆、黄大豆、黑大豆、白大豆、褐豆、虎斑豆、紫豆、黄小豆、赤小豆、黑小豆、绿豆、蚕豆、豌豆、刀豆、豇豆、稨豆。② 又据（乾隆）《济阳县志》所记，本地豆类品种："先种后热曰牛腰齐、曰铁甲豆、曰连叶豆、曰红小豆、曰茶豆，后种先熟曰青豆、曰绿豆、曰黄豆，用各异用。"③（光绪）《临朐县志》载，本地豆类品种云："豆最为民利，与麦同重。农人有田十亩者，常五亩种豆，晚秋丰获，输租税、毕婚嫁，皆恃以为资。岁偶不熟，困乃甚于无禾。绿豆亦颇繁殖，他如豌豆、豇豆、稨豆、刀豆之类市不缺登，但备蔬食而已。"不仅如此，它还详细介绍了本地大豆的具体品种、形状特征、种植特点："黄豆略有十一种，曰白花躁，花白粒圆，熟略早，宜原；曰当年陈，粒大脐黑，形略扁，宜隰；曰耧杆黄、科作蔓，粒圆大，宜隰；曰四粒，每荚四粒，宜山；曰铁荚，荚黑，虽干不裂，宜山；曰二粒黄，荚稠，多两粒，宜山；曰滚龙珠，粒圆如珠，宜原；曰兔脚白，科库粒白，宜山；曰白果，粒大而白，宜原；曰天鹅蛋，粒大如小指顶，圆满洁白，宜原；曰谷里混，后粟而种，同粟而熟，山原咸宜。黑豆略有四种，一曰白黑豆，本黄豆也，皮白脐黑，荚稠粒小，可腐，可料，可油，收量重，宜原。又有青豆，粒扁而长，大如指顶，色青可菹。"④

---

① （咸丰）《金乡县志》卷 3《食货志》，1860 年刻本。
② （光绪）《顺天府志》卷 50《食货志二·物产》，1886 年刻本。
③ （乾隆）《济阳县志》卷 1《物产》，1765 年刻本。
④ （光绪）《临朐县志》卷 8《风土志·物产》，1884 年刻本。

这些记载非常珍贵。河南诸方志也记载了豆类的诸多品种，如（雍正）《河南通志》记载，清代河南豆类有黄豆、青豆、绿豆、黑豆、扁豆、豌豆、豇豆、刀豆、小豆、蚕豆、鸡虱豆、龙爪豆、天鹅蛋豆等品种。① 与明代方志对豆类的简单记载相比较，清代方志的记载要详细得多，从中也可看出清代华北平原豆类品种繁多。与明代相似的是，在繁多的豆类品种中，仍以大豆为重，而大豆也有非常多的品种，山东临朐大豆甚至有 11 个品种。②

就豆类的两个主要品种而言，平原地区黄豆种植略多，而近山地区黑豆种植较多。黄豆或为榨油原料，或为外销商品，需求量很大。黑豆主要用于京师及边防饲马。清代前中期，山东、河南都饲养官马，并供应京师及边防饲马之需，因此黑豆的种植面积也较大。

至于黄豆与黑豆在清代华北平原豆类种植结构中所占比重孰大孰小，各个地区不太一样，尚难定论。不过，从黄豆和黑豆的供给和需求来看，两者在清代粮食种植结构中的比重似乎有所不同，黄豆所占比重更大一些。

2. 豆类地位进一步提高

就清代华北平原粮食种植结构而言，豆类依然无法与麦相比，其产量也无法达到小麦的水平；但与明代相比，已取得了很大的发展。至清后期，有些地区小麦已超过粟谷，成为第二大粮食作物。由于史料的局限，我们无法对清代华北平原三省各自豆类种植面积及产量做详细地统计分析，但明清时期华北平原大豆南北向的流通则可从侧面说明其地位和比重已经大大提升。

（1）豆类种植的扩展与比重的提升

随着人口的激增、市场需求的扩大、两年三熟制的盛行、黄豆榨油技术的推广，清代直隶、山东、河南三省的黄豆种植面积得到了较大扩展，产量也迅速提高。尤其是山东、河南两省，除了满足本省的需求外，还有供应京师的任务，加之商品化的需求，因此豆类需求更大，播种区域也随之增加。如山东临朐，"农人有田十亩者，常五亩种豆"，③ 播种比例达到50%。程方先生曾以孔府档案史料为据，对清代孔府屯庄作物占耕地面积比例进行过统计，结果显示：豆类播种面积占耕地面积比例从顺治年间的 8.5% 跃升到

---

① （雍正）《河南通志》卷 29《物产》，1735 年刊本。
② 参见（光绪）《临朐县志》卷 8《风土志·物产》，1884 年刻本。
③ （光绪）《临朐县志》卷 8《风土志·物产》，1884 年刻本。

乾嘉时期的41.1%，提高了32.6个百分点，是4种作物中播种面积扩展得最快的一种。见表4-7。

表4-7　清代山东部分时期孔府屯庄作物占耕地面积比例

单位：%

时间＼作物	小麦	豆	高粱	谷子	其他
顺治年间	76.5	8.5	5.8	1.5	9.7
乾嘉时期	54.9	41.1	31.3	17.6	7.8

资料来源：据《曲阜孔府档案史料选编》第3编第11册各庄总账统计，引自程方《清代山东农业改制述论》，《齐鲁学刊》2010年第3期。

　　许檀先生依据曲阜孔府档案对乾嘉年间山东汶上县美化庄、曲阜县齐王庄的农作物种植结构和复种率进行了统计。结果显示，大豆的播种面积占所有作物播种面积的比重均保持在30%左右，仅次于作为粮食大宗的小麦，但已超过了谷子和高粱。因此，他认为，"小麦、大豆取代粟谷成为山东主要粮食作物"。[①] 从国家实物征收数额上也可看出大豆比重在逐渐提高。如乾隆四年（1739），河南河内县征谷米81803石，其中豆为2915石，几乎占到谷米征收量的4%。[②] 嘉庆二十五年（1820），河南省征麦47990.2石、米50731石、豆120822石，豆的征收量超过米、麦的总和。[③]

　　到了清代后期，大豆种植面积及产量依然很大。据宣统二年（1910）统计，直隶大豆种植面积为3725430万亩，收获量为1778115石；山东大豆种植面积为17750642亩，收获量为16443059石；河南大豆种植面积为6453164亩，收获量为3871898石。三省大豆共种植27929236亩，共收获大豆22093072石。[④] 这个数字是相当庞大的，可看出清代华北平原豆类种植面积是不小的，产量也是颇高的。其中，山东大豆种植面积最大，产量亦最高。清后期大豆在粮食作物种植结构中依然保持着很高的比例，充当着主要的粮食作物品种。据光绪时期潘守廉撰的《南阳府南阳县户口地土物产畜牧表图说》就给我们留下了有关间南阳县粮食作物种植及收成情况的详细资料（见表4-8）。

---

①　许檀：《明清时期山东经济的发展》，《中国经济史研究》1995年第3期。

②　（道光）《河内县志》卷12《田赋志》，1825年刻本。

③　梁方仲：《中国历代户口地田田赋统计》乙表77，《嘉庆二十五年各省府州厅户口田地及额征田赋数》注释26，上海人民出版社，1980，第412页。

④　刘锦藻编《清朝续文献通考》卷382《实业·农业》，《万有文库》，第11293页。

表 4－8　光绪朝南阳县熟年主要粮食作物产量统计

作物名称	亩产（斗）	每斗（斤）	亩产（斤）	产量（万石）	产量（万斤）	占总产量比例（%）	播种面积（万亩）
小麦	3	34	102	20.0	6800	28.3	66.7
大麦	4	25	100	0.3	80	0.3	0.8
玉麦	4	33	132	1.0	330	1.4	2.5
稻	6	24	144	0.5	115	0.5	0.8
蜀秫	5	30	150	10.0	3000	12.5	20.0
玉蜀黍	4	31	124	10.0	3100	12.9	25.0
粟	5	30	150	11.0	3300	13.8	22.0
黄豆	4	35	140	10.0	3500	14.6	25.0
黑豆	5	35	175	6.0	2100	8.8	12.0
绿豆	3	35	105	0.7	242	1.0	2.3
豌豆	3	35	105	1.8	630	2.6	6.0
脂麻	2	30	60	2.0	600	2.5	10.0
薯	—	—	400	—	200	0.8	0.5
合计					24000	100	193.6

资料来源：潘守廉《南阳府南阳县户口地土物产畜牧表·全境物产·粮食类》，《南阳府南阳县户口地土物产畜牧表图说》，光绪三十年（1904）石印本，台北，成文出版社，1968，第 2~7 页。

　　从表 4－8 可以看出，光绪年间南阳县粮食作物中小麦依然是大宗，在所有粮食作物中无论是播种面积，还是产量，都是第一位的。就播种面积而言，豆类（黄豆、黑豆、绿豆、豌豆）播种面积为 45.3 万亩，约占全部耕地面积 193.6 万亩的 23.4%，仅低于小麦播种面积在全耕地面积中的比例 34.45%，排粮食作物播种面积中的第二位。其中黄豆播种面积在豆类中最大，约为 25 万亩，约占全部耕地面积的 13%，已超过粟成为第二大粮食作物。就产量而言，豆类总产量约为 6472 万斤，仅低于小麦产量的 6800 万斤，约占粮食总产量的 26.97%。其中黄豆产量约为 3500 万斤，约占粮食总产量的 14.6%，这一比例仅低于小麦，高于粟，也居粮食作物的第二位。黑豆产量为 2100 万斤，约占粮食总产量的 8.8%。虽然南阳县的情况与河南其他地方粮食种植结构不完全一样，各地因具体情况有别，会有一定的区域性差异，但大体可以说明清末河南的部分地区豆类产量已超过粟，在粮食种植结构中排名第二位。

　　（2）豆类产量的提高与对外输出的增加

　　明清时期华北平原的大豆除了满足本地日常饮食生活需求外，还大量地输往外地，输出大体呈两个趋向：一是黑豆的北上，一是黄豆的南下。黑豆北上主要是满足京师及边仓所需，黄豆南下则主要是满足江南榨油、豆腐生产及肥田之需。由于河北地区有着京师庞大的消费群体，再加上北部边防官仓所需实行就近供给，因此华北平原豆类供给的主体是山东和河南两省。而山东、河南巨大的豆类流通量则说明当时大豆种植面积之大、产量之高。

一是黑豆广泛种植且大规模地北输。清代华北平原黑豆的种植主要集中在山东、河南两省。清高宗曾言"河南、山东素称产豆之乡"。①"黑豆一项，多种于近河之区"，河南近河处，黑豆种植较多，产量亦较高，"以卫辉一带出产颇广，价值亦平。而离河稍远之州县，所种无几"。②"近河"不仅给黑豆的种植提供了充足的水分，而且能为黑豆的水上运输提供方便。河南巡抚硕色上奏采运黑豆时的情形云："豫属祥符、中牟、阳武、封邱、汲县、新乡、辉县、获嘉、原武等九县，豆价既平，兼近水次，合计买运价费，到京在一两以内。现分派各该县，令共买豆四万石。"③ 山东也是重要的黑豆产地，其中青州产量尤大，"青州为产豆之乡"④，且在青州"买豆则易，买谷则难"。⑤ 山东、河南两省黑豆的大规模种植为北输京师和边仓提供了可能。

山东、河南两省黑豆的北输主要用于满足北方饲马之需，类型主要有三种：一为额供，一为改征，一为采买。额供自不必说，明代即已存在。改征和采买是北输的主要类型。当京师粟米充足而黑豆不足时，户部多采用改征黑豆的方式来调剂官储。这种方式在清前中期频繁实行，如雍正十一年（1733）题准："山东、河南两省额征粟米内改征黑豆十二万石，运供在京官兵并支应理藩院宾馆等处牧马之用。"⑥ 乾隆十六年（1751），山东巡抚、原任河南巡抚鄂容安上奏："豫省每年额征漕粮二十二万石。自雍正十年（1732）、乾隆九年（1744），两次改征黑豆九万九千三百余石。"⑦ 同年，清高宗"谕京师官兵牧养马驼需用黑豆甚多，豫、东二省向为出产黑豆之地，自雍正十年以来，已于二省漕粮粟米内节次改征，每年合计额解黑豆二十万九千余石，以供支放……现在豫东二省额征运通粟米尚有三十七万余石，计支放官兵俸饷外，每岁有多余剩，似可再为酌量改征，以裨实用"。⑧

① 《清高宗实录（四）》卷249，乾隆十年九月，第204页。
② 《清高宗实录（二）》卷120，乾隆五年闰六月上，第761页。
③ 《清高宗实录（四）》卷252，乾隆十年十一月上，第252页。
④ 《清高宗实录（三）》卷184，乾隆八年二月上，第377页。
⑤ 《清高宗实录（三）》卷220，乾隆九年八月上，第863页。
⑥ （宣统）《山东通志》卷78《田赋志第五·田赋一》，1918年刊本。
⑦ 《清高宗实录（六）》卷399，乾隆十六年九月下，第247页。
⑧ （宣统）《山东通志》卷78《田赋志第五·田赋一》，1918年刊本。

乾隆十八年（1753），户部议复仓场侍郎鹤年奏云："豫东二省，额征运通粟米五十七万余石。自雍正十年起至乾隆十七年止，以京师喂养马驼，需豆甚多，而东豫二省，向为产豆之区，即于运通粟米内，节次改征黑豆二十五万九千三百余石，足资喂养。"① 除改征之外，如遇京师黑豆存量不足、价格高昂时，朝廷往往采买山东、河南黑豆以弥补豆缺，平抑豆价。如乾隆三年（1738），令"东、豫二省采买黑豆运通以供支放。奉谕旨八旗喂马驼黑豆在所必需，今户部因仓贮豆少……应于山东采买五万石，河南采买三万石，共八万石足数支放"②。乾隆二十七年（1762），谕军机大臣等曰："前因京师豆价昂贵，曾经降旨令于山东、奉天二省各购买五万石运京备用。豫省亦系产豆之乡，因该省去岁收成稍歉，是以未令买运。今据胡宝瑔奏，今年入秋以来，早谷登场，粮价平减，该省所产豆石自必丰裕。著传谕胡宝瑔，令于各属产豆州县购买五万石，由运河解京。"③ 乾隆二十八年（1763），又谕："近来京师黑豆价值未能平减，而官员兵民拴喂牲畜需用甚多。虽现在仓储足敷支放，而平粜一项多多益善。著豫、东二省于产豆丰收处所，每省购买五万石，照依从前运送麦豆之例，即速委员由水路运通，以备平粜。"④ 乾隆四十七年（1782），谕军机大臣等："目下京师黑豆价值颇昂，较之豫省计增至一倍有余。现将积存京仓豆石，发给官员等以平市价。因思豫省黑豆，从前有采买运京者，著传谕该抚，查照向例，购买二三万石，由水路运送至京。"⑤ 这几段史料，不仅说明山东、河南为清代华北平原最为重要的黑豆产区，而且从侧面反映二省黑豆种植面积及产量都是非常大的。

二是黄豆广泛种植且大规模南下。与黑豆主要北输不同，清代华北平原的黄豆主要流向南方。黄豆除了岁赋、满足本地榨油等需求外，还通过水路、陆路销向江南。当然，黄豆南下的基础是广泛的种植和总量的增加。李令福先生通过对孔府档案等史料的分析，认为："清代末年，山东省豆类作物播种面积占总耕地的30%左右，其中黄豆独多，其播种面积约占总耕地的25%以上，以此标准计算，则清末山东省黄豆播种面积达3022.5万市亩，以亩产70斤计算，则年产黄豆2115.8万石，大致位于东三省与湖南湖

---

① 《清高宗实录（六）》卷443，乾隆十八年七月下，第775页。
② 清高宗敕撰：《清朝文献通考》卷32《市籴考·市》，《万有文库》，第5148页。
③ 《清高宗实录（九）》卷666，乾隆二十七年秋七月上，第446页。
④ 《清高宗实录（九）》卷680，乾隆二十八年二月上，第603页。
⑤ 《清高宗实录（一五）》卷之1168，乾隆四十七年十一月上，第661~662页。

北以后，成为全国第三大黄豆产区。"[1] 通过研究，我们知道山东豆类至少在清后期已超过粟谷成为第二大粮食作物，而豆类中的黄豆，无论是种植面积还是产量都要高于黑豆。河南黄豆的种植面积也不小，上引"光绪朝南阳县熟年主要粮食作物产量统计表"显示，光绪年间南阳县岁种黄豆 25 万亩，约收 10 万石，这一数字几与粟谷、玉米相等，超过豌豆、黑豆、绿豆的总和。[2] 黄豆的广泛种植及高产，促进了其商品化的快速发展，大量的黄豆经海运、漕运进入江南市场。海运一路，是黄豆经海上运往江南，据许檀先生研究，乾隆中叶，每年通过海关进口豆类 70 余万石，运往江南各地，其中山东所产占 2/3，当有四五十万石之多。当时在山东登州，胶州商人在刘河镇开设的字号就有三四十家之多。海运粮食解禁之后，输往江南的黄豆量更大。漕运一路则是通过运河往江南输送黄豆。山东省的"兖、沂所属兰山、郯城、峄县、胶州等处向系广产豆石之所，而峄县尤水运总汇"。[3] 许檀认为，乾隆年间每年经由淮关南下的豆类约有五六百万石之数。[4] 日本学者香坂昌纪也认为，乾隆前期，淮安关豆税约占 60%，梨枣占 17%，合计北货超过 70%，南货不超过 23%。[5] 应该说，输往江南的多是黄豆，南输的黄豆量远远多于输往京师和边防用于饲养官马的黑豆量。

从以上分析可以看出，由于多种原因，清代华北平原豆类种植面积较明代有进一步的拓展，产量也有进一步提高，这就使得其在粮食种植结构中的比重较明代有所提升，地位有所提高，在有些地区已成为仅次于小麦的第二大粮食作物。

三　简短总结

通过以上分析可以看出，明清时期华北平原的豆类种植经历了一个逐渐扩展的过程，其在粮食种植结构中的比重也经历一个渐趋提升的过程。这两个过程乃是明清豆类种植趋势的两个面相，是在人口激增的刺激下，在两年三熟制形成后逐渐出现的。

在明代的前中期，豆类作物在粮食种植结构中并不占主要地位，夏麦秋

---

① 李令福：《明清山东粮食作物结构的时空特征》，《中国历史地理论丛》1994 年第 1 期。

② 潘守廉：《南阳府南阳县户口地土物产畜牧表·全境物产·粮食类》，1904 年石印本。

③ 《宫中档乾隆朝奏折》第 4 册，江苏巡抚庄有恭乾隆十七年十二月二十日折。

④ 许檀：《明清时期山东的粮食流通》，《历史档案》1992 年第 1 期。

⑤ 〔日〕香坂昌纪：「清代中期の浙西における食糧問題」，『東洋史研究』第 49 卷第 2 号；「清代中期の杭州と商品流通——以北新関を中心として」，『東洋史研究』第 50 卷第 1 号。

粟是华北平原粮食作物种植的基本格局。明后期豆类播种期由春播向夏播转变，使得大豆种植面积大增，产量迅速提高，豆类开始在华北平原粮食种植结构的比重提升，地位提高，居于小麦和粟谷之后（有些地方甚至超过粟谷的地位），成为主要粮食作物。豆类除作为赋税征收对象，北输以供应京师各监局、官仓之外，还作为商品南下江南。

明后期至清代中叶，随着黄豆榨油技术的逐渐推广，华北平原两年三熟制的逐渐形成以及江南对豆类需求量的增加，华北平原豆类种植面积迅速扩大，总产量也迅速提高。到了清后期，豆类在华北平原粮食种植结构中的比重发生了重要变化，在有些地区甚至仅次于小麦成为第二大粮食作物。曲阜孔府档案及上引光绪朝《南阳府南阳县户口地土物产畜牧表·全境物产·粮食类》都证明了这一点。与此同时，黄豆因为市场需求量的大增，其种植面积和总产量也明显超过黑豆。虽然平原区宜于种黄豆，山地宜于种黑豆、杂豆，但上引资料中的南阳县即为山地，而其黄豆的播种面积超过了黑豆、绿豆、豌豆的总和，黄豆总产量也超过三者总和。显然，市场需求的增加，促使黄豆在豆类种植结构中独占鳌头，甚至总产量超过粟谷，而居于所有粮食作物的第二位。

尤其需要指出的是，大豆的商品化是这一时期（尤其的清代）粮食作物种植的明显特点，华北平原大豆产量的增加促成了其向外输出，而外在的需求又反过来刺激了大豆种植的扩展，二者是相互触动，相互影响。

第三节　明清美洲粮食作物在华北平原的传播、推广及地位

明清时期，美洲粮食作物的传播和推广是华北平原粮食种植结构的一大变化。新作物的传播丰富了华北平原粮食作物的品种，一定程度上改变了传统的粮食种植结构。新作物高产、抗灾性强，在解决因人口激增而形成的粮食危机和因自然灾害而面临的粮食不足等问题上起到了重要作用。在明清传入的新作物中，玉米和红薯对当时人们的生活影响比较大，本节亦主要对这两种粮食作物的传播、扩展以及对明清时期华北平原粮食种植结构的影响进行阐述。[①]

---

①　有关明清时期美洲粮食作物传入问题，学界已有的研究成果不少，如曹玲的《美洲粮食作物的传入、传播及其影响研究》（硕士学位论文，南京农业大学，2003）、宋军令的《明清时期美洲农作物在中国的传种及其影响研究——以玉米、番薯、烟草为视角》（博士学位论文，河南大学，2007）、郑南的《美洲原产作物的传入及其对中国社会影响问题的研究》（博士学位论文，浙江大学，2010）等，笔者对此有所参考。

一 明清华北平原玉米的传播及地位

玉米原来叫玉蜀黍，各地的叫法很多，有番麦、玉麦、玉黍、玉高粱、苞芦、包芦、棒子、棒子米等。玉米原产美洲，明代时传入中国。

根据目前学界的研究，玉米传入中国的途径有海陆两种。陆路一是通过丝绸之路传入西北地区，然后流传到黄河中下游地区；二是经印度、缅甸传播到西南地区。海路则自美洲经东南亚传至东南沿海的闽粤等省，然后向内地扩展。这几条玉米传播途径逐渐向中国腹地延伸，并最终融合。[①] 由于华北平原一直是农业的主产区，新兴作物传入中国后，逐渐被引种到华北平原。

1. 河北地区玉米的引入与种植

就目前所掌握资料来看，河北地区在明代已有玉米栽培的记载。嘉靖三十九年（1560）《兴济县志》中记载有"棒子"。[②] 半个多世纪后的天启二年（1622）《高阳县志》中记载有"玉蜀秫"。[③] 由于对玉米的品种、栽培、食用等了解不多，所以河北地区玉米发展相对较慢。

清乾隆以前，玉米在河北的种植并不普遍，"土人不多种，惟园圃间有之"。[④] 乾隆以后，随着人们对玉米属性认识的不断深化，其播种范围也就不断扩大，很多州县的方志都有记载，如献县、沧州、安东、乐亭、丰润、任丘、涿州、柏乡、永清、大名、香河、清苑、热河等地的相关志书上都有关于玉米种植的记载。但对玉米的称呼各不相同，有曰"玉秫米"，有曰"玉蜀黍"，有曰"玉蜀秫"，有曰"玉粟黍"，等等。[⑤] 如（乾隆）《天津县志》记载："玉秫米，叶似秫，实生节间，一株可结数穗。"[⑥]（乾隆）

---

① 陈树平：《玉米和番薯在中国传播情况研究》，《中国社会科学》1980年第3期。
② （嘉靖）《兴济县志书》卷1《风土志·土产》，1560年刻本。
③ （天启）《高阳县志》卷4《食货志》，1622年刻本。
④ （乾隆）《献县志》卷3《食货·物产》，1761年刻本。
⑤ （乾隆）《献县志》卷3《食货·物产》，1761年刻本；（乾隆）《沧州志》卷4《物产》，1743年刻本；（乾隆）《安东县志》卷8《物产》，1765年刻本；（乾隆）《乐亭县志》卷5《风土志·物产》，1755年刻本；（乾隆）《丰润县志》卷4《物产》，1755年刻本；（乾隆）《任邱县志》卷3《物产》，1702年刻本；（乾隆）《涿州志》卷8《物产》，1765年刻本；（乾隆）《柏乡县志》卷10《物产》，1767年刻本；（乾隆）《永清县志》卷9《物产》，1813年补刻本；（乾隆）《大名县志》卷20《物产》，1789年刻本；（康熙）《香河县志》卷2《物产》，1678年刻抄本；（乾隆）《天津县志》卷13《风俗物产》，1739年刻本；（康熙）《唐山县志》卷1《土产》，1673年刻本；（康熙）《清苑县志》卷6《食货·土产》，1677年刻本；（乾隆）《热河志》卷92《物产》等，1783年刻本。
⑥ （乾隆）《天津县志》卷13《风俗物产》，1739年刻本。

《热河志·物产》记载有"玉蜀黍"，且云热河以玉米粉"做糕，土人亦以为糜"。①尽管种植玉米的州县很多，但各地种植面积均不大，只是小范围种植而已，玉米尚未成为真正的大田作物。如（乾隆）《安肃县志》记载：谷之类"又有千穗谷，小穗丛生叶间，粒精而细。又曰玉米，家园间有之"。②（乾隆）《献县志》载："玉蜀秫，土人不多种，惟园圃间有之。"③宁河县玉米种植面积也不大，仅"田家园边多种之"。④家园间种植，说明其播种面积不大。

河北地区玉米的大量种植，则是在清后期。如光绪年间束鹿县境内"种此者颇多，早晚皆宜"。⑤（光绪）《遵化通志》载："玉黍秫，一名玉蜀黍，一名包谷，州境初无是种，有山左种薯者于嘉庆中携来数粒，植园圃中，土人始得其种，而分种之后，则愈种愈多，居然大田之稼矣。"⑥这段文字记载了遵化县从开始引种玉米到玉米成为"大田之稼"的过程。（光绪）《遵化通志》刊于光绪十二年（1886），此时和乾隆时期的"土人不多种"相距不过120余年的时间。在古代社会，一个新生作物由传入到普遍种植，能在120多年内完成，这个速度还是很快的，同时也说明玉米的适应性较强，广受人们的欢迎。

当然，清后期仍有部分地区玉米种植不甚广泛，如乐亭县，虽然在乾隆年间已经有了种植玉米的记载，但在光绪三年（1877）《乐亭县志》里的记载仍是："玉蜀黍，……园圃中多种之，亦有种于田亩者，……作饭磨面，邑人不甚尚之。"⑦这说明，玉米在清末仍然未能在河北地区广泛种植，其在粮食种植结构中的地位并不高。

2. 山东地区玉米的引入与种植

山东省在明代中后期开始有玉米栽培的记载，如明朝隆庆、万历年间成书的《金瓶梅词话》中就记载"一盘子烧鹅肉，一碟玉米面玫瑰果馅蒸饼儿"⑧；"登时四盘四碗拿来，桌上摆了许多嘎饭，吃不了，又是两大盘玉米

①（乾隆）《热河志》卷92《物产》，1783年刻本。
②（乾隆）《安肃县志》卷4《方产·谷属》，1808年补刻本。
③（乾隆）《献县志》卷3《食货·物产》，1761年刻本。
④（乾隆）《宁河县志》卷15《风土志·物产》，1779年刻本。
⑤（光绪）《束鹿乡土志》卷12《物产》，1937年《束鹿五志合刊》本。
⑥（光绪）《遵化通志》卷15《舆地志·物产》，1886年刻本。
⑦（光绪）《乐亭县志》卷13《食货志下·物产·谷属》，1877年刻本。
⑧兰陵笑笑生：《金瓶梅词话》第31回，人民文学出版社，1985，第262页。

面鹅油蒸饼堆集的"。① 西门庆是当时社会上的富家公子，他以玉米面待客，这从侧面反映当时玉米可能非常罕见，是人们很难见到食物，所以玉米面只会在上流社会的宴会中出现。万历三十一年（1603）《诸城县志》中有"玉谷秫"的记载。② 崇祯十三年（1640）《历城县志》记载玉秫"色白味美"。③ 王象晋《二如亭群芳谱》中说："苗高三四尺，六七月开花，穗苞如拳而长，须如红绒，粒如芡实大而莹白。……旧名蓄麦……一名玉蜀黍，一名玉高粱，一名戎菽实，一物也。"④ 这段话就是对玉米的形象描述。王象晋是明末山东人，从他的描述中可以看出，他对玉米的习性很熟悉，这说明他生活的地方可能已经栽培玉米。总之，明代山东地区有关玉米的记载并不多，有可能是玉米才刚引种到山东的缘故。

清乾隆以后，玉米在山东种植的地区明显增多，禹城、历城、淄川、招远、泰安、鱼台、肥城、济阳、临清、济宁、荣城、福山、胶州、宁阳等地都开始种植玉米，志书中都把玉米列入本地的粮食品种。但此时期玉米种植面积还比较小，志书中多出现"间艺之""间有玉秫""种者稀""间有种者"之语，就是明证。如（顺治）《招远县志》记载："玉蜀黍，即玉膏粱，有五色，田畔园圃间艺之。"⑤ （乾隆）《临清州志》记载："玉蜀黍，一曰玉高粱，园圃隙种之。"⑥ （咸丰）《宁阳县志·物产》记载："苞谷，土名玉秫，间有种者。"⑦ 胶州的"胶土不甚宜，故种稀"。⑧ 从地理分布来看，玉米在鲁西及鲁西南地区传种比较广泛，而在鲁中、鲁东一带种植较少，这可能与鲁西及鲁西南地区因大量种植经济作物（烟草、棉花）而形成的粮食短缺有一定的关系。嘉庆以后，玉米种植更加广泛，齐河、滨县、利津、德县、文登、茌平、德县、夏津、莱阳、牟平、乐陵、阳信、清平、莘县、东昌、济南、长清、肥城等地都种植，这就意味着鲁中及胶东半岛地区玉米的种植面积逐渐大了起来。如沂水县在道光咸丰时，"荒山不宜五

---

① 兰陵笑笑生：《金瓶梅词话》第 35 回，第 306 页。

② （万历）《诸城县志》卷 7《土产》，1603 年刻本。

③ （崇祯）《历城县志》卷 5《赋役志·土产》，1640 年刻本。

④ 王象晋：《二如亭群芳谱》卷 7《谷谱·御麦》，《四库全书存目丛书补编》第 80 册，第 265 页。

⑤ （顺治）《招远县志》卷 5《物产》，1660 年刻本。

⑥ （乾隆）《临清州志》卷 11《物产志》，1750 年刻本。

⑦ （咸丰）《宁阳县志》卷 6《物产》，1852 年刻本。

⑧ （道光）《重修胶州志》卷 14《物产》，1845 年刻本。

谷"，而"只宜种包谷"。①

光绪十年（1884）《临朐县志》记载："别有玉蜀秫，或曰玉高粱，或曰包谷，俗呼为棒槌，以形似名，……多有种者。"② 光绪二十三年（1897）《文登县志》记载："六谷之外，高田多包谷，洼地多穄，终岁之计，二者居其半焉。"③ 宣统元年（1909）《乐陵县乡土志》记载："玉蜀黍，俗名棒子，有黄白二色，本草作包谷，大宗。"④ 就整个清代而言，尽管玉米在山东扩展很快，但在粮食种植结构中的比重终不及小麦、大豆和高粱。

3. 河南地区玉米的引入与种植

明清时期是玉米传入河南并得以扩展的时期。这一高产作物的传入对河南粮食生产和作物分布产生了重要影响。有关这一问题，马雪芹先生有过研究。⑤

河南是华北平原较早有玉米记载的省份，其传入的时间大致在明嘉靖中后期：嘉靖三十年（1551）的《襄城县志》中记有"大麦、小麦、荞麦、玉麦"；⑥ 嘉靖三十四年（1555）的《巩县志》中列有"黍、稷、稻、粱、粟、麻、荞麦、秫、稗、豆、玉麦"；⑦（嘉靖）《钧州志》中载有"玉麦"；⑧（万历）《温县志》载有"玉麦"；⑨ 万历二十二年（1594）《原武县志》中记载有"小麦、大麦、玉麦、荞麦"。⑩ 由上述记载推断，玉米在河南的种植时间当在嘉靖中期。不过，并非所有的"御麦"都指的是玉米，如嘉靖十六年（1537）《鄢陵县志》载："麦，秋种，亦有春种者。大麦三月黄嘉；小麦自黄皮蜻子之外，有白麦、御麦为最嘉。其他曰红杆、曰铁杆、曰光头、曰倏儿之类，类难悉举。"⑪ 显然，这里的"御麦"置于麦类，与其他麦的品种并列，应指的小麦的一种，而不是玉米。关于"御麦""玉麦"到底是玉米的一个别称，还是小麦的一个品种，现在学界有不同的观

① 吴树声：《沂水桑麻话》，《沂水县文史资料》第三辑，1987，第79页。

② （光绪）《临朐县志》卷8《风土志·物产·谷之属》，1884年刻本。

③ （光绪）《文登县志》卷13《土产》，1897年刻本。

④ （宣统）《乐陵县乡土志》卷6《物产》，1909年石印本。

⑤ 有关明清时期河南玉米传播与推广情况，马雪芹先生有《明清时期玉米、番薯在河南的栽种与推广》（《古今农业》1999年第1期）一文，笔者对此有所参考。

⑥ （嘉靖）《襄城县志》卷1《地理·土产·麦类》，1551年刻本。

⑦ （嘉靖）《巩县志》卷3《物产·谷类》，1555年刊本。

⑧ （嘉靖）《钧州志》卷1《物产》，1553年抄本。

⑨ （万历）《温县志》卷上《物产》，1579年刻本。

⑩ （万历）《原武县志》卷上《土产·谷类》，1594年刻本。

⑪ （嘉靖）《鄢陵县志》卷3《田赋志·土产》，1537年刊本。

点。由于史书记载的简略，因此难以下结论，像嘉靖十六年（1537）《鄢陵县志》中记载得这么详细的很少。不过，和临近省份相比较，明嘉靖时期山东、河北都还没有玉米的相关的记载，所以有可能地方志中的"御麦""玉麦"指的是小麦的一个品种。关于这一点，曹树基、韩茂莉都持相同看法。[①] 即使"御麦""玉麦"是玉米的一个别称，就整个明代而言，其种植的区域也是非常小，在粮食种植结构中没有什么影响。

到清代，随着前中期人口的激增，粮食供给日趋紧张。在粮食需求的拉动下，玉米开始在河南较为迅速地扩种。据（顺治）《河南府志》记载，玉米已经成为全府性"土产"。[②] 康雍乾时期，玉米在河南的推广速度很快。成书于康熙间的《古今图书集成·职方典》及河南府、归德府、汝州三区《物产考》（下），均记有"玉麦"，[③] 这说明当时"玉麦"为三区通产。怀庆府虽无全府"土产"记载，但属县志有"玉麦"记载，这至少说明汝州也是有少量玉米种植的。[④]（乾隆）《河南府志》载道："玉蜀黍……叶间有苞，上垂须，苞拆子出，有赤白二种。"[⑤] 乾隆及以后的清代时期，玉米在河南的传种速度明显加快，河南大部分地区种上了玉米。封丘、归德、新乡、怀庆、温县、林县、辉县、彰德府、汝州、鲁山、兰阳（今兰考）、阳武、嵩县、河南府、新安、巩县、偃师、宜阳、永宁（今洛宁）、渑池、孟津、洛阳、太康、陕县、灵宝、阌乡、中牟、尉氏、鄢陵、仪封、泌阳、扶沟、禹州、许州、沈丘、太康、鹿邑、正阳、商城、舞阳、南阳、遂平、光山、固始等地的方志中都有玉米种植的记载。"其分布特点以豫西伏牛山区最广，其次是豫北地区和豫东平原，南阳地区次之，豫南地区的玉米种植则较省内其他各地为少"。[⑥] 到了清末，玉米在河南的传播已很广泛，甚至在有的地区的粮食种植比重中占有很大的份额。据光绪三十年（1904）《南阳府南阳县户口地土物产畜牧表全境物产·粮食类》的记载，南阳县"玉蜀黍，土人谓之包谷，熟年每亩约收四斗，每斗三十一斤，境内约岁获十万石有奇"。各种粮食作物的比重是：麦子占 28.7%，豆类占

---

① 曹树基：《玉米和番薯传入中国路线新探》，《中国社会经济史研究》1988 年第 4 期；韩茂莉：《近五百年来玉米在中国境内的传播》，《中国文化研究》2007 年第 1 期。
② （顺治）《河南府志》卷 4《土产》，1663 年刊本。
③ 陈梦雷等：《古今图书集成·职方典》第 435、396、484 卷，中华书局，1934 年影印版。
④ 陈梦雷等：《古今图书集成·职方典》第 421 卷，中华书局，1934 年影印版。
⑤ （乾隆）《河南府志》卷 27《物产》，1779 年刻本。
⑥ 马雪芹：《明清时期玉米、番薯在河南的栽种与推广》，《古今农业》1999 年第 1 期。

24.5%，谷子占15.5%，玉米占14.1%，高粱占14.1%，红薯占2.4%，水稻占0.7%。① 显然，玉米成为当地的主要粮食作物。

需要指出的是，光绪三十年（1904）南阳县玉米的高产量及在粮食作物结构中的高比重并非是玉米在河南播种和推广的全貌。就清代整个河南而言，玉米在播种面积上所占的比重不大，基本上还处于传播阶段，所以并非主粮。如沈丘县，"玉蜀秫……以啖小儿";② 太康县，乾隆年间有"玉蜀秫"的栽培记载③，直到民国二十二年（1933）仍是"境内亦有之，然非农家恒产"④，还种植得不多。不过，在山区县，玉米的种植面积逐渐扩大，有的地方成为主食。乾隆时嵩县的山民，"玉黍，粒大如豆，粉似麦而青，盘根极深，西南山陡绝之地最宜，若稷黍高粱艺植殊少。……今嵩民日用，近城者以麦粟为主，菽辅之；其山民，玉黍为主，麦粟辅之，稻虽产，非常需也"。⑤

随着播种面积的扩大，玉米品种也开始丰富，民国时已有多个品种，如《洛宁县志》载，"玉蜀黍，俗名玉谷，有红黄白三种";⑥《考城县志》载，"玉蜀黍，……有黄白紫三色";⑦ 光山县的玉米"有黄赤二种"。⑧

总之，玉米在明代时期已经引进到华北平原，但是传播的速度比较缓慢，一直到清末才逐渐普及，在人们的食粮结构中占得一席之位。不过，和粟、高粱相比较，其种植规模还比较小。

二　明清华北平原甘薯的传播、推广及地位

甘薯，在我国俗名极多，因其来自国外，故被称作"番薯"；因结瓜于地下，又名"地瓜"；因块根颜色为红、白色，所以称作"红薯""白薯"；因其蔓如苔，故名"红苔"；因其产量极高，又具有救灾作用，在灾年救饥胜金，故又称"金薯"；等等。由于甘薯甜美可口，适应性强、产量高，种之利胜种谷，可谓"不需天泽，不冀人工，能守困者也；不争肥壤，能守让者也；无根而生，久不枯萎，能守气者也。……可以粉，可以为酒，可祭

---

① 潘守廉：《南阳府南阳县户口地土物产畜牧表·全境物产·粮食类》，1904年石印本。
② （乾隆）《沈丘县志》卷6《物产志》，1762年刻本。
③ （乾隆）《太康县志》卷3《物产》，1761年刊本。
④ （民国）《太康县志》卷2《舆地志》，1933年铅印本。
⑤ （乾隆）《嵩县志》卷15《食货·物产》，1767年刻本。
⑥ （民国）《洛宁县志》卷2《土产》，1917年铅印本。
⑦ （民国）《考城县志》卷7《物产志》，1924年铅印本。
⑧ （民国）《光山县志约稿》卷1《地理志·物产》，1936年铅印本。

可宾，能助礼者也。茎叶皆无可弃，其直甚轻，其饱易充，能助俭者也。耄耆食之而不患哽噎，能养老者也。童孺食之止其啼，能慈幼者也。行道鬻乞之人食之，能平等者也。下至鸡犬，能及物者也"。① 故而甘薯在明清时期从海外引进的农作物中传种最为迅速，并且得到了清政府的大力支持，很快在粮食作物中跃居重要地位。

甘薯传入中国的途径大概有两条：一是由海路传入东南沿海的福建和广东，一是由陆路传入西南边疆的云南。甘薯引进后，首先在闽粤部分地区得到推广。17 世纪初，甘薯由福建引种到了长江流域。到 18 世纪前期，长江流域许多省份都已有甘薯的栽培，出现了"高山海泊无不种之，闽、浙贫民以此为粮之半"② 的局面。与此同时，甘薯也开始传到了北方黄河流域地区。不过在明代，甘薯的种植还限于南方各省。到清朝时，甘薯逐渐传遍北方各地。华北平原甘薯的引进、传播和推广，主要是在康熙乾隆年间。

1. 河北地区甘薯的引入与推广

河北的一些地方将甘薯称为"红茹""白茹"③ "山薯"④ "山芋"⑤ 等，民间俗称"地瓜"⑥。河北地区甘薯的种植是从清代开始，其传种主要有三条途径。有关这一问题，学界有所研究，笔者也有所参考。⑦

第一条途径是由福建经海陆运至正定府，这与黄可润有密切关系。黄可润原籍福建，这正是甘薯最先在中国种植的地方。乾隆十四年（1749），他给家人写信，清从南方寄来薯种，以便在直隶栽种。他在《种薯》一文中写道："任职无极时，以此地宜番薯状寄家人，曾以薯藤数筐附海艘至天津，转寄任所"，然后进行试种。但由于没有解决好薯种越冬问题，所以没有取得成功。第二年，即乾隆十五年（1750），黄可润在归家途中，看到山东德州已经引种甘薯成功，想到无极与德州接壤，生态环境近似，在德州能取得成功，必然在无极也能试种成功。于是就聘请有经验的德州老农到无极县教种，从而取得成功。⑧

第二条途径是经过海路从浙江传到天津。乾隆七年（1742）方观承任

① 何乔远：《闽书》（五）卷 150《南产志》卷 3《番薯》，福建人民出版社，1995，第 4437 页。
② 黄可润：《畿辅见闻录·种薯》，1754 年刻本。
③ （乾隆）《通州志》卷 9《风土·土产》，1783 年刻本。
④ （光绪）《顺天府志》卷 50《食货志二·物产》，1886 年刻本。
⑤ （光绪）《南皮县志》卷 5《风土志·物产》，1888 年刻本。
⑥ （道光）《新城县志》卷 8《土产》，1838 年刻本。
⑦ 参考孟繁清主编《河北经济史》第二卷，人民出版社，2003，第 497～500 页。
⑧ 黄可润：《畿辅见闻录·种薯》，1754 年刻本。

直隶清河道，乾隆十三年（1748）担任浙江巡抚。虽然离开了直隶，但他依然关心直隶的发展。据黄可润《畿辅见闻录·种薯》记载，乾隆十三年，方观承"乃购种雇觅宁、台能种者二十人来直，将番薯分配津属各州县，生活者甚众"。① 当时津属州县系指天津府所辖地区，包括今河北省的沧州、黄骅、燕山、南皮、青县等地。这样，甘薯就在直隶东部地区推广开来。

第三条途径与陈氏家族密不可分。甘薯在华北平原的成功传种，陈氏家族的功劳不可抹杀。甘薯引种者陈振龙的后人陈世元曾在山东经商，并招募很多会种甘薯的人到胶州试种，取得成功。乾隆二十一年（1756）其儿子在河南朱仙镇试种取得成功后，又在直隶、两河南北传种甘薯，包括直隶大名、广平二府。在乾隆二十二年（1757）他们又从胶州地区运输薯种到北京，教当地人种植甘薯。② 陈氏家族为甘薯的广泛种植做出了突出的贡献，据《清高宗实录（十六）》记载，清廷对陈世元"年逾八十，自愿携带薯子，挈同孙仆，前往教种"，③ 把甘薯从福建引种到河南、山东、直隶各地给予褒扬。

经过多途径的引种，河北地区的甘薯种植面积逐渐扩大，如通州甘薯有"红、白茹二种，于乾隆二十三年前督宪饬种，今每年长发利民"。④（乾隆）《宁河县志》记载："薯有红白二种，……良乡、涿州俱有，宜广种植。"⑤（乾隆）《安肃县志》载："种状类山药，味甜美，名红薯，近后营一带多种之。"⑥ 对于种植甘薯的好处，乾隆时《行唐县新志》进行过总结，认为红薯"质腻味甘，可佐食疗饥，山坡、土埂、屋畔、陇头尽堪布种，且沙土于薯性为宜，尤易滋长"。它对国家和人民的好处有：收获多、味甘甜，遍地可栽种，"今岁一茎，次年便可种数十亩"，"枝叶附地，随节生根，风雨不能侵损"，"可当米谷，凶岁不能灾"，还"可充边实"，"可酿酒"，"干久收藏，屑之作饼，胜用饧蜜"，"生熟皆可食"，"用地少，易于灌溉"，"枝叶极盛，草秽不容"，"不用锄芸，不妨农功"。⑦ 正是因为其浑身是宝，所以它的价值得到老百姓认可后，传种很快，到清中后期，甘薯已

---

① 黄可润：《畿辅见闻录·种薯》，1754年刻本。
② 陈世元：《金薯传习录》卷上，《续修四库全书》第977册，第42页。
③ 《清高宗实录（一六）》卷1235，乾隆五十年七月甲子，第588页。
④ （乾隆）《通州志》卷9《风土·土产》，1783年刻本。
⑤ （乾隆）《宁河县志》卷15《风物志·物产·蔬之属》，1779年刻本。
⑥ （乾隆）《安肃县志》卷4《方产·谷属》，1808年补刻本。
⑦ （乾隆）《行唐县新志》卷5《惠政志·种植》，1764年刻本。

经成为河北人们主要粮食来源之一。（光绪）《邢台县志》记载，邢台"红薯家食所需，故比产蓄之，以御冬焉"。① （民国）《藁城县乡土地理·物产》记载："甘薯：吾邑盛产之，而以河北为最著。河北各村，家家种之，人人食之。一入冬期，则为食物之要品。有余则售之于市。昔河南各处栽培尚少，近年渐渐亦多。"② （民国）《清河县志》记载："薯：俗名红薯，普通需要品，户种植之，分红白二色，红者佳，系少而甜，耐窖藏，一般均食至春半，产额不亚于萝葡。"③

2. 山东地区甘薯的引入与推广

甘薯在乾隆初年被引入山东半岛南岸的胶州，这与陈世元父子有密切关系。乾隆初期，陈世元在胶州做生意，因经常往返于福建与山东之间，看到当地经常遭遇自然灾害，人民生活悲惨，因此有意把甘薯移种于当地。乾隆十五年（1750），陈世元与同乡商人余瑞元、刘曦等"捐资运种，及应用犁锄铁钯等器，复募习惯种薯数人，同往胶之古镇，依法试栽"。陈世元等由福建带往胶州古镇种薯农具"铁犁、铁钯、铁爬每样各二件，并给照采募善圃十人敦习"。④ （乾隆）《胶州志》载："番薯，闽人余瑞元、陈世元、刘曦移种于胶滋息，适合土宜，因广其传焉。"⑤ 道光年间刻印的《胶州志》载："番薯，俗名地瓜。胶初无此产，乾隆初年，闽商自吕宋携至，适合土宜。今蕃衍与五谷等，南鄙尤多。"⑥《金薯传习录》也载："十八年，元命长男云移种于胶州州治，时有本籍举人纪在谱等阖庄传种受法"。陈世元等人在胶州试种番薯时，并没有立即为当地人所接受，"始人犹不信可佐谷食"，等到当年"秋间发掘，子母钩连，如拳如臂，乃各骇异，咸乐受种"，⑦ 从此，甘薯在胶州古镇才被群众接受。由于陈世元等人的热心宣传与传播，人们对甘薯的经济价值逐渐了解，一些政府官员也认识到甘薯的价值，积极地推广甘薯。乾隆十七年（1752），布政使李渭刊布《种植红薯法则十二条》，指出："种薯，二三月种者，每株种用地方二步有半……每官亩约用种三十六株；四五月种者，用地方二步，……每官亩约用种六十株；

---

① （光绪）《邢台县志》卷1《舆地·物产》，1905年刻本。
② （民国）《藁城县乡土地理·物产》，1923年石印本。
③ （民国）《清河县志》卷2《舆地志·物产》，1934年铅印本。
④ 陈世元：《金薯传习录》卷上，《续修四库全书》第977册，第41、43页。
⑤ （乾隆）《胶州志》卷6《物产》，1752年刻本。
⑥ （道光）《胶州志》卷14《物产》，1845年刻本。
⑦ 陈世元：《金薯传习录》卷上，《续修四库全书》第977册，第42页。

六月种者，用地方一步有半，……每官亩约用种一百六株有奇；七月种者，用地方一步，……每官亩约用种二百四十株；八月种者，用地方三尺以内，……每官亩约用种九百六十株。种之疏密，略以此准之。"① 甘薯一直到九月份还可以种植，不过"所生之卵，如箸如枣，不堪作粮，以备来岁之种"。同时清政府利用行政手段要求各地方官府劝民"依法种植"。清政府的推广，使得老百姓认识到种植这种农作物的好处，所以很多州县开始种植。《馆陶县志乡土志》记载，"乾隆十一年，各州县奉文劝种于高阜沙土地"。② 《泰安府志》记载，"番薯，红白二种，乾隆十七年各州县奉文劝种，于高阜沙土地，依法种植，最易生成，啖之可以代食"；③ 东平州自乾隆十七年（1752）开始，"各县奉文劝种，于高阜沙土地依法种植"；④ 海阳县于"乾隆十七年奉文劝种"；⑤ 东阿的"番薯，有红白二种，来自番舶，自乾隆十七年各州县奉文劝种于高阜沙土地，依法种植，最易生成，啖之可以代食"。⑥

甘薯产量高，是一般粮食作物产量的数倍乃至十倍；口味好，可以如米谷一样充饥饱腹；而且适应自然环境能力强，生长条件比其他作物要求的低；同时还具有强大的抗御自然灾害的能力。其在自然属性方面的这些优势，比其他农作物更适应当时社会经济生活的需要，因此引种到山东后，传种速度相当快。如德州地区种植的甘薯自乾隆初年传入后，到乾隆十六年（1751）时已获普遍种植，当时黄可润丁忧归故里时途经德州，见甘薯"甚多且贱"，问之"云四、五年前由河南、浙江粮艘带来，民间买种以为稀物，今则充斥矣"。⑦ 泰安府"自乾隆十七年各州县奉文劝种，于高阜沙土地，依法种植"，至乾隆中期已是"所在有之"。⑧ 据不完全统计，清代中叶以后，山东至少已有30余州县种植甘薯。甘薯播种面积日益增加，逐渐成为山东人们的主食之一。（乾隆）《曲阜县志》记载："乾隆五十年，甘薯就遍及冀鲁两省，已为各州县之主食，甚为谷与菜之助。"⑨ 道光时甘薯已经

---

① 陈世元：《金薯传习录》卷上，《续修四库全书》第977册，第47页。

② （光绪）《馆陶县志乡土志》卷8《物产》，1908年铅印本。

③ （乾隆）《泰安府志》卷2《物产》，1760年刻本。

④ （乾隆）《东平州志》卷2《物产》，1771年刻本。

⑤ （光绪）《海阳县续志》卷7《物产》，1880年刻本。

⑥ （道光）《东阿县志》卷2《物产》，1829年刻本。

⑦ 黄可润：《畿辅见闻录·种薯》，1754年刻本。

⑧ （乾隆）《泰安府志》卷2《物产》，1760年刻本。

⑨ （乾隆）《曲阜县志》卷37《物产》，1774年刻本。

成为荣城的主要食粮，"至日食常佐若番瓜、番薯、蔓菁，几与五谷同时珍重，谚曰田家饭一半"。[①] 在日照县，番薯"抵谷之半，根蔓叶皆可食，晒干耐陈"。[②] 平度州，红薯"今可称大宗，最利贫民，州人切片曝干囤藏，以御荒歉"。[③] 沂州府费县系"道光以后始盛行种植，同治六年荒歉，人赖全活"[④]。

3. 河南地区甘薯的引入与推广

甘薯在河南种植的最早时间是乾隆年间。乾隆五年（1740），汝州知州宋名立"觅种教艺，人获其利，种者寝多"；[⑤] 乾隆八年（1743）甘薯在鲁山县的种植已是"蔓延邑境"；[⑥] 通许县在乾隆中期已成为有名的甘薯产地；[⑦] 洛阳也是"近种红薯亦佳"；[⑧] 汲县的甘薯这时"传种于怀庆"。[⑨] 在南召县，不仅本地甘薯的种植比较多，而且还向邻近地区传播，如（乾隆）《商南县志》记载："甘薯，……乾隆十一年在河南南召境种。"[⑩] 豫东平原的甘薯种植，是在乾隆二十一年（1756）由陈世元的儿子陈云、陈燮传种到朱仙镇[⑪]，而后逐渐推广开来。

乾隆后期，为了抵御自然灾害，清政府又进一步加强甘薯在河南推广的措施。其一，乾隆皇帝让闽浙总督雅德将甘薯藤寄到河南，然后令河南巡抚毕沅"转饬被旱各属，劝谕民人，依法栽种"。[⑫] 其二，清政府将陆耀写的《甘薯录》推广、传播，加紧对甘薯种植的宣传和推广。其三，为了在河南推广甘薯的种植，毕沅还邀请陈世元到河南"教种番薯"。《东化续录》载：乾隆五十年（1785）冬十月壬午谕："毕沅奏闽省监生陈世元赴豫教种番薯，既可充食，又可耐旱。特令富勒浑等采寄河南栽种。陈世元因熟悉树艺之法，情愿赴豫教种，年老远涉，颇属急公。"[⑬] 这些措施的实行，使得甘

① （道光）《荣成县志》卷3《食货·物产》，1840年刻本。
② （光绪）《日照县志》卷3《食货志·物产》，1886年刻本。
③ （光绪）《平度州乡土志》卷14《植物》，1908年抄本。
④ （光绪）《费县志》卷1《物产》，1896年刻本。
⑤ （乾隆）《汝州续志》卷4《物产》，1743年刊本。
⑥ （乾隆）《鲁山县志》卷1《舆地志·物产》，1743年刊本。
⑦ （乾隆）《通许县志》卷1《舆地志·物产》，1771年刻本。
⑧ （乾隆）《洛阳县志》卷2《物产》，1745年刊本。
⑨ （乾隆）《汲县志》卷6《物产》，1755年刻本。
⑩ （乾隆）《商南县志》卷5《物产》，1748年刻本。
⑪ 陈世元：《金薯传习录》卷上，《续修四库全书》977册，第42页。
⑫ 《清高宗实录（一六）》卷1232，乾隆五十年六月庚寅，第548页。
⑬ 王先谦：（乾隆）《东华续录》卷102，《续修四库全书》第373册，第783页。

薯在河南各地得到迅速推广。到清代末年，河南的番薯种植仍是有增无减。（道光）《泌阳县志》记载："甘薯，即红薯也，一名番薯，附地蔓生，其根质理腻润，可以充粮，可以备荒，生食蒸食造酒造粉皆可。"[1] 光绪年间，鹿邑县番薯每亩可收两千三百多斤，救荒倍于种田。[2] （光绪）《光州志》记载："红薯，种出南番，一名番薯，其大者曰玉枕，一茎蔓延，至数十百茎，节节生根，一亩种数十石，胜种谷二十倍，宜高地沙地。若遇涝年，水退在七月中，既不及艺五谷，即可剪藤种薯。"[3] （光绪）《南阳府南阳县户口地土物产畜牧表·全境物产·粮食类》记载："薯，红白两种，熟年每亩约收四百斤，境内约岁获二百余万斤。"平原县大约每年可种五千亩，[4] 山区县估计要超出此数。

总之，200多年间，甘薯作为一个新作物，经历了引种、适应、扩张的复杂过程。尽管甘薯引进华北平原的时间比玉米晚，但因其亩产量高，适应力强，具有抵御自然灾害的能力，用功少而收获大，宜于老百姓栽种，因而传种的速度远远快于玉米，比玉米的传播和推广更为顺利，很快在人们的饮食生活中占有重要的地位。

三 简短总结

作为高产农作物，玉米、甘薯的引进和推广，一方面，缓解了明清以来由于人口增长过快所带来的粮食压力；另一方面，为明清以后人口的激增创造了条件。考古学家夏鼐就曾指出："我国的人口，在西汉末年便已接近六千万，……到明代极盛时仍只有六千万有零，……清初以战乱有所减少，但是到乾隆六年（即1741）便达一万万四千余万，……道光十五年便增至四万万以上……这样的人口激增，虽然与版图的扩大，土地的开辟，以及赋税的改变……都有关系，但是与明代晚年输入原产于美洲的番薯和玉蜀黍，恐关系更大。"[5]

由前面论述可知，玉米在明清时期华北平原的传播和扩种经历了一个艰难的过程。虽然在明代中期，玉米已引种到华北平原，但种植地域不广，规模也不大，还算不上大田作物。可以说在整个明朝，作为新兴农作物的玉

---

① （道光）《泌阳县志》卷3《风土志·土产》，1828年刻本。

② （光绪）《鹿邑县志》卷9《物产》，1896年刻本。

③ （光绪）《光州志》卷4《物产志》，1887年刻本。

④ 潘守廉：《南阳府南阳县户口地土物产畜牧表·全境物产·粮食类》，1904年石印本。

⑤ 夏鼐：《略谈番薯和薯蓣》，《文物》1961年第8期。

米，还处于引种阶段，对粮食种植结构谈不上有什么影响，以至于明末徐光启在《农政全书》中根本没有提及玉米，只在"蜀秫"一条中用"注"的形式说："别有一种玉米，或称玉麦，或称玉蜀秫，盖亦从他方得种。"[①] 玉米在华北平原的快速扩种发生在清代前中期，这一时期播种点迅速增多，但种植规模都不大，有的甚至只是在家园空隙中栽种，在整个粮食种植结构中尚不占重要地位。清后期，玉米在有些地区逐渐发展成为大田禾稼，如河南南阳县、山东乐陵县、直隶遵化县等，但这并非整个华北平原的普遍状况。

甘薯在明末才开始出现，其在华北平原的传种和推广主要是在清代。虽然在华北平原一些条件较适宜种植的地区，甘薯至清后期发展为粮食作物的大宗，但就整个华北平原而言，甘薯的传入并没有引起粮食种植结构的大变动。就整个华北平原而言，直到清代后期，无论是玉米，还是甘薯，在华北平原粮食作物中的比重都未超越小麦、大豆、高粱和粟谷。华北平原粮食种植结构依然是以小麦、大豆、高粱、粟谷为主体的多元格局。

玉米、甘薯虽然在清中期以前已经引种到华北平原，但它们在清代的粮食种植结构中并未占主要位置。玉米、甘薯在华北平原粮食种植结构中地位的普遍提升是从民国开始。民国时期，它们的种植更为普遍，已经成为当时粮食作物的大宗产品。产量的增加，相应地提升了其在粮食种植结构中的比重和地位。如玉米，河南南乐县，玉蜀黍"昔种者尚少，今深秋原野一望毵毵者皆是也"。[②] 山东牟平县，"玉蜀黍，俗称包米，为农食常品"。[③] 直隶静海县在民初玉米种植面积占到了耕地的25%，[④] 玉米成为当地最主要的作物之一。河南阌乡县，"玉蜀秫，……种者尤多，民食全赖此收入"。[⑤] 密县，包谷"所获较他粮为多，农家冬春食品最为主要"。[⑥] 直隶井陉县"境内种玉蜀秫之地，每年约四万六七千亩，每亩产量约一百三四十斤"。[⑦] 如甘薯，民国时期山东《莱阳县志》注："番薯，本名甘薯，……百年前始传北方，名为红薯，其本色也，间有白者，本县种植约占农田十分之二，为重要食粮，俗称地瓜。"[⑧]《胶澳志》载："胶初无此产，乾隆初年，闽商自吕

---

① 徐光启撰，石声汉校注《农政全书校注》卷25《树艺·谷部》，第629页。
② （民国）《南乐县志料·物产·谷类》，1931年版。
③ （民国）《牟平县志》卷1《地理志一·物产》，1936年铅印本。
④ （民国）《静海县志·土地部·物产·谷属》，1934年铅印本。
⑤ （民国）《新修阌乡县志》卷9《物产》，1932年铅印本。
⑥ （民国）《密县志》卷13《实业志·物产》，1924年铅印本。
⑦ （民国）《井陉县志料》第五编《物产·植物》，1934年铅印本。
⑧ （民国）《莱阳县志》卷2《实业·物产》，1935年铅印本。

宋携至适合土宜，今蕃衍与五谷等，南鄙尤多。"① 偃师县的资料记载："至
于红薯一项，其作用之大，已久为农家所公认，故种者日益加多，而近山一
带，至于春季，每家恒有压每千余斤者，发苗后除自栽外获利颇厚，以故农
家春日之用度，视此为入项之大宗。"②（民国）《阳武县志》记载："红白
芋，二十年前种者尚少，近来家家种之，农人用之以佐五谷。"③

从相关方志和统计资料可以看出，民国时期，河北、山东和河南三省种
植的主要粮食作物有小麦、谷子、高粱、玉米等。从翰香的《近代冀鲁豫
乡村》一书，引用 1917 年《第六次农商统计表》中的相关统计资料，说明
当时河北省作物产量结构中占前 5 位的粮食作物依次是高粱、小米、小麦、
玉米和其他麦类；山东省依次是高粱、小米、小麦、小豆和玉米；河南省依
次是小麦、高粱、大麦、其他豆类及玉米。④ 据 1932 年第 1、2 期《统计月
报》合刊"农业专号"收载的立法院统计处收集的 1924～1929 年粮食作物
常年产量资料来看，河北省产量排前 5 位的作物依次是小米、小麦、高粱、
玉米、甘薯；山东省产量排前 5 位的作物是小麦、小米、高粱、甘薯、玉
米；河南省产量排前 5 位的作物为小麦、甘薯、小米、高粱、大麦。⑤ 到现
在，小麦、玉米、大豆依旧是华北平原主要种植的农作物。国家统计局
《中国农村统计年鉴 2005》公布的数据显示，2004 年中国粮食作物总产量
46946.9 万吨，其中谷物 41157.2 万吨，约占总产量的 87.7%；豆类 2232.1
万吨，约占 4.8%；薯类 3557.7 万吨，约占 7.6%。主要粮食产品按产量的
排列是：稻谷 17908.8 万吨，约占 38.1%；玉米 13028.7 万吨，约占
27.8%；小麦 9195.2 万吨，约占 19.6%；大豆 1740.1 万吨，约占 3.7%；
马铃薯 1444.1 万吨，约占 3.1%；杂豆 491.9 万吨，约占 1.0%；高粱
232.7 万吨，约占 0.5%；谷子 181.3 万吨，约占 0.4%。由此可见，在中国
古代曾作为主食的黍、稷、粱等粮食品种，现已退居次要地位，而玉米已跃
升为全国第二大粮食作物。

所以说，虽然玉米、甘薯在明清时期未在人们当时的粮食种植结构中
占有重要的地位，但由于它们自身生物学属性上的一些优势，比其他农作
物更适合华北平原人们生活的需求，所以其发展的速度越来越快。至民国

---

① （民国）《胶澳志》卷 5《食货志·农业》，1928 年铅印本。
② （民国）《偃师县风土志略》第五篇《礼俗·物产·麦谷之属》，1934 年石印本。
③ （民国）《阳武县志》卷 1《物产》，1936 年刊本。
④ 从翰香主编《近代冀鲁豫乡村》，中国社会科学出版社，1995，第 264～265 页。
⑤ 从翰香主编《近代冀鲁豫乡村》，第 266～268 页。

时期，它们都已成为重要的粮食作物，取得与粟、麦等传统主粮在民食中的同等地位。

第四节　明清华北平原粮食种植结构变化的基本特征

通过以上对明清时期华北平原粮食种植结构的分析，可以得出明清时期华北平原粮食结构变化的四个基本特征。

一　麦豆种植比重及商品率的提高

小麦在明清时期的种植非常普遍，在明代，根据小麦占起课田地的百分比来计算其播种面积，华北平原的北直隶、山东、河南的小麦种植面积大致都维持在30%左右，河南有些地方小麦种植面积比例甚至达到50%；根据夏麦征收占赋税总额的百分比来推算其比重，华北平原的北直隶、山东、河南的小麦比重也维持在30%左右。从这两个方法来推算，华北平原夏麦在整个粮食种植结构中占30%这样一个比例。到清代时期，华北小麦种植面积的比例进一步提高，有的地方竟然达到70%。就整个华北平原而言，清朝后期小麦的种植比例大约能维持在50%上。正是由于小麦的普遍种植，人们对小麦性能已有很好的认识，"一麦抵三秋"已成为劳动人民的普遍共识。河南小麦种植甚至有"麦熟天下足"之美誉。但是像滨海地区，由于土壤的盐碱化程度高，小麦播种率会低一些。

明清时期华北平原大豆种植的扩展与耕作制度的变化有密切的关系。这一时期，两年三熟制在明清时期逐渐在华北得到推广。小麦收割以后或者小麦即将成熟之时，人们在麦地里种植大豆；秋收后播种冬小麦，从而实现在同一块土地里农作物在两年的三次收获。大豆加入两年三熟轮作体系后，种植面积增加很快，大豆逐渐成为华北平原粮食种植中的重要农作物，居于小麦、粟谷之后，甚至在有的地区超过粟谷。大豆的大量种植，除了满足当地赋税、榨油、饲料的需求外，商品化是这一时期大豆种植的突出特点；而外在的大量需求又反过来刺激了大豆的种植扩展，二者是相互促动、相互影响的。

二　粟谷地位的降低与高粱地位的跃升

粟谷和高粱是华北平原人们种植的主要秋粮作物。在华北平原，小麦的播种面积达到耕地总面积的一半以上，由于小麦口感好，易销售，如雍正十年（1732）河南麦子丰收，外地客商云集辐辏，立即成为大市场："四方辐辏，商贩群集，甫得收获之时，即络绎贩运他往……他省客商来豫籴麦者，陆则车运，水则船装，往来如织，不绝于道。"① 山东惠县，有72%的小麦用于出售；河北盐山，农家自用的小麦仅占5%。② 所以在老百姓的日常生活中，小麦在食粮中并非占主体地位。每年人们只在收获季节和过年过节时吃一点小麦面食，其余时候都是以粟谷、高粱为主食。

在明中期之前，粟在华北平原的秋粮中独树一帜。无论是国家赋税征收，还是百姓日常饮食生活，它都是主要的征收、食用对象。"麦不熟小歉，谷不熟则大饥"是粟、麦在粮食结构和百姓日常饮食生活中所占比重的真实写照。在明代，粟的播种面积一般占耕地面积的60%～70%，秋地面积是夏地面积的2～3倍。但是随着高粱的异军突起，玉米、甘薯的引进和推广，粟的播种面积不断遭到压缩，到清末时，有的地方粟的种植已排在小麦、高粱之后。民国年间，陵县粟谷播种面积降得很低，只占耕地面积的30%左右，静海县粟谷总量只占粮食总量的9%。这一切都说明明清时期粟在粮食种植结构中其比重呈下降的趋势。

伴随着粟的地位的不断下降，高粱的地位在这一时期则不断上升，其种植量可以用"突飞猛进"来形容。不管高粱是新石器时代本土起源的物种，还是魏晋时期从外国传入的品种，其在明清以前的农业生产中未曾有大的影响。但从明中叶开始，高粱频频见于农书、史书及各种地方志中，由此可见其在明清的发展是很快的。根据研究，在明清时期，高粱已经成为华北平原第三大粮食作物，有些地区高粱的比重甚至超过粟。高粱和粟相比，营养价值不高，口感不好，吃起来比较涩，且难以消化，但其单位面积产量比粟要高，对土壤条件要求较低，旱地、涝地、盐碱地都可种植，缓解了华北平原人均耕地不断降低而人口不断增长的矛盾，弥补了粮食的短缺，同时也使华北平原民食结构向粗粮化、恶劣化方向发展。

三　美洲作物的传播推广与粮食结构变化

明末清初，原产美洲的高产作物玉米、甘薯纷纷被引种到华北平原，从而给华北平原的粮食种植结构带来了一定程度的影响。在清中期以前，玉米、甘薯在华北平原处于扩种期，种植规模不大。可以说，作为新引入的农

---

① 《世宗宪皇帝朱批谕旨》卷126之24，雍正十年五月十八日。
② 张新龙：《明清时期华北地区商路交通及其经济作用》，硕士学位论文，山西大学，2007。

作物，其对整个粮食结构没有什么冲击力。但随着种植面积的不断扩大，农作时间的增长，人们对玉米、甘薯的自然属性了解得越来越多，自然会不断扩大其种植规模。到清后期，玉米、甘薯逐渐发展成为人们主要种植的农作物。不过，就整个明清时期而言，无论是玉米，还是甘薯，其在华北平原粮食作物中的比重都未能超越高粱和粟谷。玉米和甘薯属于夏季作物，不与小麦争地，它们的推广不影响小麦的栽培面积，这种局面一直持续到民国。民国时期，根据学者的研究，华北平原种植的主要农作物依次为小麦、粟谷、高粱、豆类、甘薯、玉米等。卜凯对 1922 年直隶盐山县 150 户农户的食物消费进行过调查统计，消费品种由高到低依次是高粱、粟谷、甘薯、玉米、大豆、小麦。[①] 可以说，在传统农业时代，由于玉米产量低，不能在平原推广，直到 20 世纪 50 年代以后，在水利、化肥和杂交种的推动下，玉米单产才得到提高，并获得空前发展，逐渐在播种上超越粟谷和高粱。

四　水稻种植的点块状分布与政策性波动

明清时期华北平原水稻栽培特点是种植的州县不少，但播种的面积有限，呈现点块状分布的特点，即"大分散，小集中"。明代河北（北直隶）33 个州县记载有水稻种植，占该省 173 个州县的 19.1%；山东 18 个州县方志记载有水稻种植，占全省 104 个州县的 17.3%；河南 33 个州县记载有水稻种植，占全省 108 个州县的 30.6%。到清代，河北种稻州县达 93 个，占 120 个州县总数的 77.5%；山东 57 个州县种稻，占 106 个州县总数的 53.8%；河南种稻州县达 78 个，占 106 个州县总数的 73.6%。由此可见，明清时期水稻的种植范围还是挺大的。

水稻是一个需水量比较多的农作物，想在华北平原大规模种植水稻，必然需要相匹配的灌溉工程。可以说，在华北平原，水利设施兴，则稻作农业兴；水利设施废，则稻作农业废。因此华北平原水稻种植主要集中在水资源比较丰富的地方，这就形成一个水稻种植的小集中。华北平原豫南地区由于地处淮河流域，水源丰富，气候温暖，水稻种植比较广泛。京畿地区由于特殊的位置而受到统治者的重视，陆陆续续开辟出一些水田来种植水稻。但随着相关人员的离去，京畿水利又处于荒废状态，水稻种植也就无法进行，呈现政策性波动的状况。

---

① 〔美〕卜凯：《中国农家经济》，张履鸾译，商务印书馆，1936，第 491 页。

第五章　明清华北平原粮食种植
结构变迁动因分析

一个区域粮食种植结构变迁的原因是复杂的，既有社会的因素，也有自然的因素，是社会因素和自然因素综合作用的结果。其中自然因素奠定基础，准备条件，社会因素产生动力。有基础、有条件、有动力，才会也才能实现粮食种植结构的变迁。明清时期华北平原粮食种植结构的变迁，有气候条件、生态环境的影响，如频发水旱的现实威胁，也有农业生产技术的保障，经济作物扩种的挑战，还有尖锐的人地矛盾的刺激，政府行为的推动，等等。结合明清华北平原粮食种植结构变迁的基本特征，笔者认为气候变化、人地矛盾、水旱灾害、经济作物扩种、政府行为是导致明清华北平原粮食种植结构变迁最为重要的几个原因。限于篇幅和时间，笔者仅对这几方面因素做一阐释。

第一节　气候变化与明清华北平原粮食
种植结构的变迁

气候是决定一个地区粮食种植结构的重要因素，因为它为农业生产提供必需的光照、温度、水、空气等物质资源，是发展农业生产的最基本、最重要的条件。气候的变化自然会影响到与之息息相关的农业生产，影响到粮食种植结构的变化。

一　气候变化与粮食种植结构的关系

气候变化受多个要素影响，其中光对绿色植物具有光合效应、形态效应

167

和光周期效应，从而使植物能够正常地生长、发育及形成产量。[①] 温度对粮食作物的影响很大程度上归因于它对酶系统活性的影响，即温度过高与过低都会对作物的酶系统活性有影响。华北平原种植的作物都是喜温作物，所以其生长需要大量的热量，需要适宜的温度条件。在农作物生长期内，当地表温度降至0℃线以下时，大多数喜温作物会受到霜冻危害。除了温度高低对作物生长有影响外，其持续的时间长短也是重要因素，长时间的高温或低温对有些作物生长是不利的。水是植物体的重要组成部分，作物体内一般含水量占其体重的60%～80%。没有水，植物体内的养料和有机物质运转难以进行，光合作用与呼吸作用也无法完成。可以说，没有水分，作物就不能生存。因此，气候条件影响着一定区域生物物种的选择，自然也影响着粮食作物的选择，就如同南方水稻不能在北方寒冷地区普遍种植一样。

华北平原的气候条件决定了粮食作物的种植，同时华北平原的粮食作物也在漫长的历史发展中适应了这一地区的气候条件，这是一个双向的自然选择过程。华北平原较为干旱的气候条件，要求粮食作物一定要耐干旱，消耗水分较少。粟的特点是耐干旱，耐瘠薄，抗逆性强，在土壤瘠薄、缺乏水源的地方播种也可以获得收成。据现代学者研究，"谷子每生成一斤干物质仅消耗水分271克，比黍（293克）、玉米（368克）、高粱（322克）、小麦（513克）、水稻（710克）需水都少"。[②] 因此，粟一直是华北平原最为重要的粮食作物。黍的抗旱性也比较强，适合在干旱区种植，但因产量很低，故而在华北平原粮食构成中地位较低。高粱耐旱，耐涝，耐盐碱，有着"铁秆庄稼"的美誉，在明清时期产量较大，尤其是清后期，在粮食种植结构中排在第二位。玉米也是耐旱的作物，适合在干旱缺水的地方种植，因亩产量远远高于粟、小麦，故而在明清时期的华北平原得以广泛传播和快速发展。甘薯不仅耐旱，而且还耐寒，亦耐盐碱，"易种易生，水旱冰雹均不能伤，以充民食，与米麦同功"，[③] "不与五谷争地，瘠卤沙冈皆可以长，粪治之则加大，天雨根益奋满，即大旱不粪治，亦不失径寸围"。[④] 而且甘薯的亩产量较高，故而在明清华北平原传播很快。小麦虽没有粟、黍、玉米、高粱等作物耐旱，但较之水稻则抗旱性好了很多。随着生产力水平的提高和精耕细作技术体系、两年三熟制的日渐成熟，小麦在粮食种植结构中的地位越

---

① 王馥棠等：《气候变化对农业生态的影响》，气象出版社，2003，第46页。
② 杨永琛：《山东农作物栽培知识·谷子》，山东科技出版社，1981，第6页。
③ 陈宏谋：《劝种甘薯檄》，《培远堂偶存稿·文檄》卷20，光绪二十二年铅印本。
④ 周亮工：《闽小记》卷3《蕃薯》，上海古籍出版社，1985，第125页。

来越重要。水稻喜欢高温、湿润的环境，而这类环境华北平原不多，故而水稻在华北平原始终呈点块状分布，没有得到普及。可以说，水稻在华北平原的生产量不大，地位并不高。

通过以上分析，我们知道，华北平原粮食作物构成与其特有的气候条件以及粮食作物生物学特性有着密切关系，正是这两种因素的结合，形成了华北平原粮食种植结构的基本形态。

二　明清气候变化与华北平原粮食种植结构变迁

1. 气候变化的基本情况

对中国古代气候的考察，我们不能不提及竺可桢先生。竺可桢先生曾将中国近 5000 年来的气候变化划分为 4 次温暖时期和 4 次寒冷时期（见表 5 - 1）。

表 5 - 1　中国近 5000 年冷暖变化情况

温暖期	寒冷期
第一次约公元前 3000 年至前 1000 年	约公元前 1000 年至前 850 年
第二次约公元前 770 至公元初	约公元初至公元 600 年
第三次约公元 600 年至 1000 年	公元 1000 年至 1200 年
第四次公元 1200 年至 1300 年	公元 1400 年至 1900 年

资料来源：竺可桢著《中国近五千年来气候变迁的初步研究》，《考古学报》1972 年第 1 期。

在他看来，明清时期所在的 1400～1900 年属于我国第四次寒冷期。这一时期气温较低，大约与欧洲现代小冰期相当。刘昭民曾对明清时期的气候进行了细致分期，认为明代气候可分为 4 个时期：明代前叶（1368～1457 年）为气候寒冷期；明代中叶（1458～1552 年）为中国历史上第 4 个小冰期；明代末叶的前半期（1553～1599 年）为夏寒冬暖期；明代末叶的后半期（1600～1644 年）为中国历史上第 5 个小冰期（见表 5 - 2）。

表 5 - 2　明代气温变迁

时期	气候特征	年均温度与现在相比
1368～1457 年	寒冷	-1℃
1458～1552 年	第 4 个小冰期	-1.5℃
1553～1599 年	夏寒冬暖	-0.5℃
1600～1644 年	第 5 个小冰期	-2℃～-1.5℃

资料来源：刘昭民著《中国历史上气候之变迁》第五章"中国历史上各朝代之气候及其变迁情形"，台北，台湾商务印书馆，1995。

对于清代气候，他认为也大致可分为 4 个时期：清代前叶（1644～1720年）为中国历史上第 5 个小冰河期；清代中叶（1721～1820 年）为暖湿期，即冬天比较暖和，气候也比较暖湿；清代末叶前期（1840～1880 年）为中国历史上第 6 个小冰期；清代末叶后期（1880～1911 年）为中国历史上第 5 个暖期。上述 4 个时期中，前三个皆属于中国历史上第 4 个冷期（见表 5-3）。

表 5-3　清代气温变迁

时　期	气候特征	年均温度与现在相比
1644～1720 年	第 5 个小冰期	-2℃～-1.5℃
1721～1820 年	暖湿	-0.5℃
1840～1880 年	第 6 个小冰期	-1.1℃～-1℃
1880～1911 年	第 5 个暖期	-0.5℃～0.5℃

资料来源：刘昭民著《中国历史上气候之变迁》第五章"中国历史上各朝代之气候及其变迁情形"，台北，台湾商务印书馆，1995。

实际上，在刘昭民看来，明清时期的气候只分为 7 个时期，1600～1720年，也就是明代末叶的后半期到清代前叶，为中国历史上第 5 个小冰期。与刘昭民不同的是，周翔鹤、米红将明清时期的气候分为 5 个时期，包括 3 次冷期、2 次暖期（见表 5-4）。

表 5-4　明清时期气候冷暖变化情况

冷期	暖期
第一次:1470～1520 年(明成化六年至正德十五年)	第一次:1560～1600 年(明嘉靖二十九年至万历二十八年)
第二次:1620～1720 年(明泰昌元年至清康熙五十九年)	第二次:1720～1830 年(清康熙五十九年至道光十年)
第三次:1840～1890 年(清道光二十年至光绪十六年)	

资料来源：周翔鹤、米红著《明清时期中国的气候和粮食生产》，《中国社会经济史研究》1998年第 4 期。

通过学者们的研究，我们得知，明清时期大致属于第 4 次寒冷期，是一个低温多灾、持续寒冷的时期。尤其是 17 世纪，可以说是我国历史上最寒冷的时期，年均温度比现在低 1.5℃～2℃。从气候的变迁可以看出，温暖期越来越短，温暖程度越来越低；而寒冷期越来越长，寒冷程度越来越高。

与温暖时期相对应的是湿润时期，与寒冷时期相对应的是干旱时期。相对寒冷的气候容易造成干旱。现代的科学研究证明，当地表的平均温度每下降3℃时，则大气中凝聚的水分将减少20%，从而导致严重旱灾。因此，在相对长期的寒冷干旱的气候条件下，作物种植制度及作物产量会受到影响，从而诱发人们调整粮食作物结构。

2. 气候变动与粮食种植结构变化

审视明清时期华北平原的粮食种植结构变化，必须以隋唐宋元时期的粮食种植结构为参照。隋唐宋元时期，华北平原的粮食种植结构以粟麦为主，兼种稻豆，其中粟占绝对主体。而到了明清时期，虽然华北平原粮食种植结构仍以粟麦为主，但麦的地位有所上升，粟的地位相对下降，高粱、豆类种植比例均有所上升，适应华北平原干旱气候的玉米、甘薯等新作物也逐渐得以种植。这些变化虽是多种因素促成的，但与明清时期的气候变化密切相关。

明清时期，长期寒冷的气候对华北平原粮食种植结构的影响主要体现在三个方面。

其一，传统的旱作粮食种植结构进一步稳固。历史上华北平原气候较为干旱、寒冷，是中国传统的旱作农业区，粟作农业是其典型特征。明清时期，进入中国气候史上的第4个寒冷期，气候总体趋向寒冷，而且每一次的寒冷期持续的时间越来越长。在这种背景下，华北平原原有的以粟作农业为核心的粮食种植结构虽有所变化，但无论是在赋税结构中，还是在普通百姓的日常饮食生活中，粟的比重依然是很大的。对此，前面章节有较为详细的论述，此不赘述。小麦在明前期、中期在夏粮中所占的比例，在北直隶、山东地区约为30%，在河南高于30%；到清代，直隶、山东小麦在赋税中的比例已经高于30%，有些地区甚至高达50%~60%；河南平原区基本超过50%，有些地区甚至高达80%。然就全年的总体赋税额（包含夏粮、秋粮）而言，小麦依然未占主体地位。在百姓的日常饮食生活中，还是以粟米为主食，这一特征一直持续至新中国成立。因此，可以说，明清的趋向寒冷、干旱的气候，维持了华北平原传统的粟作农业体系，进一步稳固了传统的旱作粮食种植结构。

其二，抗旱、耐涝作物的种植获得较快发展。明清时期华北平原气候趋向寒冷，导致一些抗旱、耐涝作物的种植获得了快速发展。从前面对明清华北平原粮食种植结构的论述中，可以看出这一时期一些抗旱、耐涝的粮食作物如高粱、玉米、甘薯等均获得了较快发展。高粱从明代前期的地位不高、产量不大，到后期乃至清代产量大增、地位迅速提高，在明清时期华北平原粮食种植结构中排名第二或第三。虽然高粱种植在明清时期的迅速发展以及其地位的快速提高并非是气候这一种因素所致，但相对寒冷、干旱的气候无疑对这种粮食种植的普及有着重要的影响。而玉米、甘薯这两类高产、抗旱、耐涝的美洲作物在明清时期传入华北平原，种植面积逐渐扩大，也与华北平原相对寒冷、干旱的气候特征有着密切关系。

其三，部分地区稻作农业发展缓慢，甚至萎缩。水稻喜欢温暖、湿润的气候环境，气候的趋冷和干旱严重影响对光照、温度和水分较为依赖的水稻的生长，因此气候变化对水稻的栽培和种植是影响很大的。明清时期，华北平原的水稻种植虽获得了一定程度的发展，河北地区在康乾时期其水稻种植一度达到高峰，这与当时的水利营建有密切的关系。但随着气候的变冷，干旱的频繁出现以及水利的失修，水稻种植逐渐衰落，其在粮食种植结构中的地位也逐渐降低。山东的情况也大致如此。河南为明清时期华北平原主要的水稻产区，其中豫南地区因温度和水分条件较好，一直为河南的主要水稻产区。明清时期虽气候变冷、干旱频现导致水稻生产受影响，但这种影响在豫南地区并不太明显。而豫西南地区的南阳府，在唐宋时期水稻生产比较普遍，明清时期南阳水稻生产逐渐衰落，甚至辖区内不少县的特产中已没有水稻的影子，如（乾隆）《桐柏县志·物产》、（乾隆）《南阳县志》中已没有水稻的记载。另外，新野、裕州、泌阳等地的水稻种植也逐渐消失。当然，需要指出的是，明清时期南阳水稻的逐渐消失，除了华北平原整体气候变冷和干旱之外，还有水利失修等因素。

第二节　人地矛盾与明清华北平原粮食种植结构的变迁

人们常说"民以食为天，食以粮为本，粮以土为源"，人口、耕地、粮食生产三者密不可分。明清时期是中国人口急速增长的时期，虽然耕地面积也曾随之获得了较大规模的扩展，但其速度远赶不上人口增长的速度，故而人均耕地占有量不断降低，人地矛盾在不断加剧，甚至达到一个非常严重的程度。在此期间，华北平原的人口增长速度虽没有江南地区快，但人地矛盾非常激烈。因此解决人地矛盾，满足不断增长的人口的粮食需求就成为非常棘手的问题。对这一问题的解决，方式有多种，调整粮食种植结构、扩大粮食产量是其中非常重要的一个。华北平原人地矛盾的尖锐，一定程度上促成了明清时期华北平原粮食种植结构的调整。

一　人口数量的快速增长

明清时期华北平原的人口增长很快，何炳棣先生认为曾出现三个峰值：第一个峰值出现在万历二十八年（1600），当时中国人口达到 1.5 亿，较之建文二年（1400）增长了一倍或稍多。然明清之际的战乱使人口损失惨重，直到康熙三十九年（1700）才基本恢复到 1.5 亿的规模。第二个峰值出现在乾隆五十九年（1794），当时人口升至 3.1 亿，近一个世纪内翻了一番多。第三峰值出现在道光三十年（1850），全国人口增加到 4.3 亿。此后直到清王朝结束，人口增幅不大。[①]关于明清人口问题，学界研究成果不少，对全国人口总数、各省人口数额，有过不同的统计和分析，虽然结论不尽相同，但对明清人口发展大体趋势的把握基本一致。

在全国人口暴增的时代，华北平原人口也呈现快速增加的态势。清代人口加速增长，无论是直隶，还是山东、河南，其人口数目均以前所未有的速度增长，而这一增长无疑给社会造成了很大的粮食供应压力。

1. 人口数量基本情况

关于明清时期的人口问题，学界研究成果较多，具体人口统计数字存在较大差异，争议也很多。笔者此处并非专为探讨明清人口数字的差异和相关争议问题，故而不对这些内容做过多阐释，只在说明明清人口数量的变化对华北平原粮食种植结构的影响（见表 5－5，图 5－1）。

表 5－5　明清时期华北平原人口情况统计

单位：人

时　间	河北	山东	河南	合计
洪武十四年(1381)	1893403	5196715	1891087	8981205
洪武二十六年(1393)	1926595	5255876	1912542	9095013
弘治四年(1491)	3430537	6759675	2614398	12804610
嘉靖二十一年(1542)	4568259	7718202	5278275	17564736
万历六年(1578)	4264898	5664099	5193602	15122599
顺治十八年(1661)	8648720	8529228	4071578	21249526
康熙二十四年(1685)	9675221	10231686	6352559	26259466

①　何炳棣：《明初以降人口及其相关问题 1368－1953》，葛剑雄译，三联书店，2000，第 324 ~ 325 页。

时　　间	河北	山东	河南	合计
雍正二年(1724)	10970799	20945710	9194879	41111388
乾隆三十二年(1767)	15705829	25724287	17198904	58629020
嘉庆十七年(1812)	26939410	29060120	23921798	79921328
咸丰元年(1851)	22071355	33382486	24846590	80300431
同治元年(1862)	21812882	34526743	24852443	81192068
光绪元年(1875)	22339174	35587121	24861684	82787979
光绪十七年(1891)	23725453	37225836	25766027	86717316
宣统三年(1911)	25144793	31145573	27112552	83402918

资料来源：赵文林、谢淑君著《中国人口史》，人民出版社，1988。

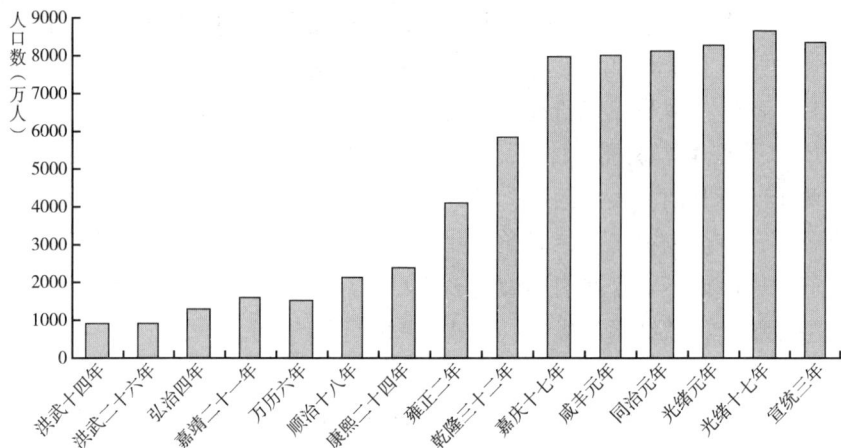

图 5-1　明清时期各朝华北平原人口增长形势

资料来源：赵文林、谢淑君著《中国人口史》，人民出版社，1988。

　　从表 5-5 和图 5-1 可以看出，明清华北平原人口增长非常迅速。明代前期，在经历元末的长期战乱之后，社会趋向安定，经济获得发展，这为人口的繁衍提供了较好的条件。另外，这一地区又是移民的流入区，移民的大量流入也迅速增加了人口总数。据学者考证，仅河北地区，洪武年间就移民 10 多次，迁入百姓约 12 万户；永乐年间移民 15 次，迁入约 3 万户。[①] 故而华北平原的人口恢复较快，从洪武十四年（1381）的不到 900 万人，发展

---

　　① 张岗：《关于明初河北移民的考察》，《河北学刊》1983 年第 4 期。

到弘治四年（1491）的1280多万人，至嘉靖二十一年（1542）更是达到了1756万多人，几乎为洪武十四年的两倍。晚明，华北平原发生严重旱灾、蝗灾、瘟疫及农民起义，导致社会经济衰败，人口数量剧减。万历六年（1578），人口数目为1512万多人，较之嘉靖二十一年已减少240多万人。而分别在万历八年（1580）和崇祯六年（1633）开始的两次持续时间较长的瘟疫灾害中，华北平原人口损失更为厉害。据曹树基先生研究，仅因鼠疫造成的华北三省人口损失就在500万人以上。[①]

随着明清易代，清初华北平原人口损失严重，百姓流亡十之六七，山东"土地荒芜，有一户之中止存一、二人，十亩之田止种一、二亩者"[②]。地处中原的河南"满目榛荒，人丁稀少"[③]。清政府为了稳定社会，恢复经济发展，巩固统治地位，采取了多种措施刺激人口的增长。如顺治五年（1648）诏令"派征钱粮，俱照万历年间则例，其天启、崇祯年加增，尽行蠲免"[④]，废除了明末"三饷"的加派。康熙时，采取"更名田"的方式将明皇室、藩王的土地加以剥夺，归实耕者所有。诸多措施的实施，的确刺激了人口数量的回升。从表5-5可以看出，顺治十八年（1661），华北平原三省的人口已比万历六年多了600多万人。康熙五十一年（1712），以康熙五十年（1711）丁册为定数，实行"盛世滋生人丁，永不加赋"的政策。这一政策使人口增长摆脱了赋税的束缚，流民、隐匿人口纷纷上登户籍。此后，雍正元年（1723），清政府又实行"摊丁入亩"政策，取消了丁税，消除了农民对编户入籍的顾虑，进一步促进人口的增长。因此，雍正二年（1724），华北平原的人口较之顺治十八年几乎增长了一倍，达到4100多万。在这一人口高基数上，乾隆时期人口进一步增长。乾隆五年（1740），清政府决定编审户口，次年又进行人口大清查，海角、山泽等地原本未纳入户籍的居民，都被编户入籍，因此人口猛增。乾隆三十二年（1767），华北平原的人口较之雍正二年又多出1700多万人。携康乾盛世的余威，社会基本承平，清代华北平原人口在嘉庆、咸丰年间达到高峰，人口数达8000多万。此后人口增长速度放慢，但因基数很大，故而人口数仍然在一个相对高的数值左右徘徊，至光绪年间达到新的高峰。光绪十七年（1891），华北平原人口数达到8600多万。而清末中国屡遭外敌入侵，战乱不断，人口则出现了负增长。

---

① 曹树基：《鼠疫流行与华北社会的变迁（1580~1644年）》，《历史研究》1997年第1期。

② 《清世祖实录》卷13，顺治二年正月，中华书局，1985，第119页。

③ 李人龙：《垦田宜宽民力疏》，《皇清奏议》卷4，《续修四库全书》第473册，第54页。

④ 《清世祖实录》卷41，顺治五年十一月，第329页。

2. 人口增长幅度分析

从人口增长幅度来看，明清时期的华北平原出现两个人口增长高峰期，一是明代前中期，一是清前期（见表5-6，图5-2）。

表5-6　明清时期华北平原人口数及升降情况

时　间	人口数（人）	增长率（%）
洪武十四年(1381)	8981205	0
洪武二十六年(1393)	9095013	1.27
弘治四年(1491)	12804610	40.79
嘉靖二十一年(1542)	17564736	37.18
万历六年(1578)	15122599	-13.90
顺治十八年(1661)	21249526	40.52
康熙二十四年(1685)	26259466	23.58
雍正二年(1724)	41111388	56.56
乾隆三十二年(1767)	58629020	42.61
嘉庆十七年(1812)	79921328	36.32
咸丰元年(1851)	80300431	0.47
同治元年(1862)	81192068	1.11
光绪元年(1875)	82787979	1.97
光绪十七年(1891)	86717316	4.75
宣统三年(1911)	83402918	-3.82

资料来源：赵文林、谢淑君著《中国人口史》，人民出版社，1988。

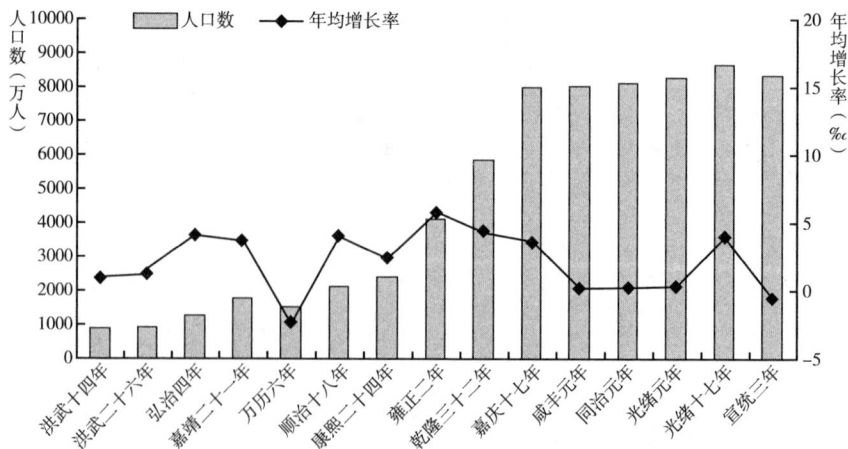

图5-2　明清华北平原人口数与年均增长率

如表 5－6 和图 5－2 所示，从洪武至弘治年间，人口增长较快。从洪武二十六年（1393）至弘治四年（1491），人口增幅为 40.79%，年均增长率为 4.12‰；从弘治四年（1491）至嘉靖二十一年（1542），人口增幅为 37.18%，年均增长率为 7.29‰。万历之后，华北平原人口增幅明显下降，主要原因在于自然灾害的频发导致大量人口死亡，年均人口增长率跌至负数。清前期，华北平原无论是人口增长幅度，还是年均人口增长率，都很高，雍正二年（1724）较康熙二十四年（1685），增幅高达 56.56%，年均增长率高达 14.5‰。随后，人口增长数量不大，由此，无论是人口增长幅度，还是年均人口增长率都逐渐回落。

由明清华北平原人口增长情况看，从明到清，华北平原人口数量得到了快速增加，从洪武十四年的不足 900 万人，增长到清代中期的 8000 多万，增长了近 9 倍。大量的人口增长对粮食的需求自然增加，这就要求粮食生产必须能满足人口迅速增长的需求，而粮食种植结构的调整也是在人口的压力下而进行的。

需要指出的是，有关明清时期华北平原三省人口数量，不同的统计者因依据资料和统计标准不一，难有一个完全精准的数字，能反映基本人口规模和增长状况，也就达到目的了。

二　人均耕地的不断减少

与人口增长相随的是人均耕地总体上的逐渐减少，而人均耕地的逐渐减少对粮食生产造成了巨大压力，就必须要求在有限的耕地上生产出更多的粮食来养活日益增加的人口，因此提高单位面积的粮食亩产量自然成了一个重要的问题。而在传统农业生产技术未有大的突破的情况下，在此种需求的强烈刺激下，那些高产的传统粮食作物更加受到重视，一些新引入的高产作物如高粱、玉米、甘薯等也受到重视，并被各地陆续扩种，这对明清时期华北平原的粮食种植结构产生了重要影响。

1. 耕地扩展的基本情况

由于人口的逐渐增加，明清时期的耕地面积也逐渐增加（见表 5－7 和图 5－3）。因洪武二十六年（1393）的数字一直以来受到质疑，我们姑且不论。洪武二十六年（1393）之后，华北平原三省耕地面积从弘治十五年（1502）的 1.2 亿多亩发展到光绪十三年（1887）的 2.8 亿多亩。应该说，这个速度还是很快的。

表 5 - 7　明清时期华北平原耕地情况统计

单位：亩

时　　间	河北	山东	河南	合计
洪武二十六年（1393）	58249951	72403562	144946982 *	275600495
弘治十五年（1502）	26971393	54292938	41609969	122874300
万历六年（1578）	49256844	61749900	74157952	185164696
顺治十八年（1661）	45977245	74133665	38340397	158451307
康熙二十四年（1685）	54343448	92526840	57210620	204080908
雍正二年（1724）	70171418	99258674	65904537	235334629
乾隆十八年（1753）	66162185	99347263	73028405	238537853
嘉庆十七年（1812）	74143471	98634511	72114592	244892574
咸丰元年（1851）	72726354	98472844	71820864	243020062
同治十二年（1873）	73045863	98472846	71820864	243339573
光绪十三年（1887）	86651512	125941301	71685359	284278172

　　*关于洪武二十六年（1393）河南省的土地数据，历来争议不断。一种观点认为，当时存在两种统计系统，该数字为河南所有土地资源数据，包含田、地、山、荡等；一种观点认为这是统计失误。

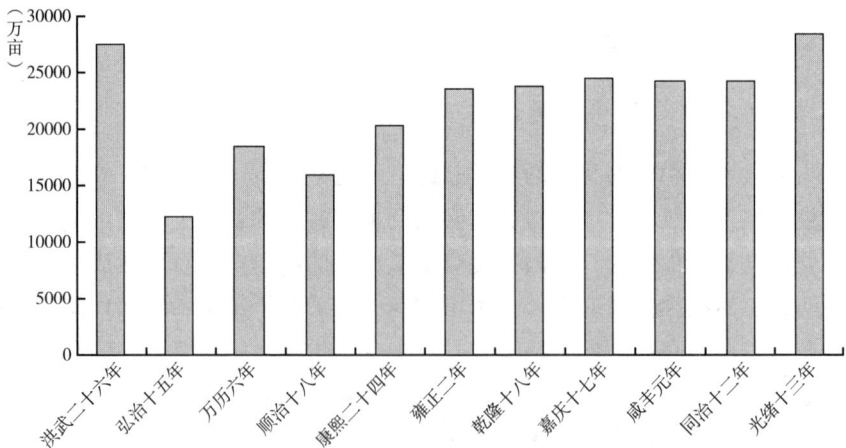

图 5 - 3　明清时期华北平原田土情况统计

　　资料来源：梁方仲编著《中国历代户口田地田赋统计》乙表 30、61，上海人民出版社，1980，第 333~334、380 页。

　　由表 5 - 7 和图 5 - 3 可知，由明至清，华北平原耕地面积总体上是不断增加的。

2. 人均耕地的快速减少

尽管明清时期华北平原耕地面积随着时代发展有所扩大，但耕地面积的快速扩展远远赶不上人口的增长速度，明清华北平原人均耕地面积总体呈现逐渐下降的趋势（见表5-8）。

表5-8 明清时期华北平原人均耕地情况统计

单位：亩

时 间	河北	山东	河南	平均
洪武二十六年(1393)	30.23	13.78	75.79	30.30
弘治十五年(1502)	7.86	8.03	15.91	10.6
万历六年(1578)	11.55	10.90	14.28	12.24
顺治十八年(1661)	5.32	8.69	9.42	7.46
康熙二十四年(1685)	5.62	9.04	9.01	7.77
雍正二年(1724)	6.40	4.74	7.17	5.72
乾隆十八年(1753)	7.01	7.60	10.16	8.26
乾隆三十一年(1766)	4.09	3.77	4.42	4.09
嘉庆十七年(1812)	2.75	3.39	3.01	3.06
咸丰元年(1851)	3.30	2.95	2.89	3.03
同治十二年(1873)	3.29	2.79	3.00	3.03
光绪十三年(1887)	3.71	3.42	3.24	3.46

资料来源：梁方仲编著《中国历代户口田地田赋统计》乙表32、70~78，上海人民出版社，1980；赵文林、谢淑君著《中国人口史》表46~48，人民出版社，1988。

说明：弘治十五年、乾隆十八年、乾隆三十一年、同治十二年和光绪十三年的因前无人口数，故采取上述书中的人均耕地数字，平均值取三地之平均值。

人均耕地的多少与人口的多少密切相关。通过前文考察，我们知道明清时期华北平原人口出现两个峰值，一为明中期嘉靖时期，一为清后期的光绪时期。人口数值的急速增长，在土地开垦达到一定限度的背景下，人均耕地自然随之下降。明清王朝始创期都因战乱而人口较少，随着社会稳定，人口有一定增长，耕地面积因政府的鼓励垦荒政策也得以迅速扩大，故而人均耕地面积较大。但耕地面积毕竟是有限的，而人口的繁衍如不加以控制则增长速度惊人。因此在人口数值达到一个较高的程度之后，人均耕地面积自然开始减少。清前期的顺治、康熙时期，华北平原人均耕地面积数值都很高，在7亩多。随着康熙末年农业生产进入发展期，人口也进入较快增长期，耕地的开垦速度赶不上人口增长的速度，这样一来人均耕地占有量不得不减少。乾隆时因为人口的膨胀，而土地开发没有足够空间，人均耕地数值迅速降低，由雍正二年（1724）人均5.72亩降低到乾隆三十一年（1766）的人均

4.09 亩。乾嘉之后，清代华北平原人口数值一直维持高位，超过 8000 万人，至光绪十七年（1891），人口仍不断在增长。与此相应的是，伴随着人口的快速增长，土地的开垦已达到饱和，所以这一时期的人均耕地面积维持在一个低位，只有 3 亩多。

明清华北平原人口的急剧增加与人均耕地的减少之间形成了尖锐的严重矛盾，而解决这一矛盾的出路是提高亩产量，以此来增加粮食总产量，满足更多人口的粮食需求。提高粮食产量的方法多种多样，推广、引进高产作物是常用的方法之一。高粱、玉米、甘薯、大豆都属于高产、适应性强的农作物，它们在华北平原的推广和大规模种植，导致粮食种植结构出现新的变化。

三　人地矛盾的日渐加剧

1. 人地矛盾的日渐加剧

从图 5-3 可以看出，华北平原的耕地在雍正二年（1724）已经基本开垦殆尽，其后增长缓慢。从雍正二年一直到同治十二年（1873）的近 150 年间，华北平原耕地基本稳定在 2.4 亿亩左右，未能有大的突破。而与此相对是，从雍正二年至光绪十七年（1891），华北平原的人口增长一倍多，达到 8671 万多。显然，从雍正初至 19 世纪中叶，人口增长的速度超过耕地增长的速度，那么人均耕地占有率的减少就成了非常自然的事情（见图 5-4）。

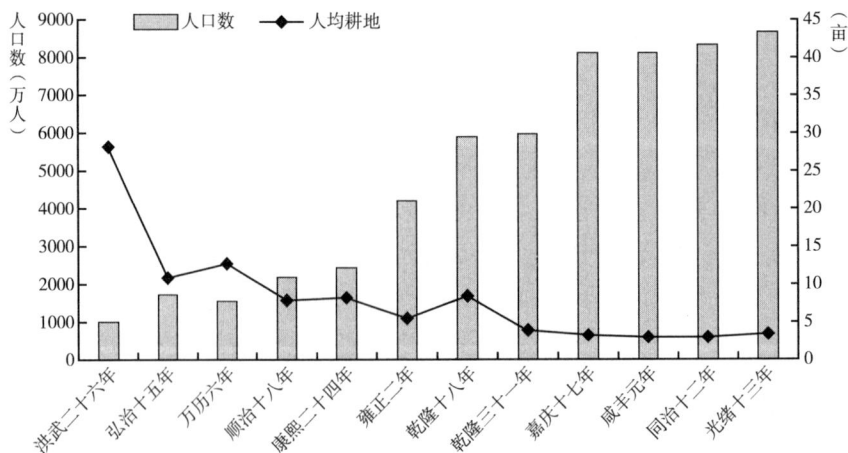

图 5-4　明清时期华北平原人口数与人均耕地变化情况

资料来源：梁方仲编著《中国历代户口田地田赋统计》乙表 32、70~78，上海人民出版社，1980；赵文林、谢淑君著《中国人口史》表 46~48，人民出版社，1988。

通过图 5－4 我们能够看出，从康熙二十四年（1685）开始，华北平原人均耕地面积急剧减少，从人均 7.77 亩骤减至雍正二年（1724）的人均 5.72 亩，而短短 42 年之后，这一数字又骤减一半至 4.09 亩。这组数字同时也反映了这 42 年间人口急速增长的历史。此后人均耕地面积一直维持在 3 亩上下。人均 3 亩多耕地的收获量，在正常年景可以维持人们的基本食物需求。如青州府高苑县，地处黄河以南，从地形、地貌和土质条件来讲，尚属中等。康熙年间"家以八口为率，户三十亩。时虽丰稔，亩之所入，不过一钟"。①"一钟"，相当于一石二斗八升。八口之家，田有三十亩，人均 3.75 亩，每年每人平均粮食 4.8 石，这是丰稔之年的人均收获。若是灾荒年景，自然无法达到这一数值。而华北平原的大部分地区在乾隆三十一年（1766）之后，人均耕地却达不到 3.75 亩，加之水旱灾害频仍，年人均粮食远不能达到 4.8 石。借用江南口粮标准的资料来看，当时华北农民的口粮消费每日可能一升，一年可能消费 3 石多。任启运认为，"夫人食谷（每日）不过一升"，"以人口日一升计之，一人终岁食米三石六斗"。②洪亮吉说："一人之身，岁得布五丈即可无寒，岁得米四石即可无饥。"③ 包世臣说："合女口小口牵算，每人岁食米三石。"④ 按华北平原清代粮食亩产量一石来计算，3 石的粮食至少需要 3 亩良好的农耕田。而清代的人均耕地只有 3 亩多，如果扣去卖粮、赋役征收、预留种子等粮食数量，这 3 亩多土地上生产出来的粮食勉勉强强可以满足一个人一年的口粮。如果遇到天灾人祸，那么粮食就会出现短缺。所以一般老百姓的生活水平很低，如山东昌邑县"其他迩海，缴人众物乏，无他余赢，故有终岁勤动，不免饥寒者"。⑤ 齐河县，"人贫地痔，家鲜盖藏，田一井者衣不蔽膝，家数口者，肉不知味，遇岁旱涝，则啼饥号寒，比比皆是"。⑥ 人均耕地的减少，造成老百姓温饱问题得不到解决。类似的情况，在清代华北平原的很多地方都曾出现，这反映人地矛盾尖锐。

据研究，在清代农业社会生产方式下，人口的再生产与物质资料的再生产能否协调发展，人口与土地的比例就是一个重要的参考指标，其中的临界

① （康熙）《高苑县志》卷 1 《风俗》，1672 年刻本。
② 任启运：《清芬楼遗稿》卷 1 《经筵讲义》，《续修四库全书》第 1424 册，第 161 页。
③ 洪亮吉：《卷施阁文甲集》卷 1 《意言·生计篇》，《续修四库全书》第 1467 册，第 235 页。
④ 包世臣：《齐民四术》卷 2 《农二》，《安吴四种》卷 26，同治十一年刊本。
⑤ （乾隆）《昌邑县志》卷 3 《田赋志》，1742 年刻本。
⑥ （雍正）《齐河县志》卷 2 《街市志》，1733 年刻本。

点就是"温饱界线"或称"温饱比例"。从全国范围来看，当时的大致情况是每个农民平均4亩地才能达到温饱水准。① 华北平原农业生产条件和技术相对落后，这个平均数应该更高一些。但从乾隆三十一年（1766）之后，华北平原人均耕地面积低于4亩这一温饱临界线。人口与土地比例的严重失衡，逼迫农民加大了毁林开荒的步伐，造成了森林植被的大面积毁坏，加速了华北平原气候干旱化和土壤沙化进程，大大增加了自然灾害发生的频度和强度。咸丰年间，沂水知县吴树声云："岭地，本属荒山，不宜五谷。近来贪利愚民，沿山开垦……山场，从前皆种梓椤，近已刨挖净尽。虽种杂谷，一遇旱年，颗粒不收。"② 而农民的生存条件本来就甚为艰难，正常年景尚勉强度日，一旦遇到自然灾害只好流徙他方。

2. 人地矛盾压力下的对外移民

相比较而言，华北平原明代人口的增速不如清代快，在相当长的时期内还是人口移入区，人地矛盾尚未激化。经过清代前中期人口大爆炸式的增长之后，人地矛盾非常尖锐，华北平原掀起了人口迁徙的浪潮，最突出的就是"闯关东"。

"闯关东"是清代乃至近代的一种移民现象，原因有多种，既有内在的政治因素，又有外在的灾害因素，还有华北平原因人地矛盾而导致的生存压力因素。在清代，这一移民现象肇始于顺治初年辽东招徕流民垦荒政策的实施。顺治八年（1651）清政府发布了招垦令："民人愿出关垦地者，令山海道造册报部，分地居住。"③ 顺治十年（1653）议准《辽宁招民开垦条例》，规定："辽东招民开垦，有招至百名者，文授知县，武授守备；六十名以上，文授州同、州判，武授千总；五十名以上者，文授县丞、主簿，武授百总。招民数多者，每百名加一级。所招民每名每月给口粮一斗，每地一垧，给种六升，每百名给牛二十只。"④ 显然，这是积极鼓励关内百姓出关开垦，并发给移民耕牛、种子、口粮。在海城，顺治年间"招民开垦，直鲁豫晋之人，来者日众"。⑤ 然而到了康熙年间，为了保护满族人"龙兴之地"的利益，于康熙七年（1668）"罢招民授官之例"，⑥ 禁止关内百姓往关外迁

① 参见周源和《清代人口研究》，《中国社会科学》1982年第2期。
② 吴树声：《沂水桑麻话》，《沂水县文史资料》第三辑，1987，第79页。
③ 《清朝文献通考》卷1，《十通》，《万有文库》，第4858页。
④ （乾隆）《盛京通志》卷23《户口》，1784年刻本。
⑤ （民国）《海城县志》卷7《人事志·户口》，1924年铅印本。
⑥ 《清圣祖实录》卷23，康熙六年七月，第314页。

徙。不过，后来这一禁令并未严格执行，或者说时紧时松。当自然灾害严重时，为了求得生存，华北平原的百姓依然纷纷"闯关东"。如乾隆九年（1744）一月癸巳，清政府曾下谕，"近来流民渐多，皆山东、河南、天津被灾穷民，前往口外八沟等处耕种就食"。① 《荣城县志》记载："地瘠民贫，百倍勤苦，所获不及下农，拙于营生，岁歉则轻去其乡，奔走京师、辽东、塞北。"② 光绪初的"丁戊奇荒"让更多的华北平原百姓逃离家园，闯荡关东。人多地少，加之自然灾害频仍，"闯关东"成为一股不可遏制的潮流。

"闯关东"的移民中，以山东人居多，其中又以登州、莱州、青州人占多数。据刘选民先生分析："农村人口过剩，不待凶年，遂有离乡觅食，漂流各处，山东地狭民稠，其例尤著。"③ 其次是直隶人，以天津、滦州、保定、乐亭等地的人居多。再次是河南、山西、安徽的移民。最后是陕西、浙江、福建等地的移民。田志和先生通过研究，也持同样的看法，他认为"进入东北的各省移民又以山东为最；其次为直隶，又以冀东为多；再次则为河南、山西两省"。④ 尽管华北平原各区域往东北移民多寡不一，但就整体而言，华北平原是"闯关东"移民来源地的绝对主体。

至于明清间华北平原到底有多少人迁徙到关东，因为资料所限，无法得出一个准确的数字。但通过断断续续的记载，可以知道"闯关东"的人数是庞大的。如《清世祖实录》记载，康熙五十一年（1712）仅"山东人往来口外垦地者，多至十万余"。⑤ 到乾隆四十一年（1776），大约有180万关内移民（包括后裔）来到辽河及吉林、黑龙江一带谋生。⑥

在因地少人多、灾害无食而北迁东北的同时，清代华北平原的百姓还曾"下东南"，这部分人主要以河南人为主。光绪初年，由于人口规模的庞大，加之有从光绪三年（1877）开始的华北大旱，河南人无法在本地生存，开始向东南迁徙。据（光绪）《广德州志》记载，在光绪初年该州总人口中，河南人占30%。⑦ 这个比例是非常高的，这说明当时河南南迁人口是非常多的。

当然，人口的迁移原因有很多，灾害的原因是最直接的，而人多地少形成

① 《清高宗实录（三）》卷208，乾隆九年正月上，第685页。
② （道光）《荣城县志》卷3《食货志·户口》，1840年刻本。
③ 刘选民：《清代东三省移民与开垦》，《史学年报》第2卷第5期，1938，第72页。
④ 田志和：《清代东北流民》，《东北史研究》1983第1辑。
⑤ 《清圣祖实录》卷250，康熙五十一年四月至八月，第478页。
⑥ 葛剑雄等：《简明中国移民史》，福建人民出版社，1993，第454页。
⑦ （光绪）《广德州志》卷末《补正》，1881年刻本。

的人口生存压力则是最根本的。为解除因人地矛盾而形成的人口压力，除了向外移民之外，提高粮食产量就成社会的急迫需求。在华北平原耕地面积不能继续增加，农业生产技术尚无条件进行革命性变革的情况下，唯一的办法是调整粮食种植结构，增加耐旱、耐涝、高产的粮食作物种植比重，确保收成，增加粮食总产量。明清时期华北平原小麦、高粱、大豆等的扩大种植，玉米、番薯的引入及扩大种植，都是为应对人口压力而采取的举措。当然，促使明清华北平原粮食种植结构调整的因素有很多，缓解人地矛盾是其中非常重要的一个。

第三节　水旱灾害与明清华北平原粮食种植结构的变迁

春秋战国时期，管仲曾向齐桓公进言："善为国者，必先除其五害（水、旱、风雾雹霜、瘟疫、虫灾）。五害之属，水为最大。五害已除，人乃可治。"① 在管仲的"五害"概念之中，水灾为害最甚，旱灾次之。显然，在管仲看来，"善为国者"，必先除水旱之害。从中国灾害史来看，水旱灾害一直是威胁人们生活的最为严重的灾害。

明清时期，华北平原是一个水旱灾害频仍的地区，非水即旱，一年数水或数旱成为常态，于是水旱灾害是华北平原最为重要的两类灾害。频繁而严重的水旱灾害造成粮食的大面积歉收，甚至绝收，威胁百姓的正常生活。为了应对灾害，除了传统的荒政措施，如蠲免、赈济、赈贷、施粥等外，还应积极调整粮食种植结构，减少那些不耐旱、不耐涝的作物品种，增加耐旱、耐涝、高产、稳产的粮食作物种植面积。因此高粱、大豆、玉米、甘薯等作物在明清时期的栽种面积增加，种植比重提升。明清时期粮食种植结构的这一变化对这一时期的灾害救治、农业发展、政治稳定、社会进步等均起到了重要的推动作用。

一　水旱灾害概况

华北平原位是中国水旱灾害最为频繁，影响最为严重的地区之一。究其原因，既有气候、地理位置等自然因素的影响，也有生态环境恶化、水利失修等人为因素的影响。

1. 水旱灾害的基本统计

关于明清时期华北平原水旱灾害的情况，学界虽未有专题论述，但有所

---

① 《管子·度地篇》，商务印书馆，1936，第157页。

涉及的研究成果仍然有不少，这对于我们探讨明清时期华北平原水旱灾害的概况有重要帮助。邱云飞、孙良玉的《中国灾害通史·明代卷》对明代华北平原三省北直隶、山东、河南的水旱灾害问题进行过讨论，尽管明朝时三省与现今三省所统辖的区域存在差别，但基本能说明问题。根据《中国灾害通史·明代卷》列表5-9。

表5-9　明代华北平原水旱灾害情况

单位：次

地区＼灾种	水灾	年均次数	旱灾	年均次数
北直隶	352	1.27	313	1.13
山　东	136	0.49	109	0.39
河　南	162	0.58	75	0.27
合　计	650	2.35*	497	1.79

＊ 此处以灾害总数除以明代年数为准，下同。

资料来源：邱云飞、孙良玉著《中国灾害通史·明代卷》，郑州大学出版社，2009，第27页。

据表5-9可知，明代277年，北直隶、山东、河南三省共发生水灾650次，年均约2.35次，其中北直隶发生水灾次数最多，高达352次，年均约1.27次；河南次之，达162次，年均约0.58次；山东136次，年均约0.49次。三省共发生旱灾497次，年均约1.79次，其中北直隶发生旱灾次数最多，达313次，年均约1.13次；山东次之，达109次，年均约0.39次；河南又次，为75次，年均约0.27次。以水旱二灾来看，三省中北直隶发生水旱灾共计665次，年均约2.44次；山东245次，年均约0.88次；河南237次，年均约0.86次。

关于清代华北平原三省水旱灾害数字，朱凤祥在其《中国灾害通史·清代卷》中有所考察。笔者根据此书有关部分，列表5-10。

表5-10　清代华北平原水旱灾害情况（一）

单位：次

地区＼灾种	水灾	年均次数	旱灾	年均次数
直隶	236	0.88	127	0.47
山东	298	1.11	148	0.55
河南	89	0.33	12	0.04
合计	623	2.32	287	1.07

资料来源：朱凤祥著《中国灾害通史·清代卷》，郑州大学出版社，2009，第56、83页。

据表5-10可知，清代华北平原三省共发生水灾623次，年均约2.32次，其中直隶发生236次，年均约0.88次；山东298次，年均约1.11次；河南89次，年均约0.33次。清代三省共发生旱灾287次，年均约1.07次，其中直隶127次，年均约0.47次；山东148次，年均约0.55次；河南12次，年均约0.04次。

从朱凤祥对清代华北平原三省水旱灾害统计数字来看，似乎清代华北平原三省水旱灾害并不比明代严重。实际上清代华北平原三省的水旱灾害是非常多的。李向军先生也对清代华北平原三省的水旱灾害次数有过统计，列表5-11。

表5-11　清代华北平原水旱灾害情况（二）

单位：次

地区 \ 灾种	水灾	年均次数	旱灾	年均次数
直隶	2994	11.17	1725	6.44
山东	2385	8.90	1358	5.07
河南	1103	4.12	575	2.15
合计	6482	24.19	3658	13.65

资料来源：李向军著《清代荒政研究》，中国农业出版社，1995，第16页。

据表5-11可知，清代268年，三省共发生水灾6482次，年均约24.19次，其中直隶发生水灾次数最多，高达2994次，年均约11.17次；山东次之，达2385次，年均约8.90次；河南又次，为1103次，年均约4.12次。三省共发生旱灾3658次，年均约13.65次，其中直隶发生旱灾次数最多，达1725次，年均约6.44次；山东次之，达1358次，年均约5.07次；河南又次，为575次，年均约2.15次。结合水旱二灾来看，三省中直隶发生水旱灾共计4719次，年均约17.61次；山东3743次，年均约13.97次；河南1678次，年均约6.26次。

当然，关于灾害的统计，不同的学者依据资料不同，采用的方法和标准也不一，故而差距较大，并没有一个统一的、完全被认可的准确数字。因此，我们也无法对明清时期华北平原三省的水旱灾害数字做一个完全精准的统计。

2. 水旱灾情的概略描述

明清时期华北平原的水旱灾害，往往是王朝后期较之前中期严重，而王朝后期严重的水旱灾害更是将灾害威力发挥到了极致。限于篇幅我们不可能一一展示明清时期每一次大的灾害，只好略举几例，以窥一斑。

（1）明末特大旱灾。明朝崇祯十年（1637）至十四年（1641）间的持续旱灾，堪称明代华北平原最为严重的旱灾。这次灾荒以及由此引发的蝗灾、瘟疫夺去了数百万人的生命。从《明史·五行志》的记载即可看出基本情况。以旱灾为例："崇祯十一年，两京及山东、山西、陕西旱。十二年，畿南、山东、河南、山西、浙江旱。十三年，两京及登、青、莱三府旱。十四年，两京、山东、河南、湖广及宣、大边地旱。"以蝗灾为例："崇祯十年六月，山东、河南蝗。十一年六月，两京、山东、河南大旱蝗。十三年五月，两京、山东、河南、山西、陕西大旱蝗。十四年六月，两京、山东、河南、浙江大旱蝗。"以饥馑为例："十二年，两畿、山东、山西、陕西、江西饥。河南大饥，人相食，卢氏、嵩、伊阳三县尤甚。十三年，北畿、山东、河南、陕西、山西、浙江、三吴皆饥。自淮而北至畿南，树皮食尽，发瘗胔以食。十四年，……是岁，畿南、山东浮饥。德州斗米千钱，父子相食，行人断绝。大盗滋矣。"这几段记载，虽不是专门针对华北平原而言的，但从中可以看出华北平原的京畿、山东、河南在崇祯十年至十四年间遭受了严重旱灾且由此引发蝗灾和饥馑，其中不少地方持续干旱超过了4年，有的甚至连续8年，详见表5－12。

表5－12　1637～1646年持续重旱4年以上的地区

地名	干旱持续时间（年）	持续年数	地名	干旱持续时间（年）	持续年数
郑州	1634～1641	8	石家庄	1633～1640	8
洛阳	1634～1641	8	邯郸	1637～1644	8
唐山	1639～1643	5	德州	1637～1644	8
北京	1637～1643	7	菏泽	1637～1644	8
天津	1636～1642	7	济南	1638～1641	4
沧州	1636～1642	7	临沂	1638～1641	4
保定	1636～1643	8			

资料来源：谭徐明著《近500年我国特大旱灾的研究》，《防灾减灾工程学报》2003年第2期。

这种持续时间如此之长的旱灾在历史上是罕见的，故而山东巡按李近古将崇祯十三年（1640）的旱灾称为"三百年未有之奇荒"。[①]

[①]　郑天挺等：《山东巡按李近古题为再报官兵奋勇荡平流寇等事》，《明末农民起义史料》，中华书局，1954，第306页。

北直隶地区此时期旱灾非常严重，如通州从崇祯十一年（1638）至十四年（1641）持续干旱，"十一年，大旱，民饥。十二年，大旱，蝗飞天，民大饥疫。十三年，大旱，蝗食草木叶皆尽。十四年，大旱，自春不雨至冬，溪河涸竭，蝗蝻复生，民大饥疫。"① 其他地区情况大致如此。

山东地区，崇祯十年至十四年（1637～1641）5 年间发生了特大连续旱灾。自崇祯十年（1637）开始，就有 10 多个州县志有"夏旱无麦"与"大旱米饥"的记载。崇祯十一年至十二年（1638～1639），多个地区连续发生大旱和蝗灾。而在崇祯十三年（1640）旱灾发展为特大旱灾，这一年不仅是明朝干旱最严重的一年，也是近 500 年中干旱最为严重的一年，据推测，年降雨量不足 300 毫米，② 明人称之为"亘古奇荒"。这一年，山东有 48 个州县记载"人相食"，文献中记载了当时旱灾的惨状："（山东）崇祯十三年自六月不雨，至八月蝗，大饥，群盗蜂起，人相食，草根树皮俱尽，益都、沂水、临淄、昌乐、蒙阴斗粟二千文，奇荒连岁，斗米万钱，土寇蜂起，路无行人，男女不生育，尤为齐变。泗水县全属……大饥，赤地千里，土寇四起。"③ 类似的记载在更多州县的志书里频频出现。

河南地区的干旱与山东的情况相似，崇祯十年至十四年（1637～1641）间旱灾灾情也呈现一个恶化的趋势，至崇祯十三年（1640）达到高峰。崇祯十四年（1641），河南汲县人王国宁的一篇奏疏对汲县旱灾及由此引发的蝗灾、瘟疫情况所述颇详，非常具有代表性。

> 汲县壤接京畿，咽喉十省，素称重地。……汲民宿孽干天，降罚惨酷，自从天启年来，迄今未有丰岁，民力日耗，勉强撑支。迨戊寅（崇祯十一年）、己卯（崇祯十二年）之间，飞蝗为害，弥山蔽野，吞啮无遗。二麦不登，三秋失望，然未至惨绝也。庚辰（崇祯十三年），入夏无雨，交秋复蝗，村落丘墟，城市罄竭。粟米一石价十六千文。漕粮刍豆，一粒莫办。掘草根剥树皮矣，典衣装拆屋舍矣，卖妻子噉尸骸矣，甚至父子相食矣，夫妻相食、兄弟宗亲相食矣，又甚之兵相食、盗相食、昼夜掠人充食矣，伤毁天性，灭绝人理。群盗横行于郊外，僵尸坐毙于街前。宦族巨家，倾囊涸瀡，无济柈腹之急，而郡城虚无人矣。

---

① （乾隆）《直隶通州志》卷 22《杂志·祥祲》，1755 年刻本。
② 魏光兴，孙昭民：《山东省自然灾害史》，地震出版社，2000，第 31 页。
③ 陈梦雷等：《古今图书集成·历象汇编·庶徵典》卷 111，中华书局，1934 年影印版。

延至今春，百无一二，有有地无人者，有有人无牛具者，雨泽稍沾，剜肉播种，而古今未有春生之蝗蝻，遍野涌出，平地厚积尺余，麦禾扫地立尽。旱灾、瘟疫旋复交侵。目今夏秋之交，全无滴雨，今岁不能播谷，何时敢望收成？顾后瞻前，万难存活……版图空存，陇亩尽荒，猪面象眼之人形，凶秽冤号之苦状，呼天无路，祈死不能！①

此等旱情绝非汲县一地有，河南不少地区与汲县相类。

（2）道光癸未大水。道光癸未年指 1823 年，这一年海河流域发生了特大水灾，受灾范围涵盖了直隶、山东、河南等地，是华北平原一次大范围的水灾。关于这次特大水灾的基本情况，我们通过当时主政地方的官员的关于此次水灾奏折能较为清楚地了解此次水灾的具体情况。

如直隶灾情，时任直隶总督蒋攸铦六月十六日奏："六月初旬以来，省北一带大雨倾注，驿路一片汪洋，文报不通。……据永定河道……禀报，初十日起至十一日午刻，芦沟桥签报水长至一丈九尺二寸，较之上年六月十五日盛涨之水尚大一尺一寸，处处出槽漫滩，巨浪排山，奔腾浩瀚，无工不险，无埽不蛰，实属罕见罕闻。"② 七月十一日奏："直属地方……迨六月初旬以后，大雨连绵，异常倾注，各处山水陡发，甚为汹涌。永定河叠报漫口，运河亦同时盛涨，出槽漫溢，其余无河不涨，附近河堤村庄及低洼之地无处不淹。今岁被水情形实重于去年。……顺天府属之通州、三河等八十一州县，陆续禀报田禾被水冲淹，兵民房屋城垣衙署亦均有倒塌等情。"③ 直隶 81 个州县同时遭水灾，显示这次水灾波及范围非常广。夏秋雨季的洪涝造成了的影响，并没有在短期内消退。同年十一月初六，工部左侍郎张文浩在视察水情后于奏章中写道："由永定河下游至大清河，……沿途察看水势，已较夏秋间悄落四五尺，尚属一片汪洋，茫无边际。大清、子牙、永定三河联合不分，所有旧时河堤均在巨浸中，无可查勘。其水面上自安州、新安、文安、大城，下至青县、静海、天津，周围不止六七百里，直至天津始见南北运河堤岸。"④ 大清、子牙、永定三河联合不分，六七百里范围一片

---

① 郑廉：《豫变纪略》卷 4，《四库禁毁书丛刊》史部第 74 册，北京出版社，1997 年印影版，第 403～404 页。

② 水利水电科学研究院水利史研究室编《清代海河滦河洪涝档案史料》，中华书局，1981，第 391 页；以下仅注书名、页码。

③ 《清代海河滦河洪涝档案史料》，第 391 页。

④ 《清代海河滦河洪涝档案史料》，第 393 页。

汪洋，这种灾情实属罕见，其为灾之严重可想而知。十二月十五日，直隶总督蒋攸铦在奏折中指出：直隶近150个州、县、厅中，"被水州县中通州等七十七州县成灾六、七、八、九、十分不等"。① 也就是说，直隶有一半以上州县厅的灾情达六分以上。

关于河南灾情，河南巡抚程祖洛七月十一日奏称："彰德府属之临漳、汤阴、内黄、林县，卫辉府属之汲、淇、辉、浚等县，怀庆府之河内县禀报，或洹、卫、汤、姜、淇、丹六河水涨，或系山水涨发，多有被淹村庄。询之耆民，佥云数十年来未见此大水。"② 年老村民所言"数十年来未见之大水"显示此次河南水灾规模之大，影响之巨。同年九月二十三，程祖洛在奏折中对武陟、修武、浚县三县受灾村数及其程度进行了记载："查武陟、修武、浚县等三州县，前因沁河漫口，或大溜顶冲，或漫水滂溢，以致被淹较重。所有各村成灾分数，……被灾九分之浚县杨庄等三百五十七村庄，……被灾八分之浚县北关等八十九村庄，武陟县原马棚等四十一村庄，修武县北霍村等八十五村庄。被灾七分之武陟县小官庄等三十五村庄，修武县北高村等七十四村庄，……被灾六分之武陟县东陶等五村庄，修武县东乔庄等四十六村庄，……至勘不成灾之汲县近城关厢、盐店街、吕公堂并均营等一百一十五村庄被水较重，又夹堤等三十九村庄被水次重。"③ 据程祖洛奏折可知，武陟县受灾六分以上的村庄共有81个，修武有205个，浚县有446个，三县共732个村庄受灾分数在六分以上。其中浚县受灾最为严重，所有446个村庄受灾均在八分以上，357个村庄在九分以上。

山东在道光癸未大水中受灾也十分严重。十二月十五日琦善奏："查本年惟馆陶、冠县、恩县、临清、武城等五州县被水成灾，……馆陶县成灾八分七分六分五分之东关等三百七十二村庄，冠县成灾五分之班家庄等七村庄，恩县成灾五分之前王家庄等七十六村庄，临清州成灾八分六分五分之赵家村等二百六十一村庄，武城县成灾七分六分之小商庄等一百四十三村庄，及续报成灾五分之前香坡等十一村庄。"④ 由琦善奏折可知，山东临清州、馆陶县、武城县在这次特大水灾中遭受重创，其中临清州受灾5分以上村庄有261个，馆陶县有372个，武城县有143个。在馆陶县受灾五分以上的村庄中有207个村庄受灾分数在8分以上，三县中馆陶县受灾最为严重。

---

① 《清代海河滦河洪涝档案史料》，第393页。
② 《清代海河滦河洪涝档案史料》，第383页。
③ 《清代海河滦河洪涝档案史料》，第387页。
④ 《清代海河滦河洪涝档案史料》，第387页。

这次特大水灾对华北平原乃至整个清朝都是一次沉重的打击。《清史稿》中曾记载同治二年（1863）两江总督曾国藩、江苏巡抚李鸿章的一段对话，说明了这次特大水灾的深远影响："国初以来，承平日久，海内殷富，为旷古所罕有。……至道光癸未大水，元气顿耗。"[①] 一次水灾能让一个海内殷富的王朝元气顿耗，可知其灾情之重，危害之大。

（3）清末"丁戊奇荒"。"丁戊奇荒"实际上指光绪二年至五年（1876～1879）持续四年的特大灾荒，受灾地区涵盖了华北平原在内的广大地区，饿死人口达 1000 万以上，是清朝"二百三十余年未见之凄惨、未闻之悲痛"。由于这次灾害的时间以 1877 年、1878 年为主，而这两年的阴历干支纪年分别为丁丑年、戊寅年，所以后人称为"丁戊奇荒"。当时西方人视之为中国古今"第一大荒年"[②]。

光绪元年（1875），华北平原大部分地区先后呈现干旱的景象。"夏四月，京师大旱"[③]。"直（隶）、（山）东久旱"[④]，"河南旱势更甚于直隶"[⑤]。此后，旱灾规模进一步扩大，自光绪二年至五年，据地方奏报，直隶受灾的州县最高的一年达到 63 个，山东达 82 个，河南达 88 个。[⑥] 显然，在这次历史上罕见的旱荒中，华北平原区域内，河南的灾情最重。光绪三年（1877）七月二十六日河南巡抚李庆翱在奏疏中谈到河南旱灾："豫省本年亢旱……本年春雨稀少，麦收仅及五分余。入夏后又复雨少晴多，连日灾风烈日，干燥异常，咸云河南向无此酷热。现已节过立秋，地土甚干，得雨较多之处收成尚可有望，无雨之处，则草禾多半黄萎，杂粮亦难补种，旱象已形。目前开封、河南、彰德、卫辉、怀庆等五府情形较重。而怀庆府属之济源、原武，卫辉府属之汲县、淇县，沟渠俱涸，被旱尤甚。人心惶惶，粮价腾贵。所冀月内甘霖普沛，尚可挽回一二，倘再缺雨，晚秋无望，竟成旱荒，失业穷黎饥饿立现。"[⑦] 从奏疏可知，光绪三年河南春旱连着夏旱，一直延续到秋冬。长期没有有效降水致使旱荒严重。然李庆翱因"赈荒迟延"而被降

---

① 赵尔巽等：《清史稿》卷 121《食货志二·赋役》，中华书局，1977，第 3540 页。
② 《万国公报》第 8 册，总 6721 页；转引夏明方《也谈"丁戊奇荒"》，《清史研究》1992 年第 4 期。
③ 黄鸿寿：《清史纪事本末》，北京图书馆出版社，2003，第 397 页。
④ 年子敏编注《李鸿章致潘鼎新书札》，中华书局，1960，第 98 页。
⑤ 郭嵩焘：《郭嵩焘日记》第三卷，岳麓书社，1981，第 40 页。
⑥ 李文治编《中国近代农业史资料》第 1 辑（1840－1911），第 734 页。
⑦ 《申报》1877 年 9 月 13 日，转引自李文海等著《近代中国灾荒纪年》，湖南教育出版社，1990。

三级调用，刑部左侍郎袁保恒被派河南帮办赈务。袁保恒曾云，河南"被灾之广，受灾之重，为二百数十年来所未有"。[①] 从两位主赈者的描述中，可知此次旱灾中河南灾情之重。旱灾之中，"人相食"的惨象随处可见，旱灾之后瘟疫铺天盖地而来，来势凶猛，许多熬过旱灾的灾民在这后续的瘟疫中未能幸免，连帮办河南赈务的袁保恒也染疫不治，死于任上，可见灾情之重。今天，我们虽然无法对这场特大灾荒死亡人数做出精确统计，但有资料显示，光绪二年（1876）河南人口约为2394.3万人，到光绪四年（1878）减至约2114万人，两年共损失约280.3万人。[②]

"丁戊奇荒"中，直隶"旱灾较晋、豫稍轻，然亦数十年所未有"。[③] 直隶旱灾在1875年即已开始，至1877年仍在发展。《清德宗实录（一）》记载，光绪三年（1877）京师亢旱，"直隶属境，亦大半灾荒，饥民来京者不少"，[④] 仅河间府就有二百余万灾民嗷嗷待哺，灾情之重为"数十年所未有"。大旱一直延续到1878年7月末。山东的旱灾虽没有河南、直隶严重，但也影响不小。

当然，明清时期的水旱灾害远不止以上所述3次，限于篇幅，笔者无法一一详叙，但明清时期的水旱灾的确是频繁的，危害是严重的，其中对粮食安全的影响非常之大。

二 水旱灾害与粮食安全

1. 水旱灾害减少粮食收成

首先，水旱灾害直接导致农作物绝收或减产。水灾发生后，农作物或遭浸泡烂根死亡，或直接被冲毁，导致减产或绝收。旱灾则易使农作物因缺水而死亡，或遭随旱灾而生的蝗灾袭击，粮食产量自然不高。无论是旱灾，还是水灾，都使农作物受到严重破坏，产量大为降低，甚至颗粒无收。这类例子明清时期非常多，如洪武二十七年（1394），山东"宁阳县汶河决，南连滋阳，西至汶上，水高出河丈余，滨河居民多漂流，田禾皆浸没"。[⑤] 宣德三年（1428）五月壬申，"直隶真定府赵、定、冀三州，真定、平山、获鹿、井陉、阜平、栾城、藁城、灵寿、无极、元氏、曲阳、行唐、新河、隆

---

① 袁保恒：《文诚公集·奏议》卷6，清芬阁铅印本，1911。
② 严中平：《中国近代经济史统计资料性选辑》，科学出版社，1957，第371页。
③ 顾廷龙、戴逸主编《李鸿章全集32·信函四·致潘鼎新》，安徽教育出版社，2008，第226页。
④ 《清德宗实录（一）》卷58，光绪三年九月下，中华书局，1987，第794页。
⑤ 《明太祖实录》卷232，第3387～3388页。

平、高邑、赞皇、临城、新乐一十八县，及顺德府平乡、内丘、沙河、钜鹿五县，广平府肥乡、邯郸、永平三县各奏：去年十月至今年夏不雨，麦苗枯死，无收"。① 天启七年（1627）八月丁巳，山东巡抚李精白疏报："历城、章丘、长清、长山、齐东、肥城、邹平、泰安、济阳、莱芜、海丰、齐河、利津、东平、汶上、东阿、峄县、济宁、郯城、沂州、钜野、高塘、福山、蓬莱、宁海、文登、栖霞、即墨诸州县六月以来霪雨，漂没田禾，荡流庐舍。"② 光绪十三年（1887），黄河郑州段决口后，河水南流，山东地区黄河断流缺水干旱，河南道御史余联沅在奏折中说："臣伏查山东自海口淤塞，……闻其最重者有四府十八州县，如齐东、利津一带，禾苗焦枯，粒不及种，草根树皮，罗掘殆尽……"③ 诸如此类的史料在明清史籍中触手可及，水旱灾害摧残了正在生长的粮食作物，致使田禾无收，粮食产量急剧减少。虽然史籍中少有水旱灾害导致粮食产量减产的具体数据，但从以上文字记载中不难看出这一点。

其次，水旱灾害致使劳动力减少，耕地大量荒芜。在传统农业社会，劳力的多寡影响着农业生产的规模和效率。水旱灾害致使大量的人死亡，粮食生产缺乏必需的劳动力资源，粮食产量自然没有办法得到快速提高。明清时期自然灾害中人口损失是非常惊人的，关于这方面情况，史籍中有相当多的记载。尽管其中很多记载使用的是描述性语言，如"死者无算""死者甚众""死者遍野""死者相望""死者无数""死者枕藉"等，但也有很多记载相当精确，如正统十三年（1448）七月乙酉，直隶大名府奏："六月淫雨，河决，淹没三百余里，坏军民庐舍二万区有奇，男妇死者千余人。"④ 天启四年（1624）十月壬子，河南巡抚吴光义疏奏："河南河决阳武、武原、封丘、延津、荥泽五县，汇为泽国，漂没、死者不可胜纪……"⑤ 崇祯十五年（1642）九月，"河决开封，……士民湮溺死者数十万人"。⑥ 据高建国先生统计，明代277年中，因自然灾害而死亡的总共有6274万人，年平均约22.65万人，其中旱灾导致约4165万人死亡，地震导致约878

---

① 《明宣宗实录》卷43，第1062页。
② 《崇祯长编》卷1，第8页。
③ 《录副档》，光绪十五年五月初八日余联沅折，转自李文海、周源等《灾荒与饥馑：1840～1919》，高等教育出版社，1991，第170页。
④ 《明英宗实录》卷167，第3243页。
⑤ 《明熹宗实录》卷51，第2976页。
⑥ 《崇祯实录》卷15，第447页。

万人死亡，涝灾导致约 709 万人死亡，分别约占因灾死亡总人数的 66%、14%、11%。[①] 在清代，因水旱灾害而失去生命的人数也很多，这对农业生产产生了重要冲击，如道光二十一年（1841），开封黄河水患，开封四郊居民"淹毙者十之四五"，[②] 曹宋门外"村落全无"。[③] 时人朱琦描绘道："传闻附郭三万家，横流所过成荒沙。"[④] 道光二十三年（1843），黄河中牟县段决堤，"村庄数百同时覆没"。[⑤] 大量村落被冲没，人口损失自然不少；大量土地因无人垦种而荒芜，粮食产量自然受到严重影响。光绪二年（1876）山东青州旱灾，死亡者众。《申报》载："死亡相继，无以为棺，往往挖穴藁葬；遗于道路者，率皆鸟啄狗残，不堪卒视。其地有一村名溪涧，向有二百家烟灶，余昨过此，已有三十家将房屋拆去，变卖木料及盖房之高粱根等，又有三十家迁徙别处，死者二十人。又一村名江家缕，向有三四十家，现饿死者四十七人。又一村名李家庄，向有百家，均系小康，现饿死者三十余人。又一村名白王，向有六十家，今饿死四十人，别徙者六十人。又一村名马松，向有四十家，今饿死四十人。此数村落，均系余亲历其地目见情形。其余村中大约一家只剩一人，正在垂死。"[⑥] 光绪三年（1877），山东青州所属："益都东乡，黄家庄五十家，饿死十二人，逃出十家；江家泉子四十余家，饿死五十二人，卖出二人；宿家庄百余家，饿死一百一十人"，"临朐：孙家庄五十余家，拆屋二十家；杨家集六十家，饿死三十一人，逃出十五家；安家庄一百一十家，饿死五十五人，卖出二人；卜家庄五十家，拆屋三十间，饿死二十二人，卖出二十一人；董家庄一百三十家，饿死一百零五人，逃去五十家"。[⑦]

最后，水旱灾害改变了土壤环境，降低粮食产量。水旱灾害，尤其是水灾，容易导致土壤环境的改变，不宜于粮食作物的生长，自然降低粮食产量。如宣德元年（1426）四月戊子，山东阳信县民张世杰等奏："所种地七顷七十一亩，自永乐十年以来被雨水淹没，半成碱地，不宜苗稼。"[⑧] 在水

---

① 高建国：《自然灾害基本参数研究》（一），《灾害学》1994 年第 4 期。

② （同治）《中牟县志》卷 1《舆地志·祥异》，1870 年刻本。

③ 痛定思痛居士著，李景文等点校《汴梁水灾纪略》，河南大学出版社，2006，第 26 页。

④ 朱琦：《怡志堂诗初编》卷 4《河决行》，《续修四库全书》第 1530 册，第 159 页。

⑤ （同治）《中牟县志》卷 1《舆地志·祥异》，1870 年刻本。

⑥ 《申报》光绪三年一月二十五日，李文治编《中国近代农业史资料》第 1 辑（1840—1911），第 740 页。

⑦ 《申报》光绪三年一月二十五日，李文治编《中国近代农业史资料》第 1 辑（1840—1911），第 740 页。

⑧ 《明宣宗实录》卷 16，第 441 页。

灾中，尤以黄河泛滥影响最巨。河决后，大量泥沙在河水所经处沉积，把大片良田变成沙地、沙丘、盐碱地。如嘉靖八年（1529），河决衡楼段，"良田尽变流沙"，[①] 粮食生产失去了基本的土地条件。康熙二十八年（1689），孟县"黄河水溢，决堤漂没民田，及水退，田尽变为沙卤"。[②] 嘉庆年间，受黄河决影响，开封府所属武陟县马营坝一带，土质"尽系纯沙"。[③] 道光二十一年（1841）黄河决开封段，祥符县泥沙淤积严重，"境中沃壤悉变为沙卤之区"。[④] 道光二十三年（1843）黄河再次决口，中牟县"大溜所经，深沙盈丈，县境东北膏腴之壤皆成不毛之地矣"。[⑤] 两次河决，致使所经区域沙化严重，影响深远，以至近十年后的咸丰元年（1851）初春，陕西布政使王懿德途经祥符至中牟一带，发现这一区域仍然"地皆不毛，居民无养生之路"，就感慨道："两次黄河漫溢，膏腴之地，均被沙压，村庄庐舍，荡然无存，迄今已及十年。何以被灾穷民仍在沙窝搭棚栖止，形容枯槁，凋敝如前？"[⑥] 河患波及地区，也呈现严重的土壤沙化、盐碱化现象。卫辉府属之滑县，黄河水患多次波及，"其地沙碱、茅苇弥望皆是"，[⑦] 黄河故道左右区域"半属沙碱草荒"。[⑧] 而随着河决次数的增多，土地沙化、盐碱化越来越严重，破坏了原来的地表植被和正常的农业生产，对粮食产量的影响不言而喻。

当然，除了以上所谈水旱灾害对粮食产量有影响之外，耕牛的损失也是粮食减产的重要因素。在传统农业社会，耕牛是最主要的农业生产工具，对于灾后恢复和发展农业生产，提高粮食产量具有重要意义。然水旱灾害中，耕牛的损失同样是很大的。如嘉靖二年（1523）六月，山东沂州郯县大水，"漂牛畜六百余头只"。[⑨] 清代郑板桥《思归行》形象地描绘了灾荒年间牛马损失的情况："山东遇荒岁，牛马先受殃。人食十之三，畜食何可量。杀畜食其肉，寄尽人亦亡。"[⑩] 类似的记载在明清史籍中有很多。灾后

① （民国）《封丘县续志》卷14《人物略·任恤》，1937年铅印本。
② （民国）《孟县志》卷10《杂记》，1933年刻本。
③ 黎世序：《续行水金鉴》卷43《河水》，《万有文库》，第942页。
④ （光绪）《新修祥符县志》卷6《河渠·黄河》，1898年刊本。
⑤ （同治）《中牟县志》卷1《舆地志·祥异》，1870年刻本。
⑥ 《清文宗实录》卷26，咸丰元年正月丁未，中华书局，1986，第370页。
⑦ （民国）《重修滑县志》卷8《田赋》，1932年铅印本。
⑧ （民国）《重修滑县志》卷8《民政·民生状况》，1932年铅印本。
⑨ 《明世宗实录》卷28，第777页。
⑩ 郑燮：《郑板桥文集·思归行》，巴蜀书社，1997，第312页。

的农业恢复中，往往以增加耕牛作为重要的措施。如嘉靖年间，林希元上呈《荒政丛言》，奏请实行"处置缺乏牛种贫农法"，即令地方官"逐都逐图差人查勘，有牛有种者几家，有牛无种者几家，牛、种俱无者几家，有牛者要见有几具，有种者要见有多寡，通行造报，乃为处分。除有牛无种，有种无牛人户，听其自为计外，无牛人户，令有牛一具带耕二家，用牛则与之共养，失牛则与之均赔。"① 这是由政府为担保促成的民间耕牛借贷，从而达到灾后的自救。万历十七年（1589）三月己未，"河南抚按以连年水旱，地多荒芜，请留赃罚银两召佃买牛开种"。② 相反，灾后的农业生产恢复如果缺乏了耕牛，其影响自然是十分大的。光绪二年（1876），"天津附近一带亢旱，民不聊生，无力畜牛，俱各变卖"，天津出现"无牛可耕，以致播种之地仅十分之三"③ 的局面。

2. 水旱灾害造成严重饥荒

严重的水旱灾害发生后，如果救济措施跟不上，无一例外会造成严重饥荒，灾民或因饥饿而死，或流徙他乡成为流民。万历中，钟化民主赈河南灾荒，其《赈豫纪略》描述了当时河南严重饥荒情景："如登封县界渡村郭进京等，采棠梨叶、黄芦叶、荷贯叶、木兰叶为食，食尽鬻妻子。"④ 毕自严《灾祲窾议》记载了山东因大旱而导致的饥荒：

> 东省自灾荒以来，粟价腾涌，斗粟千钱。齐民素鲜蓄积，比屋莫必其命，菜色载道，行乞靡怜。于是鬻衣袴，鬻釜甑，鬻器物门牌，尽室倾储，曾不足充数口之一饱。继而咽糠秕，咽树皮，咽草束、豆萁，犬豕弃余，咸足以供生灵之一餐。乃有散而之四方者，乃有立而俟其死者，亲族掉臂，埋掩无人。或僵而置之路隅，或委而掷之沟壑，鸱鸟啄之，狼犬饲之，而饥民亦且操刃执筐以随其后，携归烹饪，视为故常。已而死尸立尽，饥腹难持，则又不惮计啖生人以恣属厌，甚至有父子兄弟夫妇相吞啖者，狐兔之念蔑然，骨肉之情绝矣。其事发而真于理者，若而人恬不知怪。有谓人肉咸而难食，食多困愈，必驯至于死者；有谓五脏脑髓，味甘甜，胜肢体，食之可得不死者。忠异比干，尽作剖心之

① 林希元：《荒政丛言》，李文海、夏明方主编《中国荒政全书》第 1 辑，北京古籍出版社，2003，第 167～168 页。
② 《明神宗实录》卷 209，第 3917 页。
③ 李文治编《中国近代农业史资料》第 1 辑（1840—1911），第 747 页。
④ 钟化民：《赈豫纪略》，李文海、夏明方主编《中国荒政全书》第 1 辑，第 278 页。

客；虐非帝犯，或为御穷之具。伤哉！东民一至此乎？可为痛哭流涕长太息者也。①

崇祯年间的大旱，更将这种饥荒推至极致，河南辉县的情况令人触目惊心。

　　至己卯（崇祯十二年）旱、蝗，自秋至明年不雨。其年庚辰（崇祯十三年）又蝗，仅能种而禾实不稔。斗米直可千钱，民间素所藏蓄者一时搜掠都尽。瓜果枣柿不待□而残，渐及草根、木皮、糠秕、山蔬，侈云富贵家粮也。十月之交，环辉山皆盗，以人为粮。千夫长擒来戮诸市，人争啖之。至二之日大寒，人益困，有父母食子女者，子女食父母者，夫妻、兄弟、朋友、乡邻互相食者。余人之衣冠动静犹昔，性情惊疑为豺狼。过岁春事益奇，人死已归土，丘垅欲乾，取厌朝饥；未成人孺子转盼不见，则已在釜中矣。孀妇单丁，诱杀充食者无宁日。辉之四围，村落并无，居人十存一二者皆住郊关。每中夜彷徨，或闻呼号啼救之声，皆奸人用计噬人，人每不敢救。食肉多爨人骨，间亦有以人头颅灰作面通人汁啖者，余骨弃野外。首骨如东陵瓜垒垒无算，特少蔓耳。胁臂小骨，狼藉于道，每郊行，足履于上，撍撍有声，如在麻秸上。伤心酸鼻，尝不忍过。②

清代情况也大致如此，如乾隆二十二年（1757），潍县大旱，饥荒，灾民无奈鬻妻儿，魏来朋《鬻子行》形象描述灾民鬻儿惨状：

　　潍北邑当丁丑年，沿海村落少炊烟。无麦无禾空赤地，家家真乃如罄悬。膝下娇儿莫能畜，百许铜钱即便鬻。但令得主免饥饿，宁甘下贱为人仆。交钱交儿说分明，钱交儿不随人行。翁亦无奈强作色，驱之使去终不能。望儿挥手频频打，旁观谁是解救者。频打频来怀中藏，儿声长号翁如哑。③

以上三段文字形象而深刻地描绘了灾后华北平原饥荒的惨状，读之令人

---

① 毕自严：《灾祲窾议》，李文海、夏明方主编《中国荒政全书》第1辑，第522～523页。
② （康熙）《辉县志》卷18《灾祥》，1690年刻本。
③ （民国）《潍县志稿》卷3《通纪二》，1941年铅印本。

心酸不已。严重的饥荒，抬高了粮价，也提出了应对水旱灾荒的新问题，即如何加强抗旱抗涝农作物的种植，从技术层面提高抵御水旱灾害、渡过饥荒的能力。

3. 水旱灾害推高粮食价格

影响粮食价格的因素很多，但起决定作用的还是粮食供应因素。水旱灾害则中断了正常的粮食供应，在需求不变的情况，价格自然飞涨。明清时期，华北平原每一次大的水旱灾害必然有粮价的高涨相伴随。明南京兵部尚书吕维祺曾在《请免河南粮疏》中说："数年来臣乡无岁不苦荒，无月不苦兵，无日不苦辇输。庚午（崇祯三年）旱，辛未（崇祯四年）旱，壬申（崇祯五年）大旱，野无青草，十室九空。于是有斗米千钱者……"[①] 河南辉县"至己卯（崇祯十二年）旱、蝗，自秋至明年不雨。其年庚辰（崇祯十三年）又蝗，仅能种而禾实不稔。斗米直可千钱，民间素所藏蓄者一时搜掠都尽"。[②] 发现于河南内黄县苏王尉村的《荒年志》碑记载着崇祯年间旱蝗灾害导致粮价飞涨的情况：崇祯十三年（1640）"至六月三伏无雨，旱蝗残食，五谷不收。至八月二十四日降霜，荞麦不收。当时斗麦价钱六百文，斗米价七百文，斗豆价四百文"。崇祯十四年（1641）粮价成倍上涨，当时"惟物类大贵，斗米价值一千七百文，高粮（粱）价九百文，斗麦价一千六百文，斗豆价一千五百文，独荞麦惟正当种时，每斗价三千五百文"；[③] "雍正八年（黄县）大水，九年春饥，斗粟钱千二百"；"乾隆十四年大饥，斗粟钱一千七百，饿殍载道，卖子女无算，斗麦钱二千三百"，"五十一年春大饥，麦一斗钱三千六百，豆一斗钱三千二百"；[④] 邹平县康熙"五十年春大饥，米价涌贵，米一市斗值制钱二千二百五十"；[⑤] 诸如此类的记载，充斥着明清史籍。水旱灾害导致着粮食供应的中断，粮食价格飞涨，百姓生活艰难。

三　水旱灾害与粮食种植结构的变迁

由上所述可知，明清时期水旱灾害影响了华北平原的粮食收成，造成

---

① 吕维祺：《请免河南粮疏》，郑廉编《豫变纪略》卷2，《四库禁毁书丛刊》史部第74册，第372~373页。
② （康熙）《辉县志》卷18《灾祥》，1690年刊本。
③ 转引自刘如仲《关于〈荒年志〉碑》，《齐鲁学刊》1980年第4期。
④ （同治）《黄县志》卷5《祥异志》，1871年刻本。
⑤ （民国）《邹平县志》卷8《杂异下》，1914年刻本。

了严重饥荒，推高了粮食价格。为了应对水旱灾害，除了积极赈救、建设仓储、兴修水利等措施外，人们还在新物种的选择上做出了努力，一些抗旱、耐涝、高产的农作物得到引入和推广，进而引起了华北平原粮食种植结构的变化。

1. 水旱灾害与高粱种植面积的扩大

高粱的生物学特性是抗旱、耐涝、耐盐碱、产量高。水旱灾害发生后，粮食歉收或者绝收，土壤盐碱化严重，一些以前适宜种植农作物的地方无法进行农业生产。而高粱的生物学特点正好可以降低自然灾害所造成的危害。水灾过后，一些低洼地、盐碱地一般种植的都是高粱，故明代农学专家徐光启在其《农政全书》中说："北方地不宜麦禾者，乃种此（高粱），尤宜下地。立秋后五日，虽水潦至一丈深，不能坏之；但立秋前水至即坏，故北土筑堤二三尺以御暴水，但求堤防数日，即客水大至亦无害也。"① 《王氏农书》也指出高粱有济荒之用："其子作米可食，余及牛马，又可济荒，……亦济世之一谷，农家不可阙也。"② 《救荒简易书》云，高粱"性耐碱，宜种碱地"，而且也"宜种沙地"，宜种"水地""虫地""草地"等。③ 明代《本草纲目》记载："蜀黍，北地种之，以备缺粮，余及牛马。"④

由于高粱的生物学特性能够克服水旱灾害所造成的对于农业生产的不便利因素，因此许多受水旱灾害影响的地区，高粱种植率较高，如多低洼积水地的山东济宁、汶上两县，粮食作物以麦和高粱为主。⑤ 康熙年间，在直隶文安县的退水盐碱地上，人们种植一种短杆高粱，意外获得了高产。⑥ 乾隆年间，地势低洼的莱州府高密县西南地区，常受水灾之苦，"种高粱者十七八"。⑦ 光绪年间，地势低平、常受滦河泛滥之苦的乐亭县也普遍种植高粱，史志载："京东高粱唯永属最多，永属唯乐境最多，种者盖十之六七，日用、常食不可少缺。"⑧ 大致在清中叶以后，华北平原常受水旱影响的地区及因黄河决口而形成的黄泛区，普遍种植高粱，因此高粱开始大规模推广并成为主食之一。不少地区，高粱在粮食作物种植中所占的比重仅次于小麦，

① 徐光启撰，石声汉校注《农政全书校注》卷25《树艺·蜀秫》，第630页。
② 王祯：《王氏农书》卷7《蜀黍》，《文渊阁四库全书》第730册，第365页。
③ 郭云陞：《救荒简易书》卷2《救荒土宜》，《续修四库全书》976册，第392、393、398页。
④ 李时珍：《本草纲目》卷23《谷之二·蜀黍》，《文渊阁四库全书》第773册，第457页。
⑤ （万历）《兖州府志》卷4《风土志》，1596年刻本。
⑥ 李辅斌：《清代河北山西粮食作物的分布》，《中国历史地理论丛》1993年第1期。
⑦ （乾隆）《高密县志》卷1《物产》，1754年刻本。
⑧ （光绪）《乐亭县志》卷13《食货下·物产·谷属》，1877年刻本。

是第二大粮食作物。据成淑君研究，"至迟到明末，高粱的种植面积在鲁西、鲁北平原的部分地区已超过粟而跃居第二或第三的位置"。[①] 这种情况在河北、河南大致如此。尽管很难用一个准确的数据来说明这一问题，但高粱在明清时期华北平原粮食种植结构中地位有所提高是不争的事实。其中，为预防灾害和弥补灾后粮食欠缺是高粱地位发生变化的重要原因。所以说明清时期高粱在华北平原获得大面积种植，在粮食作物中比重有所提高，与当时人们为了应对水旱灾害有密切的关系。

2. 水旱灾害与甘薯的推广

作为外境传入的农作物，甘薯能够在华北平原得以快速推广，与其生长习性有关。它耐旱、耐涝、耐碱，抗灾性强，"易种易生，水旱冰雹均不能伤"。[②] 它适应性极强，"不与五谷争地，凡瘠卤沙冈皆可以长，粪治之则加大，天雨根益奋满，即大旱不粪治亦不失径寸围"。[③] 它产量极高，"一亩可收数十石，数口之家止种一亩，终岁足食"；[④] "每亩可得数千斤，胜种五谷几倍"。[⑤] "上地一亩约收万余斤，中地约收七八千斤，下地约收五六千斤"。[⑥] 可以说，甘薯符合华北平原水旱灾害频繁、饥荒频现的环境对农作物的需要。

实际上，甘薯在华北平原的引种是因为灾害。乾隆初年，福建人陈世元在山东经商，恰遇该处发生旱灾，粮食严重歉收，于是与同乡商人"捐资运种及应用犁锄铁耙等器"，并从福建聘请种薯有经验的老农，至胶州古镇教种番薯。此后，甘薯逐渐在胶州扩大种植面积，在粮食作物中的比重提高，"蕃衍与五谷等"。[⑦] 此外，对甘薯的推广最初也是出于应对水旱灾害。乾隆五十年（1785），乾隆命福建巡抚雅德将番薯藤种购运河南，曰："此物既可充食，又能耐旱。河南、山东二省频岁不登，小民艰食。毕沅、明兴当即转饬各属，劝谕民人，仿照怀庆、沂州，广为栽种，接济民食，亦属备荒之一法。"[⑧] 为了应对灾害以及由于灾害造成的饥荒，由最高统治者颁发各种政策、条文，提倡、奖励甘薯的种植和推广，使得甘薯种植在华北发展得很快。一些原本荒芜的盐碱沙荒地也种上了甘薯，《正定府志》载："按

---

① 成淑君：《明代山东农业开发研究》，齐鲁书社，2006，第234页。
② 陈宏谋：《劝种甘薯檄》，《培远堂偶存稿·文檄》卷20，光绪二十二年铅印本。
③ 周亮工：《番薯》，《闽小记》卷3，上海古籍出版社，1985，第125页。
④ 陈宏谋：《劝种甘薯檄》，《培远堂偶存稿·文檄》卷20，光绪二十二年铅印本。
⑤ 陈世元：《金薯传习录、种薯谱合刊》，农业出版社，1982，第36页。
⑥ 陈世元：《金薯传习录》卷上，《续修四库全书》第977册，第49页。
⑦ （道光）《胶州志》卷14《物产》，1845年刻本。
⑧ 《清高宗实录（一六）》卷1234，乾隆五十年八月庚辰，第584页。

红薯一种，奉制府方公饬各属劝民种植，以佐民食。……津郡、盐庆等县，成效彰彰，正郡为白壤土，性夹沙，此种尤宜。"① 在上下共同努力下，到了乾隆末年，山东、河南、直隶普遍种上了甘薯，而甘薯也迅速地在抗灾自救中发挥了重要作用，如沂州府《费县志》记载，该县系"道光以后始盛行种植，同治六年荒歉，人赖全活"。② 明代农学家徐光启在其《农政全书》中专门列出《甘薯疏》，详细地记载了甘薯的生产经验，用以推广甘薯种植。书中对甘薯的优点做了这样的描述："昔人云，'蔓菁有六利'；又云'柿有七绝'。余续之以'甘薯十三胜'：一亩收数十石，一也。色白味甘，于诸土种中，特为复绝，二也。益人与薯蓣同功，三也。遍地传生，剪茎作种，今岁一茎，次年便可种数百亩，四也；枝叶附地，随节作根，风雨不能侵损，五也。可当米谷，凶岁不能灾，六也。可充笾实，七也。可以酿酒，八也。干久收藏，屑之旋作饼饵，胜用饧蜜，九也。生熟皆可食，十也。用地少而利多，易于灌溉，十一也。春夏下种，初冬收入，枝叶极盛，草秽不容，其间但须壅土，勿用耘锄，无妨农功，十二也。根在深土，食苗至尽，尚能复生，虫蝗无所奈何，十三也。"③ 所以他称甘薯为"救荒第一义"。

3. 水旱灾害与玉米、水稻的引种

玉米性耐旱涝，不择土壤，适应性强，被视为备荒作物。清人包世臣在《齐民四术》中说："玉黍，……生地瓦砾山场皆可植，其嵌石罅尤耐旱，宜勤锄，不须厚粪，旱甚亦宜溉，……收成至盛，工本轻，为旱种之最。"④ 玉米在明末传入中国，乾隆年间开始推广，进入华北平原后，种植面积逐渐扩大。但总体而言，玉米在明清时期华北平原的发展没有甘薯那样迅速，自然对明清时期华北平原粮食种植结构没有太大的冲击，其真正的普及和占据主体地位是在民国时期及民国以后。

水稻本为南方主要农作物，产量高于小麦，明清时期为了解决因灾而产生的粮食匮乏问题，在河北等地试种水稻。大约在嘉靖之后，华北平原水旱灾害呈现加剧趋势，水利荒废，农业基本呈现"一年而地荒，二年而民徙，三年而地与民尽"的局面。在徐贞明、张国彦、徐光启、左光斗、汪应蛟等有识之士的积极倡导下，在华北平原推广水稻种植，取得了很好的成绩。

---

① （乾隆）《正定府志》卷13《惠政上·种植》，1762年刻本。

② （光绪）《费县志》卷1《物产》，1896年刻本。

③ 徐光启撰，石声汉校注《农政全书校注》第27《树艺·蓏部》，第694页。

④ 包世臣：《齐民四术》卷第1上《农一上·农政·辨谷》，《安吴四种》卷26，同治十一年刊本。

然明清鼎革，推广水稻的工作中止，推广种稻的成绩也随之消逝。雍正三年（1725），直隶大水，民食匮乏，雍正帝命怡贤亲王胤祥总理畿辅水利营田，以朱轼副之。后来设立了京东、京西、京南和天津四局，进行有组织的管理和开发水利。不仅如此，山东、河南也都扩大了稻田面积。山东有稻田的地方，据笔者查到的材料可知，清前期，稻田在山东已经广布于登、莱、青、沂、济、泰、兖、武、曹9府共20余州县。河南种稻的州县亦有十几个，多集中在河南的南阳、汝宁、光州三府州及河北的卫辉、怀庆二府。开封府鄢陵、郑州、洧川，河南府的洛阳，陈州府的太康等地，也有稻田。[①] 但随着清中后期水利设施的荒废，华北平原的水稻种植也逐渐减少。

总之，位于季风区的华北平原每年容易遭到水旱灾害的袭击，频繁的水旱灾害造成粮食生产过程的中断、粮食生产主体的减少、饥荒的产生、粮价飞涨，为此需要一些抗旱、耐涝、抗灾、高产的粮食作物，这是华北平原灾害状况对粮食作物分布提出的要求。在这种自然需求下，高粱、甘薯、玉米等抗旱、耐涝、高产的农作物在明清时期逐渐在华北平原得以引入和推广；高产的水稻也一度在华北平原水利条件较好的地区获得推广，尤其是在明中叶、清前期人口快速增长、水旱灾害逐渐增多的背景下，这一过程得以加快进行。因高粱、甘薯等作物的天然特性与水旱灾害而产生的自然需求相应，对于缓解明清华北平原因水旱灾害而导致的粮食危机，维护粮食安全，起到了重要作用。同时，这一相应也在一定程度上改变了明清华北平原粮食种植的结构，奠定了以后这一地区粮食种植结构的基本格局。需要指出的是，水旱灾害只是影响明清华北平原粮食种植结构变化的因素之一，明清华北平原粮食种植结构的变化是多因素的综合，不能简单看待。

第四节　经济作物扩种与明清华北平原粮食种植结构的变迁

明清时期是华北平原经济作物种植和发展史上的一个重要时期，一方面，原有部分经济作物种植面积迅速扩大；另一方面，新的作物品种不断引进和推广。明清时期，华北平原的经济作物主要有棉花、花生、芝麻、烟草等，其中棉花、烟草的不断扩种，对华北平原粮食作物种植规模和种植结构产生了重要影响。

---

① 赵士文：《论清代山东对水旱自然灾害的防治》，硕士学位论文，曲阜师范大学，2008。

一　棉花种植扩张与明清华北平原粮食种植结构

1. 棉花种植扩展与粮食种植结构

棉花不是华北平原原来就有的作物，它最初是在新疆、云南、海南等地种植，后来沿南北两线传入内地，南到广东福建，北入甘陕一带，宋元之际广种于长江流域，普及全国则是在明清时期。明清两代是中国植棉史上两个高速发展的时期。

棉花在华北平原大规模的种植是从明代开始的。洪武初年，明太祖朱元璋曾命令："凡民田五亩至十亩者栽桑、麻、木棉各半亩，十亩以上倍之。"① 并且制订了征收棉花的税率"木棉亩四两"，以及相应的处罚政策"不种木棉，出棉布一匹"。洪武二十五年（1392），豫北的彰德、卫辉、广平、大名、东昌、开封、怀庆7府的棉花获好收成，总产"千一百八十万三千余斤"。② 洪武二十七年（1394）又下令："命天下种桑枣，……又令益种棉花，率蠲其税，岁终具数以闻。"③ 洪武三十年（1397）刊布的《教民榜文》第二十九条又称："如今天下太平……每户务要照依号令，如法栽种桑株、枣、柿、棉花。……此事有益尔民，里甲老人，如常提督点视。敢有违者，家迁化外。"④ 由于明清时期面临着巨大的人口压力，作为人们日常衣着的重要原料，明清两代政府均极为重视棉花的种植。在政府的重视和倡导下，华北平原的棉花种植发展很快，而且商品化率非常高。

（1）河北棉花种植的扩展

河北棉花种植从明代开始有了大面积的种植，随后迅速扩展。据（万历）《明会典》记载，弘治十五年（1502）全国5个省区实征地亩棉花绒总额为246569斤，其中河北103749斤，⑤ 约占总额的42%，名列首位，这说明河北已是明代最为重要的棉产区。据研究，河北地区除塞外隆庆、保安二州不宜种植棉花外，其他8府皆种棉，各府所交棉花数额如下：顺天府9436斤，永平府345斤，保定府9574斤，河间府4647斤，真定府35033斤，顺德府5005斤，广平府14584斤，大名府25125斤。⑥ 由此可见，在河

---

① 张廷玉等：《明史》卷78《食货志二·赋役》，中华书局，1974，第1894页。
② 《明太祖实录》卷223，第3264页。
③ 《明太祖实录》卷232，第3390页。
④ 张卤：《皇明制书》卷9《教民榜文》，《续修四库全书》第788册，第358页。
⑤ 申时行：（万历）《大明会典》卷24《税粮一》，《续修四库全书》第789册。
⑥ 申时行：（万历）《大明会典》卷24《税粮一》，《续修四库全书》第789册。

北，南部比北部、西部比东部的棉花种植业发展更好一些。明代植棉业的发展，为清代直隶棉业的发展打下了基础。

到了清代，由于人口的巨大压力，清代历朝皇帝都对农业十分关注。最高统治者多次制作《耕织图》，如康熙、雍正、乾隆、嘉庆、道光时期，朝廷都制作《耕织图》，图文并茂，记述了生产全过程，生产技术和经验，以及对农人的鼓励，显示了清廷奖农务本的大政方针。在制作《耕织图》之时，康熙、乾隆、嘉庆时期还专制作了《棉花图》。如康熙时有《御制木棉赋》，以赋的形式记述了棉花的传种，赞颂农民扩大木棉生产。该赋最后写道："时和丰年，火耨水耕，岁落三钟之棉，场登百亩之秾。同彼妇子，乐此太平。"[1]

对河北而言，该地区在清代植棉业发展很快。《御制棉花图·收贩》中说："三辅神皋沃衍，粱稷黍菽麦麻之属靡不蕃殖。种棉之地约居什之二三。"[2] 也就是说，棉田面积占到全部耕地的 20% ~ 30%，表明棉花种植已经相当普遍。《棉花图·拣晒》对秋后棉花大丰收的场面进行了描述："时当秋获，场圃毕登，野则京坻盈望，户则苇箔纷罗，擘絮如云，堆光若雪。"[3] 可见当地的棉花生产相当普及。

不过，河北各个府州植棉业的发展因地理环境的差异而呈现不一样的规模。正定府、保定府和冀、赵、深、定诸州产棉最丰，大名、广平、顺德稍次之，河间、天津、顺天、永平府又稍差，宣化府地处严寒不产棉花。正定府和保定府属县居于太行山东麓平原上，土地肥沃，植棉普遍。康熙《畿辅通志》称："保定、正定多植之"，"惟其定府最蕃"。[4] 正定府的栾城县"土产木棉，商贾云至"。[5] 保定府南部如束鹿、博野、蠡县、高阳等地皆产棉较多，其中博野县"有布有丝，而木棉为盛"。[6] 与正定、保定毗邻的赵、定、深、冀等直隶州，也是植棉发达地区。方观承在《御制棉花图·跋》中说："臣备员畿辅，伏见冀、赵、深、定诸州属，农之艺棉者什之八九。"[7] 这

---

① 董诰等：《钦定授衣广训》卷上，《续修四库全书》第 977 册，第 86 页。
② 方观承：《御制棉花图·收贩》，《钦定授衣广训》卷上，《续修四库全书》第 977 册，第 100 页。
③ 董诰等：《钦定授衣广训》卷上，《续修四库全书》第 977 册，第 98 页。
④ （康熙）《畿辅通志》卷 23《物产》，1863 年刻本。
⑤ （乾隆）《正定府志》卷 11《风俗》，1762 年刻本。
⑥ （乾隆）《博野县志》卷 1《疆域附物产》，1767 年刻本。
⑦ 方观承：《御制棉花图·跋》，《钦定授衣广训》卷上，《续修四库全书》第 977 册，第 117 页。

个比例是非常高的。冀州南宫县自入清以后，"数十年来广种棉花，妇人皆务绩纺"。① 周杖的《南宫言怀》道："花田处处千畦白，织火家家午夜红。"② 在赵州、柏乡县也有类似记载，诸如"种植甚多""种植甚繁"，都是"艺棉者什之八九"的反映。河北南部的广平、大名等府在元末明初已是种棉的老棉区，武安县"广植木棉见于明志今犹昔也。盖地多沙田，宜于植棉，因为货物之冠"。③ 沙河县"颇产木棉"，在"西南一带近永年、武安之地，较他处土壤稍沃，五谷无不宜，而木棉为甚"。④ 顺德府平原地区也宜植棉，如清河县"所赖独木棉、蚕桑"。⑤ 邢台县贸易货类中也有棉花、棉布。⑥ 河间府、天津府所属州县多低洼斥卤，植棉不广，只有南部的吴桥、东光、宁津等县"有麻、棉、粱、黍之宜"。⑦ 南皮县东部"田多白壤，木棉之产颇饶"。⑧ 顺天府一些地方植棉不普遍。永平府产棉地主要集中在滦州、乐亭，滦州南自马城到俫城胡家庄一带"土惟黑壤，种宜木棉"。⑨ 乐亭的棉花种植"凡平原皆有"，物产中以"粱谷、棉花为最"。⑩ 承德府也有棉花，（道光）《承德府志》记载："今承德府境皆有之，民但以做絮，不事织纴。"⑪

从总的分布来看，河北棉花种植在明清时期发展很快，中部和南部平原地区是棉的主要产区。尤其到了清代，棉花种植的快速扩展，不可避免使一些地方粮食作物的种植受到影响。

（2）山东棉花种植的扩展

山东棉花的种植始于明代，后因政府的大力提倡而快速扩种。大体而言，其产量在明清时期的华北平原仅次于河北。据丛翰香先生统计，嘉靖至万历年间，山东6府104州县中，明确记载植棉的有40余个州县，⑫ 几乎占

---

① （道光）《南宫县志》卷8《风土》，1830年刻本。
② （光绪）《畿辅通志》卷71《舆地略·风俗》，1886年刻本。
③ （乾隆）《武安县志》卷11《物产》，1739年刻本。
④ （乾隆）《沙河县志》卷3《风土》，1757年刻本。
⑤ （康熙）《清河县志》卷7《土产》，1678年刻本。
⑥ （乾隆）《邢台县志》卷7《物产》，1741年刻本。
⑦ （乾隆）《河间府志》卷6《田赋》，1760年刻本。
⑧ （光绪）《南皮县志》卷5《风土志·风俗》，1888年刻本。
⑨ （嘉庆）《滦州志》卷1《疆域志·风俗》，1810年刻本。
⑩ （乾隆）《乐亭县志》卷5《风土志·物产》，1755年刻本。
⑪ （道光）《承德府志》卷29《物产》，1831年刻本。
⑫ 按：据丛翰香先生《试述明代植棉和棉纺织业的发展》（《中国史研究》1981年第1期）一文附录部分统计，明代山东产棉州县共有27个，笔者据文献所见略加补充，共计为41州县。

州县总数的 40%。有些地方植棉非常多，农民甚至以此为业。据（嘉靖）《山东通志》记载，棉花"六府皆有之，东昌尤多，商人贸于方，其利甚薄"；① 东昌府"高唐、夏津、恩县、范县宜木棉，江淮贾客列肆赍收，居人以此致富"；② 兖州府"今兖州花绒，其地亩供输与商贾贸易，甲于诸省"；③ 济南府临邑县"木棉之产独甲他所，充赋治生依办为最"。④ 显然，明代山东植棉业相当发达。

在明代已有基础上，清代山东植棉业进一步发展，不仅广为种植，而且形成了不少专业的植棉户，出现了粮棉并重的局面，甚至有棉花种植排挤粮食作物的现象。如高唐州"种花地多，种谷地少"，⑤ 清平县的棉花"连顷遍塍，大约所种之地过于种豆麦"。⑥ 大体而言，到清代中叶，山东基本形成三大棉区：以高唐、临清为中心的区域，以滨州为中心的区域，以及以大清河流域为中心的区域。可以说，自明代中后期起直至清末，棉花种植在山东一直保持着较好的发展势头。有些地方棉花种植占到耕田总数的 20% 以上。许檀先生曾对光绪三十四年（1908）临清等州县的棉田面积进行统计，发现临清棉田占耕地的 26.5%，夏津县为 49.1%，高唐县为 35.1%，丘县为 12.3%，馆陶县为 9.2%，冠县为 6.4%，清平县为 4.4%，堂邑县为 2.3%，恩县为 0.8%，9 个州县的棉田占耕地的比重平均为 14.5%，这已是很高的比例。东昌府是山东 10 府中人均耕地最多的一府，在保持粮食供给自足的前提下，大力扩种棉花，棉田占耕地比重较大。⑦

（3）河南棉花种植的扩展

河南植棉业的发展是从元代开始的。元末，豫北的安阳、新乡、汤阴、尉氏等地开始有棉花种植。元代纳延《金台集·新乡媪》中有："蓬头赤脚新乡媪，青裙百结村中老。日间炊黍饷夫耕，夜纺棉花到天晓。棉花织布供军钱，借人辗谷输公田。"⑧ 这说明当时新乡已有棉花，而且当地农家妇女已从事棉纺织生产。不过，相对于全省，新乡的棉花种植还处于起步阶段。

---

① （嘉靖）《山东通志》卷 8《物产》，《四库存目丛书》史部第 188 册，齐鲁书社，1997 年影印。
② （万历）《东昌府志》卷 2《物产》，1600 年刻本。
③ （万历）《兖州府志》卷 25《物产》，1596 年刻本。
④ （同治）《临邑县志》卷 2《地舆志下·风俗》，1874 年刻本。
⑤ （道光）《高唐州志》卷 3《田赋志》，1836 年刻本。
⑥ （嘉庆）《清平县志》卷 8《户书》，1798 年刻本。
⑦ 许檀：《明清时期的临清商业》，《中国经济史研究》1986 年第 2 期。
⑧ 纳延：《金台集·新乡媪》，《摛藻堂四库全书荟要》第 407 册，第 21 页。

进入明朝，在政府的重视和倡导下，河南的植棉业有了很大的发展。其种植范围包括西至阌乡县（今并入灵宝市），南至南阳盆地，东至兰阳（今兰考县境内）的广大地区，棉花种植遍及全境9府几十个县。黄河北岸与北直隶毗连的彰德府、卫辉府，豫西沿黄河两岸的河南府、豫中的开封府，汉水上游与湖广襄阳府交界的南阳府，以及豫东南淮河沿岸的汝宁府，都是重要的产棉地区。比如，河南府属13个州县，明弘治年间的产棉县份达11个之多。① 开封府延津县耕地"多半种棉，半种五谷"。② 明末诗人吴伟业在《木棉吟》中云："昔年河北栽花去，今也栽花遍齐豫。"③，就是当时河北、山东、河南棉花栽培的生动写照。万历中期，河南饥馑，钟化民受命赴豫赈灾，回朝复命时向皇帝讲了河南棉花的种植情况，其中有"中州沃壤，半植木棉，乃棉花尽归商贩，民间衣服，率从贸易"④ 之语。据此可知，棉田约占耕地的一半。李时珍也说："此种出南番，宋末始入江南，今则偏及江北与中州矣。"⑤ 以上都表明当时河南棉花种植非常广泛。

清代，随着新政权的逐渐稳固，一些有利于生产恢复和发展的措施逐渐地推广开来。河南的植棉业在明末种植的基础上获得更快的发展，除豫北仍然是重要的产棉区外，河南其他地区的植棉业也发展很快。武安县"广出木棉，见于明志，今犹昔也。盖地多沙田，宜于种棉，因志为货物之冠"。⑥ 安阳县"正西及西南、西北一带，地处高阜，种棉者十之六七，种麦者十之三四"。⑦ 豫西棉田连成一片，蔚为壮观，张九钺在《拾棉曲》中有"嵩邙巩洛五百里，高下原隰花骈罗"⑧ 的句子，这正是这一区域植棉业的生动写照。其中，豫东、豫南植棉业也更加广泛。太康县在道光年间"农以木棉为主"，⑨ 许昌也"普遍种植棉花"，⑩ 西华县"土产以棉花为主"。⑪ 植棉业的发展，使得中原地区成为一个重要的棉花输出地。（乾隆）《光山县

---

① （弘治）《河南郡志》卷4《土产》，1499年刻本。
② （康熙）《延津县志》卷6《物产》，1702年刻本。
③ 吴伟业：《木棉吟》，《梅村家藏稿》卷10，《续修四库全书》1396册，第116页。
④ 钟化民：《救荒图说·劝课纺绩》，俞森辑《荒政丛书》卷5，（道光）《瓶花书屋丛书》。
⑤ 李时珍著，李经纬等校注《本草纲目校注》木部卷36《木棉》，辽海出版社，2001，第1300页。
⑥ （乾隆）《内黄县志》卷5《物产》，1739年刻本。
⑦ 王凤生：《河北采风录》卷2《安阳县图说覆禀》，1826年刻本。
⑧ 张九钺：《拾棉曲二首》，邓显鹤编《沅湘耆旧集》卷92，岳麓书社，2007，第200页。
⑨ （道光）《太康县志》卷3《风俗》，1828年刻本。
⑩ （民国）《许昌县志》卷6《农业》，1924年石印本。
⑪ （民国）《西华县志》卷7《农业》，1938年铅印本。

志》记载："妇女以纺织为务。自城市达于乡堡，纺车声轧轧然，比户相闻。亢爽之地，入夏尽艺木棉，妇人手理尤锄。凉风既至，拾其花，纺而织之，以衣其家人，或贸以佐日用。"怀庆府孟县所产的"孟布"在当时非常有名，"自陕、甘以至边墙一带，远商云集，每日城镇市集，收布特多。车马辐辏，廛市填咽，诸业毕兴"。① 汝宁府的正阳县形成了专门交易棉花、棉布的市场。"家家设机，男女操作，其业较精。商贾至者，每挟数千金。昧爽则市上张灯设烛，骈肩累迹，负载而来，所谓布市也。东达颍亳，西达山陕，衣被颇广焉。居人号曰陡布"。② 不仅如此，当时中原地区所产的棉花由商贾大量运往江南。河南巡抚尹会一说："棉花产自豫省，而商贾贩于江南。"③ 中原地区棉花的输出，为江南地区棉纺织业的发展提供了源源不断的优质原料。此时，棉花生产在整个经济中占有举足轻重的地位。

综合三省明清时期棉花种植的情况，可知棉花在这一时期获得了极大地发展，不仅满足了本地需求，而且销往外地，商品化率大大提高。大体在清代中叶之后，华北平原已成为全国非常重要的棉花主产区，所产棉花在棉花市场上占据着重要地位。不仅如此，山东、河北、河南三省所产棉布在西北、东北棉布市场也占重要地位，与江南棉布形成相互竞争、分割市场的新格局。

2. 棉花种植的扩展对粮食种植结构的影响

明清华北平原棉花种植的扩张对粮食种植结构的影响主要体现在对小麦等同期粮食作物种植面积的相对压缩上。

棉花喜热、好光、耐旱、忌渍，对灌溉条件要求较高，适宜于疏松、深厚的土壤中种植。种植小麦的地方也多适合种植棉花。棉花播种一般在谷雨前后，而此时北方冬小麦早已播种，生长期与小麦有所冲突，因此同一块田地不可能同时播种小麦、棉花两种作物。另外，从农田利用角度看，"凡田，来年拟种稻者，可种麦；拟棉者，勿种也。谚曰'歇田当一熟'，言息地力，即古代田之义。若人稠地狭，万不得已，可种大麦或稞麦，仍以粪壅力补之，决不可种小麦"。④ 这也说明，在同一农田，小麦、棉花不相容。也就是说，某一地区如果棉花种得多了，小麦的种植就会相对减少。尽管明

---

① （乾隆）《孟县志》卷4《田赋》，1790年刻本。

② （嘉庆）《正阳县志》卷9《补遗上》，1796年刻本。

③ 尹会一：《敬陈农桑四事疏》，《尹少宰奏议》卷3，《丛书集成初编》，第27页。

④ 徐光启撰，石声汉校注《农政全书校注》卷35《蚕桑广类·木棉》，第965页。

清时期华北平原耕地面积得到了大规模的扩展，但这种扩展是有限度的，在雍正朝之后，耕地面积一直徘徊不前。因此，随着棉花在华北平原的扩种，小麦的扩种空间逐渐遭到限制。这也使得清代华北平原小麦在粮食作物中的比重维持在50%上下，难以大规模提高（部分州县例外），这显然对明清时期华北平原粮食种植是有着重要影响的。

随着明清时期棉花商品化率的提高，棉花获利高的优势更趋明显。在较高利润的刺激下，华北平原更多地区的人们尽可能地多种植棉花，造成了华北平原三省棉花种植的快速扩展，从上面对三省棉花种植的阐释可看出这一点。下面以直隶为例来说明这一问题。乾隆年间，直隶总督方观承曾在《御制棉花图·跋》中说："伏见冀、赵、深、定诸州属，农之艺棉者什之八九。"[1] 而他也指出："直隶广平、大名各府，麦地居十之五；正定、保定、河间、天津等府居十之三；永平、宣化、遵化、蓟等州府，麦地不过十之一二。"[2] 显然，乾隆时期，麦地在直隶最高比例为"十分之五"，少则"十之一二"，这种状况除了与各府自然条件有关之外，还与棉花的大量种植不无关系。据黄可润《畿辅见闻录》的记载，"直隶保定以南，以前凡有好地者多种麦，今则种棉花"。[3] 由此可知有种棉而挤掉小麦的现象。棉花种植面积的快速增加，带来的问题是使一些小麦产区的小麦播种面积不断减少，种麦比例不断下降。有些地方，随着棉花的大量种植和商品化，粮食种植面积日益缩减，以致粮食已不能自给。道光帝时，河南栾山县就是如此。据（道光）《栾山县志》记载："栾山肆千余顷，稼十之四，所收不足给本邑一岁食，贾贩于外以济之。绵十之六，晋豫商贾云集，民竭终岁之勤售其佳者以易粟，而自衣其余。"[4] 显然，栾山棉花生产呈高度集中化发展，排挤了粮食作物的种植，以致粮食不能自给，需要出售棉花换取。至清后期，这种情况更为突出，如直隶保定府束鹿县境内植棉"每年种十之七八"，故而种麦者日少，所需粮食"多贩自南数郡以供食"。[5] 这种变化在清末乃至民初依旧十分明显。民初，正定府藁城县五谷所产仍以"以小麦为最著"，但"棉田约占土地之半"。[6]

---

① 方观承：《御制棉花图·跋》，《钦定授衣广训》卷上，《续修四库全书》第977册，第117页。
② 徐栋：《牧令书》卷13《筹荒中·借麦种》引方观承语，道光二十八年刻本。
③ 黄可润：《畿辅见闻录》卷7，1754年刻本。
④ （道光）《栾城县志》卷2《食物志·土产》，1846刻本。
⑤ （光绪）《束鹿县志》卷12《物产》，1905年铅印本。
⑥ （民国）《藁城县乡土地理·棉花》，1923年石印本。

二　烟草种植推广与明清华北平原粮食种植结构

1. 明清华北平原烟草的种植

烟草亦名"落",还有"相思草""淡巴孤"等别称,原产于美洲,一般认为是在明代万历年间传入中国的。① 烟草在中国传种后,最初仅在南方沿海一带种植。由于吸食者日众,市场需求量大,且种烟经济收益较种植粮食的要高,"一亩之收,可以敌田十亩"②,"视百蔬则倍之,视五谷则三之"③,"种禾只收利三倍,种烟还获十倍租"④。正是在这种高收益的刺激下,烟草传入中国后虽屡遭禁止,但传播种植极为迅速。到明天启、崇祯年间,在我国的北方烟草已广为种植。烟草在华北平原广泛种植后,占去了大量的土地,而且是上等肥腴之地,导致很多地方出现了"烟粮争地"的局面,故而对粮食作物种植及结构产生了不少消极影响。

(1) 河南地区烟草的种植

明代末年,烟草从东南沿海传入河南南部的邓州,从此开始了其在河南的种植,⑤ 成为明清时期河南新兴的经济作物之一。明代时,可能因烟草种植量少,影响不大,种植情况未见于文献记载中。进入清代,河南地区开始较多种植烟草。如康熙年间,鹿邑县已经广泛种植烟草,"旧志俱不载烟草,今则遍地栽之"。⑥ 嘉庆年间,卢氏县吴熊光云:"予驻卢氏,该邑亦在万山中,民贪利,平日多种烟叶,户乏盖藏。"⑦ 晚清时期,河南烟草扩种很快,成为华北平原三省中烟草扩种最快的省份。如禹县的烟草种植"遍及全境,有风行草掩之势",县东南之地甚至达到了"无家不种,无种不多"⑧ 的程度。邓州盛行种烟,"纵横数十里,皆烟田"。⑨ 据清末统计,河南烟叶种植面积达 756928 亩,位居全国第一;年产 11353.92 万斤,占全国总产量

---

① 陶卫宁:《论烟草传入我国的时间及其路线》,《中国历史地理论丛》1998 年第 3 期。

② 谢国桢选编,牛建强等校勘《明代社会经济史料选编》(上),福建人民出版社,2004,第 51~52 页。

③ 方苞著,刘季高校点《方苞集·集外文》卷 1《请定经制札子》,上海古籍出版社,1983,第 532 页。

④ 陈琮:《烟草谱》卷 5《张翔凤》,《续修四库全书》第 1117 册,第 452 页。

⑤ 宋军令:《明清时期美洲作物在中国的传种及影响研究》,博士学位论文,河南大学,2007。

⑥ 戴鞍钢、黄苇主编《中国地方志经济资料汇编》,汉语大词典出版社,1999,第 146 页。

⑦ 吴熊光:《伊江笔录》上编,《续修四库全书》第 1177 册,第 497 页。

⑧ (民国)《禹县志》卷 7《物产志》,1937 年刊本。

⑨ 李文治编《中国近代农业史资料》第 1 辑 (1840—1911),第 443 页。

884127294 斤的 12.84%，位居全国第二。^① 显然，河南已成为国内重要的烟草产区。

（2）山东地区烟草的种植

山东地区烟草种植大致开始于清代。据目前所掌握的资料来看，山东最早引种烟草的县大概是滋阳，该县在顺治年间引种烟草，在康熙年间广为种植。（康熙）《滋阳县志》载："按蔫之为物，滋阳旧无其种，自国朝顺治四年间，城西三十里颜村店、史家庄创种，相习渐广，至今遍地栽蔫。每岁京客来贩收卖者不绝。各处因添设烟行，稍为滋民一生息云。"^② 宁阳县烟草种植在清中叶以后迅速发展，销量很大，"都门大贾亘辇赍购取"。^③ 兖州府烟草种植面积很大，乾隆十七年（1752）山东巡抚鄂容安奏称："兖属向不以五谷为重，膏腴之地，概种烟草。"^④ 济宁在乾隆年间即已广种烟草，据盛百二《臧氏种蜀黍记》记载，当地"大约膏腴，尽为烟所占，而五谷反皆瘠土"^⑤，"济宁环城四、五里皆种烟草，制卖者贩郡邑皆遍，富积巨万"。^⑥ 济宁"出产以烟叶为大宗，业此者六家，每年买卖至白金二百万两，其工人四千余名"^⑦，形成了清代中叶山东最大的烟草加工中心。沂水一带，咸丰年间"民间好种烟叶，必择肥地，用十成粪，一亩之入，植数十千焉"。^⑧ 就整个山东而言，清代烟草种植是相当普遍的。许檀先生对此曾做过统计，清中叶以前开始种植的州县有滋阳（顺治）、冠县（康熙）、寿光（康熙）、蒙阴（康熙）、济宁（康熙）、阳信（康熙）、乐陵（乾隆）、潍县（乾隆）、鱼台（乾隆）、章丘（乾隆）、馆陶（乾隆）、高密（乾隆）、曲阜（乾隆）、泰安（乾隆）、德平（乾隆）、菏泽（嘉庆）、长山（嘉庆）沂水（道光）、东阿（道光）巨野（道光）、商河（道光）、城武（道光）。清中叶以后种植的州县有宁海（咸同）、金乡（同治）、黄县（同治）、栖霞（同光）、淄川（光绪）、临朐（光绪）、新泰（光绪）、肥城（光绪）、掖县（光绪）、峄县（光绪）、邹县（光绪）、宁阳（光绪）、嘉祥（光绪）、莱芜

---

① 刘锦藻：《清朝续文献通考》卷 382《实业五·农务考》，《万有文库》，第 11294～11295 页。

② （康熙）《滋阳县志》卷 2《物产》，1672 年刻本。

③ （光绪）《宁阳县乡土志》物产条，1907 年石印本。

④ 《清高宗实录（六）》卷 409，乾隆十七年二月戊申，第 367 页。

⑤ 盛百二：《济州臧氏种蜀黍记》，杨国安《烟事闲趣》，燕山出版社，1999，第 139 页。

⑥ 王培荀著，蒲泽校点《乡园忆旧录》卷 8《山左物产》，齐鲁书社，1993，第 455 页。

⑦ 包世臣：《中衢一勺·附录三·闸河日记》，《安吴四种》卷 6，同治十一年刊本。

⑧ 吴树声：《沂水桑麻话》，《沂水县文史资料》第三辑，1987，第 75 页。

（光绪）、昌邑（光绪）、朝城（光绪）、单县（光绪）、郓城（光绪）、范县（光绪）、东平（光绪），总共有42个州县。①

（3）直隶地区烟草的种植

直隶的烟草种植大约在清初开始。深州地方志记载，烟草"国朝始传其种"。② 康熙十四年（1675）《新城县志》记载："烟顺治以后人多种之。"③《磁县志》也指出："吾磁栽种在清入关以后。"④ 几十年后，至乾隆时期，直隶烟草种植已获得较大发展。《清高宗实录（三）》记载："直隶、山东、江西、湖广、福建等省种植尤多，陇亩相望。"⑤ 方苞说："自通都大邑以及穷乡下户，男女老少无不以烟相矜诩，由是种烟之利独厚，视百蔬则倍之，视五谷则三之"，因此"以臣所目见：江南、山东、直隶上腴之地，无不种烟，而耳闻于他省者亦如之"。⑥

2. 烟草扩种对华北平原粮食种植结构的影响

就整个华北平原而言，烟草在清代获得了快速发展。虽然各地自然条件不一，种植面积比例不一，但扩种的趋势是明显的。

烟草多在春季播种，秋天收获。烟草的生长期决定了其扩种势必会挤占粮食作物的种植面积，尤其是侵占膏腴之地。清人谢阶树的《宜黄竹枝词》反映了农民在烟草高收益的刺激下舍禾而种烟草的情景："一年辛苦奈饥何，我有肥田不种禾。今岁种烟钱满屋，种蓝尤比种烟多。"⑦ 清代赵古农的《烟经·题词》所载的"村前几稜膏腴田，往时种稻今种烟"⑧ 诗句，也反映百姓舍稻种烟的情况。农民追逐高利，舍禾而种烟，推动烟草种植规模的迅速扩大，挤占了大量土地。据《清高宗实录（三）》记载，乾隆年间直隶、山东等省"种烟尤多，陇亩相望，谷土日耗"。⑨ 清代学者方苞也称："夺农家上腴之田，耗衣食急需之费，未有如烟者也"⑩，又称华北五省（直隶、山西、陕西、河南、山东）每年因酿酒而"费谷千数百万石"，而"至

① 许檀：《明清时期山东经济的发展》，《中国经济史研究》1995年第3期。
② （光绪）《深州风土记》卷21《物产》，1900年刻本。
③ （康熙）《新城县志》卷1《方舆志·物产》，1693年刻本。
④ （民国）《磁县志》卷8《物产》，台北，成文出版社，1968。
⑤ 《清高宗实录（三）》卷194，乾隆八年六月上，第489页。
⑥ 方苞著，刘季高校点《方苞集·集外文》卷1《请定经制札子》，第532页。
⑦ 谢阶树：《宜黄竹枝歌》，雷梦水等编《中华竹枝词》（3），北京古籍出版社，1997，第2353页。
⑧ 闵宗殿，纪曙春主编《中国农业文明史话》，中国广播电视出版社，1991，第61页。
⑨ 《清高宗实录（三）》卷194，乾隆八年六月上，第489页。
⑩ 方苞著，刘季高校点《方苞集·集外文》卷1《请定经制札子》，第532页。

于种烟所减之粟米，较之烧酒所耗，亦十分之六七"。① （乾隆）《济宁直隶州志》记载了刘汶所作的《种烟行》诗："新谷在场欲糜烂，小麦未播播已晚。问何不敛复不耕，汲水磨刀烟上版。颇闻此物性酷热，御寒塞外差可说。华人久服肺多病，至尊恶之等梼杌。愚民废农偏种烟，五谷不胜烟直钱。岂知谷贱饥可饱，忍使良田滋毒草。往者岁歉难举炊，谁家食烟能疗饥？"② 这首诗形象地反映了种烟对粮食生产的影响。粮食作物种植面积被挤占，自然影响其产量，影响其在粮食种植结构中的比重和地位。但囿于史料，笔者无法找到准确的数据来说明这一问题，但明清时期华北平原烟草种植的扩大对粮食种植结构的影响是存在的。

面对烟草扩种而引起的粮食种植土地被挤占问题，清代官方开始限制种烟。如雍正五年（1727）三月，雍正帝曾下谕："米谷为养命之宝，人既赖之以生，则当加意爱惜，而不可萌轻弃之心……至于烟叶一种，于生人日用毫无裨益，而种植必择肥饶善地，尤为妨农之甚者也。"③ 为此，他要求各地官员劝谕农民不再种烟。大学士鄂尔泰也要求："宜于蔬、谷之处，一概不许种烟。凡向来种烟之地，悉令改种蔬、谷。"④ 尽管清代限制甚至禁止烟草的政策屡有变动，但官方对粮食生产受影响的忧虑并没有改变。

第五节　政府行为与明清华北平原粮食种植结构的变迁

明清时期华北平原粮食种植结构的变迁，除了受经济自身发展规律、科学技术、人口等因素的制约外，还和封建政府的经济政策、行政措施等政府行为有较为密切的关系。

一　政府对甘薯种植的倡导与推广

甘薯在华北平原的传播和推广是在政府的大力倡导和推动下得以实现的。明代齐东知县刘希虁、余为霖虽有引入甘薯的想法，但并未付诸实施。⑤ 真正

① 方苞著，刘季高校点《方苞集·集外文》卷1《请禁烧酒种烟第三札子》，第551页。
② （乾隆）《济宁直隶州志》卷2《物产》，1785年刻本。
③ 《世宗宪皇帝圣训》卷25，雍正五年三月庚寅，《文渊阁四库全书》第412册，第338页。
④ 中国科学院地理科学与资源研究所、中国第一历史档案馆编《清代奏折汇编——农业·环境》，商务印书馆，2005，第75页。
⑤ 陈冬生：《甘薯在山东传播种植史略》，《农业考古》1991年第1期。

在华北平原推广甘薯种植的时间是在清代。

甘薯传入华北平原主要得益于闽商陈世元父子。乾隆十四年（1749），闽商陈世元在山东胶州经商，目击山东旱涝蝗灾，饥民乏食，将甘薯引入山东地区种植。其《金薯传习录》云："因念先大人旧藏金公种薯海外新传遗编，曾教鄞县业有成效，中有东西南北无地不宜语，与同伴余友瑞元、刘友曦谋于次年捐资运种及应用犁、锄、铁钯等器，复募习惯种薯数人，同往胶（胶州）之古镇，依法试栽。"① 乾隆二十一年（1756），陈世元的长子陈云、次子陈燮在向河南朱仙镇移种甘薯之后，又将其移种于直隶地区。于是在陈氏父子的推动下，甘薯开始传播到华北平原。关于这一问题，前文有述，此处从略。

1. 政府推动与甘薯在山东的推广

甘薯传播到华北平原虽是陈氏之功，但大规模在华北平原推广则离不开官府的作用。乾隆十七年（1752），山东布政使李渭在调查甘薯有利于民生后，在明人金学增《海外新传七则》基础上，刊印《种植红薯法则十二条》，在民间散发，劝谕各州县广为栽种甘薯。② 在李渭的号召和推动下，山东各地迅速开始了甘薯的种植，尤其是鲁西各地几乎都种植了甘薯。对此，陈世元在《青豫等省栽种番薯始末实录》中记载："自此家传户习，菁葱郁勃，被野连岗，则人事尽天时地利，交出而应，荷锄治地，后先相属，又不止古镇一隅已也。"③

乾隆二十五年（1760）时，山东范县知县吴焕彩看到当地百姓"民苦纳租"，于是"教之种番薯，民困乃纾"。④

除李渭外，曾任山东按察史和山东布政使等职的陆耀也对甘薯在山东的推广做出过重要贡献。他在继承和总结前人推广种植甘薯的经验基础上，辑录、刊刻《甘薯录》一书，对甘薯种植技术进行总结。尤其是对有关甘薯藏种技术和贮藏方法的总结，对甘薯在山东的推广作用很大："九月十月间，掘薯卵近根先生者，勿令损伤，用软草包裹，挂通风处阴干。一法于八月中拣近根老藤，剪七八寸长，每七八根作一小束，耕地作畦，将藤束栽如栽韭法，过月余每条下生小卵，如蒜头状，冬月畏寒，稍用草盖覆至来春分种。一法霜降前取近根卵稍坚实者，阴干，以软草各衬，另以软草裹之，置

① 陈世元：《金薯传习录、种薯谱合刊》第24～25页。
② 陈世元：《金薯传习录、种薯谱合刊》，第25页。
③ 陈世元：《金薯传习录、种薯谱合刊》，第25～26页。
④ 赵尔巽等：《清史稿》卷477《循吏二》，第13033页。

无风和暖不近霜雪不受冰冻处。一法霜降前收取根藤，曝令干于窀下，掘窖约深一尺五六寸，先下稻糠三四寸，次置种其上，更加稻糠三四寸以上盖之。一法七八月取老藤种入木桶或磁瓦器中，至霜降前置草篅中，以稻糠衬置向阳近火处，至春分后依前法种。"① 此外，陆耀《甘薯录》中还总结了北方地区贮藏甘薯的方法："存薯不一，其法在人变通。存斛中、草囤中、磁瓮中、竹笼中俱可。但性畏寒又畏热，置避风和暖处，用草浮盖，俾通气。若封固，则发热坏烂。"② 正是因为陆耀在山东成功推广了甘薯的种植，所以后来得以升官为湖南巡抚。

2. 政府推动与甘薯在直隶的推广

甘薯在直隶地区的推广除了陈氏父子传种之功外，乾隆年间无极知县黄可润、直隶总督方观承、乾隆皇帝等均做出了重要贡献。黄可润的贡献在于将山东老农连藤带薯窖藏留种法引入直隶，并从德州"多聘老圃"到直隶无极县教种甘薯，使得当地甘薯一亩"可获千斤"，③ 从而解决了直隶地区薯种越冬的难题。方观承的贡献在于将浙江甘薯种子引入直隶，并从浙江雇用会种甘薯20人来直隶指导当地人们种植，从而推动了甘薯在直隶大部分地区的种植。《畿辅闻见录·种薯》对此有详细的记载："直隶沙薄之地甚多，又四月不得雨，惟临河及有井者可以浇灌，余禾稼多受伤。南方番薯一项，……闽、浙贫民以此为粮之半。制府方公抚浙时，稔其利，乃购种，雇觅宁、台能种者二十人来直，将番薯分配津属各州县，生活者甚众。"④ 另外，他还要求直隶的正定府、保定府的官员劝导百姓种植甘薯，"以佐食用"，于是甘薯在直隶中部地区开始推广。由于方观承在推广甘薯种植过程中贡献突出，当地老百姓非常感激，将甘薯称为"方薯"。⑤ 乾隆皇帝的贡献在于其以帝王之尊，以谕旨之权威推进甘薯在直隶种植。乾隆五十一年（1786）冬，乾隆皇帝下谕云："谕军机大臣等：据张若淳奏请申伐蛟之命以除民患，并请江浙地方学种甘薯以济民食等语。……至甘薯一项，广为栽种以济民食。上年已令豫省栽种，颇著成效，此亦备荒之一法。著传谕各该督抚，将张若淳所奏二事酌量办理，于地方兴利除害，亦属有益，将此遇便各谕令

---

① 陆耀：《甘薯录·取种》，张潮《昭代丛书》。
② 陆耀：《甘薯录·藏实》，张潮《昭代丛书》。
③ 徐栋辑《牧令书辑要》卷3《农桑·种薯》，《续修四库全书》第755册，第457页。
④ 徐栋辑《牧令书辑要》卷3《农桑·种薯》，《续修四库全书》第755册，第457页。
⑤ （乾隆）《行唐县新志》卷5《惠政志·种植》，1764年刻本；（光绪）《保定府志》卷27《物产》，1886年刻本。

知之。"① 圣旨之下，地方官自然不敢怠慢，推广甘薯的成效也就可想而知了。

3. 政府推动与甘薯在河南的推广

甘薯在河南的推广也得到了官方的大力支持，其中贡献比较大的主要有乾隆初年曾任河南巡抚的陈宏谋、汝州知州宋名立，以及乾隆皇帝。据檀萃《滇海虞衡志》记载，陈宏谋在乾隆初年担任河南巡抚时，"募闽人种红薯"，从而使甘薯种植在河南得到很快的推广，"今闻遍种于江乡矣"。② 宋名立的贡献在于"觅种教艺"，劝导百姓广泛种植甘薯，因此"人获其利，种者浸多"。③ 乾隆皇帝的贡献在于将甘薯种植视为备荒之一法，并颁布诏书，下令在河南推广种植以接济民食。乾隆五十年（1785），河南遭遇严重旱灾，粮食生产大幅减产。乾隆五十年六月，乾隆皇帝下谕军机大臣等曰："闽省地方，向产番薯一种，可充粮食，民间种者甚多。因思豫省近年屡经被旱，虽现在已普得甘霖，自可赶种晚秋，但恐该处土脉久燥，雨泽一少，即于栽种无益。番薯即可充食，又能耐旱。若以之播种豫省，接济民食，亦属备荒之一法。"④ 又谕，"据毕沅奏，薯蓣向以怀庆所出为佳，性与山蓣番薯同类，番薯藏种在霜降以前，下种在清明之后。计闽省乘时采择，邮寄此间，尚不为晚。但闻其种易烂易干，须用木桶装藤，拥土其中，方易携带，兼闻藤本须带根者，力厚易活等语。前雅德来热河召见，曾谕以将番薯藤种采寄河南。据奏，路过山东沂州府，亦见该处种有番薯，而豫省怀庆所出薯蓣，性与同类，此物既可充食，又能耐旱。河南、山东二省，频岁不登，小民艰食，毕沅、明兴当即转饬各属，劝谕民人，仿照怀庆、沂州，广为栽植，接济民食，亦属备荒之一法。至豫省既产薯蓣，则番薯一种，闽省亦毋庸多寄，但必须觅带根藤本，用木桶装盛，拥土其中，如法送豫，方能栽种易活，著传谕雅德，即行照式妥办，由驿速寄，将此各传谕知之"。⑤

正是在官方的推动下，清前中期甘薯在华北平原三省得以大规模的种植，这对于满足激增人口的粮食需求、救济灾荒等均起到了重要作用。甘薯种植面积的扩大，在粮食结构中比重的提高，使明清时华北平原粮食种植结构发生了新的变化。

---

① 《清高宗实录（一六）》卷1268，乾隆五十一年十一月，第204页。
② 檀萃：《滇海虞衡志》卷11《志草木》，《清史资料》第七辑，中华书局，1989，第238页。
③ （乾隆）《汝州续志》卷4《物产》，1743年刊本。
④ 《清高宗实录（一六）》卷1232，第548页。
⑤ 《清高宗实录（一六）》卷1232，第584页。

二　政府对水稻种植的倡导与推广

水利是农业的命脉，是水稻种植不可或缺的条件。在古代社会，较大型的水利工程的兴修离不开政府的支持，因此政府主导下的水利工程兴修对华北平原水稻种植的推广意义重大。尤其是在华北平原旱作农业区，水利兴则稻田兴，水利败则稻田废，水利的兴废对水稻的种植与分布影响很大，这自然影响到华北平原局部地区粮食种植结构的变化。

1. 水利工程的兴建与明政府对华北平原水稻种植的推广

明初，政府对兴修水利很重视，命令各地的官吏，人们如有关于水利的建议，要立即呈报。对那些不重视水利事业的官吏，则要加以处罚。洪武时期，明政府曾多次组织人们于各地大规模兴修水利。[1] 这些举措，促进了华北平原农田水利事业的发展。据《河南通志·水利》记载，怀庆府所属河内、济源、孟、温等县，有不少小型引沁工程，河内一县即有数十处之多，洛阳县有周阳渠、五龙渠、通济渠、洛渠、伊渠、大名渠、新渠、永通渠、古红渠、任解元渠、永济渠等工程。[2]

不过，华北平原在水利方面的发展，主要体现在畿辅水利上。明代中后期，南北运道时时受到灾害、农民起义的影响而梗阻，因而发展畿辅水利的主张又被重新提起。大学士丘濬首先重提元人虞集旧议，建议于京东沿海地区筑堤，浚河蓄水，改良和利用滨海土地，发展农业生产。[3] 隆庆四年（1570），直隶巡按御使杨家相再次建议："京东、河南、山东诸省地可种稻者，宜令有司修治堤堰，以兴水田之利。"[4] 但这些建议实际上都没能付诸实施。万历时，徐贞明不仅积极上疏提倡在畿辅兴修水利，又作《潞水客谈》详细论述在京畿开发水利的必要性和可能性。由于他的建议详备，从而赢得了不少人的支持。万历十三年（1585），其受命在京东诸县主持其事。经过不到一年的努力，垦田39万多亩。随着他受诬而去职，营田计划无法继续贯彻下去，但是开拓京畿农业已经成为当时形势发展的需要。万历二十六年（1598），汪应蛟受命任天津登莱等处海防巡抚，积极倡导开稻田种植水稻，前后开发了白塘口、葛沽、东泥沽、西泥沽、盘沽、吴家嘴、辛庄、双港等多处水利工程，"募民垦田五千亩，为水田者十之四，亩收至四

---

① 南炳文、汤纲：《明史》，上海人民出版社，1985，第117页。

② 转引自王质彬《黄河流域农田水利史略》，《农业考古》1985年第2期。

③ 丘濬：《屯营之田》，陈子龙等编《明经世文编》卷72，中华书局，1962，第608页。

④ 《明穆宗实录》卷43，隆庆四年三月戊子，第1093页。

五石，田利大兴"。① 可惜汪应蛟在天津的屯田活动只进行了一年，随后也去职。万历四十七年（1619），屯田御史左光斗在北京近郊力行屯田种稻，取得了很大成绩：天启元年（1621）开垦600亩水田，第二年开至4000亩，积极推广种植水稻。对此，邹元标评价说："三十年前，都人不知稻草为何物，今所在皆稻，种水田利也。"② 崇祯十二年（1639），天津巡抚李继贞大兴屯田、水利，"白塘、葛沽数十里间，田大熟"。③ 就整个明代而言，畿辅地区的水稻种植在中后期发展最快，除去自然因素之外，行政力量的推动也是重要原因。然随着主持水利工程官员的去职，屯田营稻也就无法继续进行下去，水稻种植自然受到影响。

2. 清代华北平原水利工程的兴废与水稻种植的兴衰

清代华北平原水利工程的兴废与政府对水稻种植的推广，主要体现在直隶地区。康熙中期，由于皇帝本人的关注和培育，"御稻"培植成功，并且在承德的试种也取得了成功。康熙四十三年（1704），又应直隶巡抚赵宏燮、天津总兵蓝理请求，在京郊玉泉山、天津附近开水田，试种"御稻"。两年后，始开垦地150顷，但其中"有洼地五十顷，被水浸，不便耕种。又有高地五十顷，不宜种稻。……其可作水田种稻者，止五十顷"。④ 这个结果是康熙皇帝所不愿意看到的，他闻信后，立即指导工匠导河修渠，"将泄水之处，挑浚设闸，使一百五十顷俱可耕种"，⑤ 结束了长城沿线水稻无法栽种的历史。这150顷，即1.5万亩稻田即成为直隶地区主要的水稻产区。

清雍正时期，畿辅地区发生严重水灾，70余州县被淹，这促使雍正皇帝下决心"仿遂人之制，以兴稻人之稼"，⑥ 并授命怡贤亲王胤祥主持其事。在胤祥的主持下，设京东、京西、京南和京津四局，为统辖这四局，又专门设立了水利营田府，并从南方聘请熟悉水田耕种的人来直隶教当地人们种植水稻。河北大城县"居民每于平滩浅濑，栽种秧田，……其地三面距隄，势如环卫，而土性膏腴，最为宜稻之区"，"数十里皆稻乡也"。⑦ 经过几年

---

① 张廷玉等：《明史》卷241《汪应蛟传》，第6266页。
② 张廷玉等：《明史》卷244《左光斗传》，第6329页。
③ 张廷玉等：《明史》卷248《李继贞传》，第6427页。
④ 《清圣祖实录》卷244，康熙四十九年十月，第421页。
⑤ 《清圣祖实录》卷244，康熙四十九年十月，第421页。
⑥ （雍正）《畿辅通志》卷46《水利营田》，1735年刻本。
⑦ 吴邦庆辑，许道龄校《畿辅河道水利丛书》第6册《水利营田图说·大城县》，农业出版社，1964，第294页。

的营田活动，先后开垦出稻田 50 多万亩。然随着怡贤亲王去世，水利营田府解散，营田活动受到阻挠和破坏，新垦稻田大部分旋即湮废。

当然，除了京畿地区以外，华北平原的许多大河两岸、低洼之处，地方政府也曾积极兴修水利，如山东的小清河流域、沂沭河流域、运河沿岸等地，河南的黄河两岸等都开辟出不少水田，水稻种植一度兴盛。这一情况在前文分析华北平原水稻种植时有所叙述，在此不再赘述。

通过对明清华北平原水利兴修与水稻种植问题的分析，我们可以看到，兴修农田水利对水稻的种植有相当大的影响。大量稻田的开辟，使水稻成了华北平原局部地区的主要粮食作物，这对于局部地区粮食种植结构的调整有着重要意义。然而由于官方关注力度的减弱，兴修水利的热潮也渐趋消退，给华北平原水稻种植带来不利影响。关于清代华北平原农业水利的兴废，徐浩先生《论清代华北农田水利的失修问题》[①] 一文有较多论述，此不赘述。

整个明清时期，华北平原水稻的种植依然没有改变明以前点块状分布、政策性波动的历史格局，水稻也一直未能在明清华北平原粮食种植结构中占有主要地位。这一状况的存在既受农业生态环境的局限，也与该地区农田水利兴废的波动有关。

总之，明清华北平原粮食种植结构的新变化是多种因素综合作用的结果。气候的趋冷导致干旱化倾向愈发明显，不仅原有的耐旱作物（如粟）依然保持着大规模的种植，而且新的耐旱作物（如高粱、甘薯）也获得飞跃式发展。频发的水旱灾害，直接刺激人们调整粮食种植结构，一些抗旱耐涝的粮食作物如高粱、甘薯、玉米获得种植与推广的机会。人口的激增、人地矛盾的加剧，要求人们解决口粮问题，于是相对高产的农作物的种植受到重视，这推动着小麦种植面积的扩大、高粱的扩种、甘薯的迅速推广，于是粮食种植结构也相应发生着变化。在粮食作物种植结构的调整过程中，政府和官员对粮食新品种的推广种植，对农田水利工程兴修的倡导，都推动着粮食种植结构的变迁。甘薯的快速扩种，水稻种植的政策性波动，均与官方政策有密切关系。而经济利益的诱惑，使得一些经济作物如棉花、烟草等种植面积不断扩大，一定程度上压缩了传统粮食作物的种植面积，对局部地区粮食种植结构产生重要影响。正是在诸多因素的综合作用下，明清时期华北平原的粮食种植结构才发生一系列变化。

---

① 徐浩：《论清代华北农田水利的失修问题》，《中国社会经济史研究》1999 年第 3 期。

第六章 明清华北平原粮食种植结构变迁的影响

明清时期华北平原的农作物种植发生了很大的变化，小麦、粟虽然还是人们大量种植的农作物，但高粱、大豆的异军突起，高产农作物玉米、甘薯的传入和推广，给当时的社会带来很大的影响。在这一变迁格局中，高产农作物和抗灾性强的农作物的种植规模在不断扩大，使得当时的粮食收获得到一定程度的保障，粮食总产量获得迅速提高，基本保证了当时社会的粮食安全。这对满足当时社会人口急剧增长所需的口粮起到了积极的作用。随着粮食作物种植结构的调整、变化，相应的，华北平原粮食种植制度、粮食商品化程度、人们社会生活等多方面均发生了巨大变化。当然，这种变化涉及多方面，限于篇幅，只择其要者述之。

第一节 明清华北平原粮食种植结构变迁与种植制度变化

明代之前的华北平原，粮食种植制度除个别地方有类似两年三熟制之外，普遍是一年一熟制。明清时期，两年三熟制在华北平原逐渐推广，成为一种普遍的种植制度。这一制度的推行，增加了土地的播种次数，提高了粮食总产量，缓解了由于人口急剧增加而导致的粮食问题。

一 两年三熟制的形成与推广

明清时期粮食种植结构的变化与当时耕作制度的变化有密切的关系。根据学者的研究，明清是华北平原两年三熟制形成及成熟的时期，这一种植制度的成熟对于华北平原农业生产而言有着重要意义。而粮食种植制度与农作物种植结构密切相关，随着明清时期华北平原粮食种植结构的调整，条件较好地区的主要粮食作物如小麦等，基本形成了两年三熟制的基本格局。

1. 两年三熟制的含义

两年三熟制又称两年三熟轮作复种制，其含义学界曾有过多年探讨，基本看法为：两年三熟是指在同一块土地上春季种植粟、高粱等作物，待秋收后播种冬小麦，等到来年五月收获小麦后，又播种豆、粟、玉米等农作物，从而实现在连续两年的时间内农作物三季收获的目标。如果能够在同一块地里这样周而复始地耕种下去，那么，就可以说形成了两年三熟轮作复种制。①

关于两年三熟制，有学者认为出现于两汉，形成于北魏。② 也有学者认为始于唐代，但一直到明清时期才成为一种基本的耕作制度。③ 观点不一，众说纷纭，但就华北平原而言，明清时期是两年三熟制形成及成熟时期。

客观而言，在农业耕作领域内实现两年三熟制是受各种因素制约的，李令福先生总结为自然环境、种植技术与经济条件等。从自然环境来看，华北平原正常年份的积温与降水状况都完全可以满足农作物的两年三熟；从种植技术来看，冬小麦的种植是必备的，而且在种植冬小麦前有一季作物的收获，在冬小麦收获后当年还能播种和收获一季农作物。经济条件涉及华北平原的劳动力、肥力等。④ 这些因素在明清时期的华北平原都已具备。

2. 两年三熟制的逐渐推广

两年三熟制在华北平原的逐渐推广，与当时种植的农作物品种有密切的关系。两年三熟制的核心作物是冬小麦，与之前后接茬的农作物主要有高粱、粟、甘薯、玉米、烟草、豆类、黍等，这些都是当时人们主要种植的农作物。在农事的安排上，一般是春播早粟，秋收后种冬小麦，第二年夏收冬小麦，然后种植豆类作物，从而形成早粟—麦—豆的两年三熟。例如，在明代，山东的东昌府，小麦是"八月中种"，来年"五月初收"；豆类作物是"五月初种"，"九月中收"。为了能接上茬，豆类作物是在小麦尚未收割时

---

① 李令福：《再论华北平原二年三熟轮作复种制形成的时间》，《中国经济史研究》2005年第3期。

② 万国鼎：《农史文献中所见的农作制》，《中国农报》1962年第2期。

③ 闵宗殿、董凯忱、陈文华：《中国农业技术发展简史》，农业出版社，1983，第109页。

④ 李令福：《论华北平原二年三熟轮作复种制的形成时间及其作物组合》，《陕西师范大学学报》1995年第4期。

播种，即在麦地内耩种，从而形成麦豆复种。秋收后，原来的麦科豆地不再种植作物，处于休闲状态，到来年春季再播种早粟，从而形成两年三熟。[①] 在北直隶广平、大名地区的麦作区，"民就种麦甫豆，水泛而麦已登场，其所获殆加倍焉"。[②] 嘉庆河南密县采用麦和豆、晚黍稷轮种，实现两年三收："凡地二年三收，……黄豆有大小两种，五月种麦后收麦耩种，七月中旬出荚，八月中旬成熟。"嘉庆时"凡地二年三收，……黄豆有大小二种，五月精种，八月中旬成熟"。[③]（顺治）《登州府志》记载了当地两年三熟的农事安排："春时播百谷，正月种麦，二月布谷及黍稷蜀秫麻等项，三月种大豆与稻，稻有水陆两种，谷雨前种棉花，俱秋收；麦后种豆、黍，俟秋耕种麦；又有冬麦，俱来年五月初收。"[④] 到康熙时期，登州仍旧实行两年三熟制。两年三熟的轮作复种体系，以冬小麦为核心，分为春秋两季。第一年，种植早粟、高粱等春杂粮，等秋收之后接种冬小麦，第二年五月份收割小麦，小麦收获后种植大豆、晚粟等，秋收后土地休耕或者继续种植小麦。这种轮作模式，一方面使农作物种植保持多样性，另一方面又将养地用地结合起来，有利于地力的恢复和保持。[⑤] 雍正初年，河南巡抚田文镜指出："豫省民俗，大率广种秋麦，盖无余地留种春麦，间有未种秋麦地亩，皆留以播种早黍、早谷、芝麻、高粱、豆子、棉花等项。"[⑥]《农圃便览》是丁宜曾在乾隆二十年（1755）所写的一本关于山东青州府日照县西石梁村的农书，地方性极强。从《农圃便览》中可以看出，当地农业种植实行的就是两年三熟制：三月份开始播种黍、稷、粟、穄、蜀秫、陆稻等作物，六月份至八月份收获黍、稷、粟、穄、蜀秫、陆稻等。在最先成熟的土地里播种绿豆作为绿肥，收完绿豆后继续播种冬小麦，八月秋分前后播种小麦，到来年五月芒种收割，然后在麦茬地再种大豆，九月寒露收获这些大豆。如在山东济南章丘县东矾硫村太和堂李家种植的土地上，实行的两年三熟制种植方式是以高粱、粟—麦—蜀秫、豆—休耕的两年三熟制。[⑦]

玉米、甘薯在华北平原种植后，也加入了轮作体系。这种变化预示着农

① （万历）《恩县志》卷3《贡赋·种植》，1599 年刻本。
② （正德）《大名府志》卷2《山川志》，1506 年刻本。
③ （嘉庆）《密县志》卷7《风土》，1817 年刻本。
④ （顺治）《登州府志》卷8《风俗》，1660 年刻本。
⑤ 黄保信：《河南与黄河文化》之《农业篇》，河南人民出版社，1997，第 521 页。
⑥ 《宫中档雍正朝奏折》第 19 辑，台北，故宫博物院印行，1977，第 623 页。
⑦ 〔日〕足立启二著，曹幸穗译《清代华北的农业经营与社会构造》，《中国农史》1989 年第 1 期。

业结构的一场新变革。（光绪）《增修登州府志》云："正月种春麦，夏收，二月种谷及黍、稷、蜀秫、糁、麻、枲，三月种大豆与稻及番薯，谷雨前种棉花，麦后种豆及包米，俱秋收，秋社种麦，又有冬麦，俱来年夏收。"[①]《区田试种试验图说》在记载豫北淇县玉米间作套种时也涉及两年三熟制轮作方法："照古人隔一行种一行，隔一区种一区。……推区田之法，略加变通种法，隔一畦种一畦（每畦宽一尺八寸），秋分后一畦种麦三陇，小满前一畦种谷子四陇（须于此时种谷者，因麦将成熟，谷苗尚小，两不相害也）。刈麦后，速将麦畦种玉交子一陇（玉交子每株隔二尺远），带以绿豆（须速种者，谷苗未深，不害玉子，后玉子虽深，株少叶稀，亦不害谷子）。唯菜豆不得风日之精华，必待割谷后始结角子，然亦不误种麦。今年之谷畦，下年种麦与玉子；今年之麦与玉子畦，下年种谷。如此循环种去，人工虽多，一年可获三熟。"[②]

3. 两年三熟轮作模式的复杂性与多样性

由于各地农民的需求、饮食习惯以及气候、土壤等因素不同，轮作模式极为复杂和多样。在平原地方，春末种高粱或棉花，秋后种麦，来年麦收后种豆或晚谷，周而复始。这是因为平原夏季多雨易涝，"惟高粱质粗而秆长，较他谷为耐水，故种植者广"[③]。而且黄河流经地区的河段，两岸堤长工险，每年抢险都用秫秸（高粱秆），向民间征用较多，因此农民普遍种植高粱。麦后一般种植豆类作物。《群芳谱诠释》记载黑豆在"夏至前后下种"，黄豆"种耰收获、苗叶莢其与黑豆无异"[④]。（万历）《恩县志》记载，小麦"八月中种，五月初收"，而黄黑绿诸色豆，"俱五月初种，九月中收"[⑤]。五月种豆是在小麦尚未收割时直接套种的，《农桑经校注》对此进行总结："五月……留麦茬，骑麦垅耩豆，可以笼豆苗"，"豆无太早，但得雨，且不妨且割（麦）且种，勿失时也。"[⑥]

咸丰年间，山东沂水县知县吴树声在其《沂水桑麻话》中，对沂水不同地形的粮食种植模式有过描述，如平原地区的两年三熟，吴树声记道：

---

① （光绪）《增修登州府志》卷6《风俗·稼穑》，1881年刻本。

② 冯绣：《区田试种试验图说》，《中华大家读·科技卷·中国文化的基本文献》，湖北人民出版社，1994，第826页。

③ 尹会一：《尹少宰奏议》卷2《议禁酒曲疏》，茅一相编《丛书集成初编》，第17页。

④ 王象晋著，伊钦恒诠释《群芳谱诠释》，农业出版社，1985，第24页。

⑤ （万历）《恩县志》卷3《贡赋·种植》，1599年刻本。

⑥ 蒲松龄撰，李长年校注《农桑经校注》，农业出版社，1982，第25页。

"坡地（俗谓平壤为坡地），两年三收。初次种麦，麦后种豆，豆后种蜀黍、谷子、黍稷等谷，皆与他处无异。"涝地也是两年三熟，吴氏记曰："涝地（俗谓污下之地为涝地）二年三收，亦如坡地。惟大秋概种穄子（形如稗子，莒、沂最多）。此禾性耐水，且易熟，不费工本，民间食谷大半皆此，甚合土宜。麦后亦种豆，雨水微多，颗粒无收，徒费工本。沂俗有种稻者，原系秋禾。然南方有晚稻，夏至始种，似此等涝地，麦后亦可播种。收成虽薄，较之种豆，终可望收也（稻皆旱种，其种植之法与北方种他谷同，非南方水稻也）。"对于洼地，则是一年一熟，吴树声记载："洼地（较涝地尤下），常有积水。遇旱年涸出，始可播种，不过种麦一季或蜀黍一季耳。"①由吴树声《沂水桑麻话》之记载可知，即使在同一区域，由于具体农业地理条件的差别，粮食种植制度会呈现明显的不同；即使是同为两年三熟，种植的粮食作物种类也会有所不同。

二 推广两年三熟制的作用

通过上面的描述，我们知道，明清时期是华北平原两年三熟制的形成和成熟时期，两年三熟制的推广有效增加了粮食种植面积，提高了粮食总产量，同时也有利于粮食作物的合理布局。概而言之，主要体现在以下几个方面。

其一，麦后种豆已经非常普遍，这使得华北平原的土地得以用养结合，发挥较好的效能。大豆有强大的固氮能力，现代研究结论认为，种植大豆能为每亩土壤积累氮素 20 斤，相当于用硫酸铵 100 斤，或施粗肥 1 万斤。但大豆成熟期晚，不宜直接种麦，经冬闲之后，应加强土壤养分的矿化作用，然后种植春粟或高粱，能够增加产量。

其二，玉米、甘薯传播和推广后，逐渐加入轮作体系，这对提高华北平原的农作物产量有很大的帮助。玉米、甘薯都属于高产作物，玉米"种一收千，其利甚大";② 甘薯产量更高，"每亩可得数千斤，胜种五谷几倍"。③ 这两种高产作物的种植，在一定程度上提高了粮食的综合亩产量。吴慧先生曾对玉米和甘薯的增产效果做了大致估算，认为清代北方有玉米参加轮作复种的耕地，比不种玉米的耕地每亩可增产 32.750 公斤；在同块土地上种植甘薯，比不种番薯的，北方可增产 50%，南方可增产 86.73%。④ 这对缓解

---

① 吴树声:《沂水桑麻话》,《沂水县文史资料》第三辑，第 77、78 页。
② 严如煜:《三省边防备览》卷 11《策略》,《续修四库全书》第 732 册，第 296～297 页。
③ 陈世元:《金薯传习录》卷上，第 36 页。
④ 吴慧:《中国历代粮食亩产研究》,农业出版社，1985，第 185～187 页。

华北地区人多地少、粮食短缺问题起到很大作用。

其三，实行两年三熟制，使劳动力的全年分配做到尽量合理。在一年一熟制的地区，一年中最忙的时间只有十几天，农民的剩余时间较多。而两年三熟制的轮作换茬方式及其相应的作物布局，可以使春耕秋耕交替进行，使劳动力得到合理的调剂，便于实行精耕细作。具体而言，小麦八月中播种，五月初收获；大麦正月中播种，五月初收获；粟谷二月播种，八月收获；荞麦六月中播种，九月中收获；木棉清明前后播种，八月收获；芝麻谷雨前后播种，八月收获；绿豆五月初播种，九月收获。另外，豌豆、黑豆、青豆、黄豆也是五月初播种，九月中收获；黍四月播种，七月收获；稷四月播种，七月收获；蜀秫三月初播种，八月中收获。从以上所列多种农作物的播种、收获期来看，各种农活贯穿于春、夏、秋。可以说，农活从正月就开始，主要对土壤进行耕翻操作；播种从二月开始，有粟、高粱、黍、棉花等；五、六、七月，多是进行中耕、麦收以及夏作物的播种；从八月底到十月，收棉花、大豆、玉米、甘薯等作物。

综上所述，明清时期随着粮食种植结构的变化，小麦播种面积不断攀升，大豆的播种期由春播转变成夏播，从而促成了两年三熟的粮食种植制度在华北平原的形成并逐渐成熟。两年三熟制的推广，使得华北平原的用地养地问题得到缓解，劳动力得以合理使用。而且，在两年三熟制的发展中，华北平原的复种指数得到提高，这就相当于将原有的耕地面积大大扩展，这对于缓解人地矛盾，保障粮食安全，意义重大。

第二节　明清华北平原粮食种植结构变迁与农业商品化发展

明清时期华北平原粮食种植结构的变化，使得高产农作物的播种面积得以扩大。两年三熟制的推广，增加了粮食作物的总产量，提高了经济发展的水平以及土地的承载能力，粮食生产的商品化也随之得到发展。

一　粮食亩产量的提高及总产量的增加

1. 粮食亩产量的逐步提高

明代，随着社会生产力的发展、农耕技术的进步、生产经验在前代基础上的积累，粮食作物的亩产量比以前朝代有所提高。许多学者对此都有过研究，并做出了推测。吴慧根据（嘉靖）《河间府志》卷三的记载，得出明代北方夏麦秋粟亩产约 2 石，"一夫耕田三五十亩，亩收麦一石以上"，合今市制亩产 300 斤，那么小麦、粟谷的亩产量各为 150 斤；[1] 郭松义认为，明代后期北方旱作区平均亩产为 0.82 市石，折合为 112 市斤；[2] 珀金斯估算出 1400 年中国耕地单产的数值是每市亩 139 斤，[3] 山东是 86～103 市斤，河北是 45～55 市斤，河南是 44～53 市斤。[4] 不过，现代学者认为他估算的 1400 年河南、河北粮食亩产量的数值太低。根据刘士岭的研究，洪武二十四年（1391）河南的粮食亩产量是 86 市斤，按此类推，河北也是这个数值。他还认为，明代河南的粮食亩产量是逐渐提高的，从洪武二十四年的亩产 86 市斤，到万历二十八年（1600）时的亩产 147 市斤。[5] 许涤新估计明代北方粮食的平均亩产量为 1 石左右；[6] 曹贯一先生根据天津、河南地方的亩产量，推断明代北方旱地麦粟亩产 1 石，合 157.3 市斤；[7] 等等。从学者们的研究可知，明代华北平原的粮食亩产量在 1 石左右。

清代，华北平原高产粮食作物玉米、甘薯不断得到推广，种植规模在不断扩大，两年三熟制在不断成熟，复种指数得到提高，这些因素都推动了粮食亩产量的提高。关于清代粮食亩产量问题，学界也有不少成果。据珀金斯研究，1770 年、1850 年中国耕地单产的估计数分别是每市亩 203 斤、243 斤，[8] 山东在 1776 年、1851 年分别是 99～118 市斤、152～174 市斤，河北在 1776 年、1851 年分别是 95～114 市斤、109～130 市斤，河南的粮食单产量在 1776 年、1851 年分别是 103～124 市斤、124～150 市斤。[9] 董丛林等先生依据河北省民国时期（1937 年前）粮食亩产量推测晚清直隶亩产量接近 150 斤。[10] 吴慧先生运用"租税法"（每亩地的田赋额÷田赋率÷每石粮食价格＝粮食产量）对清前期直隶地区粮食亩产量做了推测，认为康熙时民

---

① 吴慧：《中国历代粮食亩产研究》，第 173 页。
② 郭松义：《明清时期的粮食生产与农民生活水平》，《中国社会科学院历史研究所学刊》第一集，社会科学文献出版社，2001。
③〔美〕珀金斯：《中国农业的发展（1368—1968 年）》，宋海文等译，上海译文出版社，1984，第 17 页。
④〔美〕珀金斯：《中国农业的发展（1368～1968 年）》，宋海文等译，第 20 页。
⑤ 刘士岭：《大河南北，斯民厥土：历史时期的河南人口与土地（1368～1953）》，博士学位论文，复旦大学，2009。
⑥ 许涤新等：《中国资本主义发展史》，人民出版社，1985，第 41 页。
⑦ 曹贯一：《中国农业经济史》，中国社会科学出版社，1989，第 752 页。
⑧〔美〕珀金斯：《中国农业的发展（1368～1968 年）》，宋海文等译，第 17 页。
⑨〔美〕珀金斯：《中国农业的发展（1368～1968 年）》，宋海文等译，第 20 页。
⑩ 苑书义主编《河北经济史》第三卷第二章，人民出版社，2003，第 118 页。

地亩产1.72石，乾隆时民地亩产谷1.96石，旗地亩产2.22石；康熙时官民田平均亩产1.83石，其后至近代亩产量下降。① 程方则认为，到清代，粮食亩产量最高达到300市斤，平均为255市斤，山东上等地亩产小麦140市斤，高粱200市斤，谷子220市斤，黄黑豆160市斤；中等地亩产小麦110市斤，高粱140市斤，谷子160市斤，黄黑豆100市斤；下等地亩产小麦70市斤，高粱90市斤，谷子90市斤，黄黑豆70市斤。② 而据刘士岭的研究，清代河南粮食亩产量均超过了200市斤，嘉庆十七年（1812）甚至达到300市斤。

这些研究成果都证实，与明代平均1石的粮食亩产量相比，清代的亩产量确实已经提高，平均超过200市斤这样的水平。这是一个逐渐提高的过程，也是粮食种植结构调整之后出现的新情况。

2. 粮食总产量的迅速增加

伴随着亩产量的提高，粮食总产量相应地得以增加。玉米、甘薯都是高产作物，它们在华北平原的推广种植，对粮食总产量增加的作用不可小觑，对此一些学者做过专门研究。如吴慧先生就认为，有玉米、甘薯参加轮作的土地，亩产量可提高到367市斤，比不种玉米、甘薯的提高17市斤，与明晚期的亩产量相比，增幅为6%。③ 赵冈先生经过研究认为，种植玉米、甘薯使粮食亩产量增加了21.14市斤，其中"玉米使亩产增加10.37市斤，甘薯使亩产增加10.77市斤"。④ 再加上玉米、甘薯逐渐加入轮作体系，进一步推动了总产量的增加。吴慧研究后认为，在清代，北方有玉米参加轮作复种的耕地，比不种玉米的耕地可增产23.75%；有甘薯轮作复种的耕地，比不种甘薯的耕地，可增产50%。⑤

所以说，明清时期伴随着粮食作物种植结构的调整，高产作物的推广，土地生产能力得到提升，亩产量逐步提高，粮食生产总量不断增加。这在一定程度缓解了明清时期由于人口的激增、土地开垦有限所导致的粮食不足的问题。

二　粮食种植结构调整与生产商品化发展

粮食亩产量的提高，直接的好处是增加了粮食总产量，这就为更多的粮

① 吴慧：《清代前期北京、河北地区粮食亩产蠡测》，《北京社会科学》1997年第4期。
② 程方：《清代山东农业发展与民生研究》，博士学位论文，南开大学，2010。
③ 吴慧：《清代粮食亩产的计量问题》，《农业考古》，1988年第1期。
④ 赵冈等编著《清代粮食亩产量研究》，中国农业出版社，1995，第64页。
⑤ 吴慧：《中国历代粮食亩产研究》，第186～187页。

食投入市场提供可能。正是因为粮食种植结构的调整，明清时期华北平原的粮食生产商品化趋势不断加强。主要体现在以下两个方面。

1. 商品粮交流日趋频繁

明清华北平原商品粮的交流体现在多个方面，既有本地交流，也有与外地的交流；既有麦豆的交流，也有粟稻的交流；形式多样，方式灵活。既有粮食本身价格差异而促使农民追求余利进行粮食的商品化流通，也有因植棉专业化而形成的粮食短缺而促使粮食流通，原因种种，不一而足。

明清华北平原粮食种植结构的变迁中，小麦比重的提升是一个基本特点。由前面分析可知，小麦在粮食作物中的比重由明代的30%提高到清代的50%~60%，部分地区甚至达到70%以上。应该说，这一比重已不低，加之华北平原是著名的小麦产区，小麦本应在农民的食粮消费中占有较高的比例。不过，作为细粮的小麦，口感好，营养丰富，颇合上层人士欢迎，社会需求较大，在市场中的售价远远高于其他作物，故而农民一般将此视为商品，自食很少。如山东寿光县，农民"十亩之田必种小麦五亩，其收早而利赢也"。[1] 巨野县，农民"种植五谷以十亩为率，大小二麦居六，秋禾居四……而民多食高粱"。[2] 明清时期小麦种植在粮食作物中的比重由明代的30%逐步提高到清代50%~60%，可见它的种植极为普遍，产量不小，所以在粮食市场中占的比重很大。可以说，它是华北平原商品价值很高的一种主粮。每到小麦收获季节，外地商人纷纷赴华北收购小麦。如明嘉靖间，北直隶河间府"其有售麦于京师者，青县、沧州、故城、兴济、东光、交河、景州、献县等处皆漕挽，河间、肃宁、阜城、任丘等处皆录运，间亦以舟运之"。[3] 不少家庭日常支出多依赖小麦的出售，故民间多有"一麦抵三秋""一麦胜三秋"之谚。[4] 价高的小麦被出售，而价低的粟谷、杂粮供自己食用，粜精籴粗在老百姓的日常生活中越来越普遍。这种情况一直到20世纪前中期依然如此。据李景汉20世纪20年代中期对北平郊外挂甲屯村100户农家的调查可知，全年吃白面5次以下者约占一半，其中有的除年节外，平日从不吃白面，有的仅在新年吃一次；吃5~9次者占15%；10~49次者占25%；50次以上者仅占10%。[5] 20

---

① （嘉庆）《寿光县志》卷9《物产》，1800年刻本。

② （道光）《巨野县志》卷23《风俗志》，1846年刻本。

③ （嘉靖）《河间府志》卷7《风俗》，1540年刻本。

④ 刘敕：《历乘》卷14《方产》，崇祯六年刊本，中国书店，1959年影印；（康熙）《濮州志》卷4《土产》，1673年刻本。

⑤ 李景汉：《北平郊外之乡村家庭》，商务印书馆，1929，第45页。

世纪 30 年代初，研究人员在河北定县的调查表明，小麦产量虽仅次于小米和甘薯，但农民的主食中没有小麦。[①] 民国时的沧县，"邑之产麦为田产十分之四，而食麦者不及百分之一"。[②] 其他各县也有类似情形，如河南通许县，"全年食麦面者百不抽一焉"。[③] 山东东平县，绝大多数农家也吃不起白面，"能终岁食面粉者不过少数素封之家"。[④] 可见，直到 20 世纪二三十年代，小麦在农民的主食中依然不占重要地位，农民生产出来的大量小麦主要不是自己食用，而是作为商品出售。

麦后种植的大豆，除了交纳赋税和留一些作农用外，很大一部分是出售，商品化程度也很高。由第五章所述可知，明清时期华北平原的河南、山东是重要的大豆产区，其中黑豆多输往北方，而黄豆则多下江南。如《临朐县志》言："黄豆、黑豆最为民利，与麦同重。农人有田十亩，常五亩种豆，晚秋丰获，输租税，毕婚嫁，皆持以为资。岁偶不熟，困则重于无禾。"[⑤] 山东大豆自明代即向江南大量输出，清乾隆年间大豆的输出量每年在 200 万石左右。[⑥] 许檀、香坂昌纪等学者的研究表明，明清时期华北平原黄豆南下的量是非常大的。[⑦] 至于高粱，它是北方酿酒的主要原料，商品化程度也较高。

另外，由于明清时期华北平原棉花种植区域的扩大，以及种植的专业化，不少地区形成专业化程度很高的产棉区，相应的，粮食作物种植区域大为减少，这就促使区域内的粮食流通成为必然趋势。万历年间，钟化民奏称：中州沃土"半植木棉"。[⑧] 清后期，束鹿县西北各乡，植棉多者"每年种十之七八"，少者"亦十之三四"。[⑨] 植棉户为了追求较高收益，放弃了粮食作物的种植，其日常所需口粮需要通过市场购买来获取。如临清是清代中叶山东的三大产棉区之一，其粮食作物播种面积大大缩减，粮食供应严重依赖附近的地区。方观承描述："山东临清州所需粮食，麦、谷由河南贩运，

---

① 曲直生：《华北民众食料的一个研究》，参谋本部国防设计委员会，1934。

② （民国）《沧县志》卷 11《事实志·生计》，1933 年铅印本。

③ （民国）《通许县新志》卷 11《风土志·民生》，1934 年铅印本。

④ （民国）《东平县志》卷 5《风土志·民生》，1936 年铅印本。

⑤ （光绪）《临朐县志》卷 8《风土志·物产》，1884 年刻本。

⑥ 许檀：《明清时期山东的粮食流通》，《历史档案》1995 年第 1 期。

⑦ 许檀：《明清时期山东的粮食流通》，《历史档案》1995 年第 1 期。〔日〕香坂昌纪：「清代中期の浙西にぉける食糧問題」，『東洋史研究』第 49 卷第 2 號；「清代中期の杭州と商品流通——以北新关を中心として」，『東洋史研究』第 50 卷第 1 號。

⑧ 钟化民：《赈豫纪略》，俞森辑《荒政丛书》卷 5，（道光）《瓶花书屋丛书》。

⑨ （光绪）《束鹿县志》卷 12《物产》，1905 年铅印本。

秫粱由天津贩运。"① 此类的史例还有不少,可见棉花生产的专业化,加速了粮食在区域内商品市场的流通。

粮食商品化程度的日趋提高,也促使很多地方形成了规模颇大的粮食交易市场,每日交易量很大。康熙年间,保定府曾有10个专业集市,其中之一就是谷市,进行粮食交易,"各依集期,轮回开市"。② 乾隆时编纂的河南《光山县志》记载,当地农民"终岁所入,口食所余,悉以出粜","邻县远方车骡运载不绝于途"。③ 同期的《罗山县志》也记载:"北人粜贩步小车驱驴往来如织,日去米不下数百石。"④ 粮食专业集市的出现,说明明清时期粮食商品化的发展。

2. 粮食商品化利用的多样化与深入化

粮食种植结构的变迁,使得明清华北平原粮食总产量提高,在满足基本的粮食需求之后,一部分粮食就进入了商品加工领域,被加工成饮食产品。这既满足了人们日常饮食生活需要,又能赚取更多的利润。明清华北平原粮食商品化呈现多样化与深入化的特点。相较来说,小麦、高粱用于制曲和酿酒,就更显粮食商品化的特点。

制曲是华北平原粮食商品化的重要方式。如万历年间,山东兖州府鱼台县小麦产量很高,麦收之后,贾人"鬻曲蘗岁以千万"。⑤ 河南是当时制曲最盛、最多之地,全国各地以麦烧酒的曲大多来自这里。乾隆二年(1737)七月十七日,河南巡抚尹会一指出:"凡直隶、山、陕等省,需用酒曲,类皆取资于豫。故每年二麦登场后,富商巨贾,在于水陆马头,有名镇集,广收麦石,开坊踩曲,耗麦奚啻数千万石。"⑥ 这些都说明清代河南小麦商品化进一步提高了。乾隆三年(1738)三月二十七日,尹会一又向乾隆帝上《请增踩曲禁例疏》,指出:"豫省素称产麦之区,凡本地大贾,外来富商,每于二麦登场之后,挟其厚赀于码头集镇,广收麦石,肆行踩曲,踩成之日,盈千累万,贩运他省,售于烧锅之户,不独耗本省之麦石,而并以损外省之民食,为害最大。"⑦ 从尹会一的奏折中我们可以看出河南酿酒踩曲是

---

① 方观承:《方恪敏公奏议》卷2,南通冯氏景岫楼藏本。
② (康熙)《清苑县志》卷1《建制志·集市》,1677年刻本。
③ (乾隆)《光山县志》卷13《风俗》,1786年刻本。
④ (乾隆)《罗山县志》卷1《风俗》,1746年刊本。
⑤ (万历)《兖州府志》卷4《风土志》,1596年刻本。
⑥ 尹会一:《尹少宰奏议》卷2《议禁酒曲疏》,茅一相编《丛书集成初编》,第17页。
⑦ 尹会一:《尹少宰奏议》卷4《请增踩曲禁例疏》,茅一相编《丛书集成初编》,第37页。

相当兴盛的，也意味着踩曲耗费的粮食量是相当大的。根据河南巡抚雅尔图的说法，乾隆初年河南一省年踩曲量达6000万块，考虑到禁曲之日已过踩曲旺盛期，可见实际踩曲数将远远高于此数。麦曲每块约1斤，耗麦三四斤，即以6000万块计算，河南年耗麦达200万石以上。而以此耗费200万石麦踩成的曲去烧酒，则每年需耗麦约600万石。①

除踩曲外，酿酒耗费的粮食则更多。华北平原很多农村都有饮烧酒的习惯，而且不少地方这一习惯还很盛行。烧酒都是以粮食酿造的，如黍之"粘者可酿酒"，② 高粱"皆可酿，市肆取充酒材，颇夺民食"。③ 大量的粮食用来酿造烧酒，自然加剧了农村粮食短缺。（道光）《滕县志》载山东滕县"酿户大者池数十，小者三、四，日一酿，费粟一石二斗"。④《沂水桑麻话》记载："沂之烧锅约有二百余口，每口约用粮粒百余石，计岁耗粮粒数万石。……沂则以数万石粮粒，徒供本地之人一醉于朝夕，两餐仍不能稍减，大可惜也。"⑤ 经年累月，酿酒耗粮数量自然不小。随着酿酒的兴盛，营利性的酒店、酒肆、酒楼等广布于城乡各地，谓"荒郊野巷，莫非酒店"。⑥ 孔圭《上邑彭少韩书》云："十宝之聚，必有糟房，三家之村，亦有酒肆。"⑦ 至于到底有多少粮食用于酿酒，今天已无法统计，但可以断言，这一数字绝不是小数。

与酿酒业兴盛相应的是华北平原民间饮酒之风的盛行，而这对缺粮的华北来说确实增加了粮食压力。清代学者方苞云："四人而饮酒者一人，其量以中人为率，一日之饮必耗二日所食之谷。"⑧ 显然，饮酒所耗费的粮食是十分惊人的。当然，饮酒并非单纯只有酒，还需要佐菜，免不了大吃大喝，方志中常有类似的记载。据（光绪）《临朐县志》记载，该地"大耗更有两端，一曰饮，一曰博……至如村人趁墟食货交易，酒罂肉碗四顾狼藉……其尤甚者，贫民无产，佣力耕作，索值日不百钱，酒食必责丰备，狂饮大嚼，日为恒度，稍未餍饫，头箸去之，主费不赀，佣得醉饱而已"。⑨ 河南永城

---

① 闫敏：《清代前期河南粮食问题及社会应对》，硕士学位论文，陕西师范大学，2009。
② （乾隆）《任邱县志》卷3《食货志》，1702年刻本。
③ （道光）《济南府志》卷13《风俗附物产志》，1840年刻本。
④ （道光）《滕县志》卷12《艺文》，1846年刻本。
⑤ 吴树声：《沂水桑麻话》，《沂水县文史资料》第三辑，第75页。
⑥ 包世臣：《齐民四术第二》，《安吴四种》卷26，同治十一年刻本。
⑦ （道光）《滕县志》卷12《艺文》，1846年刻本。
⑧ 方苞：《请定经制札子》，《方望溪先生全集·集外文》卷1，中国书店，1991，第261页。
⑨ （光绪）《临朐县志》卷8《风土志·物产》，1884年刻本。

县也是如此，"饮食无贫富，多好饮酒，款客肴馔，务丰一席，所费动至五六千、三四千不等。常日市厘往来，恒有醺然者，不必岁时伏腊，即偶尔小聚，亦必尽醉，呼拳拇战，声达街衢，以兹三里之城，酒馆林立"。[①] 饮酒之风进一步加剧华北平原粮食的消耗。

鉴于酿酒耗粮越来越严重，统治者多次颁发禁止酿酒的禁令，以减少对粮食的消耗。康熙三十二年（1693）时，"谕大学士等，今岁畿辅地方歉收，米价腾贵，通仓每月发米万石，比时价减少粜卖……又蒸造烧酒，多费米谷。今当米谷减少之时，著户部速移咨该抚，将顺、永、保、河四府属蒸造烧酒，严行禁止"。[②] 乾隆二年（1737）丙申乾隆皇帝下诏："命禁烧锅。谕总理事务王大臣：养民之政多端，而莫先于储备。所以使粟米有余，以应缓急之用也。夫欲使粟米有余，必先去其耗谷之事。而耗谷之尤甚者，则莫如烧酒。烧酒之盛行，则莫如河北五省。……今即一州一邑而计之，岁耗谷米，少者万余石，多者数万石不等。则禁止之后，通计五省所存之谷，已千余万石矣。虽有谷之家，不能皆分所有以周贫乏，而所存之谷自在民间，可以通融接济。较之无米之炊，不啻霄壤矣。"[③] 由国家最高统治者下令禁酒，一方面反映了饮酒、酿酒之兴盛，另一方面凸显了酿酒耗粮造成粮食供给不足。

当然，无论是对踩曲，还是对酿酒，政府的禁令时紧时松，反反复复，但都体现统治者对粮食过于商业化的忧虑。

第三节　明清华北平原粮食种植结构变迁
与社会生活

一　粮食种植结构变迁与饮食结构变化

明清时期，华北平原最基本的农作物是麦、粟、高粱。麦是细粮作物，营养价值高，但老百姓食用得较少。粟是一种营养价值很高的农作物，只不过是一种粗粮。高粱也是一种粗粮，是当时人们食用的粮食之一。美洲粮食作物传入中国后，随着其在华北平原的不断推广和粮食作物种植结构的不断

---

① （光绪）《永城县志》卷13《俗产志》，1903年刻本。
② 《清圣祖实录》卷161，康熙三十二年十一月，第763页。
③ 《清高宗实录（一）》卷42，乾隆二年五月上，第752页。

调整变化，人们的饮食结构随之发生了相当大的变化。玉米、甘薯开始进入百姓的饮食生活，不仅给民众的饮食增添了新的品种，而且使民众的饮食习惯不断发生变化。作为明清华北平原百姓主食，粟、高粱、玉米、甘薯均属粗粮，因此可以说这一时期百姓饮食的粗粮化趋势较为明显。

在华北平原百姓的饮食构成中，一直是粟多麦少，粟强麦弱。粟长期以来一直是老百姓饮食中的主食，直到近代依然如此。明清时期，百姓饮食结构的变化主要体现在高粱、甘薯、玉米在饮食结构中地位的提高上。

1. 高粱地位跃升与百姓饮食结构变化

就高粱而言，华北平原多数地区是高粱产区；高粱因其抗旱、耐涝、高产，与粟谷一起成为百姓的主食。（乾隆）《汲县志》载："膳食以小米为主，大米即稻米惟宴会始用，不常食小麦，面亦为佳品。乡人率以高粱荞麦黄豆之属杂制以炊，各邑甚多，盖皆采以为食，农人三餐，城市多两餐。"[1]（道光）《济南府志》载："饮食以粱粟为主，养老始用鸡豚麦食。"[2]（光绪）《滦州志》载："饮食皆以粥，贫者粟不舂而碎之以煮，谓之破米粥，小康之家思俭约者，亦多效之，遇农作时则易之以高粱米煮半熟，冷水淘之，坚如石子，非此不下咽，谓之换饭。"[3] 高粱的普遍食用体现了饮食结构的变化。

2. 玉米传播推广与百姓饮食结构变化

玉米在清代传播开来后，虽然对整个粮食种植结构影响尚不大，但很多地方百姓已将之纳入日常饮食的范围，而且食用方法也越来越多。如乾隆三十二年（1767）河南《嵩县志》记载："玉黍，粒大如豆，粉似麦而青，……今嵩民日用，近城者以麦粟为主，菽辅之，其山民玉黍为主，麦粟辅之。稻虽产，非常需也。"[4] 光绪十二年（1886）河北《遵化通志》记载："玉蜀秫，……皆贫家之常食也。"[5] 吴其濬《植物名实图考》里谈道："玉蜀黍……山农之粮，视其丰歉，酿酒磨粉，用均米麦。"[6] 随着玉米的传入和栽种范围的扩大，玉米的食用方法也越来越多。大体而言，主要有炒食、作饼、油炸、烧

---

① （乾隆）《汲县志》卷5《风土志》，1755年刻本。
② （道光）《济南府志》卷13《风俗附物产志》，1840年刻本。
③ （光绪）《滦州志》卷8《封域志》（中），1898年刻本。
④ （乾隆）《嵩县志》卷15《食货·物产》，1767年刻本。
⑤ （光绪）《遵化通志》卷15《舆地志·物产》，1886年刻本。
⑥ 吴其濬：《植物名实图考》卷2《谷类·玉蜀黍》，中华书局，1963，第38页。

食、做粥等。《本草纲目》中对玉米的食用方法也有所记载，玉蜀黍"可炸炒食之，炒拆白花，如炒拆糯谷之状"。① 河北《遵化通志》的记载也颇为详细："（玉米）成熟时剥其皮，于场间晒晾，或轧或打，少则搓之两相磨而其粒自落，可碾炊饭，可磨面作馍。面之渣可熬粥，皆贫家之常食也。将熟时摘之，或煮或烧食之，俱有野致。或米作粒，剥穰充蔬，味颇似冬笋。"② 光绪年间的《畿辅通志》记载，可以把玉米粉做成玉米糕、玉米糜来食用；③《金瓶梅词话》记载，当时人们把玉米面做成蒸饼来食用。④ 到清末，用玉米面做成的窝头、贴饼子、玉米面粥是老百姓的主食之一。"玉米磨成面之后可以做成窝窝头……是穷苦百姓的日常主食。贴饼子是用玉米面捏成椭圆形，贴在烧热的大铁锅边上，烤熟后靠锅的一面有一层焦壳，吃起来有一股独特的香味。玉米面粥也叫煮嘎嘎，有的穷人粮食不够吃就以煮嘎嘎充饥。"⑤

3. 甘薯急速扩种与百姓饮食结构变化

由于甘薯高产、适应性强，故而急速扩种，并在百姓饮食生活中占有重要地位，对人们饮食结构影响很大。如乾隆时期，甘薯已经在山东、河北各地都有种植，成为当时各州县百姓的主食之一，"甚为谷与菜之助焉"。⑥ 同治十一年（1872）《即墨县志》说，当地农民拿甘薯"用以代粮"。⑦ 光绪时河北遵化的甘薯种植颇为普及，地方志说"种者（红薯）颇多，亦抵米谷"；⑧ 光绪十二年（1886）《日照县志》记载："（甘薯）明代渐通北地，今则日照抵谷之半矣。"⑨《山东通志》亦记载："番薯，俗呼地瓜，来自外洋，今登莱人以为常食，厕于五谷之列。"⑩ 道光二十年（1840）《修武县志》记载："甘薯，其根皮紫肉白，可当米谷，土呼红薯。"⑪ 光绪三十一年（1905）《邢台县志》里说，甘薯为"家食所需，故比户蓄之以御冬焉"。⑫

---

① 李时珍：《本草纲目》卷23，人民卫生出版社，1982，第1478页。
② （光绪）《遵化通志》卷15《舆地志·物产》，1886年刻本。
③ （光绪）《畿辅通志》卷73《舆地略·物产》，1886年刻本。
④ 兰陵笑笑生：《金瓶梅词话》第31、35回，第262、306页。
⑤ 余钊：《北京旧事》，学苑出版社，2000，第385页。
⑥ （乾隆）《曲阜县志》卷37《物产》，1774年刻本。
⑦ （同治）《即墨县志》卷1《物产》，1873年刻本。
⑧ （光绪）《遵化通志》卷15《舆地志·物产》，1886年刻本。
⑨ （光绪）《日照县志》卷3《食货志·物产》，1886年刻本。
⑩ （光绪）《山东通志》卷41《疆域志·物产》，1934年印本。
⑪ （道光）《修武县志》卷3《舆地志·物产》，1840年刻本。
⑫ （光绪）《邢台县志》卷1《舆地·物产》，1905年刻本。

（宣统）《项城县志》里说："甘薯，俗名红薯，此物备荒功尤在芋上。《甘薯疏》所谓数口之家止种一亩，纵灾甚而汲井灌溉，一至成熟，终岁足食者，诚笃论也。"① 此类例证很多，兹不赘举。河北张家口及河南新乡和濮阳等地，至今还流传着"一季红薯半年粮"的农谚。山东则有"待不忍饿，多种地瓜""春冬饭，地瓜当一年""多种地瓜，春荒好过""待要吃饱饭，多多种地瓜"等农谚。② 可以说在清代的粮食作物中，甘薯占有很重要的地位。

甘薯的高产，使其成为百姓日常饮食的主粮之一。随着食用经验的积累，人们创造出多种食用甘薯的方法："可生食，可蒸食，可煮食，可煨食，可切米晒干收作粥壹（饭），可晒干磨粉作饼饵。其粉可作粳子、炒媒子食。取粉可作丸，似珍珠米。可造酒，但忌与醋同用。"③ 陈世元在《管见种薯八利》中也有类似记载，甘薯收获后，生吃、熟食都可以，可以做菜也可以做汤，可以做饼、做丸子，可以用其皮酿酒，还可以做脯当粮食来食用，甚至可以晒干囤积起来，吃起来味甜如枣梨，所以甘薯的功用可媲美稻粱。④ 陆耀《甘薯录》记载甘薯的食用方法有生吃、煨食、煮食、煿食、蒸食、晒干、磨粉作饵、丸等。⑤ 多样的食用方法体现其在饮食结构中的重要地位。

除此之外，甘薯作为蔬菜食用在清代文献里也是不乏记载。甘薯的叶"可作蔬""干脆可茹"，⑥ 而且"苗叶煮食甚佳"。⑦ 陆耀《甘薯录》就载"其叶可作蔬"。

煮白薯和烤白薯是清代北京的著名风味小吃。"北京之煮白薯，售期极长。且他物率多以新熟者为上，独此物以残余为美。因煮时过久，所谓锅底者，其甜如蜜，其烂如泥，食者特别欢迎，不以剩货为忤"。⑧ 对于白薯，《燕京岁时纪》里说："白薯贫富皆嗜，不假扶持，用火煨熟，自然甘美，较之山药、芋头尤足济世，可方为朴实有用之材。"⑨

总之，随着粮食作物种植结构的调整，美洲农作物的引进，华北平原百

---

① （宣统）《项城县志》卷5《地理志·物产》，1911年印本。
② 农业出版社编辑部：《中国农谚》（上），农业出版社，1980，第452～453页。
③ 王象晋：《二如亭群芳谱·亨部·蔬谱·甘薯》，《四库全书存目丛书补编》第80册，齐鲁书社，2001年影印，第329页。
④ 陈世元：《管见种薯八利》，《金薯传习录、种薯谱合刊》，第52页。
⑤ 陆耀：《甘薯录》，陈世元辑《金薯传习录、种薯谱合刊》，第36～37页。
⑥ （同治）《安仁县志》卷4《风土·土产》，1869年刻本。
⑦ 章杏云：《调疾饮食·菜类》，《饮食辩录》卷3，1823刻本。
⑧ 雷梦水等编《中华竹枝词》（1），北京古籍出版社，1997，第425页。
⑨ 富察敦崇：《燕京岁时纪》，北京古籍出版社，1981，第88页。

姓的饮食结构发生了极大的变化，由于人口增长带来的食物短缺的巨大压力得到了缓解。①

二 粮食种植结构变迁与备荒救灾能力的提高

灾害尤其是水旱灾害的频发会刺激粮食种植结构的调整，相应的，粮食种植结构的调整又对备荒救灾起到重要的作用，例如，高产的高粱、玉米、甘薯对备荒救灾就意义重大。

1. 高粱比重的提升与备荒救灾功能的发挥

明代以后，高粱出现了大规模扩种，并在备灾救荒中起到了重要作用。徐光启指出："北方地不宜麦禾者，乃种此（高粱），尤宜下地。立秋后五日，虽水潦至一丈深，不能坏之；但立秋前水至即坏，故北土筑堤二三尺，以御暴水，但求堤防数日，即客水大至亦无害也。"② 高粱在明清时期多次被当作救荒物资。李时珍说高粱有两种："黏者可和糯秫酿酒作饵，不黏者可以作糕煮粥，可以济荒。"③ 如雍正三年（1725）"丁酉。谕大学士等。……采买高粱，或十万石，或七八万石，一并运至天津，于赈济大有裨益。尔等即遵谕行"。④ 乾隆二年（1737）九月，"户部议复，直隶总督李卫奏筹办买补仓粮，赈济民食。查直属本年，低处秋田虽淹，而高阜平原收获丰稔，民间粜卖，价值平贱，请不拘米谷、高粱、杂粮，按时价收买，照例搭放赈济。……得旨。依议速行"。⑤

2. 玉米的传种与明清华北平原的备灾救荒

玉米是很重要的一种备荒、救荒粮食作物。

首先，从作物习性上来说，玉米是一种抗旱耐涝的高产作物，对土壤要求不高。《救荒简易书》中说："黄子包谷，肥健壮大，其科高至六尺余，种于芜莽荒秽中，万卉惧为所掩矣。"⑥ "生地瓦砾山场皆可植。其嵌石罅尤耐旱，宜勤锄，不须厚粪"。⑦ 《救荒简易书》中记载黄子包谷、白子包谷

---

① 王宝卿：《明清以来美洲作物的引种推广对经济社会发展的影响——以山东为例（1368 ~ 1949）》，《中国农史》2006 年第 3 期。

② 徐光启撰，石声汉校注《农政全书校注》卷 25《树艺·谷部上》，第 620 页。

③ 李时珍：《本草纲目》卷 23《蜀黍》，《文渊阁四库全书》第 773 册，第 457 页。

④ 《清世宗实录》卷 36，雍正三年九月，第 538 页。

⑤ 《清高宗实录（一）》卷 51，乾隆二年九月下，第 866 ~ 867 页。

⑥ 郭云陞：《救荒简易书》卷 2《救荒土宜》，《续修四库全书》第 976 册，第 410 页。

⑦ 包世臣：《农一上·农政·辨谷》，《齐民四术第一》，《安吴四种》卷 26，同治十一年刊本。

"宜种沙地"，包谷"宜种石地"。① 不仅如此，玉米也适于种植在新开垦的土地上："最宜新垦之地，以其早种早生，苗高而根又极坚锐，草木不能与之争长也。"② 不仅如此，玉米参加两年三熟制轮作后，使得土地的增产能力得到提高，据学者的研究，清代北方玉米加入轮作体系后，可增产23.75%。③

其次，从种植时间来看，玉米的播种期限比较长，是很好的一种救荒作物。郭云陞在《救荒简易书》之《救荒月令》里对此有详细的记载："白子包谷正月种。得地气早，其熟及于麦后"，"黄子包谷与白子包谷同类而异种，其科更高，其穗更大，其熟亦略晚，而尤宜于山田"，"黄子包谷正月种，得气早，其熟在夏至后小暑前"，"白子包谷二月种，虽不骤然出土，然而其气更足，其熟益早。"黄子包谷二月种，虽不骤然出土，然而其气更足，其熟益早。白子包谷三月种。云闻滑县老农及长垣县老农云：白子包谷三月种。大暑即熟。小暑可煮食也。黄子包谷三月种。云闻滑县老农及长垣县老农云：黄子包谷三月种。大暑即熟。小暑可煮食也。白子包谷四月种。黄子包谷四月种，立秋即熟。大暑嫩穗可食也"，"白子包谷五月种，众人皆知之时也"，"黄子包谷五月种，众人皆知之时也。白子包谷六月种。云见滑县、浚县，及长垣、封邱等县，六月种绿豆及白子包谷，甚能丰收也。黄子包谷六月种。云见滑县、浚县，及长垣、封邱等县，六月种绿豆及黄子包谷，甚能丰收也"，"六十日快包谷七月种，他谷已晚，快包谷熟期，犹绰然有余也"。"冻包谷十一月种，据冻粟谷十一月种，推广比例，举一反三，而种之也。九十月间。土壤未冻时。预先将地耕熟。到冬至前一日。将包谷子种入土中。使得子半元阳之气。明年小暑即熟。旱蝗俱不能灾。为利固甚普也"。"冻包谷十二月种，仿隐士王丹君十二月种粟谷方，推广比例。举一反三，而种之也。"从书中的记载可以看出，在清代的救荒作物中，玉米占有很重要的地位。

最后，从食用方式上看，玉米可以在没有完全成熟之前采摘食用（煮食、烧食均可），救灾应急作用十分明显，利于应对青黄不接时的困境。严如熤在《三省山内风土杂识》里对此有言："十月包谷既熟，其穗倒垂，经历霜雪则粒更坚实。山民无仓收贮，往往旋摘旋食。"④

正是由于玉米的上述特点，玉米在清代经常被看作最宜备荒的粮食作

① 郭云陞：《救荒简易书》卷2《救荒土宜》，《续修四库全书》第976册，第395页。
② 黄皖子：《致富纪实·杂粮》，《清史资料》第七辑，中华书局，1982，第9页。
③ 吴慧：《中国历代粮食亩产研究》，第185页。
④ 严如熤：《三省山内风土杂识》，《丛书集成初编》，第22页。

物，并认为"有此接济，民困可少"①。如道光十三年（1833）河南《扶沟县志》里记载："玉蜀秫，……于备荒最宜。"②

3. 甘薯的扩种与明清华北平原的备灾救荒

华北平原灾害众多，甘薯的诸多特性使它成为抵御灾害的优良作物。首先，甘薯抗灾性很强。甘薯不怕蝗害，在遭受蝗害后又能再生："至于蝗蝻为害，草木荡尽，惟薯根在地，荐食不及，纵令茎叶皆尽，尚能发生。若蝗信到时，急令人发土遍壅。蝗去之后，滋生更易。是天灾物害，皆不能为之损。"③姚碧在《荒政辑要》里对此亦有说明："至于蝗蝻为害，草木无遗，种种灾伤，此最为酷。乃其来如风雨，食尽而去，惟有薯根在地，荐食不及。纵令茎叶皆尽，当能发生，不妨收入。若蝗信到时，能多并入力，益发土遍壅其根节枝干，蝗去之后，滋生更易，是虫蝗亦不能为害。故农人之家，不可一岁不种此，实杂植中第一品，亦救荒第一义也。"④所以徐光启在评价甘薯"十三胜"时就指出其"枝叶附地，随节作根，风雨不能侵损"。⑤

其次，甘薯可种植时期长，适应性较强。一般农作物都有适宜的播种期，过了播种季节的话，农作物的收成会受影响，但甘薯不受播种时间的限制，"二三月及七八月俱可种"，"卯八九月始生，冬至乃止，始生便可食"。⑥对于甘薯的这一特点，《管见种薯八利》中就有详细记载："天时有旱潦之殊，凡播百谷必雨旸时，若因时下种，俄延气候，虽种无收。而薯则不拘乎时，始于立夏，终于立秋，九十阴晴，任凭栽植。不穗而实，雨不能损；深培而结，旱不能侵；风狂而藤惟贴地，蝗过而叶可复萌，俭岁亦收。"⑦因此甘薯有很强的抵御灾荒能力，可以弥补灾荒年景粮食供应的不足。

最后，甘薯生长期短，产量高，有利于备灾救荒。由于甘薯从种植到收获所需要的时间短，可以避开小麦等大田作物的种植时间，故而能有效地提

---

① （光绪）《平越直隶州志》卷1《天文·气候》，1907年刻本。
② （道光）《扶沟县志》卷10《风土志·物产·谷之属》，1833年刻本。
③ 王象晋：《二如亭群芳谱·亨部·蔬谱·甘薯》，《四库全书存目丛书补编》第80册，第330页。
④ 姚碧：《荒政辑要》卷6《备荒琐语》，李文海、夏明方主编《中国荒政全书》第2辑第1卷，北京古籍出版社，2004，第836页。
⑤ 徐光启撰，石声汉校注《农政全书校注》卷27《树艺·蓏部》，第694页。
⑥ 王象晋：《二如亭群芳谱·亨部·蔬谱·甘薯》，《四库全书存目丛书补编》第80册，第329页。
⑦ 陈世元：《管见种薯八利》，《金薯传习录、种薯谱合刊》，第49页。

高全年的粮食总产量。陈世元在《管见种薯八利》里对甘薯的这一优点评价道："地气有寒燠之别，南方气暖，霜雪固殊，北地风高，炎热则一，而薯则种之于夏，成之于秋，入土生根，隔宿即长。得四时之中气，计百日而成功，霜威下降，秋实已登，春冻初消，新芽便苗，效速于蒲卢，功多于菽粟。"①

正是因为甘薯的高产、耐旱、不怕蝗灾，对季节的适应性较强，可种植时期较长，且始生即可食，明代农学家徐光启很快就对甘薯这一外来粮食作物给予了高度的重视。在《甘薯疏·序》中，徐光启首先说明其撰写的原因和目的是"利济"人民，"欲遍布之"。②乾隆十七年（1752），山东布政使李渭刊印了一本《种植红薯法则十二条》的小册子在民间散发，"以种薯为救荒第一义"，③劝谕各州县广为栽种甘薯。

三　粮食种植结构变迁与多用途发展

明清时期的粮食作物种植结构的变迁，使得各类粮食作物在整个粮食种植结构中的比重、地位均发生了变化。这种变化使粮食的多用途化发展成为必然。粮食生产除了供自食、缴纳赋税、商品买卖、备荒、酿酒之外，还可用作饲料、药物、燃料、河工原料等，呈现多用途发展的趋势。传统的粮食作物如麦、粟、豆等虽具有多方面的用途，但文献对此多有阐释，不再赘述。本文仅就玉米、甘薯等新作物的多用途谈一下看法，因为这些新作物在明清时期才开始在华北平原出现和传种，其多用途价值也正是在这时期才开始被人们所认识和利用。

1. 玉米、甘薯被用作饲料

玉米、甘薯都是饲养牲畜的上好饲料。

根据现代科学研究，玉米是生产肉、蛋、奶、油等畜禽的主要饲料。据测定，在饲用价值上，每100千克玉米相当于135千克燕麦，相当于120千克高粱，相当于130千克大麦。玉米的茎叶鲜嫩，维生素含量丰富，也是宝贵的青饲料。④明清时期人们已经认识到玉米的饲料价值，开始用其来喂猪。《三省边防备览》记载："山中多包谷之家，取包谷煮酒，其糟喂猪。一户中喂猪十余口，卖之客贩，或赶赴市集"⑤，收益十分可观。吴其濬

---

① 陈世元：《管见种薯八利》，《金薯传习录、种薯谱合刊》，第 49～50 页。

② 徐光启：《甘薯疏·序》，《徐光启著译集》（十一），上海古籍出版社，1983。

③ 李渭：《种植红薯法则十二条》，陈世元辑《金薯传习录、种薯谱合刊》，第 25 页。

④ 佟屏亚、马代夫编著《玉米甘薯高产优质种植技术》，农村读物出版社，1996，第 4 页。

⑤ 严如煜：《三省边防备览》卷 8《民食》，《续修四库全书》第 732 册，第 260 页。

的《植物名实图考》中也说，玉米不仅为"山农之粮"，而且"视其丰歉，酿酒磨粉，用均米麦；瓢煮以饲豕，秆干以供炊，无弃物"，① 是多用途庄稼。

甘薯的茎叶是优良的青饲料，可以用来发展家庭饲养业，这在明清时期已被认可。王象晋说，甘薯"枝节已遍地，不能容者即为游藤，宜剪去之。及掘根时卷去藤蔓，俱可饲牛羊猪，或晒干冬月喂，皆能令肥腯"；② 张宗法亦说："（番薯）蔓可饲牛、马，根养猪易长，蔬根中之至最者。"③ 光绪十二年（1886）直隶《遵化通志》亦有记载："（番薯）蔓可饲牛羊猪等畜。"④

2. 玉米、甘薯的药用价值

医食同源是中国古代医学的重要特征。玉米、甘薯等美洲原产农作物传入中国后，其药用功效也很快被人们所认识，并在一些文献中有了记载。

玉米可作药物的最重要部位是玉米须。《滇南本草》中对此就有记载："玉麦须，味甜，性微温。入阳明胃经，宽肠下气，治妇人乳结红肿，或小儿吹着，或睡卧压着，乳汁不通，疼痛，怕冷发热，头疼体困。"⑤ 其他医书也有记载，如李时珍的《本草纲目》记载："米，气味甘平，无毒。主治调中开胃。根叶，主治小便淋沥、沙石，痛不可忍，煎汤频饮。"⑥ 现代医学已经查明玉米须的成分及其药用价值，据《中药大辞典》介绍，玉米须含有植物固醇、隐黄素、抗坏血酸、酒石酸、草酸等，有利尿、降压、利胆、止血的作用，临床上用来治疗慢性肾炎、急性溶血性贫血、肾病综合征，对高血压、糖尿病也有一定的疗效。⑦

甘薯不但营养丰富，而且药用价值也很高。《本草纲目》有"甘薯补虚乏，益气力，健脾胃，强肾阴"⑧ 的记载；陈云《金氏种薯谱》记载，甘薯"性平温无毒，健脾胃，益阳精，壮筋骨，健脚力，补血，和中，治百病，

① 吴其濬：《植物名实图考》卷2《谷类·玉蜀黍》，第38页。
② 王象晋：《二如亭群芳谱·亨部·蔬谱·甘薯》，《四库全书存目丛书补编》第80册，第330页。
③ 张宗法著，邹介正等校释《三农纪校释》卷8《蔬属·薯》，农业出版社，1989，第250页。
④ （光绪）《遵化通志》卷15《舆地志·物产》，1886年刻本。
⑤ 兰茂：《滇南本草》卷2，云南人民出版社，1977，第485页。
⑥ 李时珍：《本草纲目》卷23《谷部·玉蜀黍》，第1478页。
⑦ 转引自佟屏亚《玉米史话》，农业出版社，1988，第121页。
⑧ 李时珍著，李经纬等校《本草纲目校注》卷27《菜·甘薯》，辽海出版社，2001，第1015页。

延年益寿，服之不饥"。① 清人黄云鹄在《粥谱》中记载，用甘薯做的粥，具有食疗作用："红薯粥，益气，厚肠胃，耐饥。即甘薯。"② 清人王士雄在《随息居饮食谱》中称，甘薯为"煎食补脾胃，益气力，御风寒，益颜色"。③ 随着现代医学的发展，甘薯已被确认为具有降糖、止血、消炎、防癌、通便等功效。国际上一些发达国家也掀起了"食甘薯热"，日本、美国等国家的专家学者将甘薯称为"长寿食物"。

3. 高粱秸秆被用作河工材料

可用作河工材料是明清华北平原粮食作物多用途的又一体现。明清时期，在华北平原粮食作物中，高粱产量和地位都获得了很大提升，成为非常重要的粮食作物。明清时期华北平原高粱由以前的默默无闻转变为主粮之一，这是多种原因促成的结果，与其本身的多用途也有密切关系。除了高粱籽粒可以食用、酿酒外，高粱秸秆还被用作河工原料。秫秸正式用于河工大约在雍正以后，主要作为制埽的材料。雍正二年（1724），河南布政使田文镜奏请在山东、河南的黄河段上使用秸料作埽获得批准。④ 由此一直到新中国成立前，黄河埽工基本上全用秸料。⑤ 也正是在雍正以后，史书中大量出现了有关秫秸作埽的记载。如乾隆二年（1737），河南巡抚尹会一奏称："黄河两岸，堤长工险，岁抢二修，必需秫秸，垫镶所用，更不可胜计。独是高粱之为物，易朽而难于久贮。"⑥ 乾隆二十六年（1761），黄河在开封杨桥段决口。当时，刘统勋奉命临视，"至决河口，见数十步外，秸料山积"。⑦ 清中期以后，柳枝竹石则退而成为辅助材料，秫秸逐渐成为河工的主要材料。如光绪十三年（1887），皇帝仍谕令李鹤年等人："料垛一时如不敷用，宜兼用柳枝竹石，辅秸料之不足。"⑧ 显然，此时秫秸已成为河工主料，而柳枝竹石变成辅料了。秫秸之所以成为河工主料，与其特性和产量是分不开的。首先，秫秸具有一定的弹性和耐腐性，这使其较之柳枝、竹、石更适合充当埽体材料。用秫秸作埽料而修成的埽体具有弹性，比用石料修

---

① 陈云：《金氏种薯谱》，徐有榘辑《种薯谱·功用第十三》"引"，农业出版社，1982，第245 页。

② 黄云鹄：《粥谱》，《续修四库全书》第 1115 册，第 499 页。

③ 王士雄原著，宋咏梅、张传友点校《随息居饮食谱》，天津科技出版社，2003，第 21 页。

④ 刘成忠：《河防当议》，《再续行水金鉴》，水利委员会编印，1942，第 4115 页。

⑤ 水利电力部黄河水利委员会编《黄河埽工》，中国工业出版社，1964，第 3 页。

⑥ 尹会一：《尹少宰奏议》卷 2《议禁酒曲疏》，茅一相编《丛书集成初编》，第 17 页。

⑦ 葛虚存：《清代名人轶事》卷 3《书刘文正遗事》，书目文献出版社，1994，第 81 页。

⑧ 《清德宗实录（四）》卷 250，光绪十三年十二月丁亥，中华书局，1987，第 364 页。

筑的水工建筑物更能缓和水流的冲击和阻挡水流。由于其粗糙系数较大，如用来护岸，可以降低水流的纵向流速。因能阻挡水流，如用来堵复决口，比用石料更易于闭气。经验证明，经常在水中的埽，其寿命可达七八年，而旱地上的埽，两三年就会腐朽，尤其在水面附近的埽体，则更易于腐坏。[①] 其次，秫秸产量较大，容易收集。华北平原高粱种植面积很大、产量很高，这通过前文所述已知其概貌。高粱的广种和高产就为河工所用埽料提供了条件，这也是清代河工埽料广用高粱秸秆的重要原因。

从以上分析可知，明清华北平原的粮食种植结构变迁的影响是多方面的，最大的影响是大大增加了粮食产量，缓解了因人地矛盾等因素而造成粮食危机问题，保证了华北平原基本的粮食供应和粮食安全。此外，明清华北平原粮食种植结构变迁对明清华北平原粮食作物种植制度产生了重要影响，促进了两年三熟制的形成和成熟；提高了华北平原粮食亩产量，使人们在满足口粮之外，尚可进行商品交流，促进了农业商品化发展；不仅使人们饮食结构趋向于粗粮化，而且使备荒救灾粮食品种增多，还使粮食利用向多途化发展。

需要指出的是，明清华北平原粮食种植结构变迁不仅给当时社会带来诸多影响，而且对后世产生了重要影响。首先，为民国及之后华北平原粮食种植结构调整奠定了基础。明清时期的华北平原，小麦成为粮食主体，高粱快速崛起，粟作相对减少，玉米甘薯传入推广。民国时期，华北平原粮食种植结构承续明清，小麦主体地位更为稳固，玉米、甘薯地位提升，粟米地位下降。根据从翰香先生的研究，1931～1937 年，冀、鲁、豫三省小麦产量占全部粮食产量的 30.77%，甘薯占 20.13%，小米占 15.43%，高粱占 13.43%，玉米占 9.33%。[②] 这五种粮食作物产量占粮食总产量的近 90%。新中国建立以后，华北平原粮食种植结构进一步发生变化，形成了以小麦和玉米为主体，其他作物为辅助的粮食结构。以 2006 年为例，冀、鲁、豫三省"粮食总产量 11761.1 万吨，占全国的 23.6%，本区稻谷、小麦、玉米、大豆、薯类等主要粮食作物总产量占全国的比例分别为 3.2%、56.1%、30.8%、10.7%、15.2%"。[③] 显然，小麦和玉米已成为华北平原粮食种植结构的主体，而这一变化在明清时期已奠定了基础。其次，为华北平原成为

---

① 水利电力部黄河水利委员会编《黄河埽工》，第 3~4 页。
② 从翰香：《近代冀鲁豫乡村》，中国社会科学出版社，1995，第 269 页。
③ 郭淑敏主编《我国中东部粮食主产区粮食综合生产能力研究》，中国农业出版社，2008，第 65 页。

全国小麦主产区创造了条件。明清时期，华北平原已是全国小麦播种面积最大的地区。民国及之后，小麦作为华北平原粮食主体的地位进一步巩固。根据从翰香先生研究，1931～1937年，冀、鲁、豫三省小麦产量占全部粮食产量的30.77%，占绝对主体地位。新中国成立以后，尤其是20世纪90年代以来，华北平原成为全国小麦主产区。国家统计局的调查结果显示，1995～2003年，华北平原小麦播种面积占全国小麦播种面积的比例基本保持在45%；1998年以来，产量占全国小麦总产量的比重一直保持在50%以上。[①]追古思今，我们发现今天华北平原小麦主产区的形成，实际上在明清时期已奠定了基础。最后，初步奠定了河南全国小麦主产省的地位。根据国家统计局的调查，1995～2003年，在全国小麦播种面积逐渐减缩的情况下，河南小麦播种面积一直维持在480～490万公顷；在全国小麦总产量逐年降低的情况下，河南小麦产量占全国小麦总产量的比重却一直在上升，近些年已达全国总产量的30%。[②]回顾历史，我们知道清代河南小麦播种面积一般占耕地面积的50%以上，有些地方甚至超过70%，河南小麦在全国粮食生产中取得了举足轻重的地位，以至乾隆皇帝做出"豫省麦为秋，麦收天下足"的极高评价。明清时期河南小麦在全国粮食中的地位，为今天河南作为全国小麦主产区地位的形成奠定了很好的基础。

总之，明清华北平原粮食种植结构变迁的社会影响是多方面的、多层次的、意义深远的。

---

① 国家统计局农村社会经济调查总队编《中国粮食供求：调查与分析2004》，中国统计出版社，2005，第260～261页。
② 国家统计局农村社会经济调查总队编《中国粮食供求：调查与分析2004》，第260～261页。

尾论：反思与启示

通过以上几章的论述可以看出，华北平原粮食种植结构在明清时期发生了很大的变化，这些变化不仅加深了我们对明清华北平原粮食种植结构变迁的认识，而且也给我们以深刻的反思与启示。

一　对于明清华北平原粮食种植结构变迁的总体认识

明清时期是华北平原粮食种植结构发生巨大变化的时期，多种粮食作物的比重、地位发生了消长变化。第一，小麦种植突破以前粟麦并重的格局，其主导地位得到巩固，部分地区种植面积一度达到甚至超过耕地面积的70％。但明清时期小麦商品化趋势逐渐增强，小麦并非百姓日常口粮的主体。第二，粟的播种面积在逐步减少，但其在百姓生活中的地位依然很高，是人们日常生活的主要口粮。第三，高粱的异军突起是明清华北平原粮食种植结构变化的重要特征。虽然高粱栽培历史较为悠久，但直到明清时期，才取得重要地位。第四，水稻的播种在华北平原一直处于波动状态，一般在水资源状况比较好的地方，种植面积相对要大些；一旦没有足够的水资源保证，水稻种植很快就呈现萎缩状态。整体而言，华北平原水稻的种植具有点块状分布和政策性波动的特点。第五，大豆尤其是黄豆和黑豆种植发展很快。一方面是为了满足赋税和饲料供给，另一方面用于豆制品加工和作为商品进行输出。尤其是两年三熟制逐渐推行所带来的大豆播种时间的改变，使其更容易发挥自身的优势。第六，玉米和甘薯等高产粮食作物的引入和推广，虽然从整体上看并未对明清时期华北平原粮食种植结构造成严重冲击，但的确改变了局部区域的粮食种植结构。更为重要的是，它们的成功推广，对民国及之后中国粮食种植结构的影响是非常大的。如果没有这一时期的引种和推广，就没有它们在华北平原粮食种植结构中的重要地位。总之，明清华北平原粮食种植结构的变化是巨大的、复杂的、渐进的。

明清时期华北平原粮食种植结构的这一系列变化并非是人们一时冲动进行的调整，而是多种因素综合作用的结果。主要体现在以下几个方面：其一，明清时期华北平原气候趋向寒冷，促使一些抗旱作物获得了快速发展。不仅原有的耐旱作物依然保持着大规模的种植，而且引进的玉米、甘薯，尤其是甘薯获得了飞跃式发展。其二，气候的异常变动，致使明清时期的华北平原自然灾害增多，尤其是水旱灾害频繁发生。为了应对水旱灾害，抗旱、耐涝、高产的高粱、甘薯受到人们普遍的欢迎，种植规模在不断扩大，人们应对灾害的能力在不断提高。其三，明清时期赋役制度的改革，使得人口激增，人地矛盾不断加剧，于是调整粮食种植结构，增加粮食产量，缓解粮食危机成为必然趋势。高产农作物玉米、甘薯正好适应了这一需求，尤其是甘薯，亩产数千斤，所以推广速度很快。其四，政府和官员的推动在明清时期华北平原粮食种植结构变化过程中起到了重要作用。甘薯的快速扩种与统治者的重视、参与、推广，以及颁布相应的政策、法规，有着密切的关系。其五，水利工程的兴废影响粮食生产和粮食作物的布局与结构。水利兴则农业兴，水利衰则农业衰。其中，水稻播种面积的大小与政府水利工程营建的好坏关系更为密切。其六，经济作物种植的高收益吸引着人们扩大播种面积，对粮食作物种植结构产生了一定的影响。棉花、烟草在华北平原的快速扩展，不断蚕食农作物播种所需要的耕地，导致一些粮食作物播种面积下降。随着一些地方专业植棉户、种烟户的出现，局部地区粮食种植结构逐渐产生重大变化。正是诸多因素的综合作用，才使明清时期华北平原的粮食种植结构发生了一系列变化。

明清华北平原粮食种植结构发生诸多变化的同时，又对粮食安全、种植制度、饮食生活、社会发展等方面产生一些深远的影响。第一，粮食种植结构的变化增加了粮食总产量，对于缓解粮食危机，保障粮食安全意义重大。第二，粮食种植结构的变化对明清华北平原粮食种植制度产生的重要影响主要体现在两年三熟制的形成与成熟上，而这一粮食种植制度影响至今依然很大。第三，高产农作物的引进，对提高华北平原亩产量有积极的作用，一方面缓解了因人口急剧增加而形成的人地矛盾，另一方面促进粮食商品化的发展。明清时期很多农作物都被投入市场，小麦、高粱、粟等都是当时常见的商品。第四，明清时期粮食品种的变化，对社会生活产生了多方面影响。一是对饮食结构的影响。高粱、甘薯在人们饮食中地位和比重的提高，意味着人们饮食的质量越来越差，向粗劣化方向发展。二是对备荒救灾物资储备的影响。抗灾、高产粮食作物的广为传种，使得备荒救灾粮食品种增多，人们在应对灾荒危机，保障基本粮食安全上有了更多的选择。三是促进了粮食用途的多样化。尤其是新传入的美洲作物，除了食用外，还有作饲料、药用、酿酒、河防等功能。需要指出的是，明清时期华北平原粮食种植结构变迁为民国及之后华北平原粮食种植结构调整奠定了基础，为华北平原成为全国小麦主产区创造了条件，初步奠定了河南成为全国小麦主产省的地位。总之，明清华北平原粮食种植结构变迁的影响是多方面的、多层次的，是意义深远的。

二 明清华北平原粮食种植结构变迁的启示

华北平原粮食种植结构的调整不仅对明清王朝有着重要影响，而且对今天华北平原发展粮食生产，保障粮食安全，维护社会稳定有着重要的启示和很强的借鉴意义。

第一，粮食种植结构的调整必须以满足百姓的基本粮食安全为首要目的，至少要达到孟子所说的"乐岁终身饱，凶年免于死亡"的目标。明清时期，政府之所以对粮食种植结构进行调整，主要是在诸多因素的影响下，粮食生产的总量满足不了人们的需求，所以高产、耐旱、耐涝等农作物的播种成为整个农业发展的迫切需要。高粱、玉米、甘薯的种植和推广，提高了粮食的总产量，保障了人们的食粮需求，缓解了当时社会的压力。所以说，粮食种植结构的调整必须以满足百姓的基本口粮为首要目的，这样才能确保整个社会和平有序地发展。在当今社会，农业结构调整中存在着一些不合理的因素，粮食种植面积在不断减少，而这种减少的趋势仍在持续。原因之一是人们把更多的耕地用来种植经济作物，以获得更高的收益。近几年粮价的不断上涨，虽有国家调控的因素，但反映粮食安全问题日益严重。所以今天我们对农业结构的调整，必须借鉴历史上的经验教训。

第二，粮食种植结构的调整要符合本区域的自然地理环境，必须考虑当地的水、温度、光、土等自然条件。像华北平原，明清时期虽然粮食种植结构呈现一系列变化，但旱作农业的基本特点未有大的改变。因此，华北平原粮食种植结构的调整必须遵循旱作农业发展的基本规律，在这个规律基础上，才能进行调整。否则，就无法取得理想的效果。

第三，粮食种植结构的调整离不开农田水利兴修与维护的支撑。2011

年中央"一号文件"《中共中央国务院关于加快水利改革发展的决定》指出："水是生命之源、生产之要、生态之基。兴水利、除水害，事关人类生存、经济发展、社会进步，历来是治国安邦的大事。"① 历史上，中国是一个农业国家，对于水与农业发展的密切关系有着深刻认识。没有足够的水资源，农业的发展势必受到影响。华北平原属于旱作区，选择的农作物一般都是耐旱型作物，但这些作物并非不需要水分，如小麦在生长期就离不开水分的供应，否则会影响其产量。根据学界的研究，当农业水利基础设施比较完备且功能能够正常发挥时，粮食生产与旱涝灾害之间不具有明显的关系，即粮食生产受旱涝灾害的影响较小；相反，当农业水利基础设施残缺或功能无法正常发挥时，粮食生产与旱涝灾害之间呈现明显的负相关系，即粮食生产受到旱涝灾害的严重影响。华北平原自古以来旱涝灾害非常频繁，对农业生产造成了严重破坏。所以说，兴修与维护农田水利工程在一定程度上是预防旱涝灾害的重要手段。因此，建设并完善农田水利设施，对于提升农业抗灾能力，实现粮食稳产、增产目标，保证国家粮食安全有着积极的作用。近30年来，由于政府对农田水利建设投资较少，加之水旱灾害频繁，我国粮食生产的不确定性在增长，粮食安全不时受到威胁。我们应该吸取历史的经验教训，加强农田水利基础设施的建设和完善，把农田水利设施建设置于农业工作中的突出位置上，为农业生产的进一步发展创造良好的条件。

第四，粮食种植结构的调整启示我们要正确处理好人口和耕地之间的矛盾。明清时期，包括华北平原在内的整个中国，人口急速增长，与此同时，可耕地面积却没有与之同步增长，导致人均耕地面积急剧缩减，粮食问题凸显。为增加粮食产量，缓解食粮问题，高产、适应性强的农作物在农业生产中受到高度重视，并不断扩大种植面积，从而引发粮食种植结构的变化。今天的中国，虽然食粮基本满足需求，但可耕地资源不足的问题依然存在。尤其是伴随着"城市化、城镇化"的发展，被侵占的可耕地日益增多。国土资源部的调查显示，1997~2009年，全国耕地除去补充地之外，净减1.23亿亩。土地是粮食生产的根本，稳定播种面积，确保基本农田面积不减少，用途不改变，是当务之急。正如温家宝总理在国务院农业和粮食工作会议上强调的那样："耕地是粮食生产最重要的物质基础，耕地安全是确保粮食安

① 《中共中央国务院关于加快水利改革发展的决定》（中发〔2011〕1号），人民出版社，2011。

全的前提。只有切实保护好耕地，才能保护好粮食生产能力，保证粮食供给的持续稳定增长。"① 与此同时，要加大对农业科技的投入，积极开发优质、高产的作物品种，提高单位粮食产量，保障粮食供给的自主性，维护国家粮食安全。

第五，粮食种植结构的调整需要坚持政府主导和市场调节相结合的原则。政府可以通过政策制定、财政扶持等方式，引导农民种植高产、优质粮食作物；市场可以通过调节粮食盈余短缺，引导粮食的商品化发展和区域性流动。明清时期华北平原粮食种植结构的变化，一方面与各级政府的积极推广和倡导有密切关系，另一方面与经济作物的高收益刺激所导致的粮食作物播种面积的缩小有关。所以说，明清时期粮食作物种植结构的变化与政府、市场均有密切联系。今天的农村，粮农的收益普遍较低。虽然近几年我国政府逐步提高粮价，但种粮与种植经济作物的收入和外出打工的收入相比，差距仍然明显。粮价上涨速度一直赶不上农用物资上涨速度，种粮效益明显偏低，一些地区出现了粮食"副业化"现象。这些情况对进一步稳定和发展粮食生产造成不利影响，因此需要充分发挥政府的主导作用和市场的调节作用。

总之，随着人口的增长、工业的发展、城镇化速度的加快，华北平原可耕地面积呈现下降的趋势，加之近些年来灾害不断，作为全国粮食主产区之一的华北平原，其农业发展受到较大影响，原有的粮食种植结构需要随着各方面形势发展进行不断调整。这种调整必须在对各类农作物自身特性、各地气候土壤特点、水资源分布情况充分了解的基础上，根据国家、市场和各地的实际情况，有步骤、有针对性，科学、合理地进行。只有这样，才能通过对粮食种植结构的调整提高粮食生产能力，保障粮食安全。这既是历史的启示，又是现实的需要！

---

① 温家宝总理 2003 年 10 月 28 日在国务院农业和粮食工作会议上的讲话。

主要参考文献

一 普通古籍类

"二十五史"，中华书局，1960～1970 年代版。

《明实录》，台北，"中央"研究院历史语言研究所，1962。

《清实录》，中华书局，1985～1987。

夏纬瑛：《夏小正经文校释》，农业出版社，1981。

阮元：《十三经注疏》，中华书局，1980。

朱熹：《四书章句集注》，中华书局，1983。

贾思勰著，缪启愉校释《齐民要术校释》，中国农业出版社，1998。

吴兢：《贞观政要》，上海古籍出版社，1978。

李林甫等撰，陈仲夫点校《唐六典》，中华书局，1992。

李吉甫：《元和郡县志》，《文渊阁四库全书》，台北，台湾商务印书馆，1986。

李昉等：《太平御览》，《文渊阁四库全书》，台北，台湾商务印书馆，1986。

李昉等：《文苑英华》，《文渊阁四库全书》，台北，台湾商务印书馆，1986。

王钦若、杨亿：《册府元龟》，《文渊阁四库全书》，台北，台湾商务印书馆，1986。

虞世南：《北堂书钞》，《文渊阁四库全书》，台北，台湾商务印书馆，1986。

虞集：《道园学古录》，《文渊阁四库全书》，台北，台湾商务印书馆，1986。

元好问：《遗山集》，《文渊阁四库全书》，台北，台湾商务印书馆，1986。

于钦：《齐乘》，《文渊阁四库全书》，台北，台湾商务印书馆，1986。

汪灏：《御定佩文斋广群芳谱》，《文渊阁四库全书》，台北，台湾商务印书馆，1986。

鄂尔泰等：《钦定授时通考》，《文渊阁四库全书》，台北，台湾商务印书馆，1986。

傅泽洪：《行水金鉴》，《文渊阁四库全书》，台北，台湾商务印书馆，1986。

康熙《圣祖仁皇帝御制文集》，《文渊阁四库全书》，台北，台湾商务印书馆，1986。

乾隆《御制诗》，文渊阁《四库全书》，台北，台湾商务印书馆，1986。

汪颖：《食物本草》，台北，台湾商务印书馆，1986。

崔寔：《四民月令》，河南教育出版社，1994。

司马光：《资治通鉴》，中华书局，1956。

徐松辑：《宋会要辑稿》，国立北平图书馆，1936。

马端临：《文献通考》，中华书局，1986。

王恽：《秋涧集》，《摛藻堂四库全书荟要》，台北，世界书局，1990。

申时行等：（万历）《大明会典》，《续修四库全书》，上海古籍出版社，2013。

张卤：《皇明制书》，《续修四库全书》，上海古籍出版社，2013。

顾炎武：《天下郡国利病书》，《续修四库全书》，上海古籍出版社，2013。

陈世元：《金薯传习录》，《续修四库全书》，上海古籍出版社，2013。

王先谦：乾隆《东华续录》，《续修四库全书》，上海古籍出版社，2013。

任启运：《清芬楼遗稿》，《续修四库全书》，上海古籍出版社，2013。

洪亮吉：《卷施阁文甲集》，《续修四库全书》，上海古籍出版社，2013。

朱琦：《怡志堂诗初编》，《续修四库全书》，上海古籍出版社，2013。

董诰等：《钦定授衣广训》，《续修四库全书》，上海古籍出版社，2013。

吴伟业：《梅村家藏稿》，《续修四库全书》，上海古籍出版社，2013。

陈琮：《烟草谱》，《续修四库全书》，上海古籍出版社，2013。

吴熊光：《伊江笔录》，《续修四库全书》，上海古籍出版社，2013。

徐栋辑：《牧令书辑要》，《续修四库全书》，上海古籍出版社，2013。

严如熤：《三省边防备览》，《续修四库全书》，上海古籍出版社，2013。

郭云陞：《救荒简易书》，《续修四库全书》，上海古籍出版社，2013。

邱浚著，林冠群、周济夫校点《大学衍义补》，京华出版社，1999。

徐光启撰，石声汉校注《农政全书校注》，上海古籍出版社，1979。

王象晋纂辑，伊钦恒诠释《群芳谱诠释》，农业出版社，1985。

王祯著，王毓瑚校《王祯农书》，农业出版社，1981。

宋应星著，钟广言注释《天工开物》，中华书局，1978。

徐宏祖：《徐霞客游记》，商务印书馆，1933。

兰陵笑笑生：《金瓶梅词话》，人民文学出版社，1985。

吴其濬：《植物名实图考》，中华书局，1963。

李时珍：《本草纲目》，人民卫生出版社，1982。

何乔远：《闽书》，福建人民出版社，1995。

徐光启撰，王重民辑校《徐光启集》，中华书局，1963。

陆容：《菽园杂记》，中华书局，1985。

余象斗辑《新刻天下四民便览三台万用正宗》，万历双峰堂刊本。

谢肇淛：《五杂组》，上海书店出版社，2001。

陈子龙等：《明经世文编》，中华书局，1962。

郑廉：《豫变纪略》，《四库禁毁书丛刊》史部，北京出版社，1997影印版。

《皇清奏议》，《续修四库全书》，上海古籍出版社，2013年影印版。

清高宗敕撰《清朝文献通考》，《万有文库》，商务印书馆，1936。

刘锦藻编《清朝续文献通考》，《万有文库》，商务印书馆，1936。

黎世序：《续行水金鉴》，《万有文库》，商务印书馆，1936。

陈梦雷等：《古今图书集成》，中华书局，1934年影印。

孙承泽：《天府广记》，北京古籍出版社，1982。

孙承泽著，王剑英点校：《春明梦余录》，北京古籍出版社，1992。

于敏中等：《钦定日下旧闻考》，北京古籍出版社，1983。

尹会一：《尹少宰奏议》，茅一相编《丛书集成初编》，商务印书馆，1936。

方观承：《赈纪》，《四库未收书辑刊》，北京出版社，2000

谈迁撰，汪北平点校《北游录》，中华书局，1960。

刘侗、于奕正著，孙小力校注《帝京景物略》，北京古籍出版社，1983。

蒋一葵：《长安客话》，北京古籍出版社，1982。

吴振棫：《养吉斋丛录》，中华书局，2005。

林则徐：《畿辅水利议》，海峡文艺出版社，2002。

黄可润：《畿辅见闻录》，1754年刻本。

周亮工：《闽小记》，上海古籍出版社，1985。

包世臣：《安吴四种》，同治十一年刊本。

郭嵩焘：《郭嵩焘日记》，岳麓书社，1981。

痛定思痛居士著，李景文等点校《汴梁水灾纪略》，河南大学出版社，2006。

郑燮：《郑板桥文集》，巴蜀书社，1997。

陈宏谋：《培远堂偶存稿》，光绪二十二年铅印本。

方苞著，刘季高校点《方苞集》，上海古籍出版社，1983。

王培荀著，蒲泽校点《乡园忆旧录》，齐鲁书社，1993。

黄鸿寿：《清史纪事本末》，北京图书馆出版社，2003。

雷梦水等编《中华竹枝词》，北京古籍出版社，1997。

陆耀：《甘薯录》，张潮《昭代丛书》本。

吴邦庆辑，许道龄校《畿辅河道水利丛书》，农业出版社，1964。

冯绣：《区田试种试验图说》，湖北人民出版社，1994。

蒲松龄撰，李长年校注《农桑经校注》，农业出版社，1982。

西周生撰，黄肃秋校注《醒世姻缘传》，上海古籍出版社，1981。

俞森辑《荒政丛书》，（道光）《瓶花书屋丛书》。

《宫中档雍正朝奏折》，台北故宫博物院印行，1977。

章杏云：《饮食辩录》，道光三年刻本。

富察敦崇：《燕京岁时纪》，北京古籍出版社，1981。

张宗法著，邹介正等校释《三农纪校释》，农业出版社，1989。

赵学敏：《本草纲目拾遗》，人民卫生出版社，1963。

葛虚存：《清代名人轶事》，书目文献出版社，1994。

顾廷龙，戴逸主编《李鸿章全集》，安徽教育出版社，2008。

李文海、夏明方主编《中国荒政全书》第一辑，北京古籍出版社，2003。

李文海、夏明方主编《中国荒政全书》第二辑，北京古籍出版社，2004。

二 明清民国方志类

（弘治）《河南郡志》，1499 年刻本。

（弘治）《保定郡志》，1494 年刻本。

（弘治）《偃师县志》，1504 年抄本。

（正德）《大名府志》，1506 年刻本。

（正德）《新乡县志》，1506 年刊本。

（正德）《博平县志》，1517 年刻本。

（嘉靖）《光山县志》，1556 年刻本

（嘉靖）《南阳府志》，1528 年刻本。

（嘉靖）《邓州志》，1557 年刻本。

（嘉靖）《广平府志》，1549 年刻本。

（嘉靖）《固始县志》，中州古籍出版社，1994 年影印。

（嘉靖）《莱芜县志》，1572 年刻本。

（嘉靖）《青州府志》，1565 年刻本。

（嘉靖）《许州志》，1541 年刊本。

（嘉靖）《永城县志》，1544 年刊本。

（嘉靖）《章丘县志》，1527 年刻本。

（嘉靖）《辉县志》，1528 年刊本。

（嘉靖）《河南通志》，1555 年刻本。

（嘉靖）《山东通志》，《四库存目丛书》史部第 188 册，齐鲁书社，1997 年影印。

（嘉靖）《兴济县志书》，1560 年刻本。

（嘉靖）《襄城县志》，1551 年刻本。

（嘉靖）《巩县志》，1555 年刊本。

（嘉靖）《钧州志》，1553 年抄本。

（嘉靖）《鄢陵县志》，1537 年刊本。

（嘉靖）《宁海州志》，1552 年刻本。

（嘉靖）《兰阳县志》，1545 年刻本。

（嘉靖）《河间府志》，1540 年刻本。

（嘉靖）《南阳府志校注》，1942 年铅印本。

（隆庆）《赵州志》，1567 年刻本。

（万历）《兖州府志》，1596 年刻本。

（万历）《安丘县志》，1589 年刻本。

（万历）《沾化县志》，1619 年刊本。

（万历）《滕县志》，1585 年刻本。

（万历）《青州府志》，1616 年刻本。

（万历）《福山县志》，1618 年刻本。

（万历）《恩县志》，1599 年刻本。

（万历）《温县志》，1579 年刻本。

（万历）《原武县志》，1594 年刻本。

（万历）《东昌府志》，1600 年刻本。

（万历）《诸城县志》，1603 年刻本。

（天启）《高阳县志》，1622 年刻本。

（崇祯）《历城县志》，1640 年刻本。

刘敕：《历乘》，崇祯六年刊本，中国书店，1959 年影印。

（顺治）《招远县志》，1660 年刻本。

（顺治）《河南府志》，1663 年刊本。

（顺治）《登州府志》，1660 年刻本。

（康熙）《巨野县志》，1708 年刻本。

（康熙）《孟津县志》，1708 年刻本。

（康熙）《莱阳县志》，1669 年刻本。

（康熙）《峄县志》，1717 年刻本。

（康熙）《河南府志》，1663 年刻本。

（康熙）《阳信县志》，1682 年刻本。

（康熙）《襄城县志》，1697 年刻本。

（康熙）《河间府志》，1678 年刻本。

（康熙）《高苑县志》，1672 年刻本。

（康熙）《新城县志》，1693 年刻本。

（康熙）《香河县志》，1678 年刻抄本。

（康熙）《唐山县志》，1673 年刻本。

（康熙）《清苑县志》，1677 年刻本。

（康熙）《畿辅通志》，1863 年刻本。

（康熙）《清河县志》，1678 年刻本。

（康熙）《延津县志》，1702 年刻本。

（康熙）《滋阳县志》，1672 年刻本。

（康熙）《新城县志》，1693 年刻本。

（康熙）《濮州志》，1673 年刻本。

（康熙）《曹州志》，1674 年刻本。

（雍正）《河南通志》，1735 年刊本。

（雍正）《畿辅通志》，1735 年刻本。

（雍正）《齐河县志》，1733 年刻本。

（乾隆）《偃师县志》，1789 年刻本。

（乾隆）《曲阜县志》，1774 年刻本。

（乾隆）《正定府志》，1762 年刻本。

（乾隆）《陈州府志》，1747 年刻本。

（乾隆）《武安县志》，1739 年刻本。

（乾隆）《东昌府志》，1777 年刻本。

（乾隆）《济阳县志》，1765 年刻本。

（乾隆）《汲县志》，1755 年刻本。

（乾隆）《嵩县志》，1767 年刻本。

（乾隆）《广平府志》，1745 年刻本。

（乾隆）《邓州志》，1755 年刻本。

（乾隆）《洛阳县志》，1745 年刊本。

（乾隆）《即墨县志》，1764 年刻本。

（乾隆）《安东县志》，1765 年刻本。

（乾隆）《沧州志》，1743 年刻本。

（乾隆）《乐亭县志》，1755 年刻本。

（乾隆）《丰润县志》，1755 年刻本。

（乾隆）《任邱县志》，1702 年刻本。

（乾隆）《涿州志》，1765 年刻本。

（乾隆）《柏乡县志》，1767 年刻本。

（乾隆）《永清县志》，1813 年补刻本。

（乾隆）《大名县志》，1789 年刻本。

（乾隆）《天津县志》，1739 年刻本。

（乾隆）《热河志》，1783 年刻本。

（乾隆）《安肃县志》，1808 年补刻本。

（乾隆）《献县志》，1761 年刻本。

（乾隆）《宁河县志》，1779 年刻本。

（乾隆）《临清州志》，1750 年刻本。

（乾隆）《河南府志》，1779 年刻本。

（乾隆）《沈丘县志》，1762 年刻本。

（乾隆）《太康县志》，1761 年刻本。

（乾隆）《通州志》，1783 年刻本。

（乾隆）《胶州志》，1752 年刻本。

（乾隆）《泰安府志》，1760 年刻本。

（乾隆）《东平州志》，1771 年刻本。

（乾隆）《汝州续志》，1743 年刊本。

（乾隆）《鲁山县志》，1743 年刊本。

（乾隆）《洛阳县志》，1745 年刊本。

（乾隆）《通许县志》，1771 年刻本。

（乾隆）《商南县志》，1748 年刻本。

（乾隆）《昌邑县志》，1742 年刻本。

（乾隆）《直隶通州志》，1755 年刻本。

（乾隆）《高密县志》，1754 年刻本。

（乾隆）《正定府志》，1762 年刻本。

（乾隆）《博野县志》，1767 年刻本。

（乾隆）《沙河县志》，1757 年刻本。

（乾隆）《邢台县志》，1741 年刻本。

（乾隆）《河间府志》，1760 年刻本。

（乾隆）《内黄县志》，1739 年刻本。

（乾隆）《孟县志》，1790 年刻本。

（乾隆）《济宁直隶州志》，1785 年刻本。

（乾隆）《行唐县新志》，1764 年刻本。

（乾隆）《汝州续志》，1743 年刊本。

（乾隆）《光山县志》，1786 年刻本。

（乾隆）《罗山县志》，1746 年刊本。

（嘉庆）《滦州志》，1810 年刻本。

（嘉庆）《清平县志》，1798 年刻本。

（嘉庆）《正阳县志》，1796 年刻本。

（嘉庆）《密县志》，1817 年刻本。

（嘉庆）《寿光县志》，1800 年刻本。

（道光）《泌阳县志》，1828 年刻本。

（道光）《鄢陵县志》，1883 年刻本。

（道光）《重修博兴县志》，1840 年刻本。

（道光）《伊阳县志》，1838 年刊本。

（道光）《河内县志》，1825 年刻本。

（道光）《重修胶州志》，1845 年刻本。

（道光）《新城县志》，1838 年刻本。

（道光）《太康县志》，1828 年刻本。

（道光）《栾城县志》，1846 刻本。

（道光）《扶沟县志》，1833 年刻本。

（道光）《巨野县志》，1846 年刻本。

（道光）王凤生《河北采风录》，1826 年刻本。

（道光）《济南府志》，1840 年刻本。

（道光）《滕县志》，1846 年刻本。

（道光）《修武县志》，1840 年刻本。

（道光）《东阿县志》，1829 年刻本。

（道光）《荣成县志》，1840 年刻本。

（道光）《泌阳县志》，1828 年刻本。

（道光）《胶州志》，1845 年刻本。

（道光）《南宫县志》，1830 年刻本。

（道光）《承德府志》，1831 年刻本。

（道光）《高唐州志》，1836 年刻本。

（咸丰）《金乡县志》，1860 年刻本。

（咸丰）《宁阳县志》，1852 年刻本。

（同治）《清苑县志》，1873 年刻本。

（同治）《临邑县志》，1874 年刻本。

（同治）《中牟县志》，1870 年刻本。

（同治）《黄县志》，1871 年刻本。

（同治）《即墨县志》，1873 年刻本。

（同治）《安仁县志》，1869 年刻本。

（同治）《金乡县志》，1862 年刻本。

（光绪）《沾化县志》，1890 年刻本。

（光绪）《巨鹿县志》，1886 年刻本。

（光绪）《雄县乡土志》，1905 年刻本。

（光绪）《平度志要》，1893 年稿本。

（光绪）《鹿邑县志》，1896 年刻本。

（光绪）《光州志》，1887 年刻本。

（光绪）《沾化县志》，1890 年刻本。

（光绪）《临朐县志》，1884 年刻本。

（光绪）《馆陶县乡土志》，1908 年铅印本。

（光绪）《畿辅通志》，1884 年刊本。

（光绪）《扶沟县志》，1893 年刻本。

（光绪）《容城县志》，1896 年刻本。

（光绪）《南乐县志》，1903 年刻本。

（光绪）《乐亭县志》，1877 年刻本。

（光绪）《束鹿县志》，1905 年铅印本。

潘守廉：《南阳府南阳县户口地土物产畜牧表图说》，1904 年石印本。

（光绪）《雄县乡土志》，1905 年刻本。

（光绪）《重修天津府志》，1899 年刻本。

（光绪）《涞水县志》，1895 年刻本。

（光绪）《宜阳县志》，1881 年刻本。

（光绪）《顺天府志》，1886 年刻本。

缪荃孙辑《顺天府志》，北京大学出版社，1983。

（光绪）《束鹿乡土志》，1937 年《束鹿五志合刊》本。

（光绪）《遵化通志》，1886 年刻本。

（光绪）《乐亭县志》，1877 年刻本。

（光绪）《文登县志》，1897 年刻本。

（光绪）《南皮县志》，1888 年刻本。

（光绪）《邢台县志》，1905 年刻本。

（光绪）《日照县志》，1886 年刻本。

（光绪）《平度州乡土志》，1908 年抄本。

（光绪）《费县志》，1896 年刻本。

（光绪）《新修祥符县志》，1898 年刊本。

（光绪）《宁阳县乡土志》，1907 年石印本。

（光绪）《深州风土记》，1900 年刻本。

（光绪）《保定府志》，1886 年刻本。

（光绪）《滦州志》，1898 年刻本。

（光绪）《永城县志》，1903 年刻本。

（光绪）《山东通志》，1934 年印本。

（光绪）《邢台县志》，1905 年刻本。

（光绪）《平越直隶州志》，1907 年刻本。

（宣统）《晋县乡土志》，1968 年《中国方志丛书》本。

（宣统）《山东通志》，1918 年刊本。

（宣统）《乐陵县乡土志》，1909 年石印本。

（宣统）《项城县志》，1911 年印本。

（民国）《临朐续志》，1935 年铅印本。

（民国）《禹县志》，1937 年刊本。

（民国）《密县志》，1924 年铅印本。

（民国）《孟县志》，1933 年刻本。

（民国）《续武陟县志》，1931 年刻本。

（民国）《西平县志》，1934 年刻本。

（民国）《重修正阳县志》，1936 年铅印本。

（民国）《东平县志》，1936 年铅印本。

（民国）《临沂县志》，1936 年铅印本。

（民国）《禹县志》，1937 年刊本。

（民国）《太康县志》，1933 年铅印本。

（民国）《夏邑县志》，1920 年石印本。

（民国）《偃师县风土志略》，1934 年石印本。

（民国）《重修林县志》，1932 年石印本。

（民国）《光山县志约稿》，1936 年铅印本。

（民国）《新修阌乡县志》，1932 年铅印本。

（民国）《获嘉县志》，1934 年铅印本。

（民国）《阳武县志》，1936 年刊本。

（民国）《中牟县志》，1936 年石印本。

（民国）《续安阳县志》，1933 年铅印本。

（民国）《续武陟县志》，1931 年刻本。

（民国）《商水县志》，1918 年刻本。

（民国）《灵宝县志》，1935 年铅印本。

（民国）《齐河县志》，1933 年铅印本。

（民国）《磁县志》，台北，成文出版社，1968。

（民国）《顺义县志》，1915 年铅印本。

（民国）《密云县志》，1914 年铅印本。

（民国）《满城县志略》，1931 年铅印本。

（民国）《望都县志》，1934 年铅印本。

（民国）《林县志》，1932 年石印本。

（民国）《滑县志》，1932 年铅印本。

（民国）《续荥阳县志》，1924 年铅印本。

（民国）《考城县志》，1924 年铅印本。

（民国）《文安县志》，1922 年铅印本。

（民国）《静海县志》，1934 年铅印本。

（民国）《成安县志》，1931 年铅印本。

（民国）《东平县志》，1936 年铅印本。

（民国）《陵县续志》，1936 年铅印本。

（民国）《重修新城县志》，1933 年铅印本。

（民国）《巩县志》，1937 年刻本。

（民国）《洛宁县志》，1917 年铅印本。

（民国）《藁城县乡土地理》，1923 年石印本。

（民国）《清河县志》，1934 年铅印本。

（民国）《南乐县志料》，1931 年版。

（民国）《牟平县志》，1936 年铅印本。

（民国）《井陉县志料》，1934 年铅印本。

（民国）《莱阳县志》，1935 年铅印本。

（民国）《胶澳志》，1928 年铅印本。

（民国）《海城县志》，1924 年铅印本。

（民国）《封丘县续志》，1937 年铅印本。

（民国）《重修滑县志》，1932 年铅印本。

（民国）《潍县志稿》，1941 年铅印本。

（民国）《邹平县志》，1914 年刻本。

（民国）《西华县志》，1938 年铅印本。

（民国）《磁县志》，1941 年铅印本。

（民国）《沧县志》，1933 年铅印本。

（民国）《通许县新志》，1934 年铅印本。

三　著作类

李景汉：《北平郊外之乡村家庭》，商务印书馆，1929。

曲直生：《华北民众食料的一个研究》，参谋本部国防设计委员会，1934。

郑天挺等：《明末农民起义史料》，中华书局，1954。

孙醒东：《大豆》，科学出版社，1956。

严中平：《中国近代经济史统计资料性选辑》，科学出版社，1957。

李文治：《中国近代农业史资料》第 1 辑（1840—1911），三联书店，1957。

中华地理志编辑部编纂《华北区自然地理资料》，科学出版社，1957。

熊毅等：《华北平原土壤》，科学出版社，1961。

傅衣凌：《明清农村社会经济》，三联书店，1961。

水利电力部黄河水利委员会编《黄河埽工》，中国工业出版社，1964。

佟屏亚：《农作物史话》，中国青年出版社，1979。

梁方仲：《中国历代户口、田地、田赋统计》，上海人民出版社，1980。

农业出版社编辑部：《中国农谚》（上），农业出版社，1980。

水利电力科学研究院水利史研究室编《清代海河滦河洪涝档案史料》，中华书局，1981。

杨永琛：《山东农作物栽培知识·谷子》，山东科技出版社，1981。

冀朝鼎：《中国历史上的基本经济区与水利事业的发展》，朱诗鳌译，中国社会科学出版社，1981。

中国社会科学院近代史研究所中华民国史研究室、山东省曲阜文物管理委员会编《孔府档案选编》上册，中华书局，1982。

闵宗殿、董凯忱、陈文华：《中国农业技术发展简史》，农业出版社，1983。

万国鼎：《五谷史话》，中华书局，1983。

李璠等编《中国栽培植物发展史》，科学出版社，1984。

〔美〕珀金斯：《中国农业的发展：1368～1968 年》，上海译文出版社，1984。

吴慧：《中国历代粮食亩产研究》，农业出版社，1985。

南炳文、汤纲：《明史》，上海人民出版社，1985。

赵文林、谢淑君：《中国人口史》，人民出版社，1985。

唐启宇：《中国作物栽培史稿》，农业出版社，1986。

〔美〕黄宗智：《华北的小农经济与社会变迁》，中华书局，1986。

全汉：《明清经济史研究》，台北，联经出版事业公司，1987。

〔日〕筱田统：《中国食物史研究》，高桂林等译，中国商业出版社，1987。

《曲阜孔府档案史料选编》第二编，齐鲁书社，1988。

刘昌明等：《华北平原农业水文及水资源》，科学出版社，1989。

梁家勉主编《中国农业科学技术史稿》，农业出版社，1989。

李克让等：《华北平原旱涝气候》，科学出版社，1990。

李文海等：《近代中国灾荒纪年》，湖南教育出版社，1990。

水利部治淮委员会《淮河水利简史》编写组：《淮河水利简史》，水利电力出版社，1990。

彭雨新：《清代土地开垦史》，农业出版社，1990。

李全根：《中国粮食经济史》，江苏人民出版社，1991。

闵宗殿，纪曙春主编《中国农业文明史话》，中国广播电视出版社，1991。

李文海、周源等：《灾荒与饥馑：1840～1919》，高等教育出版社，1991。

顾庭敏主编《华北平原气候》，气象出版社，1991。

葛剑雄等：《简明中国移民史》，福建人民出版社，1993。

姜涛：《中国近代人口史》，浙江人民出版社，1993。

邹逸麟：《黄淮海平原历史地理》，安徽教育出版社，1993。

郭文韬：《中国大豆栽培史》，河海大学出版社，1993。

郭文韬：《中国耕作制度史研究》，河海大学出版社，1994。

史志宏：《清代前期的小农经济》，中国社会科学出版社，1994。

安作璋主编《山东通史》（多卷本），山东人民出版社，1994。

宋镇豪：《夏商社会生活史》，中国社会科学出版社，1994。

庞毅：《中国清代经济史》，人民出版社，1994。

游修龄：《中国稻作史》，中国农业出版社，1995。

赵冈：《清代粮食亩产量研究》，中国农业出版社，1995。

从翰香主编《近代冀鲁豫乡村》，中国社会科学出版社，1995。

吴宏歧：《元代农业地理》，西安地图出版社，1997。

葛剑雄、吴松弟、曹树基：《中国移民史》第五卷，福建人民出版社，1997。

葛剑雄、吴松弟、曹树基：《中国移民史》第六卷，福建人民出版社，1997。

黄保信：《河南与黄河文化》之《农业篇》，河南人民出版社，1997。

牛建强：《明代人口流动与社会变迁》，河南大学出版社，1997。

于德源：《北京农业经济史》，京华出版社，1998。

〔美〕施坚雅：《中国农村的市场和社会结构》，史建云、徐秀丽译，中国社会科学出版社，1998。

许檀：《明清时期山东商品经济的发展》，中国社会科学出版社，1998。

张芳：《明清农田水利研究》，中国农业科技出版社，1998。

李心纯：《黄河流域与绿色文明——明代山西河北的农业生态环境》，人民出版社，1999。

杨国安：《烟事闲趣》，北京，燕山出版社，1999。

戴鞍钢、黄苇主编《中国地方志经济资料汇编》，汉语大词典出版社，1999。

马若孟：《中国农民经济——河北和山东的农业发展》，江苏人民出版社，1999。

王利华：《中古华北饮食文化的变迁》，中国社会科学出版社，2000。

佟屏亚：《中国玉米科技史》，中国农业科技出版社，2000。

曹树基：《中国人口史（第四卷）·明时期》，复旦大学出版社，2000。

曹树基：《中国人口史（第五卷）·清时期》，复旦大学出版社，2001。

王毓铨主编《中国经济通史·明代经济卷》，经济日报出版社，2000。

〔美〕何炳棣：《明初以降人口及其相关问题（1368~1953）》，三联书店，2000。

魏光兴，孙昭民：《山东省自然灾害史》，地震出版社，2000。

李令福：《明清山东农业地理》，台北，五南图书出版公司，2000。

余钊：《北京旧事》，学苑出版社，2000。

熊顺贵主编《基础土壤学》，中国农业大学出版社，2001。

宋树友主编《中华农器图谱》，中国农业出版社，2001。

董恺忱、范楚玉主编《中国科学技术史·农学卷》，科学出版社，2002。

中国社会科学院考古研究所：《中国考古学·夏商卷》，中国社会科学出版社，2003。

孟繁清主编《河北经济史》第二卷，人民出版社，2003。

王馥棠等：《气候变化对农业生态的影响》，气象出版社，2003。

谢国桢选编，牛建强等校勘《明代社会经济史料选编》（上），福建人民出版社，2004。

王星光：《生态环境变迁与夏代的兴起探索》，科学出版社，2004。

郭庆法等：《中国玉米栽培学》，上海科学技术出版社，2004。

王克勤主编《甘薯生产与加工》，湖南科学技术出版社，2004。

程民生：《中国北方经济史：以经济重心的转移为主线》，人民出版社，2004。

王璞：《农作物概论》，中国农业大学出版社，2004。

程有为主编《河南通史》，河南人民出版社，2005。

胡廷积主编《河南农业发展史》，中国农业出版社，2005。

中国科学院地理科学与资源研究所、中国第一历史档案馆编《清代奏折汇编——农业·环境》，商务印书馆，2005。

王思明、陈少华主编《万国鼎文集》，中国农业科学技术出版社，2005。

程民生：《河南经济简史》，中国社会科学出版社，2005。

成淑君：《明代山东农业开发研究》，齐鲁书社，2006。

高寿仙：《明代农业经济与农村社会》，黄山书社，2006。

詹子庆：《夏史与夏代文明》，上海科学技术文献出版社，2007。

程有为：《黄河中下游地区水利史》，河南人民出版社，2007。

苏远渠：《明清运河和鲁西南地区农作物种植结构的调整》，山东人民出版社，2007。

王建革：《传统社会末期华北的生态与社会》，三联书店，2009。

袁祖亮主编《中国灾害通史》，郑州大学出版社，2009。

鞠明库：《灾害与明代政治》，中国社会科学出版社，2011。

四　论文

（一）学术论文

竺可桢：《中国近五千年来气候变迁的初步研究》，《考古学报》1972年第1期。

张丕远、龚高法：《十六世纪以来中国气候变化的若干特征》，《地理学报》1979 年第 3 期。

陈树平：《玉米和番薯在中国传播情况研究》，《中国社会科学》1980 年第 3 期。

余也非：《中国历代粮食平均亩产量考略》，《重庆师范大学学报》（哲学社会科学版）1980 年第 3 期。

陈树平：《玉米、番薯在中国传播中的一些情况研究》，《中国社会科学》1980 年第 3 期

刘如仲：《关于〈荒年志〉碑》，《齐鲁学刊》1980 年第 4 期。

丛翰香：《试述明代植棉和棉纺织业的发展》，《中国史研究》1981 年第 1 期。

张履鹏：《我国历代作物布局的演变》，《农史研究》第 2 辑，农业出版社，1982。

章楷：《番薯的引进和传播》，《农史研究》第 2 辑，1982。

周源和：《甘薯的历史地理——甘薯的土生、传入、传播与人口》，《中国农史》1983 年第 3 期。

李仲均：《京津保地区水稻栽植的历史》，《自然科学史研究》1983 年第 4 期。

张岗：《关于明初河北移民的考察》，《河北学刊》1983 年第 4 期。

章楷等：《玉米在我国粮食作物中地位的变化》，《农业考古》1983 年第 2 期。

何炳棣：《美洲作物的引进、传播及其对中国粮食生产的影响》，《历史论丛》第五辑，齐鲁书社，1985。

王质彬：《黄河流域农田水利史略》，《农业考古》1985 年第 2 期。

邹逸麟：《历史时期黄河流域水稻生产的地域分布和环境制约》，《复旦学报》（社科版）1985 年第 3 期。

足立启二：《清代华北的农业经营与社会结构》，《国外中国学译丛》，青海人民出版社，1986。

佟屏亚：《玉米的起源、传播和分布》，《农业考古》1986 年第 1 期。

方行：《论清代前期农民商品生产的发展》，《中国经济史研究》1986 年第 1 期。

丛翰香：《十四世纪后期至十六世纪末华北平原农村经济发展的考察》，《中国经济史研究》1986 年第 3 期。

黄启臣：《清代前期农业生产的发展》，《中国社会经济史研究》1986

年第 4 期。

卜正民：《明清两代河北地区推广种稻和种稻技术的情况》，《中国科技史探索》（中文版），上海古籍出版社，1986。

咸金山：《从方志记载看玉米在我国的传播》，《古今农业》1988 年第 1 期。

从翰香：《从区域经济的角度看清末民初华北平原冀鲁豫三省的农村》，《中国经济史研究》1988 年第 2 期。

曹树基：《玉米和番薯传入中国路线新探》，《中国社会经济史研究》1988 年第 4 期。

佟屏亚：《试论玉米传入我国的途径及其发展》，《古今农业》1989 年第 1 期。

王栻等：《天津历代种稻概述》，《古今农业》1989 年第 2 期。

史志宏：《清代前期的耕地面积及粮食产量估计》，《中国经济史研究》1989 年第 2 期。

华林甫：《唐代粟、麦生产的地域布局初探》，《中国农史》1990 年第 2 期。

陈铮：《清代前期河南农业生产述略》，《史学月刊》1990 年第 2 期。

张家炎：《中国古代作物结构的演变及其原因》，《古今农业》1990 年第 1 期。

张岳华：《中国古代玉米的引进和栽培史》，《种子世界》1990 年 12 期。

公宗鉴：《对甘薯的再认识》，《农业考古》1991 年第 1 期。

陈冬生：《甘薯在山东传播种植史略》，《农业考古》1991 年第 1 期。

陈冬生：《山东古代稻作史考述》，《古今农业》1992 年第 3 期。

谢志诚：《甘薯在河北的传种》，《中国农史》1992 年第 1 期。

许檀：《明清时期山东的粮食流通》，《历史档案》1992 年第 1 期。

方行：《清代前期北方的小农经济》，《历史研究》1992 年第 2 期。

陈冬生：《试述古代山东麦作生产的发展》，《古今农业》1993 年 1 期。

李辅斌：《清代河北山西粮食作物的地域分布》，《中国历史地理论丛》1993 年第 1 期。

李文治：《论明清时代农民经济商品率》，《中国经济史研究》1993 年第 1 期。

吴慧：《清前期粮食的亩产量、人均占有量和劳动生产率》，《中国经济史研究》1993 年第 1 期。

马雪芹：《南阳地区两汉唐宋明清时期水利事业之比较研究》，《中国历史地理论丛》1993 年第 2 期。

李令福：《清代山东省粮食亩产研究》，《中国历史地理论丛》1993 年第 2 期。

李增高：《白薯在北京地区的传播》，《中国土特产》1994 年第 5 期。

李令福：《明清山东粮食作物结构的时空特征》，《中国历史地理论丛》，1994 年第 1 期。

张居中、孔昭宸、刘长江：《舞阳史前稻作遗存与黄淮地区史前农业》，《农业考古》1994 年第 1 期。

郭松义：《清代北方旱作区的粮食生产》，《中国经济史研究》1995 年第 1 期。

许檀：《明清时期山东经济的发展》，《中国经济史研究》1995 年第 3 期。

李令福：《论华北平原二年三熟轮作复种制的形成时间及其作物组合》，《陕西师范大学学报》（哲学社会科学版）1995 年第 4 期。

邓亦兵：《清代前期的粮食运销和市场》，《历史研究》1995 年第 4 期。

马雪芹：《明清河南粮食作物的地理分布及结构变化》，《中国历史地理论丛》1996 年第 1 期。

林其宝：《试述我国历代主要大田作物的种植》，《首都师范大学学报》（社会科学版）1996 年第 4 期。

陈冬生：《山东历史上主粮作物的农家品种资源》，《古今农业》1997 年第 3 期。

吴慧：《清代前期北京、河北地区粮食亩产蠡测》，《北京社会科学》1997 年第 4 期。

曹树基：《鼠疫流行与华北社会的变迁（1580～1644 年）》，《历史研究》1997 年第 1 期。

张民服：《明前期中原经济发展探析》，《郑州大学学学报》（哲学社会科学版）1998 年第 2 期。

邓亦兵：《清代前期某些农业生产资料的运销》，《中国农史》1998 年第 4 期。

许檀：《明清时期区域经济的发展——江南、华北等若干区域的比较》，《中国经济史研究》1999 年第 2 期。

马雪芹：《古代河南的水稻种植》，《农业考古》1998 年第 3 期。

李槐：《中国古代的产业结构调整》，《云南教育学院学报》1998 年第 3 期。

陈冬生：《明清山东种植结构变化及对农业的影响》，《中国社会经济史研究》1998 年第 4 期。

陶卫宁：《论烟草传入我国的时间及其路线》，《中国历史地理论丛》1998 年第 3 期。

李增高：《京津冀地区历史上的稻作类型品种及引种概况》，《古今农业》1999 年第 3 期。

马雪芹：《明清时期玉米、番薯在河南的栽种与推广》，《古今农业》1999 年第 1 期。

徐浩：《论清代华北农田水利的失修问题》，《中国社会经济史研究》1999 年第 3 期。

闵宗殿：《从方志记载看明清时期我国水稻的分布》，《古今农业》1999 年第 1 期。

徐浩：《清代华北农村人口和土地状况的考察》，《清史研究》1999 年第 2 期。

徐秀丽：《中国近代粮食亩产的估计——以华北平原为例》，《近代史研究》1999 年第 2 期。

韩茂莉：《中国古代农作物种植制度略论》，《中国农史》2000 年第 3 期。

马雪芹：《明清时期河南省棉花的种植与地理分布》，《农业考古》2000 年第 3 期。

李增高、李朝盈：《明代徐贞明与京畿地区的水利及稻作史话》，《北京农学院学报》2000 年第 4 期。

佟屏亚：《玉米传入对中国近代农业生产的影响》，《古今农业》2001 年第 2 期。

闵宗殿：《明清时期经济作物、园艺作物的专业化经营》，《古今农业》2001 年第 3 期。

李增高：《明代北京地区的农业（续二）》，《古今农业》2001 年第 4 期。

朱乃诚：《中国农作物栽培的起源和原始农业的兴起》，《农业考古》2001 年第 3 期。

郭松义：《明清时期的粮食生产与农民生活水平》，《中国社会科学院历史研究所学刊》第一集，社会科学文献出版社，2001。

宋镇豪：《五谷、六谷与九谷——谈谈甲骨文中的谷类作物》，《中国历史文物》2002 年第 4 期。

王星光等：《太行山地区与粟作农业的起源》，《中国农史》2002 年第 1 期。

马雪芹：《明清时期河南省部分经济作物的种植与分布》，《史学月刊》2003 年第 7 期。

孙百亮：《清代山东地区的人地矛盾与农业危机》，《枣庄师范专科学校学报》2003 年第 5 期。

龚关：《明清时期华北市场的发展与制约》，《山西大学学报》（哲学社会科学版）2004 年第 2 期。

王思明：《美洲原产作物的引种栽培及其对中国农业生产结构的影响》，《中国农史》2004 年第 2 期。

王思明：《美洲作物的传播及其对中国饮食原料生产的影响》，《中国农史》2004 年第 2 期。

张显清：《明代后期粮食生产能力的提高》，《学术探索》2005 年第 5 期。

王星光：《中国全新世大暖期与黄河中下游地区的农业文明》，《史学月刊》2005 年第 4 期。

曹玲：《美洲粮食作物的传入对我国人民饮食生活的影响》，《农业考古》2005 年第 3 期。

李增高：《康熙御稻的育成与推广》，《古今农业》2005 年第 3 期。

曾雄生：《论小麦在古代中国之扩张》，《中国饮食文化》2005 年第 1 期。

李令福：《再论华北平原二年三熟轮作复种制形成的时间》，《中国经济史研究》2005 年第 3 期。

万国鼎：《中国古今粮食作物的变化及其影响》，《万国鼎文集》，中国农业科学技术出版社，2005。

刘峰、王庆峰：《论清代玉米种植对救荒事业的影响》，《安徽农业科学》2006 年第 13 期。

张利民：《"华北"考》，《史学月刊》2006 年第 4 期。

孙百亮、孙静琴：《清代山东地区的人口、耕地与粮价变迁》，《南京农业大学学报》（社会科学版）2006 年第 4 期。

韩茂莉：《近 300 年来玉米种植制度的形成与地域差异》，《地理研究》2006 年第 6 期。

王宝卿：《明清以来美洲作物的引种推广对经济社会发展的影响——以山东为例（1368～1949）》，《中国农史》2006 年第 3 期。

韩茂莉：《近五百年来玉米在中国境内的传播》，《中国文化研究》2007 年第 1 期。

魏小英、曹敏：《明清时期农业领域商品经济发展刍议》，《重庆工商大学学报》（社会科学版）2008 年第 4 期。

李军：《20 世纪 30 年代山东地区农业恐慌的历史分析——农作物种植结构视角的考察》，《历史视角中的"三农"：王毓瑚先生诞辰一百周年纪念文集》，中国农业出版社，2008。

李爱军：《汉唐之际小麦在黄河中下游区域的发展及原因》，《咸阳师范学院学报》2008 年第 5 期。

李德楠：《试论明清时期河工用料的时空演变——以黄运地区的软料为中心》，《聊城大学学报》2008 年第 6 期。

刘纯彬、李顺毅：《明代华北农业发展的推动因素分析——生产要素角度的描述与估计》，《农村经济》2010 年第 10 期。

赵圣涛：《乾隆后期河南的灾赈与番薯推广》，《兰州学刊》2010 年第 8 期。

（二）学位论文

张顺周：《明代华北平原地区农业试探》，硕士学位论文，郑州大学历史文化学院，2003。

李钰：《中国古代大豆栽培探究》硕士学位论文，郑州大学历史文化学院，2003。

曹玲：《美洲粮食作物的传入、传播及其影响研究》，硕士学位论文，南京农业大学，2003。

苏远渠：《清代山东运河水灾与两岸农村社会经济》，硕士学位论文，曲阜师范大学历史文化学院，2005。

王宝卿：《明清以来山东种植结构变迁及其影响研究——以美洲作物引种推广为中心（1368～1949）》，博士学位论文，南京农业大学，2006。

杨海莹：《域外引种作物本土化研究》，硕士学位论文，西北农林科技大学，2007。

吴宾：《中国古代粮食安全问题研究》，博士学位论文，西北农林科技大学，2007。

宋军令：《明清时期美洲农作物在中国的传种及其影响研究——以玉米、番薯、烟草为视角》，博士学位论文，河南大学历史文化学院，2007。

王静：《试论明清太湖地区种植业结构之变迁》，硕士学位论文，南京师范大学历史系，2007。

赵士文：《论清代山东对水旱自然灾害的防治》，硕士学位论文，曲阜师范大学历史文化学院，2008。

傅辉：《明以来河南土地利用变化与人文机制研究》，博士学位论文，复旦大学历史系，2008。

闫敏：《清代前期河南粮食问题及社会应对》，硕士学位论文，陕西师范大学历史学院，2009。

刘士岭：《大河南北，斯民厥土：历史时期的河南人口与土地（1368～1953）》，博士学位论文，复旦大学历史系，2009。

程方：《清代山东农业发展与民生研究》，博士学位论文，南开大学历史学院，2010。

刘玉静：《明清时期中外农业科技文化交流研究》，硕士学位论文，西北农林科技大学，2010。

郑南：《美洲原产作物的传入及其对中国社会影响问题的研究》，博士学位论文，浙江大学历史系，2010。

后 记

本书是我学术研究道路上的第一部著作。

在本书即将付梓之际，衷心感谢我的导师郑州大学王星光教授，是王老师引导我走上了农史研究的道路。读硕士期间，王老师就指导我阅读农业历史方面的书籍，探讨粟作农业的起源等问题。读博士期间，王老师又建议我选择粮食种植结构来研究。在我这十几年的农史研究过程中，不断得到老师的鼓励、支持和肯定，每一份成绩的取得都凝结着老师的心血。书稿付梓之际，又蒙老师百忙之中为小书赐序，提携之恩，没齿难忘。

本书得到了教育部项目经费、河南师范大学学术专著出版基金和历史文化学院出版经费的资助，本人得到了历史文化学院、社科处等部门领导的关心和鼓励，在此一并表示感谢！

本书从立项、送审、校对到出版，发行都得到了社会科学文献出版社吴超、卫羚、袁清湘编辑的鼎力支持，深表感谢！

最后感谢父母和家人对我的理解、支持和奉献，是他们无怨无悔的支持和鼓励，才使我能够安心工作，没有他们也没有这本书的出版。

谨以此书向所有帮助和关心我的人致谢！

书虽出版，但限于本人的愚钝和知识水平的欠缺，其中定然还会有一些不足之处，敬请专家学者和读者朋友批评指正。

是为后记。

李秋芳

2016 年 3 月 29 日

图书在版编目（CIP）数据

明清时期华北平原粮食种植结构变迁研究／李秋芳
著 . -- 北京：社会科学文献出版社，2016.6
ISBN 978 - 7 - 5097 - 8688 - 8

Ⅰ.①明…　Ⅱ.①李…　Ⅲ.①华北平原 - 粮食 - 种植
业结构 - 研究 - 明清时代　Ⅳ.①F326.11

中国版本图书馆 CIP 数据核字（2016）第 013349 号

明清时期华北平原粮食种植结构变迁研究

著　　者／李秋芳

出 版 人／谢寿光
项目统筹／吴　超
责任编辑／吴　超　卫　羚

出　　版／社会科学文献出版社·人文分社（010）59367215
　　　　　地址：北京市北三环中路甲 29 号院华龙大厦　邮编：100029
　　　　　网址：www. ssap. com. cn
发　　行／市场营销中心（010）59367081　59367018
印　　装／三河市尚艺印装有限公司

规　　格／开　本：787mm × 1092mm　1/16
　　　　　印　张：18　字　数：319 千字
版　　次／2016 年 6 月第 1 版　2016 年 6 月第 1 次印刷
书　　号／ISBN 978 - 7 - 5097 - 8688 - 8
定　　价／79.00 元

本书如有印装质量问题，请与读者服务中心（010 - 59367028）联系